透视课堂

日本授业研究考略

Class Observation
Lesson Study in Japan

钟启泉　编著

 华东师范大学出版社

目录

第一编　日本授业研究的特质及其发展

第二编　授业研究与教师成长

第六章　校本研修·授业研究·学习共同体 / 193

第七章　日本授业研究的经营与经验 / 223

引言　课堂变革的交响曲

一、考察日本授业研究的意义

"授业"作为学校教育中学科教育的基本实践形态的术语,在日本明治以来的教育现场中被广泛使用。顾名思义,"授业"是相对于"受业"而言的,这里所谓的"授"是"交付"、"给予"之意,"业"指的是"学业"或"课业"。"授业"意味着"教授学业",授受有关知识、技能的业。就是说,"授业"主要是指发生于学校班级中,在教师指导下进行的儿童(学生)的学习活动。在日本,把学校教育中主要以学科教育为中心展开的教育活动(授业)作为研究对象,推进旨在求得其效率的实证性研究活动,谓之"授业研究"(Lesson Study)。日本的"授业研究"其日语原文为"授業研究"(jugyo kenkyu)[1],或可推断"授業"一词源自《汉书·董仲舒传》:"下帷讲诵,弟子传以久次相授业,或莫见其面。"[2]韩愈的《师说》云:"古之学者必有师。师者,所以传道受业解惑也。"这里的"受"通"授"。这句话说的是,古代求学的人一定有老师。老师的职责是传授真理、讲习学业、解释疑问。

"授业"是教师的教授活动与学生的学习活动相互协作而形成的活动。因此,也可以把这种授业过程称之为"教学过程"。没有学生的学习活动,教师的教授活动原本就是不成立的,两者是不可分割地交织在一起的。同时,在授业中,教师与学生的协同活动必须由教材作为媒介才能形成。授业,就是学生、教材、教师这三者交互作用的动态过程。这种交互作用形形色色,是受历史的社会结构的变化所制约的师生关系或是基于教材内容与教学方式的变化而发生变化与发展的。日本自古以来就有所谓的"教授学研究"(教学论研究),这种研究直接、间接地牵涉授业的问题。在这种场合,以教育理论和认识论构想为先行,据此而展开演绎式的授业论。相反,客观地把握"授业"这一教育现象,揭示其间起作用的要因及其相互关系,阐明其间存在的关系与法则性,则是晚近的授业研究。当然,授业不同于自然现象,它是人们带有意图的一种活动。在研究的场合,研究者与执教者皆会持有某种立场与理论。从这个意义上说,理论与事实是互为媒介的。不过,尽可能从"授业"的事实中获得学习,可以说是晚近授业研究的特征。

日本的"授业研究"是一个囊括性的概念,有广义和狭义之分。广义的"授业研究"是指围绕支撑课堂授业的种种条件的研究。一节课牵涉到学校、教师、儿童、课程、教材等各种各样的要因,这些构成了授业的条件,而这些要因又构成了一个个固有的研究领域。广义的"授业研究"当然涵盖了这些研究领域,诸如关于教材的研究;以认知过程为中心的研究;以创造过程为中心的研究;以集体过程为中心的研究等,即广义的授业研究是指同授业相关的一切思辨性、实证性的研究。狭义的"授业研究"是指以授业过程本身为研究对象——以课堂中借助师生互动而展开的授业本身为对象——的研究[3]。从授业研究的组织形态来看,日本的授业研究大体可以分为两种:以大学和研究机构为中心展开的作为科学性、客观性的研究和以中小学教师自身为中心且在校内展开的作为校本研修的授业研究。不过,在日本,一般所谓的"授业研究"多指后者。"决战课堂"是教师的生命,是同中小学教师的专业发展联系在一起的。因此,"授业研究"是浸润在教师的日常教育活动之中的。特别是以20世纪60年代为契机开始的"授业研究",并不是研究机构利用学校的课堂来展开研究,而是采取同中小学的教师团队合作研究的方式来进行的,这是日本"授业研究"的一大特色。

日本从1872年(明治5年)开始推展教师的"授业研究"。从这个意义上说,日本是建构授业研究文化的一个国度。但"授业研究"这一术语在日本教育界开始得以探讨,包括在"授业研究"的名义下以授业本身为对象进行实证性研究,是战后1950年前后的事。日本在长期的国定教科书时代,借助国定教科书的教师用书,强制性地要求教师根据教科书施教。"研究"不过是技术性的研究。在战后的教育改革过程中出现了某种改革的预兆——不再刻板地拘泥于国定教科书的内容。当然,教科书是教师授业的核心资料,是经过文部大臣严格审定的,不过任课教师可以做出某些自由定夺,特别是民间教育研究团体广泛地展开了教育内容的研究,这是一方面。另一方面,日本的研究者们也在学习先进国家教育研究的过程中,开始了以儿童的认知发展作为重点课题的研究。这种研究不是仰赖于对授业的"思辨"的研究,而是分析具体的授业,借以揭示授业的法则性;并且以此为契机,借助"授业记录"来展开与授业的分析探讨相关的实证性研究。

日本的授业研究在 20 世纪 90 年代后半叶超越了国界,传遍世界各地。其契机是发展心理学家施蒂格勒(J.W.Stigler)和希伯特(J.Hiebert)的《授业的鸿沟》(1999 年)一书的出版[4]。他们分析了 1995 年实施的国际学力测验(TIMSS)第三次调查中日本学生的优异成绩,指出其原因之一在于高素质的日本教师的力量,而形成这种力量的是日本独特的教师研修体制——"授业研究"。从此,日本授业研究成为一种"世界性现象"。2006 年"世界授业研究学会"(the World Association of Lesson Studies,WALS)创立,以美国为中心,包括中国、泰国、马来西亚、澳大利亚、伊朗、瑞典、英国等 20 几个国家和地区,掀起了如火如荼的授业研究运动。

小小课堂,大千世界。"课堂"(Classroom)就其字面意义说,是一种物理空间。不过,"课堂"实际上却被赋予了更丰富的"意义与关系的生成"的含义:其一,课堂是学习课程内容的知性的场域。在这里,它具有强烈的作为学习现场的象征意义。其二,课堂是形成并维系多重社会关系的场域。在这种场合,它具有强烈的由师生这一固定化的成员组成的相对封闭的社会环境——"班级"的意义。其三,课堂是制度化的场域。在这里,近现代的学校教育基本上是以班级为单位的制度展开的[5]。因此,学校的课堂不是单纯的物理空间,而是一个社会的、政治的、历史的、文化的空间。学校的课堂不是寂静无声的墓地,而是一个鸣响着时代旋律、交织着多重声音的世界。从某种意义上说,我们可以从课堂的鸣响中捕捉学校教育的一切信息。透视课堂、考察作为"世界授业研究原型"的日本的"授业研究",已成为国际教师教育研究中一个极具吸引力的课题。

二、日本授业研究的历史演进

日本的"授业研究"迄今有将近 150 年的历史。在这漫长的历史长河中,本土实践与欧风美雨彼此交织、交相辉映,形成了多层而多样的连绵不绝的成长。日本授业研究的发展大体可以分为第二次世界大战前与第二次世界大战后两个时期[6]。

(一)战前时期(1872—1945 年):授业研究的诞生与成长

伴随着"文明开化"的钟声,日本的"授业研究"开始胎动。1872 年,日本发布旨在国民皆学的《学制》(明治 5 年),创办小学,从欧美输入同步授业的方式[7]。以往在寺子屋与藩校从事个别施教的师匠,大多在各府县的讲习所与师范学校接受同步授业的讲习,借以取得教师的资格。当然,新的授业方式不是一朝一夕就能成就的。新型的教师在新设的小学里开始了个人的或者同僚之间的自主性授业研修,一股授业研究的浪潮应运而生。19世纪80年代前后,相关的教育工作者开始编制学校课程与教学的内容,在当时的教授法指南书中阐述了"提问"之类的教授法,提示了"学习指导案"的规格与写法,倡导授业的观摩与评议,强调授业方法研究的必要性。1885年,日本小学就学率上升,教员数量猛增,众多的教师抱着同步授业的指南书,观摩同僚授业,召开授业品评会,热心于同步授业方式与授业技巧的钻研[8]。

1900年之后,随着就学率的急剧攀升,日本强化了基于教科书"国定制"的教学内容的规制,借以推进有效的标准的教育。在这个时期里特别值得关注的是,学校热衷于赫尔巴特(J. F. Herbart)"五阶段教授法"的普及。诸多学校成立了"授业研究会"(评议会),具体落实"五阶段教授法",着力于授业展开的评价与教师一举手一投足的指导。不过,这种闭塞的状况一旦被打破,教师的提问、板书与课桌之间的指导之类的同步授业的教授法研究,自然会生根发芽,同僚之间的授业观摩与实践的自我反思的重要性也得以彰显。

1910年之后,"大正自由教育运动"展开了新的冲破封闭状态的尝试,涌现了一批"尊重个性的教育",寻求改造定型化授业实践的学校。1917年,以泽柳政太郎为校长创办的成城小学揭橥"尊重个性的教育"、"亲近自然的教育"、"情操教育"、"基于科学研究的教育"四个口号。承担这种挑战的师范附属学校与新设私立学校,参照以杜威(J. Dewey)为代表的欧美新教育的教学理论,推进了以学校为据点的教育实践研究,公开授业研究会得以活跃地展开。尤为令人注目的是,一线教师编纂"实践记录",倡导以第一人称的"我",用儿童的"固有名"来讲述授业的故事,展开叙事研究。这种实践记录由学校与授业研究会的杂志收录,供全国各地的教师阅览。可以说,授业研究通过"写实践"这一教师自律性行为而被赋予了价值并得以广泛普及,极大地促进了教师从实践的相互交流走向自律精进。不过,授业研究的这种进化在第二次世界大战期间发生衰退,寻求民主主义与自由主义的新教育成为当时甚嚣尘上的军国主义镇压的对象。此外,教育资源的慢性不足、思想教育的彻底控制、学童疏散,也使得学校中的授业研究实施本身陷入了困境。不过,战后众多学校很快恢复了授业研究,因而新教育与授业研究的实践即便在战时体制下也连绵不断地得以传承。

（二）战后时期(1945—2020年)：授业研究的再生与转型

战后初期，日本各地展开了重视儿童经验的"核心课程运动"的教育实践，日本的授业实践就是在这种自由教育的实践中重新展开的。1947年，作为"试案"发布的《学习指导要领》成为学校与教师的自律性授业的保障，校本课程的开发得到鼓励[9]，由此同大正时代提倡的新教育的潮流不谋而合。众多教师根据儿童学习的实况，观摩授业，叙述学习活动，编纂实践记录。这是一个支撑教师自律性学习的民间教育运动活跃的时期，在这个时期，日本展开了作为大学研究者与中小学教师的合作研究，还有一些民间教育团体的研究，形成了从事实到理论的明确意识，亦即教师自身能够研究自己的实践，不是基于现成的理论，而是展开把握事实的自我立场的反思，开始了基于授业发现的"授业研究"。可以说，战后新教育的再挑战与授业研究的再现是战时体制下被严重扭曲的民主主义学校与教育的新生。

但这种再生并非一帆风顺。伴随着1958年《学习指导要领》的修订，日本的学校开始实施标准化的学校课程，确立自上而下的行政研修制度，导致授业研究走向僵化。应试教育的蔓延，开始"腐蚀"教师对授业研究实践的自律性。不过，在这个时期里以授业为对象的科学研究也得以推进。进入20世纪70年代，基于行为主义的授业研究的科学化倾向愈益强烈，相关研究者与实践者开始从教育技术学的角度出发，揭示授业研究的缺陷与技术，开发用于分析与解读大数据的方法与程序。正如日本教育方法学会理事长中野和光指出的，"日本的授业研究不是单纯基于教师团队的改善授业方法的研究，这里面横亘着教师作为教育者、作为专业工作者的伦理。因此，这是一个基于中小学教师和大学研究者为日本的儿童与社会承担起责任、研究更好的教育实践的运动"[10]。这一方面开拓了作为实践者与研究者协同展开授业分析的授业研究的新领域，催生了学校的授业研究的多样性，另一方面又导致了授业独特性与教师话语的剥夺，就是说，客观性与一般化的追求剥夺了"T（教师）-C（儿童）"的逐字逐句的记录所看到的授业的独特性与教师的话语，导致授业与授业研究的操作化倾向。

日本授业研究的转型从1990年前后开始。这是一个在授业研究中引进民族志方法、质性研究法、参与观察研究法，导入认知科学、社会建构主义、批判理论、活动理论等多样研究方法论的时期。这个时期的研究重心不是儿童信息处理过程的研究，而是转向意义生成的研究；不是旨在授业的科学与教师个人的研究，而是转向培育所有儿童与教师的学习、旨在学校改革的授业研究[11]。这种挑战是与从"技术性熟练者"到"反思性实践家"的教师专家形象的转型并行的。授业研究作为凝练教师的协同性、反思性实践的案例研究,而得以重新评价。国家教育政策的目标也从强调"内容"的习得转向强调"素质"的涵养,鼓励培育"素质"的新的学校课程的编制与教育方法。随着授业形式的多样化,授业研究也复杂化了,这就要求学校与教师进一步下一番功夫。在国际学力测验中,日本取得好成绩的秘诀就是授业研究。以此为契机,世界各地开始尝试"授业研究"。日本也在 2007 年开始进行有关全国学力、学习状况的调查,旨在提升学力的授业研究在各地推进;从 2008 年开始设立教职大学院。推进以实践与中小学为基础的教职大学院,同中小学与教育委员会合作,以在职教师研究生与大学毕业的研究生的"学校实习"为媒介,持续整顿地方学校的授业研究。在这种背景下,各地学校中的授业研究得以进一步多样化,超越地域的学校之间的授业与授业研究得以加速进展。

日本的授业研究是一部与时俱进的课堂变革的交响曲。"授业研究"这一术语所表征的,其实是一种复杂多样的历史发展现象。东京大学佐藤学教授在《日本授业研究的历史重层性》中指出:"日本的授业研究具有多元性与多重性。为了充分地认识日本的授业研究,历史地认识日本的授业研究的多元性与多重性是必要的。"[12]

三、日本授业研究的特质与价值

日本的授业研究"旨在发挥授业研究的两种力量——培育教师与培育学校的双重力量。这意味着指向每一个教师的成长以及支撑这种成长的专业学习共同体文化的成熟,而教师的成长与学校文化的成熟,是同所有儿童的学习与成长联系在一起的"[13]。

(一) 促进教师作为专家的成长

授业研究对于作为实践者的教师而言,是以发展教师作为专家的专业力量为宗旨的。"教师是实践者,同时又是授业研究的主体。"[14]教师以授业实践为对象展开探讨,通过研究发展自身的专业力量。那么,日本的授业研究在培育教师的实践、提升教师作为专家的能力方面,具有怎样的意义呢?

磨砺教师的教学技能。特别是对初任教师而言,有关授业中的课题设定与提问方式、对儿童提问的应对等,是可以通过观摩熟练教师的授业技能获得启发的;熟练教师也可以通过观摩自己的授业,发现自己的指导方法存在哪些问题。在这个过程中,既可以磨砺教学的技能,也可以加深对有关教材的知识与适应儿童发展的教材内容的理解。

促进儿童的能动学习。今日课堂的转型不是停留于依据教师的指令去动作,而是必须以儿童自身能动地直面课题,展开探究的"深度学习"。这就要求教师把握授业中儿童学习的过程,以及儿童思维的流程与探究的深度;探讨授业设计,思考怎样去重构授业才能展开深度学习。事实上,即便是观摩同一节课,熟练教师也会比新任教师有更多的发现,熟练教师能够基于证据,去叙述儿童的教材理解与授业的展开;能够考虑到构成授业的种种关系,去把握儿童的发言与教师自身的行为。

打造教师的学习团队。把握儿童学习的真实状态是难以靠教师的单打独斗做到的。通过接触他者对儿童的把握,就可以发现自己看不见的现象,发现自己需要把握的特征。在授业研究中,和同僚一起观察与理解儿童,即便是对熟练教师而言,也是修正自己看法的一个机会。晚近要求于教师的是一种"持续学习"的教师形象——不仅要是"教"的专家,还要是"学"的专家,即需要持之以恒地提升对儿童学习的理解。在这种能力的培育中,重要的不是"指导"与"被指导"的关系,而是有助于教师与同僚之间形成协同学习关系的团队。可以说,形成不分辈分与资格,在平等的关系中合作,细致地把握每一个儿童的学习,提高儿童学习质量的"学习型组织",将有助于每一个教师的成长。

不断地反思与精进。教师的授业不是基于"技术的合理性",而应当基于"反思性实践"。在授业实践中往往会发生教师预想不到的儿童的想法与困惑,这就需要教师消弭感受到的惊异与恍惚,变革状况,着眼于现象,修正自身的思考,在新的认知框架中展开实验性尝试——这就是作为教师的专业职务。同情境对话,反复地矫正与实验,亦即不断地琢磨与反思实践,可以说,这也是教师授业能力的本质所在。授业研究对于执教者而言,是自己的内心就种种的课堂事件得以意识化的机会,同时,执教者通过同观摩者的对话,激发自身的思考与情绪,使授业研究成为培育反思性思维方式的场所;对于观摩者而言,授业研究是旨在支援、促进授业中向同僚与儿童学习、接触所表现出来的思考与情绪的机会,是成为学习未曾经验的情境(案例)以及在现场做出判断的方式的机会,进而通过同僚的实践,又是同观摩者纠正自身的看法与实践本身联系在一起的。教师承担着公共教育的使命。教师唯有基于公共教育的视点,探讨授业中儿童的学习以及支援这种学习的教师的关系,才可能更自觉地展开授业实践,履行公共教育的使命与责任。

授业研究既是"研究"的实践,又是"学习"的实践。授业研究是伴随着积极探究的心态,指向目标进发的一种学习,对教师的成长具有关键性意义。授业方法是达成教育目的的手段,也是教师授业技艺的具体展现。这就意味着教师教育需要着眼于锤炼每一个教师具备适当的授业实践技能,同时要求探讨授业技术并基于这种探讨建构授业的理论,进而提炼出贯穿了这种技术与理论的教育思想。可以说,"授业研究"就是这样在整合了授业技术、支撑授业的理论、贯穿这种技术与理论的教育思想背景下,而展开的一种授业探究活动。

(二)促进学校作为"学习共同体"的发展

日本的"授业研究"拥有双重的力量——培育教师的力量,以及培育学校的力量。教师的学习与成长通过丰富同僚的协作与信赖的社会关系资本,而得以深化与促进。授业研究原本是基于教师的协作所展开的实践。因此,它的推进将有助于耕耘教师的社会关系资本,亦即耕耘"同僚性",构筑学习型组织,打造专业的协同学习的共同体文化。

耕耘"同僚性",从个人主义到协同主义。教师的"同僚性"存在种种类型,诸如自由散漫的个人主义、教研室文化、工作室文化等。不同类型的授业研究都有着打破其内在的问题、求得授业研究之改进的目标。而"授业研究"则有助于打开封闭的教室大门,对课堂中儿童的学习与成长负责,促进教师从个人单干转向教师的团队协作。授业研究也可以跨界组织,亦即使不同年级、不同学科、不同年龄之间的交织成为可能。这就有助于消弭学科教研组织的隔阂,促进相互理解。"授业研究"可能会从其研究的特性出发,基于学校的愿景设定"研究主题",这样一来,就可以期待教师在工作场景中的活跃化——推进基于同僚之间的协同研究,求得同僚之间相互学习的平等关系。再者,"授业研究"是借助几代教师的合作而求得学校愿景的明确与分享而推进的,因此,未来骨干教师的培育是同构筑旨在实现愿景的学习组织联系在一起的。

建构"学习型组织",从"现在取向"走向"未来取向"。所谓"学习型组织"是指,能够持续地发展"达成愿景的力量",应对复杂的情境求得问题解决的组织。从建构学习型组织所不可或缺的三个根本支柱——对复杂性的理解,学校愿景的培育,借助反思与协同的共创性对话——来看,授业研究拥有在学校中建构学习型组织的力量。协同地观察、探讨"授业"这一不确定的复杂活动的授业研究活动本身,有助于促进教师对复杂性的理解。授业研究在其过程中借助一以贯之的教师反思与协同的共创性对话,有助于培育面向作为专业成长发展的每一个教师的愿景的实现。从目标的组织运营出发,在儿童中培育"核心素养",在教师团队中耕耘"同僚性",借助家庭与社区的协作体制等方式实现学校愿景,是可能的。指向学习型组织建构的授业研究,把"当下"儿童的幸福从"现在取向"强烈的教职的视野,拓展为面向未来的视野。

打造专业的"学习共同体"文化,从"保守倾向"走向"进取倾向"。无论是耕耘"同僚性"还是建构"学习型组织",所有这一切都是在培育学校中的专业学习的共同体文化。作为专业学习共同体运营的学校,以保障每一个儿童的学习与成长作为教育实践的核心,具有两个支持性支柱——基于教师的组织学习的协同与关照;基于儿童学习实际的评价成果的验证,持续地改进的文化特征。从这种持续改进的文化特征出发,专业学习共同体的文化使得教师从个人主义与"现在取向"强烈、容易抗拒实践变革的教师的"保守倾向",提升到旨在为了每一个儿童的学习与成长的实践与组织的变革的"进取取向",这就使得共同体本身走向成熟。从培育专业的学习共同体文化的视野来看,着力于探究每一个儿童的学习与成长,采取旨在鼓励教师的协作与互惠的关照的创意性举措,基于儿童的学习事实展开对话与讨论的设计,是十分必要的。专业的学习共同体文化要经历长时间的打磨才能趋于成熟,在这里重要的是,如何根据学校各自的发展过程,调整授业研究中协同研究的着力点。

(三) 促进授业研究模式的自律进化

日本"授业研究"着力于多层的协同,不是鼓励教师个人的钻研,而是调动教师群体的智慧,展开协同研究。因此,在授业研究中重要的是提升"多样性"与"多声性",这就有助于超越个人与学科的界域,助力研究范式的自律进化。"授业研究不是单一的学习与探究的反复,而是编织着多重学习与探究过程的螺旋式上升的实践。就是说,同'授业'一样,'授业研究'也是不会二度发生的、拥有一次性与独特性的实践。"[15]因此,重要的不是固守一种模式,也不是教师技巧的表演。授业研究终究是基于教师作为专业的自律性、基于教师的协同的授业反思,来支撑学校、教师及儿童培育的一种实践。换言之,那种威胁教师的自律性与协作,不重视实践的反思,以及缺乏教师成长与发展所不可或缺的长跨度的感悟的授业研究,反而会毒化学校文化,给教师与儿童的成长带来危险性。日本教育学者强调,要最大限度地发挥"授业研究"的力量,就得寻求研究模式的变革[16]。以下将对几种授业研究模式作出述评。

模式一,核对清单·评定模式。这是一种套用企业 PDCA(授业的计划—授业的实施—授业的评定—授业的改进)周期来展开学校授业研究过程的模式。这种授业研究尤其重视授业的实施与评价,其典型的案例就是采用核对清单的方法。核对清单的项目包括教师的提问与板书、指导儿童的方法、授业的展开、学习环境,以及儿童对学习内容理解的程度与学习态度等,要对其进行分等级的评价。基于这种清单核对,在公开授业中评定执教者的技能与知识程度,在授业研究会中围绕要点,观摩者展开点评。最后,要求执教者根据观摩者的点评,改进自身的实践。

模式二,设计·验证模式。这种模式基于 SPCR(课程研究与目标的设定—授业的计划—授业的实施与数据收集—授业的反思)的循环往复,尤其重视授业实施前的阶段。比如,强调执教者通过教案的编制,在教学内容和教学方法的知识与教案的写法上,得到同僚的认可或管理层与指导教师的指导;公开教学的班级与其他某班级,试行同一内容的授业,根据儿童的反应来修正授业的计划,通过反复地验证教案,集中性地凝练教师关于授业的知识,公开教学的计划也得以严密地推敲。确认与磨砺教师所必须掌握的知识、技能对于专业成长而言是重大的活动。不过,这种授业研究在提升教师的实践与"同僚性"等方面其实是存在诸多问题的:授业中执教者的行为往往会受到限制,观摩者也未必能够把握儿童的学习状态。教案的"指导"过于苛求,反而剥夺了执教者对授业创造的自由支配权,无异于削弱了执教者的主动性,导致执教者身心疲惫。这就要求从模式一、模式二的授业研究转向模式三和模式四的授业研究。

模式三,对话·证据模式。这是一种以把握儿童学习与教师的对话为核心,根据DPRR(基于对话的授业反思—授业的实践与把握—授业的设计—实践的重构)的周期来推进授业反思的模式。这种模式中,执教者设想儿童多样的学习路径,依据情境可变的授业展开课题探究,在授业中即兴地编织同儿童对话的授业设计。这种授业设计可以求得观摩者在公开教学中仔细地把握儿童的学习状态,在授业研讨会中就儿童具体的学习状态,展开对话与分享。以此为证据,包括执教者在内,进行授业实践的反思,面向授业与授业研究的改进,展开创造性的讨论。对实践之中与实践之后参与者全员反思的重视程度,胜于授业与授业研究之前的周密计划。

模式四,多元螺旋·探究模式。这是一种在 DPRR 的周期中按照时间序列,明确授业与授业研究进化的螺旋式结构,教师持续地探讨儿童长期的探究过程(包括儿童的探究螺旋、教师的探究螺旋、学校的发展螺旋)的授业研究模式。这种模式关注学习、探究、成长、发展等在时间的连续性,将教师的协同反思同实践的重建结合起来,从而产生促进授业研究的推进力。这样的授业研究不仅是分享一节课中发生的事件,而且通过观察单元、学期和学年的中长跨度的儿童的探究过程,也可以发现儿童多样沟通的发展与班级(学校)沟通的发展之间的关系及绩效变化的可能性。这些发现是同儿童的学习与培育、最大化的授业研究的革新、教师专业性的促进、专业的协同学习共同体的学校文化的成熟等,联系在一起的。

模式三的优势在于可以保障教师团队的自律性,保障教师在专业实践与成长中不可或缺的反思,但其缺乏对儿童与教师成长以及学校组织的发展所不可或缺的长跨度探索。模式三只能局限于对一节课的探讨,这无论对于实践重建的可能性,还是对儿童探究过程的理解,都是难以保障的。"成长"与"发展"之类的一切进化都是需要时间的,需要在学校中持续地形成并发展协同反思的文化实践——教师要长期追踪儿童协同探究的步伐,吃透其价值与意义的实践。这就是说,学校教育要求"授业实践的叙事"与"授业观摩的记录"的文化实践。换言之,"反思、探究、记录"的文化创造,将是授业研究革新与进化的永恒动力。

四、日本授业研究的制度优势及其世界意义

(一)日本授业研究的制度优势

日本的授业研究一方面紧跟国际学术思潮,作为"教育方法学"研究而展开——以教育者的眼光与研究者的眼光,通过授业实践来展开。从这个意义上说,它是同医学、工程学一样,按照"设计—实施—评价"的循环往复展开研究的。另一方面,日本的授业研究又是扎根本土实践的范例。从历史发展的潮流来看,其一,日本授业研究的最大特征就是扎根基层中小学的"草根运动"。从 20 世纪 20 年代以来,诸多学校往往举全校之力,潜心研究,一以贯之,形成日本特有的教师文化。其二,日本授业研究的一部分源于"课程研究",其后转向以"教授过程"、"授业方法"为重心的"授业研究"。而后,经由"实践家的研究活动的活跃化",再在关注"课程研究"的思潮中,展开了"授业研究"。正如田中耕治指出的:"日本的授业研究主要是在战后的东井义雄(Yoshio,Toui,1912—1991)和斋藤喜博(Kihaku,Saito,1911—1981)等人的教育实践基础上发展起来的。日本的授业研究具有'持续性'、'协同性'、'专业性'的优异特

质:不是一时的,而是教师持续性的研究活动;不是孤立的,而是教师协同性的研究活动;不是研究者指令的工作,而是教师自身发展专业性的活动。"[17]

日本的授业研究拥有诸多制度优势:第一,日本中小学的"授业研究"作为"校本研修"的制度,形成了"课前检讨—授业研究·授业观摩—课后研讨"的循环。日本早在明治时代就以师范学校为中心,而后在附属学校的课程与科目的实施中,通过授业研究承担起先进学校的范例作用。因此,在日本不仅特定的指定校,而且所有学校都形成了这种授业研究的框架。每一个教师都能参与作为"校本研修"的授业研究。第二,支撑授业研究的作为人工物的种种文化工具的存在。日本开发了各式各样的观摩授业的方式与工具。所有学校都形成了有其自身特色的指导案、速记录、授业记录等与研讨会相关的制度,以及归纳实践记录的研究纪要。晚近又开发了信息技术系统,运用这些样式记录反思授业设计的记录,使得思考得以外化成为可能,这对引领教师的思考、分享这种思考,具有独特的价值与意义。第三,日本的中小学形成了有助于在授业研究中深化教师的学习、支撑学校拓展教育思想的人事制度。比如,指导主任制度和退职校长作为建议者,使其自身所积累的实践知识得以传承与更新。此外,大学研究人员介入中小学研修的历史也相当漫长。第四,形成了一个易于教师展开协同学习的学校教育制度框架。在日本,教科书对于授业研究的改进作出了巨大的贡献,而优质的问题与学习活动也被引进教科书之中,形成了解读式的教师指导用参考书。第五,不仅是所有的中小学,包括民间教育团体也在从事多样的授业研究。借助超越了学校的教师研究网络的形成,执教者能够分享模范教师的授业模式及其经验。它不同于校本研修,对一线教师而言,发挥着支撑教师终身学习之网络的重要功能[18]。

不过,日本的授业研究也存在某些缺失,面临新的挑战[19]。其一,日本的授业研究基本上疏于"方法论"层面的探究,同欧美国家的授业研究大相径庭。日本的授业研究并不怎么讲究"研究框架"、"研究对象"、"研究目的"等方法论层面上的钻研,多半是"实践性"的、"尝试错误式"的研究。即便在研究终结之后也仍然缺乏"方法论"的追究。尽管在教育学术界多少出现了方法论的自觉,但在日本中小学教师和教育方法学者中间,仍然缺乏相关的深入探讨。所以,尽管存在多种多样的授业研究,但"关注实践"的日本中小学并不关注那些"理论问题"。可以说,这个特征既是日本授业研究的长处,也是日本授业研究的短处。

其二,日本的授业研究鲜有"改善课程"的案例。这是因为,日本的授业研究是以授业过程与授业方法为中心的。需要指出的是,在日本的"授业研究"中形成了两个独特的基本概念,即"研究授业"与"授业研究"。"研究授业"是指,不是基于执教者自身决定的课题,而是基于学校和研究机构指定的课题,特地让同事和校外的观摩者来"观摩"的公开课,拥有制度性地普及划一的授业技能——诸如提问、板书、授业步骤之类——的倾向。而"授业研究"则是指任何课堂、任何教师都可以向校内外同行开放的、日常的、返璞归真的授业,通过课堂授业的观摩活动,立足于班级的具体情境来探讨教师同行发现的课题和执教者自身设定的课题,借以明示下一步授业创造的具体视点,分享课堂实践中的课题。聚焦现场的授业研究之所以重要,是由于它可以把授业的成果还原给教师,有助于教师授业实践力的提升、改进课堂授业,进而使得整个学校的教师集体分享改进课堂实践的知识,形成教师专业能力发展的土壤。

其三,日本的授业研究缺乏研究组织之间的见解交流与信息交换。因此,尽管大家各自展开了"授业研究",但研究成果仅止步于内部消化,不同的研究组织之间难以分享。这里面当然也存在无可奈何的理由。这就是说,"课堂事件"是形形色色、极具个性的,不能说是唯一的、绝对的。柴田义松(1971年)主张,从授业研究的视点出发,"探讨各门学科的研究团体倡导的授业方式,对其进行相互比较,从而建构课堂授业的一般理论"。这种比较研究的视点即便在同一门学科之中也是欠缺的,各个研究团体往往容易把各自的理论与方法绝对化。这种现象不仅无助于各自主张的进步,而且会导致各自实践的停滞化和闭塞化。因此,在当今日本的教育学者中间,期待彼此之间通过实际的授业研究和实践交流,加深彼此理解与相互学习的呼声,高涨起来。

(二)日本授业研究的世界意义

日本授业研究的历史经验表明,授业实践、授业研究与教师成长是不可分割的,授业研究的课题亦即教师成长的课题。这是因为,"改进教育实践的最好的希望,是把教师提升为自主的、反思的人"[20]。事实上,"在日本的授业研究中存在着为教师的学习与探究作出贡献的如下三股力量:基于教师与教师协作的力量——超越自我、学科、职位与学校;基于角色与研究者的协作的力量——超越专业领域与专业分化;基于教师与所有探究者的协作的力量——超越专业的垄断性"[21]。日本授业研究的经验与理论无疑是一种弥足珍贵的"国际文本"。我们通过这种文本的解读,可以发现多元的意义——政治的意义、文化的意义、知性的意义、实践的意义。

授业研究的变迁不仅受到社会变化的影响，而且也会基于对作为专家的教师形象的认识的变化而受到影响。日本理想的教师职业形象经历了从"圣职化"（教师圣职论）到"工匠化"（教师劳动者论）再到"专业化"（教师专业论）的历史演进。1985年以后，教师的专业性成为世界教育改革的中心，核心问题之一就是"教育实践家"作为教师未来形象的建构。麻省理工大学的哲学家舍恩（D.A.Schon）（1983年）提出了两种专家的形象——"技术熟练者"与"反思性实践家"[22]。所谓"技术熟练者"，是一种所谓把"为了处置现实的问题，合理地运用专业知识与科学技术的实践者"视为专家的见解。相反，"反思性实践家"是指"专家的专业性在于活动过程中知性与省思本身"的见解。专家拥有默会知识（在行为之中默会活动的知识），在同情境对话，或边行动边思考，或不断反思行为。教师的专业性不在于拥有运用教育学理论的知识与技能，而在于拥有实践知识与实践思维，能够应对变动不居的复杂情境的见解。教师不仅能够恰当处置授业技术与学科知识，而且能够应对授业及与儿童互动等复杂的问题情境，还能通过经验学会这种判断与应对。而作为这种经验的共同省思的场域，就是基于"授业研究"的"校本研修"。

授业研究是一种复杂的实践，包括：技术性实践、知性的实践、经验性实践、情感性实践、伦理性实践、政治性实践、情境性实践、文化性实践[23]。现实的实践是在日常的流程中进行的。把它作为怎样一种实践来进行描述的"证据"，为我们提示了授业实践的重层性。行为科学、决策研究、信息处理研究、社会文化研究、社会学研究、教育学研究等对"授业"实践的不同认识，是立足于各个时代的学术原理得出的。刘易斯（C.C,Lewis）指出："应当跟自然科学一样，基于授业研究的不同视点——以价值中立的客观方法来进行分析的视点；旨在实现教育之特定价值的人类科学的视点；寻求教师学习的一般原理的视点；旨在寻求区域性的局部证据（局部规则）的视点，来展开研究。由于授业研究模式的不同，研究者提出的证据与描述也有所差异。"[24]当然，它们之间并不是二元对立的关系，有可能交融不同的视点而形成不同的研究格局。日本在传统上是以学校为核心，通过校本研修，共同探讨授业，而形成自律的教师文化的。尽管其在不同时代、不同学校，时而活跃、时而沉寂，但这种授业研究的传统却是一脉相承的。与同僚一起探讨授业的活动，不仅是旨在教师个人素质的学习，而且是形成教职员的同僚性的情结、共同秉持一种教育的愿景，面向学校创造的最有效的方法。事实上，1980年以后，世界各国都把提升教师的专业性与自律性的改革作为教育改革的中心,与此呼应的"教师文化研究"在两个领域获得了长足的发展:其一是教师的"实践知识"(practical knowledge)与"实践见识"(practical wisdom)的研究,其二是教师作为专家共同成长的"同僚性"(collegiality)的研究[25]。

　　授业与授业研究是一种充溢着感悟与乐趣的实践。在这种实践中,每一个教师能够分享新的发现,分享儿童成长的喜悦,以及同僚之间协作的美妙与温馨。教师的这种学习(成长)往往是在无意识之中进行的,而教师的行为交织着认知性、情绪性、动机性的要素,因此,教师的学习(成长)可以在诸多侧面发生。"教师的素养与能力实际上是借助多重要素—— 使命、个性、自信、概念、行为、环境——之间的交互作用而形成起来的。"[26]探讨日本的"授业"与"授业研究"的奥秘,可以为我们带来丰硕的"支撑儿童学习、拓展教师见识"的教育学的智慧。

【参考文献】

[1]日本学科教育学会.现今为何需要学科教育:基于学科本质的授业创造[M].东京:文溪堂,2015:109.

[2]诸桥辙次,等.广汉和辞典(中卷)[M].东京:大修馆书店,1982:237.

[3]东洋,等.教育的方法:儿童与授业[M].东京:岩波书店,1987:234.

[4][6][10]日本教育方法学会.日本的授业研究:授业研究的历史与教师教育(上卷)[M].东京:学文社,2009卷首语1,序言3,2.

[5][23][24]秋田喜代美,藤江康彦.授业研究与学习过程[M].东京:放送大学教育振兴会,2010:93,256,257.

[7][8][9][11]的场正美,柴田好章.授业研究与授业的创造[M].广岛:溪水社,2013:281,287,286,288.

[12]秋田喜代美,等.授业的研究,教师的学习:日本授业研究的诱惑[M].东京:明石书店,2008:43.

[13][15][16][21]木村优,岸野麻衣.授业研究:变革实践、创新理论[M].东京:新曜社,2019:112,27,26 - 31,32 - 35.

[14]稻垣忠彦,佐藤学.授业研究入门[M].东京:岩波书店,1996:144.

[17]田中耕治,等.授业的创造与学习的创造[M],东京:学文社,2011:3.

[18]鹿毛雅治,藤本和久.授业研究的创造[M],东京:教育出版社,2017:153 - 155.

[19]日本教育方法学会.日本的授业研究:授业研究的方法与形态(下卷)[M].东京:

学文社,2009：18-19.

[20] 派纳(W.F.Pinnar),等.理解课程[M].张华,等译.北京：教育科学出版社,
2003：787.

[22] 舍恩(D.A.Schon).专家的智慧：反思性实践家在行动中思考[M].佐藤学,秋田
喜代美,译.东京：ゆみる出版公司,2000：214-217.

[25] 佐藤学.教育方法[M].东京：左右社,2010：178.

[26] 日本继续学习者协会.反思入门[M].东京：学文社,2019：11.

第一编

日本授业研究的
特质及其发展

　　本编的主题在于梳理日本授业研究的起源、历史与现状,描述日本授业研究的理论、方法与形态。日本的授业研究是作为探索学校教育内容对儿童发展及其未来社会发展之意义的运动,同时也是作为寻求更好的授业方法的运动而产生的。从这个意义上说,日本的授业研究不是单纯地基于教师团队的教学方法的改进,在日本的授业研究中,还渗透着教师作为教育工作者的职业道德与伦理。这是一场对儿童与社会负有责任,以更好的教学实践为指向,基于一线教师与大学教育研究者相互合作的运动。

第一章

日本授业研究的历史发展

　　日本的"授业研究"始于明治时代,"教育方法学"的概念是能势荣在 1896 年通过翻译当时普鲁士赫尔巴特学派教育学家拉因(W.Rein)的《教育学纲要》而引进的。因此,日本的授业研究是作为"教育方法学"的一环而展开的,这是一方面。另一方面,战后的《学习指导要领》成为一线教师自由开发学校课程的一个指引,而后在 1958 年,《学习指导要领》又作为国家标准加以实施,日本的授业研究运动作为寻求更好的授业实践的方法应运而生。从这个意义上说,日本的授业研究不是单纯地基于教师团队的教学改进,它还是承担着作为教师教育者的职业伦理、探讨更好的教育实践方法的中小学教师与大学研究者的运动。本章旨在梳理日本授业研究的发展脉络,同时提示若干实证资料,借以透视日本战前草根式授业研究的遗产。

第一节　日本授业研究的谱系

一、日本"授业"与"授业研究"的诞生

日本的授业研究历史悠长。由于各自时代的社会形势与授业研究的主体不同,其基本思路也有所不同。因此,它实际上是以多样的方式推进的。日本"授业"的历史可以追溯到 1872 年(明治 5 年)公布《学制》创办小学的时期。此前,日本是在藩校与私塾、寺子屋等教育机构中展开教育活动的。不问身份,以所有儿童为对象,以同步形态进行的授业,是在明治时期奠定基础的[1]。

明治初期是一个制度性学校和教师职业形成的时期,要求教师作为授业专家的能力和基于实践者的授业研究。根据明治 5 年(1872 年)的《学制》而发布的《小学校令》,首先被提出的课题是,从美国引进学校课堂授业的模式,整顿中小学的教育内容与课堂授业,这是不同于"寺子屋"之类的近世庶民教育中的授业传统的。美国籍教师斯科特(M.M.Scott)在东京师范学校推广同步授业的方式,通过该校的毕业生和众多的论著传布于各府县的学校,各县的师范讲习所、师范学校热衷于成套地传布美国式的教科书、教具、授业法。拥有多年经验的"寺子屋"的师爷也需经过这种传达讲习,才能被认定为新的小学教师。在这个阶段,教师热衷于从中央传达来的新型授业方法的研修,目的在于使得所有教师都能够掌握被视为"典范"的方法。斯科特介绍的方法是同裴斯泰洛齐主义的教育思想一脉相承的。在关注儿童认知发展原理的思想背景下,强调"授业应当适应儿童的心性"、"激发儿童的感受性,培育智力"。不过,同这种原理相悖,其初衷在于摸索新导入的课堂授业的步骤和行为,寻求

"教法一致"。

不过,"授业"这一术语的普遍使用是在明治 30 年以后。从明治到昭和初期广泛普及的是同"授业"意义相同的"教授",顾名思义,"教而授之"系重在强调教师的作用。而后,在创造战后教育的基础上,从批判战前的死记硬背、划一主义的教育,重视儿童的学习活动的观点出发,"教授"这一术语的使用逐渐受到限制,"授业"被广泛使用。在同一时期,"授业研究"在学校现场与教育学界也活跃地进行。"授业"这一术语作为兼具实践意涵与理论意涵的词汇一直普及至今。

二、基于裴斯泰洛齐主义的授业研究

从明治 10 年开始,往后的十几年内,授业研究方兴未艾。明治 8 年(1875 年)赴美留学攻读教育学、授业法、教师培养的高岭秀夫、伊泽修二,在明治 11 年(1878年)归国并扎根东京师范学校,致力于授业内容与授业方法的改革。在高岭的指导下,从事师范训导的若林虎三郎、白井毅在明治 16 年(1883 年)出版编著《改正教授术》,于是,作为授业改造的模式加以普及,各县师范学校的教师纷纷编纂同类的授业法著作,普及授业研究[2]。《改正教授术》第一卷开宗明义列述如下各点:"教授之主义"、"质疑之心得"、"方法书之表述"、"点评之要点"。在"教授之主义"中,列述裴斯泰洛齐主义的九个授业原则——"活泼是儿童的天性"、"按照自然之顺序开发儿童之心力"等。"质疑之心得"提示教师提问的心得——"质疑之适当与否,牵涉心力之开发、学艺之进步,系教授术中最紧要之一步"。"方法书"是教案的形式。"点评之要点"提示观摩其他教师的授业之后,如何进行点评的要点。授业中的方法论原理、提问、评议被视为授业法的要点,应当关注的是,在点评中,授业成为研究的对象。通过授业法书籍编纂的风行,以及以此为中心的讲习、研究会的普及,授业研究在这一时期蓬蓬勃勃地开展起来,显示了日本教师积极改革课堂授业的愿望和理论建构的能力。

三、基于赫尔巴特主义的授业研究

明治 20 年以后,随着公共教育制度的整顿,日本对授业和授业研究的规定有所强化,形成了制度性框架。明治 23 年,随着《教育敕语》的公布,教育宗旨得以规定。通过《小学校令》的颁布，制度上的整顿得以进行。翌年，《小学校教则大纲》制定据此要求各学校编制教授纲目，对授业内容进行彻底的规定。然后借助检定教科书、国定教科书的政策来控制教材的编制。明治20年代后半叶，日本开始引进普鲁士的公共教育理论——赫尔巴特主义，替代了旨在开发儿童心性的裴斯泰洛齐主义。它以规定的内容和教材为前提，把"预备"、"提示"、"比较"、"概括"、"应用"作为公认的传递式授业法加以普及。以（同就学率的上升、班级的整顿并行）导入的赫尔巴特主义授业理论为媒介，公共教育的课堂授业得以定型，课堂授业的范式也就此被提出。这是通过教师培养、在职教师教育以及授业法书籍，得以普及的。授业研究在持续，这是以定型的教材如何传递为目的，关注教师的传递技法为目的的一种形式化的追求。在国家对授业内容和教材的规定之下，授业研究也走向定型化和制度化。这样，就制约了教师在授业实践中进行自律性判断与自由选择[3]。某些定型化的授业研究的原型就是在明治20年代后半叶形成，同时在全国各地的学校得以扎根的。可以说，这个传统构成了当今的"导入、展开、总结"的阶段式授业的框架，或者说，实施了以提问研究为中心的授业研究方式，甚至使得授业研究被形式主义化地深深扎根于教师的意识之中。

四、教育改造运动的兴衰

从明治末期开始，日本的学者便对这种定型化的授业研究展开了批判。今天日本称之为"实践性研究"的源泉就在于此。"教育实践"的话语和"实践记录"的话语也是在大正时期教育运动中成型的，其特征是儿童中心主义（学生中心主义）、经验与科学的结合、项目单元与问题解决单元的授业等。对于授业研究来说，重要的是授业实践是以"叙事"的方式被记录和被言说的。大正（1912—1925年）、昭和（1926—1988年）时期展开的教育改造运动，在日本的教育实践史上构成了重要的谱系。这种授业研究的革新动向可以说是革命性的。关于它的展开及其意义，东京大学出版会出版的浅井幸子的博士论文做了出色的分析[4]。浅井详细阐述的是，参与大正时期教育的"儿童村"运动的教师们，以"我"这个第一人称来叙述课堂的事件，具体的口吻谈及"某某同学"如何如何，将其作为课堂经验的概括性故事来叙述。从某种意义上说，这是以"私小说"为模式的一种课堂记录。不过，这种"实践记录"的风格在这20年间却形成了引人注目的课堂叙事的方式。在这种授业研究形成的基础之中，教师身份的实质性崩溃的事态也是饶有趣味的。明治时代的教师可以说是内化了国家意志的教师。当这种强固的内化分崩离析之际,教师发现了作为教师的"我",发现了具体真实的儿童,发现了第一人称的"我"与活生生的儿童在对话之中所形成的授业事件。

然而,在国家强化了对教育内容的规定、教师的实践和研究的规划、在班级规模偏大的条件下,聚焦授业方法的洗练的研究成为主流。特别是进入昭和时期,作为大正时期新教育运动展开的实践被弹压下去。与此同时,可以发现,在国民学校的体制之下综合授业、新教育运动的方法论原则,则被别有用心地扭曲为服务于战时的教育宗旨。基于"私小说"的教育实践的记录与考察的授业研究,在其后随着20世纪30年代法西斯主义教育的推行而式微,但其革新的传统却在战后民主主义教育中苏醒了。从1947年至1965年的新教育实践中作为所有教师的授业研究方式,重新得到了普及。尽管时期短暂,但在各个学校推进的实践研究是不应当过低评估的[5]。

第二节　日本授业研究的历史遗产

一、大正新教育运动的发展及其授业方法的改革

(一) 大正新教育运动(大正自由教育运动)

日本战前的授业研究大体经历了两个时期:旨在授业的普及与定型化的明治时期与推进从学校出发的授业改造的大正—昭和时期。19世纪末20世纪初,在以欧美为中心展开的新教育运动的触发之下,日本也展开了被视为"大正新教育"的改革运动。明治20年代以后,德国赫尔巴特(J.F.Herbart)学派的"五阶段教授法"风靡一时,但很快呈现形式化、划一化的弊端,陷入灌输主义。于是,展开了批判这种教师中心的划一的教授法、从儿童作为学习主体的立场出发的教授法改革运动。

这个运动的萌芽从明治30年代就已显露头角。樋口勘次郎(高等师范学校训导)批判了赫尔巴特学派教育学主张的强制儿童"盲目服从"教师的"管理"主义,以及灌输式授业,倡导把儿童作为学习主体,推进自发学习"活动主义"教育。同期,谷本富(京都帝国大学教授)也从儿童自学的重要性立场出发,倡导"自学辅导"。

从明治末期到大正初期,私立的日本济美学校(1907年)和成溪实务学校(1912年)创设,1917年(大正6年)4月,成城小学创设。这些学校从批判划一主义教育的立场出发,揭橥四个口号——"尊重个性的教育"、"亲近自然的教育"、"情操教育"、"基于科学研究的教育",展开了新的教育实践。从明治末期开始,兵库县明石女子师范学校附属小学在及川平治主任的领衔下,尝试"分团式动态教育法"的实践。

第一次世界大战后,以国际上自由与解放的思想为背景,同大正民主相呼应,在师范学校附属小学和私立小学展开了重视儿童自发活动的教育改造运动。1919年6月以后,以手塚岸卫为中心,在"自治的训练,自学的授业"的口号下,展开了旨在打破旧有的强制性训练与灌输式授业的"自由教育"的实践。同年5月,以赴任奈良女子高等师范学校附属小学的木下竹次为首,打破旧有的他律教育,展开了旨在自律性学习的"学习法"、"合科学习"的实践。

此外,作为推进大正新教育运动的学校,还有羽仁元子的自由学园(1922年),以野口援太郎为中心创办的池袋儿童村小学(1924年),该校的姐妹校——樱井祐男的芦屋儿童村小学(1925年)以及上田庄三郎的云雀冈小学(1925年)、明星学园(1924年)、玉川学园(1929年)。这些私立学校共同的一点是,小班制、致力于适应每一个儿童个性的教育。另外,在芦田惠之助尝试"作文自由选题"的同时,还有《红鸟》运动、山本鼎的"自由画教育运动"等,高潮迭起。

这样,面对高涨的新教育运动,行政权力施加了种种的干涉与压制,1924年8月,以冈田良平文部大臣谴责新教育的训示为契机,迎来了大正新教育运动的蒙难时期。

(二)大正新教育运动中的授业方法改革

从20世纪10年代至30年代的大正新教育运动,标榜养成适应"帝国之进步"的"小国民";养成"具有觉悟与实力的、谋求国力之充实的国家中坚人物"[6],而采取了一系列改革措施,寻求儿童的自发性与活动性。

1.打破教师中心的划一的班级授业,以每一个儿童的学力与兴趣各有差异为前提,展开适应每一个儿童的个别授业活动。及川平治基于对儿童能力差异的认识,倡导协调并兼具班级教育与个别教育之优势的"分团式教育",根据儿童理解的快慢,分设三个分团——急进团、普通团、缓进团,儿童所属的分团往往不是固定的,是根据不同学科,或者即便是同一学科也可根据课时来分团的可动分团。

2. 儿童同班级内的伙伴合作并借以展开学习的尝试。其典型是奈良农庄高等师范学校附属小学的"相互学习"。该校以"儿童是学习的主人公"为前提,编制了包含"独自学习—相互学习—独自学习"的定式化顺序的方法体系。创设了"特设学习时间"这一学习展开的场域,以及超越了学科框架的"合科学习"这一新的学习形态。木下竹次在《学习原论》(1923年)中倡导儿童将自己在独自学习中发现的疑问和见解提交至学习集体,期待通过集体讨论获得更好的学习,从而使学习者习得"社会化的大人格"。

3. 以奈良女子高等师范学校附属小学的实践为代表的合科学习。"合科学习"是从1920年开始的。儿童一旦进入学校,一般是分国语、算术等学科分门别类地教授的,但在合科学习中,不设固定的课时表,学习材料是从儿童周遭的环境之中,由儿童自身去摄取,学生展开自发自选的学习,教师从旁帮助。学习的舞台不限于教室和学校内的教育环境,而是涵盖了学校周遭的乡土社区。

4. 儿童的自治活动。为了打破旧有的强制性训练,千叶县师范学校附属小学从1919年开始,在寻常科第5学年以上的班级设立班级自治会,而后在所有学年的班级普遍设立班级自治会,热情地鼓励儿童的自治活动。在私立池袋儿童村小学等,于小班制的学校与班级中也展开儿童的自治活动。该校负责学校经营的野村芳兵卫发表《生活学校与学校统制》(1933年),倡导旨在基于推进友爱精神的互助合作与协作自治,这种观点成为该校学校经营的指导性原理[7]。

二、生活作文运动

(一)何谓"生活作文"

日本的授业研究并不是在战后的新教育期才开始出现的,它的起源可以追溯到20世纪20年代的"生活作文"运动。新教育运动的口号是,从19世纪型的"教师中心的教育"转型为20世纪型的"儿童中心的教育"。在"第一次新教育"(大正自由主义教育)期间,每年聚集一万人以上的观摩者。及川平治主持的明石师范附属小学就是其中的一个杰出代表,当时在日本各地兴起了授业研究的高潮。这种授业研究不限于师范学校附属小学和私立学校,在东北的农村地带,开展生活作文运动的农村小学,也致力于授业研究。

那么,何谓"生活作文"?顾名思义,"生活作文"是"生活"与"作文"的合成词。

亦即具备了"生活"与"作文"两者才能构成"生活作文"。没有"生活"的"作文"和没有"作文"的"生活"都不能说是"生活作文"。狭义地说,"生活作文"系指"儿童书写自身生活的作文"[8]。但一般而言,是指从大正时代(1912—1925年)到昭和初期(1926年为昭和元年)展开的以儿童作文为轴心进行的教育运动以及在这个运动中产生的教育上的种种成果,并不停留于国语授业中的写作方法和表现技巧的授业。

"生活作文"概念的基本内涵是,儿童借助作文,把自己生活中的所感、所思写下来,经由班级集体的探讨,求得见解、观点、感悟的深化与分享的教育[9]。"生活作文"关注儿童发现自己的生活及其内在世界的现实,原原本本地、直率地将其书写出来,然后,通过各自的作品在班级集体中得以阅读,来深化并分享他们的思考方式与感悟方式。可以说,这是一种主张教育中的"生活"的重要性的教育运动,本质上是"借助以生活世界为对象的写作,来培养儿童的语言表达能力,同时在作文活动中促进儿童主体性人格的形成"的一种教育。

(二) 生活作文运动的步伐

这种生活作文运动的步伐可概括如下:1918年(大正7年),作家铃木三重吉创刊儿童艺术杂志《赤鸟》,募集并刊登儿童的作文、诗歌,作品栩栩如生,对事物的现实描写受到赞赏。以《赤鸟》为契机,他主张把儿童的生活与作文结合起来。1929年(昭和4年),小砂丘忠不以都市小市民为对象,创办基于东北农村生活的儿童作文杂志《作文生活》,这种以东北贫穷的农村生活为基础的作文运动被称为"北方性教育运动",可以说是生活作文运动的主流。1931年交流教师主张的平台——《教育·国语》杂志创刊,运动被引向高潮。进入战前期,在法西斯主义思想的影响下,生活作文运动不得不一度中断。不过,在战后的1951年3月,以山形县山元中学初中教师无着成恭率先编纂《山音回响的学校》为契机,接着在同年,大关松三郎的《山字》、国分一太郎的《新的生活作文的课堂》,以及三年后相川日出雄的《新地历教育》、土田茂范的《乡村一年级生》等教学实践记录也陆续得以发行。这样,生活作文教育不仅仅局限于国语科的授业,而且催生了被誉为一般方法论的《生活作文教育方法》(国分一太郎、小川太郎,1955年)[10]。小西健二郎的《班级革命》(1955年)、东井义雄的《培育乡村的学力》(1967年)也相继出版。可以说,这个时期涌现了战前所没有的成果,标志着战后"作文教育运动·生活记录运动"的复兴,成为战后初期主要的民间教育运动之一[11]。

方明生博士指出:"作为生活作文教育运动的前史,芦田惠之助的'随意选题'的思想是通过回归传统来追求教育的主体性的;艺术自由教育中的铃木三重吉和北原白秋的活动则是一种儿童本位的作文指导。在生活作文教育的历史中,野村芳兵卫在课程上对生活教育及作文教育的构想,小砂丘忠对人性与儿童的思索都占有重要地位。战后生活作文运动在民主主义教育体制下得以复兴,它是战前生活作文运动的一种延续。"[12]

(三) 生活作文运动的特征

生活作文运动的主要特征是:第一,主张生活的重要性。所谓生活作文的"生活"不是都市生活,而是处于在贫困和因袭之中疲惫的社会状况下的农村儿童的生活。通过发现并原原本本地表现儿童的这种生活,直面源于这种社会现实的思想。

第二,强调现实性。现实地描写真实的生活,自觉地发现自己的生活,如实地观察这种事实,从而锤炼自己的思考。这样,生活作文贯穿着儿童一连串的目的:(1)描述生活;(2)认识自己的生活,激发生活的欲望与需求;(3)掌握实现生活愿景所必须的知识和态度,创建更有价值的生活。归根结底,是旨在改造贫穷落后的农村生活,确立新的自治生活。对于教师而言则是通过儿童的作品,发现儿童的现实生活,与儿童一起,理解自己所生活的社会。

第三,凸显集体性。基于儿童生活的学习,借助作文表现出来,其作品在班级里交流的时候,儿童的见解与思考明确起来,得以深化和升华。集体的这种分享的作业,是作文的重要特征之一。

生活作文的授业方法终究是扎根于每一个儿童生活的个别性、具体性、特殊性的认识,同时又得以发展为一般性、抽象性、普遍性的认识。正因为它具有这样的教育原理性的特征,所以有可能适用于学科授业与生活指导。不过,这种性质在学科内容现代化的流变之中被批判为经验主义的偏向,混淆了学科授业与学科外授业的界线。尽管如此,"在日本近代学校教育中产生、发展,并在第二次世界大战后再次复兴的'生活作文'的思想和方法是扎根于日本社会土壤中的'本土'的教育思想。这一教育思想和方法超越了日本近代教育理论对'舶来品'的全盘接受和模仿的肤浅做法,以大量教师的授业实践为基础,形成了既是现实的,又是具有教育思想深度的作文授业法,并将其理论扩展到社会科等其他学科,成为学科授业及生活指导中的基本方法之一"[13]。

三、及川平治：分团式动态教育法

（一）及川平治及其教育理念

及川平治（1875—1938 年）从 1907 年（明治 40 年）就任兵库县明石女子高等师范学校教师兼附属小学事务主任，直至退休的 30 年间，致力于打破教师中心的划一的授业，努力打造尊重儿童的个性与自发性的儿童中心教育。及川平治深受美国实用主义教育理论的影响，在欧美教育考察的基础上，批判了日本传统的以"分科课程"为前提的课程改革潮流，倡导尊重儿童生活经验的"儿童本位的教育"。早在 1909 年，他就在《兵库教育》中撰文道："教育的主体是儿童，儿童是一切教育企划的决定性要素。"[14]及川平治的"动态教育论"——《分团式动态教育法》（1912 年）、《分团式各科动态教育法》（1915 年）、《动态教育学要领》（1920 年）、《动态教育论》（1923 年）——的理念与明石附小的实践，作为后来高涨的大正自由主义教育的先驱性实践，产生了巨大的影响。"分团式动态教育法"的理念是：

第一，个别教育的必要性。据说，在及川平治上任明石女子高等师范附小事务主任的当年，由于学业不良而不能升级的儿童有 13 名。以此为契机，及川把救济"差生"作为实践的课题，根据儿童多样的兴趣、能力、生活状态，探讨相应的个别教育的模式。

第二，"动态教育法"与"分团式教育"。及川平治常常念及的是"做中学"。他致力于引出儿童的"学习欲望"、"学习动机"，其实这是一种"做中学"，认为学习具有生活价值的实用主义教育思想。因此，注重儿童的生活经验与直接经验，把授业题材加以生活化，从而使得儿童自身能够获得建构题材的能力。这是一种重视儿童自身的判断与自主性、自律性的教育。这样，所谓激发儿童的学习动机，尊重每一个儿童的生活经验的教育，不是基于划一的同步授业的"静态教育"，而是一种"动态教育"。他认为，在寻求儿童的多样性与个别性的"动态教育"中，适应儿童的多样性与个别性，把集体加以"分团"的"分团式教育"是理想的教育模式。

（二）生活单元的课程

在及川看来，"学校课程"是儿童的生活经验的总体，主张不必拘泥于学科的框架，采用"生活单元"。表 1－1 介绍的是，明石女子高等师范附小 1933 年（昭和 8 年）在"第一届基于新课程精神的实践教育"中所公开的教育内容的一部分。由表 1－1 可见,其是因应儿童的生活、按照"生活单元"来安排课程的学习指导论[15]。

表1-1 各学年的生活单元举例

学 年	学 科	第 一 课 时
寻常小学一	生活单元	电车游戏
寻常小学二	生活单元	我市(明石市)的名胜古迹
寻常小学三	生活单元	明石公园
寻常小学四	生活单元	明石港
寻常小学五	修身	恼怒的时候
寻常小学六	国史	我国(日本)基督教的今昔

【出处】田中耕治,《简明授业论》,京都,智慧女神书房2007年版,第195页。

及川在1935年(昭和10年)提出了《小学课程改革方案》,旨在打破国定的学校课程和学科的框架,适应时代背景,实现自身倡导的动态教育法。其具体内容是,寻常小学一、二年级实施"大单元",即采取废除学科的生活大单元方案,寻常小学三年级以上,实施分学科的单元方案,即在学科框架内编制生活单元。及川从1925年(大正14年)3月开始赴欧美进行为期1年7个月的教育考察,回国后主张"为了实施动态课程,就必须改造课程"。接着倡导基于课程改造的生活教育,并付诸实施。他主张将学校课程编制分为两种:一是以学科为单位,由全校规划,编制知识单元的课程;二是以儿童的需求与兴趣为中心,编制生活单元(经验单元)的课程[16]。

及川平治的"分团式动态教育法"和明石女子高等师范附小的实践,自1935年以后,在教育的法西斯主义化推进的时代背景之中,由于其实践超越了国定的学校课程与学科框架,因此遭到了行政干涉与弹压。不过可以说,及川平治所强调的主张——"发展儿童生活中的兴趣与欲求"的能动的、个性化的教育;"学校课程与授业方法应当根据儿童的兴趣、需求加以设计和编制"——对于日本大正时期的教育改造运动,产生了莫大的影响力[17]。

四、木下竹次: 合科学习

(一) 木下竹次及其学习理论

木下竹次(1872—1946年),历任奈良、富山、鹿儿岛师范学校教师,1919年(大正8年)就任奈良女子高等师范学校教授兼附属小学事务主任。直至1941年,一直以该校为舞台,发挥着教育改造运动引领者的作用。当时的教育界处于大正自由主义教育(新教育)——主张活动性教育,尊重儿童的个性——的潮流之中。1923 年出版《学习原论》,立足于"学习即生活"的原则,探讨了培育"自律性学习者"的方法。进而在奈良女子高等师范附小推进"学习课程"的研究,展开"合科学习"的实践,唤起了教育界的共鸣。他认为,"所谓学习,原本就是混沌的、综合的"。1926 年发表《学习分论(上)》,其中设"合科学习法"专章强调,仅仅单纯地抓取材料,用传统的他律性教育思想去处理合科问题是不会奏效的。木下的"合科"不是单纯地将几门学科合并起来,而是要实现"全一的生活"。这就必然要求在教学方法上也以"生活"为单位,倡导"生活单元"的课程编制。所谓"合科学习"即"生活单元"学习,生活与学习的统一正是木下所追求的。在他看来,所谓"学习"是"学习者从生活出发,通过生活,提升生活";学习的目的就是"旨在发展、提升自己的生活"。因此,木下批判以往的分科主义"分离、隔断"了尚未分化的儿童生活,主张以"生活单元"为学习题材的"合科学习"。

木下重视拥有多样的学力、兴趣和生活的学生集体的教育意义。即学生并不是等质化的,学习过程是儿童之间相互帮助的共同学习过程。从这一点出发,"合科学习"超越了以往的划一的时间、划一的教材、基于教师中心主义的教育模式,主张形成儿童自律地学习的学习组织的意义。

(二)"合科学习"的实践案例

试举一个"合科学习"实践的案例。低年级的儿童以"牵牛花"为主题,围绕校园里的牵牛花进行了写生和评鉴,围绕牵牛花的特征引发了种种疑问,也展开了有关牵牛花的算术学习和理科学习。儿童在进行牵牛花写生的时候,也创作诗歌并朗诵诗歌,在画纸的背面写上牵牛花的说明,还编写了童谣。牵牛花成为儿童的心爱之物和修身养性的谈资。这样,通过"牵牛花"生活单元的学习,从道德涵养到数理学科、表达学科的内容都能够涉及。

木下从理论上倡导小学所有年级的"合科学习",设定了低年级的大合科学习,中年级的中合科学习,高年级的小合科学习(表 1-2)。根据这个框架,以"生活单元"为中心的合科学习旨在冲破传统的分科主义[18]。

尽管木下的"合科学习"有悖于当时日本国定的教育内容与法规,遭到文部省的批判与干涉,然而,木下的附属小学的理论与实践在大正自由主义教育的潮流中受到全日本的关注,获得了众多的共鸣。"把儿童从划一的学校教育中解放出来,激发儿童的学习积极性,发展自律性学习"——在这一点上,可以说获得了巨大的成功。木下竹次与及川平治并驾齐驱,作为实践研究的领袖人物发挥着巨大的影响力。

表1-2 低、中、高年级合科学习的内容

低年级——大合科	以生活单元为题材展开学习
中年级——中合科	分文科、理科、技术诸领域,系统地选定生活单元
高年级——小合科	在传统的各自学科的领域内,规定生活单元,并加以序列化

【出处】奥田真丈等主编,《现代学校教育大事典》(第2卷),东京,行政出版公司1983年版,第118页。

五、"尊重个性"的教育思潮与授业研究实践

(一) 泽柳政太郎及其教育理念

在第一次新教育运动的浪潮中,泽柳政太郎(1865—1927年)于1917年(大正6年)创设的成城小学的理论与实践是具有革新性与实证性的。泽柳政太郎在1909年出版《实践教育学》,阐述了科学地、实证地研究重要的教育实践问题的必要性。他把成城小学作为教育改革的实验学校,开始全面探讨学校教育的方法。在他创设成城小学的"旨趣"中点明了成城小学的教育理念,亦即实践的假设如下:(1)尊重个性的教育(附"高效能的教育");(2)亲近自然的教育(附"刚健不挠的教育");(3)情操教育(附"鉴赏教育");(4)基于科学研究的教育。这些"旨趣"的核心思想,就是强调排除划一主义——"对于性质迥异、优劣不一的儿童,实施全然一样的教育,强加同一的进度,是有悖常理的"[19],倡导适应差异的教育,这是大正时期新教育的特征。

成城小学从创立之初,就从儿童的成长与发展过程的角度展开了学科课程的研究与改革:废除低年级的修身科,规定修身科作为一门学科要从四年级开始设置;将算术改为数学,从二年级开始设置;规定理科和英语从一年级开始设置;另外设置国语的听力科,把图画和手工合并为"美术";将唱歌改为"音乐",改进授业内容。在学校教育受国定的授业法规和国定教科书支配的当时,这种改革在日本设定授业方法研究史上是划时代的。

成城小学对于促进"道尔顿制"(Dalton Paan)的实验研究及其普及的作用,也是不可忽略的。美国的帕克赫斯特(H.H.Parkhurst)倡导的"道尔顿制"经由泽柳政太郎介绍到日本,并以成城小学作为实验基地展开了实证性研究,闻名全国。其批判划一的班级同步授业,提倡为儿童编制学习计划,因此,以自由进度为特征的"道尔顿制",

在标榜尊重个性的大正自由主义教育的风潮中,作为学习的个别化的授业组织受到了教育界的接纳。不过,以"自由与合作"为理念的"道尔顿制"并没有冲破日本传统的学科课程的束缚,由于一般公立中小学的设施设备的不足,其未能充分发挥作用。

(二)八大教育主张的影响

尽管如此,教育改造的主张在当时以全国性规模产生了共鸣,却是不容忽略的。一个具有象征性意义的事件就是 1921 年(大正 10 年)8 月在东京展开"八大教育主张"的演讲会,盛况空前。尔后出版了《八大教育思想》(1922 年)一书。八大教育论题是:动态教育论(及川平治);创造教育论(稻毛诅凤);自学教育论(樋口长市);自由教育论(手冢岸卫);文艺教育论(片山伸);一切冲动皆满足论(千叶命吉);自动教育论(河野清丸);全人教育论(小原国芳)(参见表 1-3)[20]。

表 1-3 八大教育主张

讲演题目	讲演者生卒年	特 点
1. 活动教育的要点	及川平治(1875—1939 年)	活动教育论(明石女子高等师范附小)《分团式活动教育方法》
2. 真实的创造教育	稻毛诅凤(1887—1946 年)	创造教育论(主办教育杂志——《创造》)
3. 自学主义教育的基础	樋口长市(1871—1945 年)	自学教育论(东京高等师范学校)《自学主义教育法》
4. 自由教育的真髓	手冢岸卫(1880—1936 年)	自由教育论(千叶师范附小)《班级王国》、《自由教育真义》
5. 文艺教育论	片山伸(1884—1928 年)	文艺教育论(文艺评论家杂志《艺术自由教育》)
6. 冲动满足与创造教育	千叶命吉(1887—1959 年)	一切冲动皆满足论(广岛师范附小)《独创主义教育价值论》
7. 自由主义的教育	河野清丸(1873—1942 年)	自动教育论(日本女子大学附小)《自动教育法的原理与实际》
8. 全人教育论	小原国芳(1887—1977 年)	全人教育论(创办成城学园、玉川学园)《教育改造论》

【出处】筑波大学教育学研究会编,钟启泉译,《现代教育学基础》(中文修订版),上海,上海教育出版社 2003 年版,第 487 页。

以生活作文为代表的教育思潮在战后教育内容的现代化浪潮中,被视为模糊学科框架的"经验主义"的错误而受到批判。事实上,战后承担生活作文运动的"日本作文会"于1962年转向了在国语授业中重视文章表现力的方针。这样,探明大正以来一直持续的生活作文运动,作为超越了国语科的生活作文的意义究竟何在,乃是今后日本教育界有待研究的课题。这也是日本的现代课程中生活作文应有何等地位的课题。

第三节 日本授业研究的变迁:意涵与取向

一、日本授业研究的历史变迁

日本授业研究的历史变迁如表1-4所示[21]。概括说来,从明治10年代、大正新教育时期至战后昭和30年代末,同闭塞化与战时体制下的国家控制相抗衡,中小学教师在各自的学校里凭借自身的双手,书写了一部授业研究史——探讨授业与学习方法、课程、教材以及学习活动的历史。这是有史料和教师的实践记录为证的。战后,作为同中小学教师的合作研究与协同作业推进的大学的授业研究,则推出了史无前例的具有重要意义的研究成果。

表1-4 日本授业研究的历史变迁

明治初期—明治20年代 中小学授业研究的制度化与普及
明治5年   学制制定
通过师范讲习所传布同步授业方式
明治13年 改正教育令制定
明治14年 小学校教则纲领、学校教员品行检定规则、师范学校大纲制定
明治10—20年代 普及授业研究,盛行授业批评会
提问法、板书、授业方式研究等,渗透基于教师的研究

明治30年代 授业方法的定型化、制度化带来的闭塞化
明治30年 教科书国定制

大正时期—昭和初期 大正新教育的授业与授业研究的发展

标榜新教育的私立学校与附属学校的授业以及授业研究的诞生
及川平治等的新授业法与木下竹次的学习法的研究

昭和 10 年代 战时体制下国家体制的强化与授业研究的困局	

战后—昭和 30 年代　新教育改革与作为教育学的授业研究的发展
昭和 22 年　学习指导要领总论篇(试案)
20 世纪 50—60 年代　自主性实践的展开
　　生活作文实践　核心课程
20 世纪 60 年代　作为教育学研究的授业研究的兴盛
　　木原健太郎、重松康鹰等研究者与实践者合作开发的授业分析

昭和 40—50 年代　基于被动研修与行为主义授业研究的科学化
昭和 33 年 8 月　学习指导要领基准的强化、研修的制度化
　　各县和市、镇、村教育中心的整顿,传递式的义务性、被动性研修的强化
　　基于教育技术学的系统化授业研究的展开
　　基于行为主义心理学的观摩授业的定型化、学科教育内容的具体探讨

昭和 50—60 年代　经济高速发展与基于学校危机的授业研究的式微
　　校内暴力和欺凌现象、辍学问题层出不穷
　　教师面对层出不穷的问题疲于奔命
　　着眼于认知心理学的学习者知识与学习过程的研究
平成元年　新的学力观、个性化授业的转型

平成初期　全球化时代的学力论争与以校本研修为核心的学校创造
平成 9 年　面向新时代的教师培养改善方略的提示
平成 10 年　学习指导要领的大幅修订
　　国际学力测验、厌学与学力低下
　　佐藤学等倡导的创建"学习共同体"的学校改革

【出处】秋田喜代美、藤江康彦,《授业研究与学习过程》,东京,放送大学教育振兴会 2010 年版,第 210 页。

二、日本授业研究的意涵

现代日本的授业研究不是指"教学实习",而是指"以授业为焦点的教师之间的协同研究"。其研究的承担者与研究内容有如下特征:(1)研究主体是学校;(2)作为学校文化嵌入教学计划;(3)问题的拥有者是基于学校目标的教师团队;(4)参与研究是一种义务;(5)不是假设验证型研究,而是假设探索型研究;(6)主要采用质性数据;(7)采用基于录像与录音的观察方法;(8)作为讨论方式多采用叙事方式;(9)以学校研究纪要的方式公布成果;(10)重视学校文化的价值。的场正美对日本授业研究的阶段性定义作了如下阐释(见表 1-5)[22]:

表 1-5 授业研究的发展阶段

授业研究的萌芽阶段
　　阶段 1. 指导者的授业观摩
　　阶段 2. 指导者的授业观摩,可以展开授业点评
　　阶段 3. 指导者与同僚的授业观摩,根据契约可以展开授业点评

授业研究阶段
　　阶段 4. 授业对外开放,同僚可以观摩,并根据契约展开授业点评,改进授业
　　阶段 5. 可以合作展开授业研究,亦即开放研究授业,众多教师通过合作,展开授业计划的编制、授业的观摩和资料收集,尔后展开点评和改进的活动

　　课堂授业存在种种侧面,诸如儿童、学科内容、授业目标、教材、授业资料、实验器具,其观察构成要素形形色色。加上时间流程,学习过程、教授过程、沟通过程在内,其中的任何一个侧面都可以成为重要的研究课题。在教育现场聚焦其中的一个课题展开研究,由于这一课题需要关系到实现教育目的或目标的最重要的事件,所以其往往是涵盖了教育理念的综合性研究课题。

　　按研究课题的性质来划分,授业研究可作如下分类(表 1-6)[23]:

表 1-6 日本授业研究类型划分

研 究 对 象	研 究 类 型	研 究 目 的
日常性的课堂授业	目的型(内在性研究)	· 阐明课堂事实 · 改进课堂授业 · 锤炼教师能力
普适化的课堂授业	手段型(外在性研究)	· 授业方法的法则化 · 学科内容的具象化

【出处】日本教育方法学会编,《日本的授业研究(上卷)》,东京,学文社 2009 年版,第 96 页。

　　按研究主体来划分,则大体可分为如下三种:其一,大学和研究机构展开的牵涉课堂授业的基础性研究。特别是关于授业过程一般法则的研究受到重视,这种研究课题是有助于教育研究的发展的。课题的研究方法一般是由教育研究者布置的居多,课题的边界相当明确和限定。现场教师倘若能够积极参与,则具有研修的意义。其二,全国或是地区规模展开的旨在公开授业或是举行研究发表会的研究。这种场合的研究,是由一所学校承担的,或是地区合作实施的。课题反映了地方特色。参与者往往是整个学校、整个地区,所以必然涉及各门学科和种种问题,研究主题往往是囊括性

的。在各门学科中还会进一步聚焦研究的课题,但也考虑到同全局性课题的关联。研究成果通常在会上报告,并出版研究报告集。其三,从个人或是研究小组的问题意识出发从事的研究。其研究课题受到当时的研究热点所左右,以反映个人问题意识的研究居多。研究方法优劣不等,有发现自己的问题,持之以恒地研究的,也有极其出色的研究。

所谓"授业研究",是从某种观点出发,从量上与质上来把握授业事实,以他人可能理解的方式记述和图表化,来加以表达的行为。授业研究指向的是:"基于课堂授业的事实,建构拥有'强劲的、真正的实践指导力'的教育理论。"[24]可以说,即便在授业设计的行为中也具有阐明所实践的授业这样一种具有方向性的行为。研究的视点是因应研究者的目的及其课题而多种多样的。把基于授业观察的音声记录和图形记录加以文字化,编制详细的逐字逐句的记录,作为研究对象,旨在从实践出发建构理论,可以说这是所有授业研究的共同点。授业研究晚近也以学习科学研究为基础,尝试经过设计实验过程的授业创造。在根据学习理论支援学习者活动的授业论原则的设定和基于这些原则的要素技术的探讨过程中,要求仔细地分析学习者的学习状态。详细地记录并阐明授业的过程,旨在于实践中建构理论的授业分析,在授业设计的授业反思与理论化的过程中起着重要的作用。

授业研究的目的是:第一,提升经验。把自己的经验作为研究成果加以总结,供别人运用。有创意的分析有助于教育研究的发展。第二,自我研修。分析的课题即便是"陈旧"的,对于教师而言也是重要的自我研修的机会。教师借助课题分析得以成长。因此,分析课题随着教师的成长而加深。这里重要的是问题意识的敏锐性,和持之以恒的研究精神。这种研究不宜打游击战,适于打持久战。授业研究的意义在于,从自己的课堂授业中求得学习。教师需要具备设计、实施、评价授业的专业知识与技能,并且需要在授业研究中秉持从自己的授业中积极地学习的态度,否则就难以提升自己的授业技能。所谓从自己的授业中学习,意味着变革授业与自身的关系,授业是教师自身创造的。可以说,授业是教师自身能力淋漓尽致的表现。教师越是致力于设计与实施,就越是能够得到学习。

当代日本的授业研究在授业理论层面,梳理了授业基本要素的分析、授业的团体动力学研究、授业的教育技术学研究、授业评价的研究、授业研究方法论、授业的最优化研究,同时致力于"新授业论"(授业本质论、授业目标论、授业功能论、授业主体论)的探索,从中可以窥见日本教育界旨在建构新的"授业学"的努力[25]。

三、两种授业研究的分野

回顾明治以后的授业研究并审视今日授业研究的现状，可以发现迥然不同的两种授业研究取向。

第一种，定型取向的授业研究。教育目的、授业目标、授业内容、教科书与教材等，是被预先规定好了的，教师与研究者们以此为前提，进而寻求授业方法与步骤的定型化，并且面向这种步骤之习得的研究。可以发现，在明治时期，即授业定型的形成过程中，日本引进了赫尔巴特学派的授业理论，以致授业过程发生了变化。赫尔巴特自身把儿童的认知过程分为"明了"、"联合"、"系统"和"方法"四个阶段，被引进日本的是赖因（W.Rein）的授业阶段论——"预备"、"提示"、"比较"、"概括"、"应用"，这是一种教师中心的授业阶段，同日本定型教材的传递步骤是一致的。明治30年代，学校中开始广泛开展授业评议会。以"五阶段授业"为模式，习得一定的样式与步骤的授业研究蔚然成风。而明治公共教育的公认的授业形态得以普及的范例，就是面向定型的授业研究。20世纪60年代，美国流行"教师证明"（teacher proof）这一语汇，它说的是任何教师只要掌握了保障一定效果的授业方法，就都能胜任工作。

从20世纪50年代末到60年代初期，美国展开了课程改造运动。在1957年苏联的"卫星冲击"之下，美国从国防的意蕴出发，开始提高对教育的关注度，在课程内容中引进科学与学术的成果，旨在提升教育水准。PSSC、SMSG等多种教科书、教材得以普及。接下来的问题就是这种课程和教材如何落实到课堂授业之中。为呼应这种需求而问世的是"程序学习"的开发。面对这种定型化授业的普及，西尔伯曼（C.E. Silberman）批判道，20世纪50年代以及60年代课程改革的失败是由于改革"来自上层、来自外部"。作为其推进者的研究者们无视一线的教师，妄图开辟"左道旁门"。但实际上，教师深刻把握教材的内容，创造自身的授业方法才是最重要的。教育改革唯有受到教师的自主性支撑才是可能的。

明治时期的授业定型与美国"教师证明"的出现对于教师而言是易行的，广泛普及这种授业方式也许是有效的。事实上，也正是在公共教育数量扩充的明治时期，这种授业方式的普及才得以实现。这种授业方式在儿童的学习中具有怎样的意义、存在怎样的问题，是值得探讨的。定型取向的授业研究显现了种种的弊端，诸如，教师在授业实践中的个别选择、决断意识受到轻视；教师的选择能力、决断受到限制乃至退化。

可以说,给定的现成的处方和步骤扼杀了教师的能力发展。

第二种,实践情境取向的授业研究。这是一种锤炼教师在具体的实践情境中选择和决断的能力。实践情境取向的授业研究需要思考的是:为什么而教,为什么教这个教材,为什么用这种方法教,这种授业对于儿童而言具有怎样的意义。另外,这一取向的授业研究基于每一位教师的实践,就各个步骤、各个情境中的选择与决断展开探讨,这是一种对于儿童而言具有重要意义的探讨。这种探讨类似于医生对患者的诊断与治疗的探讨,即根据患者的身心症状,探讨医生的判断与决断。通过这种探讨,培育作为医生的能力。

上述两种研究形成了鲜明的对照。回顾明治以后的授业研究,可以发现,占支配性地位的是面向定型的研究。国家的教育在国家教育政策之下,目的与内容是被规定了的,追求的是有效的传递——这种方式作为公认的范式,在教师养成与教师研修中自上而下地得以推广。这种范式直至今日仍然根深蒂固。不同于定型取向的授业研究,关注儿童,基于现场的具体情境的研究谱系,也是连绵不绝的,其在明治 10 年代、大正时期、昭和 20 年代是鼎盛时期。构成这种鼎盛的契机是,作为学习者的儿童受到关注。尽管存在政策性、制度性的规制,但如今仍然"涛声依旧"。就像医生旨在治疗患者一样,旨在理解儿童的学习并且施以援助,关注现场授业实践理论的授业研究,是作为专家的教师专业成长的课题。

四、广义的授业研究

稻垣忠彦强调,作为广义的授业研究需要从广域的视野来把握:除了授业分析的事项之外,授业研究也包含学习内容的编制、教材研究、授业方式、授业媒体、班级编制、授业组织等,进而牵涉到其背后的课程编制、学校管理等问题[26]。这就是说,授业研究以"课堂授业系统"为主要的研究对象,但往往我们也需要意识到它同"学校经营系统"的关联。即便在授业系统中,我们往往是以三大要素——教师、儿童、教材和媒体及其相互关系——为研究的主要视点,但其他诸多要素,诸如时间、教室空间、学习形态、设施设备的体制如何规定、具有怎样的关联性,也是不可忽略的。就是说,需要秉持关联性和广域性来展开授业研究。

【参考文献】

[1] 吉崎静夫.授业研究的新进展[M].京都:智慧女神书房,2019:16.

［２］丰田久龟.明治期提问论的研究——探究授业成立之原点［M］.京都：智慧女神书房,1987：105—108.

［３］［26］稻垣忠彦,佐藤学.授业研究入门［M］.东京：岩波书店,1996：158,239－244.

［４］秋田喜代美,等.授业的研究,教师的学习：日本授业研究的诱惑［M］.东京：明石书店,2008：4.

［５］日本教育方法学会.叩问战后教育方法研究［M］.东京：明治图书,1995：64－65.

［６］佐藤学.教育方法［M］.东京：左右社,2010：79.

［７］日本教育方法学会.现代教育方法事典［M］.东京：图书文化社,2003：528－529.

［８］［15］田中耕治.简明授业论［M］.京都：智慧女神书房,2006：198,195.

［９］［22］的场正美,柴田好章.授业研究与授业的创造［M］.广岛：溪水社,2013：327,279－280.

［10］［11］吉本均编.现代教授学［M］.东京：福村出版,1977：172,171.

［12］［13］方明生.日本生活作文研究［M］.上海：上海教育出版社,2002：2,40.

［14］东洋,等.教育的方法：儿童与授业［M］.东京：岩波书店,1987：273.

［16］［17］［19］天野正辉.学校课程的理论与实践［M］.东京：树村房,1993：204,205－207,200.

［18］奥田真丈,等.现代学校教育大事典（第２卷）［M］.东京：行政出版公司,1993：118.

［20］筑波大学教育学研究会.现代教育学基础（中文修订版）［M］.钟启泉,译.上海：上海教育出版社,200：487.

［21］秋田喜代美,藤江康彦.授业研究与学习过程［M］.东京：放送大学教育振兴会,2010：210.

［23］日本教育方法学会.日本的授业研究（上卷）［M］.东京：学文社,2009：96.

［24］高垣真弓.授业设计最前线Ⅱ［M］.京都：北大路书房,2010：169.

［25］钟启泉,方明生.当代日本授业研究［M］.太原：山西教育出版社,1994.

第二章

战后日本的授业研究

　　战后日本的教育政策波澜起伏。针对教育改革背景下自主性实践的展开，基于冷战思维的教育政策的变化以及随之而来的中央集权文教政策的回归，强化了对学校教育内容的规定。特别是1958年《学习指导要领》的基准强化以后，再现了战前的教育政策。随着教师研修制度的整顿，授业研究也在本质上受到制约，这种结构持续了30多年。在1989年《学习指导要领》的修订中提出的"重视个性教育"、"转变学力观"的方针之下，中小学现场一直在迷惘之中摸索前行。20世纪60年代前半期授业研究的特色与课题是以民间教育研究运动为中心展开的，其活动的重心在于确立起作为"教育方法学"的授业研究。本章旨在考察战后新旧教育思想的碰撞中，日本授业改革的课题，以及当时一流的研究者致力于教育实践理论化所作出的努力。

第一节 战后日本授业研究的勃兴

一、学习指导要领与战后授业研究的课题

（一）学习指导要领的变迁

《学习指导要领》(Course of study)是日本文部科学省告示的初等教育及中等教育课程的标准，可以说，它是引领日本学校教育发展的纲领性文件。我们可从教育学原理的角度来考察日本学校教育的目标、内容、方法与评价是怎样随着时代的发展而界定的。日本的《学习指导要领》几乎每10年修订一次，一直处于系统主义与经验主义的摇摆之中。从日本教育方法学会的研究视角看，战后以来，《学习指导要领》所秉持的"学力论"大体经历了这样一条重心转移的路线，即"经验主义→系统主义→教育内容现代化→人性化→宽松而充实的教育→生存能力→实践能力→素质·能力"（见表2-1）[1]。

表2-1 日本《学习指导要领》的变迁

0. 1947年(昭和22年)，施行《学习指导要领(试案)》，废除战前的修身、地理、历史，新设"自由研究"、"社会科"，规定"家庭科"由男女生共修。
1. 1951年(昭和26年)，开始实施《学习指导要领》。废除"自由研究"。制定课时比例，小学总课时5 780节(每节45分钟)，初中总课时3 045节(每节50分钟)。小学设"课外活动"，初中设"特别学习活动"。初中恢复毛笔习字，"体育"改为"保健体育"，"职业科"改为"职业·家庭科"。高中则设国语、社会、数学、理科、保健体育、艺术、家庭、外国语，还设关于农业、工业、水产、家庭技艺等学科及其他学科。
2. 1958—1960年(昭和33—35年)，以"告示"的方式，明确《学习指导要领》作为学校课程标准的性质。重视系统学习。新设"道德"课时，充实基础学力、提升科学技术。
3. 1968—1970年(昭和43—45年)，进一步提升教育内容，寻求"教育内容现代化"。"偏重知识"、"差生"成为话题。

4. 1977 年(昭和 52 年),实施"宽松而充实的教育"。减少课时(小学高年级减至 1 015 课时,初中减至 1 050 课时)。新设"宽松课时",减轻学生负担。

5. 1989 年(平成元年),主张培育能够自主地应对社会变化的人性丰富的教育,提出新的"学力观"——重视学习动机、学习方式和思考力、判断力、表达力的培育。

6. 1998—1999 年(平成 10—11 年),扎实地掌握基础与基本的知识技能,培育自主思考的"生存能力"。减少课时,严选内容。小学三年级以上新设"综合学习时间",高中新设必修学科"信息"。

7. 2008—2009 年(平成 20—21 年),和谐地培育"生存力",习得基础的、基本的知识与技能,注重思考力、判断力、表达力的培育。

8. 2018 年(平成 30 年),基于第四次产业革命的需要,提出了培育面对不可预测的变化、能够做出灵活应对的"坚韧生存力"的理念,实现"基于主体性的对话性深度学习"成为教育的课题。倡导稳健地推动这种教育理念得以实现的三根支柱:其一,习得坚韧地生存所需要的"知识与技能";其二,培育能够应对未知状况的"思考力、判断力、表达力";其三,培育能够活用于人生与社会的学习的"向学力・人性"。

【出处】笔者根据日本文部科学省公示的《学习指导要领》及其解读等相关文献整理。

(二) 授业研究的课题与方法的研究:以教育方法学会为中心

1959—1960 年,奥根(W.Okon)的《授业过程》与赞可夫(Л.В.Занков)的《授业分析》出版日译本。两者共同的特点在于,它们同样是基于巴甫洛夫(И.П.Павлов)关于高级神经活动的学说,寻求认识过程与教授过程的关联。一方面克服传统教授学的主观主义与教条主义,另一方面摆脱关于授业过程的记述主义与分类主义,借助授业的具体分析,阐明教授过程的法则。两者倡导的授业分析的视点,亦即授业过程的研究,不是依靠单纯的思辨方法,而是从现场教师的鲜活实践的客观分析入手,从中引出法则性的东西,从而一方面借以改善、提高现场的实践,另一方面从理论上阐明授业研究直面的课题。受此影响,日本也开始使用录音机记录,使用文本化的授业记录,展开授业分析的尝试。受这一动态的触发,砂泽喜代次呼吁主要的大学授业研究团队,在 1958 年开始五所大学的合作研究,致力于授业的实践研究。特别是以都德的《最后一课》作为教学材料,进行基于同一教学材料的授业比较研究。1962 年 5 月,日本教育方法学会成立,第一届大会于 1965 年在早稻田大学召开[2]。

日本教育方法学会第一届大会从原理上、理论上探讨了两个与授业研究有关的课题研究——"教授学研究的动向"以及"授业研究的课题与方法",从而开启了授业模式、教授学研究以及授业研究的理论、课题与方法的持续性探讨。这一点,从日本教育方法学会根据课题研究的研讨会所编辑的学会刊物——"教育方法"丛书(学会年刊,每年由东京图书文化社出版),可见一斑(表2-2)。

表2-2　日本教育方法学会"教育方法"丛书一览

第 1 卷　教育内容、指导方法的现代化(1966 年)
第 2 卷　授业改造的基本问题(1968 年)
第 3 卷　授业组织化的原理与方法(1969 年)
第 4 卷　学力落差与教授·学习过程(1970 年)
第 5 卷　教育方法学 70 年代的课题(1972 年)
第 6 卷　授业研究的课题与方法(1974 年)
第 7 卷　现代学校教育论的再探讨(1976 年)
第 8 卷　学校课程重健的原则(1976 年)
第 9 卷　现代训育理论的探究(1978 年)
第 10 卷　学力的结构与评价方式(1980 年)
第 11 卷　现代授业理论的争论点与教授学(1980 年)
第 12 卷　班级授业论与综合学习的探究(1983 年)
第 13 卷　当下授业研究的课题(1984 年)
第 14 卷　儿童的自立性与授业实践(1985 年)
第 15 卷　对实践而言,所谓的"教授学"是什么(1986 年)
第 16 卷　个性开发与教师力量(1987 年)
第 17 卷　叩问教育方法(1988 年)
第 18 卷　新课程与人的感性培育(1989 年)
第 19 卷　智育、德育的构想与生活科的指导(1990 年)
第 20 卷　学校文化的创造与教育技术的课题(1991 年)
第 21 卷　自我学习能力的培育与授业的创造(1992 年)
第 22 卷　叩问今日授业的原则(1993 年)
第 23 卷　新的学力观与教育实践(1994 年)
第 24 卷　叩问战后教育方法研究(1995 年)
第 25 卷　战后 50 年,反思学校(1996 年)
第 26 卷　新的学校愿景与教育改革(1997 年)
第 27 卷　新型学校、班级与授业改革(1998 年)
第 28 卷　课程与方法的改革(1999 年)
第 29 卷　综合学习与学科基础(2000 年)
第 30 卷　学力观的再探讨与授业改革(2001 年)
第 31 卷　儿童参与的学校与授业改革(2002 年)
第 32 卷　新的学习与知性的创造(2003 年)
第 33 卷　扎实学力与指导法的探究(2004 年)
第 34 卷　现代课程改革与授业论研究(2005 年)
第 35 卷　提升学习意愿的授业(2006 年)
第 36 卷　素养与授业改善:以 PISA 为契机的现代素养探究(2007 年)
第 37 卷　现代课程研究与教育方法学:叩问新学习指导要领与 PISA 型学力(2008 年)
第 38 卷　培育语言力的教育方法(2009 年)
第 39 卷　基于儿童生活现实的教育方法(2010 年)

第 40 卷　数字媒体时代的教育方法(2011 年)
第 41 卷　东日本大震灾下的教育复兴与教育方法：防灾教育与核辐射问题(2012 年)
第 42 卷　教师的专业力量与教育实践的课题(2013 年)
第 43 卷　授业研究与校本研修(2014 年)
第 44 卷　教育的全球化与道德科的特别学科化(2015 年)
第 45 卷　能动学习的教育方法学探讨(2016 年)
第 46 卷　围绕学习指导要领修订的教育方法学探讨：以"素质·能力"与"学科本质"为中心(2017 年)
第 47 卷　教育实践的传承与教育方法学的课题：展望教育实践研究的范式(2018 年)
第 48 卷　教育方法学如何应对中等教育的挑战

【出处】笔者根据日本教育方法学会学会网页"机关志·教育方法"等相关资料整理。

　　作为学会的授业研究的特征是,紧扣时代的脉搏,直面授业中存在的现实课题,同《学习指导要领》的授业改革相结合,从事授业研究的理论、课题与方法的探讨,而学会刊物则不失为一份日本授业研究的成长记录——20 世纪 60 年代强调"授业分析的方法",旨在推进授业科学;70 年代授业研究的空洞化与大学授业研究的局限;80 年代学校改革的授业研究与案例研究的重新定义;21 世纪初基于授业研究全球化的多样化,以及 2015 年以来基于学校网络的授业研究交互作用的进化,这些动向都可以通过学会刊物窥见。

　　特别是从学会成立 30 周年的第 30 届大会(1994 年)开始到第 37 届大会(2001年),课题研究持续地召开"战后授业研究"的成果与课题大会,对战后的授业研究进行历史总结,揭示其成果与课题。日本教育方法学会编《叩问战后教育方法研究：日本教育方法学会 30 年的成果与课题》(1995 年)分别梳理了：(1)战后教育方法研究与 21 世纪教育;(2)当今寻求的授业研究：战后授业研究的成果与课题;(3)何谓重视个性化状态的集体：集体观与教育实践的课题;(4)当今为什么关注问题解决学习：战后学力论的成果与课题;(5)叩问课程编制原理：游戏、体验、符号,以及"身体知性"与"经验知性"、"游戏"与"体验"、"学校知识"与"生活知识"等;(6)学校教育与媒体素养：战后媒体教育的发展;(7)叩问儿童观：在同成人的关系上,探寻儿童的可能性。《基于儿童生活现实的教育方法》(2010 年)探讨了儿童的生活现实、教育方法学的课题、基于儿童生活现实的教育方法及其研究动向等。《数字媒体时代的教育方法》(2011 年)探讨了数字媒体时代的儿童、数字媒体时代的教科书与数字媒体时代的教育方法等。

(三)授业的实践研究

另一方面,日本教育方法学会致力于授业的实践研究。第 17 届大会(1981 年于大阪市立大学召开)围绕授业录像的分析举办了授业研究研讨会。第 18 届大会(1982 年于茨城大学召开)根据先进的小学、初中社会科教师的提议,召开题为"授业中的儿童、生活与科学"的研讨会。第 21 届大会(1985 年于新泻大学召开)的研讨会主题是"叩问今日的授业",3 名小学教师围绕同一篇文学作品《一朵花》展开授业,进行授业的技术与方法的探讨。作为课题研究也围绕同一节课的授业实践,展开授业研究。第 28 届大会(1992 年于奈良教育大学召开)围绕奈良教育大学附属小学的观摩授业,展开"叩问当下授业成立的原则"的研讨。第 37 届大会(2001 年于冈山大学召开)在冈山市内的小学进行授业观摩,并据此进行"授业研究方法论的探讨"。此后的研究大多围绕现代素养、课程研究与授业改善的课题展开。

"学习力"即"竞争力"。21 世纪的学校教育需要从"被动学习"转型为"能动学习",借以培育新时代的"核心素养"。这种核心素养不是单纯的知识,不是应试学力,也不是徒有其表的装饰——为了教养的教养,而是终身发展的真实的学力。

二、课程研究与授业研究

(一)战后"课程研究"的勃兴

日本的授业研究基本上是在战后兴盛起来的。此前的所谓"授业研究"终究是教师凭借国定教科书向儿童传递一定的知识与价值观,为了使之掌握而采取的授业行为。这种授业行为本身作为独立的研究对象的认识,除了一部分私立学校之外,可以说是没有的。日本的课程研究也大体如此。就是说,在中小学,教师和研究者自身以课程研究作为课题展开研究,是在战后。从这个意义上说,"课程研究"与"授业研究"原本是处于密切的相互关系之中的[3]。

不过,日本在战后旋即展开的是"课程研究",而不是"授业研究"。"授业研究"充其量不过是"课程研究"的一部分,它作为独立的研究领域是在 20 世纪 60 年代以后。战后的日本教育是从颁布实施《学习指导要领·总论篇(试行方案)》开始的,学校现场的教师在这个试行方案的引领下编制自己所在学校的课程,此前每一个教师是不能自由地编制学科课程的。各自学校的教师根据《学习指导要领》编制自己学校的课程,这是课程政策的巨大转型。"授业"被称为"学习指导"的场所,因而《学习指导要领》以试行方案的方式公布,教师据此编制包括指导方法、指导技术在内的"指导计划",并且要求评价、改进指导结果的一连串作业,当时谓之"课程编制","课程改造"之类的术语从此也被频繁使用。直至 1955 年,甚至被称为"课程热潮",教师自身热情地展开课程研究。尤其是《课程》杂志结集了一批教育研究者和教师,基于经验主义教育的立场,成立"核心课程联盟",致力于展开课程编制运动,评述美国经验主义课程的理论与实践,交换日本各地课程编制实践的信息和见解。他们凭借自己的双手,踏实地展开课程设计、课程实施、课程评价等活动。1956 年,以"核心课程联盟"为核心的社会科的《学习指导要领》被修订为具有系统主义特征的版本之前,一线教师对课程研究的热忱是极其高涨的。

这个时期引领经验主义课程的研究者包括仓泽刚、梅根悟、大鸠三男、广冈亮藏等,在实践层面则是以重松鹰泰为中心的研究组。这些研究者大多以翻译、评述美国经验主义教育为主,同时谋求在日本普及这种经验主义教育。不过,这个时期发表的研究成果主要是基于"研究授业"(公开授业)的东西,然而这些研究并没有深入涉及有关当时"授业"本身的内容。从当时各个学校的公开研究发表会来看,研究成果多是经缜密编制而成的"学习指导案"(教案),配以相关资料的展示,这是战前就形成的一种传统。

(二)"课程研究"的式微与"授业分析"的流行

战后 10 年间一时兴盛的"课程研究"主要是美国经验主义教育理论的翻译介绍、学校现场尝试错误的实践及其记录,其思想内容未必能够获得社会舆论的赞同。特别是基于儿童中心主义的经验主义的"核心课程",鉴于 1952 年公布的学力调查的结果,其受到了"儿童未能掌握基础学力"的批判。为了应对这种批判,作为《学习指导要领》一部分的社会科,在 1955 年先行修订。国家方针政策的这种转换,导致了基于经验主义的新教育的衰退正式开始。1958 年,国家完全立足于系统主义,全面修订了《学习指导要领》。

学校现场的"课程编制"也遭到批判,转而醉心于显示"课程研究"的成果。公开的观摩授业也是一样。大多是一节课的公开授业,不过是在特别的条件下进行的,这样虽然可以发现一些儿童学习的事实,但究竟有多大的真实性,是要大打折扣的。就是说,公开发表的"研究授业"作为显示"课程研究"结果的"手段",究竟有多大的可信度是令人怀疑的。在这种背景下,进入又一个"授业研究"的时期。在理论上受到关注的是"课程评价",其代表人物是砂泽喜代次和重松鹰泰。砂泽在战后新教育的课程改造运动中,自觉地把课程评价作为自身"授业研究"的出发点,强调"课程编制应以评价为前提,课程评价则以授业实践为前提"的信条。重松开创的"授业分析"原本是出于了解授业成果这样一种评价情结的。实际上,重松领衔的"社会科初志会"的授业研究,基本上就是从探讨"通过授业,儿童的思维是怎样变化的"开始,"分析"课堂授业,评价课堂授业的效果如何、授业的实际如何等[4]。

(三) 向"授业研究"的回归

1955 年前后,教育工作者们对"课程研究"的关注衰退,目光回归"授业研究"。砂泽列举回归的原因有二。其一,为了同 1958—1959 年文部省强化《学习指导要领》的法制约束力相抗衡,教育工作者们将学校现场的课程自主编制运动中的课程创造,作为探讨整个教育结构的主要课题。其二,在这个运动中,研究者与教师们应当探讨同授业内容、教材不可分割的日常授业方法的问题,砂泽从重视授业实践的立场出发,甚至断言道:"在这里,'教育的整体结构—学校课程的结构—授业过程的结构'这一路线是确定了的,因此不能说,不沿着这条路线的研究是正确的授业研究。"

这样,研究的重心逐渐从"课程研究"转向了"以授业方法为中心的授业研究"。尔后,砂泽与细谷俊夫、杉山明男一起,成立了"全国授业研究协议会",在全国性的组织下展开形形色色的"授业研究"。直至 20 世纪 70 年代,日本推展了生动活泼的授业研究活动。再者,这个时期的研究受外国思潮的影响,在 20 世纪 60 年代后半叶,翻译苏联赞可夫、波兰奥根的"授业分析"理论,借助磁带录音机,展开"授业法则"和"指导过程"的研究也成为一股风潮。开始于 20 世纪 50 年代末、兴盛于 60 年代的以授业方法、授业过程为研究对象的美国的授业研究中,教育心理学家发挥了重要的作用。受到这种影响,在日本,以波多野完治为中心的教育心理学家也投入"授业研究"之中,编辑《授业的科学》(1963 年)。教育社会学家也从当时的"沟通论"的视点出发,把授业视为课堂中的"沟通过程"来进行分析,出现了以木原健太郎、片冈德雄为中心的研究团队。到了 20 世纪 60 年代后半叶,以坂元昂为代表的教育工艺学家也参与到"授业研究"之中。

这样,自"学习指导要领的法制约束力"强化之后,从"课程研究"发展到以授业过程、授业方法为对象的"授业研究",研究者、实践家也改变了研究的重点。另一方面,从 20 世纪 60 年代后半叶至今,民间教育研究团体以各学科的学科专家为中心,围绕"授业创造"展开"授业研究",构成了教育内容现代化的潮流。1963 年的理科的"假设实验授业",1960 年的算术、数学的"水道方式",乃至 1970 年系统化的理科的"极地方式"等,都伴有自主的教材编制,活跃地展开"授业研究"。这些团队的研究特征就在于,通过教材的"自主编制",谋求"课程改造"。

这一时期的重要潮流是,除了研究者对授业的关注之外,实践家的"授业研究"情结也十分强烈。从这个时期开始,斋藤喜博的一连串著作结集出版——《斋藤喜博著作集》(麦书房,1963 年版),其授业理论受到注目。同时,在其后的 20 世纪 60 年代后半叶,以斋藤为中心的柴田义松、稻垣忠彦、吉田章宏等研究者团队成立"教授学研究会",发行《教授学杂志》直至 20 世纪 70 年代末。尔后出现的是,1985 年成立的实践家向山洋一偕同一部分研究者,基本上以实践家为主体的授业研究团队——"教育技术的法制化"组织。直至 2000 年(平成 12 年)为止,致力于在全日本普及"谁都能掌握的教育技术"。另外,作为 20 世纪 70 年代潮流之一的是,吉本均领衔的基于"学习集体论"的授业创造[5]。

(四)"课程研究"的复兴与"授业研究"的再评价

不过,从 20 世纪 70 年代后半叶开始,日本的授业研究说不上兴盛。这是因为,1975 年文部省刊行前一年在东京召开的 OECD 教育革新中心主办的研讨会报告书——《课程开发的课题》,表示了行政层面对"课程研究"的关注。1977 年,文部省公布新学习指导要领,认可"学校裁夺的课时",即学习指导要领的法制约束力开始显示出弱化的趋势。如此一来,学校现场的课程研究重新高涨起来,研究者、行政人员都要求在学校的课程编制与开发方法方面取得研究成果。尔后,1989 年,小学 1、2 年级引进"生活科"。进而,1998 年,学校各个年级引进了"综合学习时间"的课程开发,由于这一课程基本上是由各个学校自己裁量的,可以说,这奠定了全国性的"课程研究"复兴的基础。从此,由于行政层面的"规制缓和"的动向未变,各个学校的"课程研究"仍然在持续之中。

在此期间,教育技术学者的授业研究构成了研究中重要的一部分。教育社会学者也关注授业,其有别于以往的观点,展开了授业过程的分析研究。作为最新的研究动向,特别是同野外作业密切相关的"质性研究"的必要性得到了强调。佐藤学倡导的创建"学习共同体"的"课堂革命",在日本已经形成了有别于自上而下改革的另一道草根式改革的风景线——截至 2008 年 3 月,挑战揭橥"学习共同体"的学校改革的小学约有 2 000 所,初中约有 1 000 所,占到了日本公立中小学的十分之一。这些学校立足于"倾听他者声音"的对话性沟通,在课堂授业的实践中实现着活动性、合作性、反思性的学习;在教职员室里孕育着作为反思性实践家的教师的同僚性;同时也实现着社区的家长与市民参与的合作性学习,是值得注目的[6]。

20 世纪 90 年代以来,日本的"授业研究"受到了美国等世界各国教育界的关注,并且获得了高度评价。

三、战后授业方法论的改善

(一)方法论原理的转型

以 1945 年 8 月日本投降为转机,受到人们对战后日本教育的反思与美国教育理论的强烈影响,日本的教育改革迈开了崭新的理论、制度与构想的步伐,展开了"新教育"的实践。在授业方法方面,强调直面学习主体的逻辑,出现了授业内容与授业方法的变革。日本战后教育改革的基本方针是基于 1946 年 3 月公布的《美国教育使节团报告书》(第一次)的建议而制定的。这一方针批判了中央集权的划一主义的教育内容;重视儿童的兴趣、爱好与个别差异、地区差异;采用生活课程,强调在实践中尊重教师的主体性。文部省接受了这个建议,于同年 5 月发表《学习指导要领》的前身——《新教育指针》,面向全国的中小学教师和师范学校学生,提出了新教育的内容与授业方法的基本方向。1947 年 3 月,文部省出版第一个《学习指导要领·总则(草案)》,取消了国民学校的修身、公民、地理、历史学科,崭新的"社会科"问世。同时强调,学科课程的编制应当考虑儿童的需求,课堂授业应当尊重儿童的兴趣和自发性。至此,日本的学校教育出现了根本理念的变革:直面学习主体的逻辑。

(二)课程改造运动的兴衰

从 1947 年后半年到 1951、1952 年,日本全国各地的教育现场展开了课程改革的各种试验,一般称为"课程运动"。可以说,日本的中小学教师在《学制》颁布以来,第一次开始获得了自主地编制和实践学校课程的自由。在这一课程运动中,强调将地区的现实生活、儿童的兴趣与需求、生活经验等作为教育内容、教材编制的基本要素,也就是说,日本民众破天荒地第一次从公共教育的层面获得了公民权,这是一大特征。课程改造运动总地说来可以区分为两大类型:其一是核心课程运动的潮流,其二是包括学校课程计划在内的地区教育规划的编制与实践的潮流。

所谓"核心课程",一般可以视为由"中心课程"(核心学科)和支撑"中心课程"的"周边课程"统一构成的整个学校课程。"核心课程联盟"主张应当借助体验活生生的经验,来替代那种灌输脱离现实生活的知识堆积。基于这一立场,"联盟"倡导学校课程应当以"生活"为核心来编制统一的、结构化的课程。核心课程运动卷起了战后新教育中占中心地位的课程高潮,并且围绕以什么内容来编制核心的实质性内容而展开了讨论,在1951年提出了"三层四领域论"。

地区教育规划运动大多受到美国社区学校论的影响,其特征是扎根学校周遭的生活现实,在地区各阶层合作之下根据地区的实际筹划教育规划。该规划的重要支柱之一就是改造学校课程,诸如川口规划、鱼崎规划、本乡规划等。

课程运动的要因有三:其一,战后的教育改革排除了超越国家主义的统制和干预,文部省自身积极地促进基于教师自身的课程研究,《学习指导要领》(1947年版和1951年版)的内容采取了重视生活经验的立场。其二,该运动传承、发展了从战前开始,特别是大正时期新教育运动和昭和初期课程研究以来的遗产。其三,该运动直接、间接地受到美国教育改造运动的影响,特别是以杜威(J.Dewey)与克伯屈(W.H.Kilpatrick)为代表的"进步主义"(Progressive Movement)教育理论及其实践的影响。

战后狂热推进的课程研究到了20世纪50年代后半叶之后急剧地衰退了。其原因在于:其一,学校和教师难以克服自主编制教育计划的困难,于是,对于课程编制方法论的批判以及基础学力低下的批判层出不穷,教育现场并没有形成取而代之的新的方法论予以应对;其二,在美国对日政策的变化之中,文部省的课程行政方针有所变更,重新恢复了国家对教育内容的统制。

(三) 问题解决学习的意义与问题

基于日本国宪法和教育基本法精神的战后日本新教育的代表,就是推进问题解决学习的方法,谓之"生活单元学习"。"生活单元学习"是一种通过组织学习者自发性的活动,从学习者日常生活的具体经验出发来把握学习的课题,让学习者自身通过观察与调查,借以探求解决之道的方法。通过问题解决过程形成种种的能力与态度,这样获得的知识才是真知。问题解决学习中,教师的指导被压缩到最低限度,它旨在借助以儿童自主性的学习活动为中心的探究活动,来形成学习主体。这就是所谓的"做中学"(learning by doing)。

文部省《小学社会科学习指导法》(1950年)通过如下六个阶段来说明问题解决的过程:(1)儿童直面问题;(2)明确问题所在;(3)设计问题解决的步骤与计划;(4)根据计划,收集问题解决所需要的资料与知识;(5)相互交换知识,并且依据收集到的知识来预察问题的解决,即确立假设;(6)检讨假设,求得确凿的解决方法[7]。这种问题解决学习以美国的进步主义教育思想,尤其是杜威的经验主义教育理论为理论基础。因此可以说,问题解决学习是以杜威的"探究"过程、"反省性思维"过程为模式展开的。这是一种旨在把"问题情境"变换为"解决了的情境"的有组织的活动,其过程可以表述为"问题情境→问题设定→假设的设定→假设的推论→通过实验验证假设→解决了的情境"。在这个过程中,学习者的观察力和推论力将会得到锤炼。

基于生活单元的问题解决学习是以基于儿童的生活、经验、兴趣的自发性、活动性为基本原理的,是对战前日本在国家主义教育之下划一的教师中心的灌输式教育的严峻批判。因此,把儿童从国家主义教育的框架中解放出来,重视儿童的发展水准和兴趣、爱好,重视自主性的思维与创造性的喜悦——从这个意义上说,它具有一定的进步性。不过,在这种学习法实施的过程之中,却产生了如下的问题:第一,它虽然强调了儿童的自发性、活动性的方法论原理,却放松了教师的"指导性",忽略了教师应有的指导作用。在课堂授业中,教师的角色成为辅助者,出现了教授过程被消解于学习过程之中的倾向。第二,语言技能与运算技能没有得到充分训练。学习课题尽管随年级而递升,却限定于日常生活的水准,作为人类文化遗产的各种科学的基本知识、技能未能充分地教授,导致学力低落。不过,推进生活单元的一方对于学力低下论作出了反驳,认为儿童的实践能力提高了。这就是说,通过战后的教育改革,学力的概念变化了。第三,受到以"动机、爱好、态度"为中心的学力观的支配,研究者与教师们对授业内容和授业方法缺乏研究[8]。针对这个问题,有人采取了重视学科系统性的立场,主张"系统学习"——要把儿童培养成能够科学地思考问题、认识问题的人,这单靠日常经验的积累是不可能的,学科授业必须基于科学的逻辑性与系统性。在授业中要形成儿童发展的顺序性与学科、教材的科学的、逻辑的系统性之间的矛盾与对立,唤起克服这种矛盾对立的自觉活动,就需要教师具备梳理科学与历史的客观知识的能力。当然,教师不能停留于客观知识的灌输上。它也要求教师确凿地把握儿童的发展阶段和准备,遵循儿童的发展逻辑展开授业。

(四)生活作文教育法的传承

如前所述,生活作文教育法是旨在生活、教育与科学的统一而展开的教育实践,对于克服日本公共教育的"教育脱离生活"的弊端,可以说是一帖良药。倡导生活作文教育法的国分一太郎指出该方法的特征是:"通过仔细地观察自然与社会,具体地把握客观事物的状态与变化,洞察事物之间的关系,从而基于具体的事物,来逐渐形成一般、普遍且科学地认识事物的见解与认识。"

以战后生活作文式教育方法实践家宫崎典男为例。宫崎担任宫城县小学教师是在 1935 年(昭和 10 年)。当时 20 岁的新任教师宫崎,一边在学校里学习生活作文式教育方法,一边从事授业,发行班级文集。那一年,在宫城县生活作文的前辈青年教师铃木道太和国分一太郎的发起下,召开了第二届北日本训导协议会,有来自全国各地的 500 多名教师与会。池袋儿童村小学的野村芳兵卫作了题为"生活文学与作文教育"的演讲;东京高等师范学校教授石山修平作了题为"形象理论、解释学与国语教育的实践"的演讲。此外还有 10 多名教师也分别作了实践报告。作文教育名家——山形县的村山俊太郎也参与了这次协议会的活动,紧接着在次年,千叶县的平野妇美子(平野被誉为日本的女裴斯泰洛齐,她在 1940 年,即 28 岁时出版了《女教师记录》,该书销售量达百万册,系日本战前授业研究实践的贵重遗产)也参与了该活动。当时,该研究会围绕国语授业的实践每年召开全国规模的年会。

宫崎就是以这个遗产和环境作为平台,以国语教育为核心,同东北地区的生活作文教师合作,推进教育实践,借以保障农村儿童的学力。他在其编辑出版的班级通讯《成长的风貌》第 6 期(1940 年)中这样写道:"我一直关注每一个儿童的眼神,并以此为平台,深入班级集体的生活。甚至原本在班级中并不起眼的义则同学也精神焕发、'跃跃欲试'了,这使我大大增强了献身教育的勇气。"这里的"跃跃欲试"表明,生活作文教育的公开课授业有力地激发了包括差生在内的班级儿童的学习积极性。

不过,生活作文教育的公开授业的实践不久就遭到日本军国主义的弹压。当这种弹压消除之后,学校现场的授业研究又立刻蓬蓬勃勃地开展起来了。1946 年,宫城县教育委员会和教育工会合作,展开授业研究。宫崎典男任职的学校是 1947 年度的研究指定校。第二年,宫崎担任研究主任。他提出了公开授业的如下四根支柱:(1)确立班级儿童会、年级儿童会、全校儿童会之间的整体性、有机性关系;(2)校内儿童组织与校外儿童组织的有机关联与分工;(3)儿童文化获得的发展及其组织化;(4)如何发展儿童组织的活动与学习活动之间的关系。而"儿童的集体性、主体性活动自然会对学习活动产生积极的影响。其中,会有难以应对这种积极性的教师,不过,儿童主动地参与授业反而会使得儿童自身安心学习。我们教师对于集体性、创造性的要求,正是授业的重要因素"。当时的授业研究是举全校之力作为集体创造的一环来展开的,可以说县教育委员会和县教育工会合作展开授业研究也是战后新教育时期的特色之一。

(五)学习主体的逻辑与学科的逻辑

无视学习主体的授业方法难以促进儿童学力与人格的统一,也不可能被验证为有效的方法。以生活促进学习(问题解决学习)作为授业形态之特征的战后的新教育,在重视儿童的兴趣、自觉活动、经验、直觉性方面,是传承并发展了近代的方法论原理的。但是,倘若缺乏这样的条件,即如果不是基于科学、艺术的体系,也并不思考如何系统地教授各自学科固有的价值体系,那么,就不能说是近代的方法论原理,就不能创造出飞跃促进儿童发展的教育方法。

在20世纪60年代,致力于学习主体的逻辑与学科逻辑的统一,在各自的学科领域取得了"学科教育学"的一定成果。例如,数学教育协议会提出了算术与数学的"水道方式"的系统学习;板仓圣宣提出了理科的科学教育方法——"假设实验授业"。到了70年代,随着科学技术的飞跃发展,各门学科的内容大量增加。教材过分庞杂不仅是日本而且是世界各国共同直面的问题,"精选"教材的相关活动的展开势在必行,因此,教材的"结构化"和西德的"范例方式"的理论与实践受到关注。作为授业过程的"范式"之一的"发现学习"在授业实践中也提出了教材的结构化这一课题。

如何直面儿童的认知发展与价值判断的主体形成;如何发展系统的与授业内容相连接的授业方法与技术,是授业改革面临的课题。

第二节　战后日本授业研究的发展

一、战后日本授业研究的发展阶段

日本的授业研究,以明治时期教师之间相互评论的发生为起点,其后经历大正、昭和的时代变迁,以战后的新教育为契机,授业研究进入了新的时代。田中耕治(2017年)说,"在日本,授业的行为被称为真正的研究对象、并且结出累累硕果,是在第二次世界大战之后"。学术性的授业研究从这个时期开始蓬勃发展起来。诸如三桥功一（2003 年）对焦不同的授业研究的国家（苏联、法国、德国、美国、英国）进行梳理；姬野完治（2016 年）区分了作为理想的授业形态而明确的"封闭型授业研究"与重视授业多样性与教师协同性的"开放型授业研究"等等，颇具特色。以下，笔者根据吉崎静夫（2019 年）的研究，从战后至今，大约以每 10 年作为一个区间，梳理了不同时期的授业研究[9]。

（一）战后的教育改革与授业研究（1945 年前后—1960 年前后）

从基于国家主义教育观而实施的战前的教育反思开始，战后转向儿童中心的教育，展开了民主主义的课程与授业的摸索。在推行新教育之际，1947 年日本公布《学习指导要领·一般篇（试行方案）》，使其居于"指南"的地位，据此鼓励各所学校根据地区与儿童的特性，编制课程。在 1945 年之后的大约 10 年间，日本各地展开了自主编制课程的运动。

通过每个教师迸发的创造教育内容与授业方法的柔软性，《学习指导要领》变得有血有肉。要求于每一个教师的，是从事一系列的作业——编制指导计划、进行学习指导、评价并改进指导的结果。稻垣（1995 年）说，"'教什么，怎样教'与'为何教，教什么'，是教育的历史长河中一贯追求的主题"。在当时，与其说是一节课的授业过程与指导方法，不如说是作为其上位的课程的创造与改进，亦即着眼点放在了稻垣所说的后者。

另一方面，从批判战后的新教育产生"基础学力低下、轻视知识的系统性"这一观点出发，教育界出现了"晕头转向的经验主义"的讽刺之声，也出现了对牵引新教育的"核心课程联盟"的组织与学力提升背道而驰的批判。于是经验主义教育逐渐销声匿迹。在这种背景下，战后新教育的象征——社会科学习指导要领在 1955 年修订，开始驶向系统主义的航道。在 1958 年的学习指导要领修订中，学校课程实现了从经验主义向系统主义的全方位转型。《学习指导要领》的法制约束性也得以强化，被赋予了公共性。

战后的新教育尽管是短暂的 10 年，却奠定了当今日本独特的教师自身创造课程与授业的教育文化的基础。超越教师与研究者的隔阂，大量地成立了民间教育机构，创造了多种多样的授业研究的方法论。

（二）教育的科学化·现代化与授业研究（1960 年前后—1975 年前后）

在标榜教育科学化的 1950 年前后，日本的相关研究者们以美国与苏联、东欧发展起来的行为科学与教育技术学为基础,展开了科学地把握授业的授业研究。同时,随着战后的经验主义向系统主义转型,教育内容也随之转型,涌现出来的各式各样的民间教育团体,展开了教材与授业方法的开发。以下分别对教育技术学的授业研究与民间教育团体的授业研究作出概述。

基于技术学的授业研究。20 世纪 60 年代以后,研究者进入学校,开始了基于行为科学的授业研究。教育技术学研究者把授业视为"为了达成既定的目标,构成要素之间紧密的信息授受所进行的活动体系",展开了发现构成要素,揭示要素之间的关系与授业整体的结构性特征的研究。其中最有代表性的是授业的沟通分析。沟通分析所揭示的教授技能,也在教师养成中作为训练的科目加以推进。

聚焦科学认知的熟练的教育方法与教材的开发。从战后新教育的批判出发,在 20 世纪 60 年代出现了教育内容现代化的动向。远山启的水道方式、板仓圣人宣的假设实验授业、高桥金三郎的极地方式等民间研究团体成立,展开教材与授业方法的开发。除了这些数学与科学的团体之外,正如日本教育方法学会编著的《日本的授业研究》(2009 年)中提到的那样,以"语言与教育"、"科学与教育"、"儿童与教育"、"表达与教育"的框架进行梳理的话,会发现各式各样的研究团体形成并得以发展。当初,重点放在了因应时代要求的教育内容重新编制的课程改造上,授业研究是其次的。不过,进入 20 世纪 70 年代,学校的荒废与落后成为社会问题,主要的着眼点转向摸索旨在促进儿童学习的授业模式。

(三)认知科学的进展与授业研究(1975 年前后—1990 年前后)

从标榜教育现代化的 20 世纪 60 年代到 70 年代前半叶,为了实施有效的教育,教育工作者们期待从技术学的观点出发阐明教师的教授技能,从而推进了授业技能的研究。不过,尽管阐明了熟练教师的教授技能,授业中教师采取该行为的理由并未被揭示,教师的情境认知与判断仍然处于黑匣子之中。

进入 20 世纪 70 年代后半叶,以人类的高阶认知能力作为研究对象的认知科学发展起来,研究的着眼点转向教师授业行为背后的思维机制的阐明。在这里,着眼点不是"教师应当知道什么",而是"教师知道了什么"这一实践脉络,它旨在阐明教师是怎样认知授业情境的,为什么采取这种行为。而控制教师教授行为的"决策"的研究,作为教师从事决策的背景所拥有的"知识"的研究、这种知识习得之基础的"信念"的研究,逐渐走向深化。在这个时期,吉崎(1998 年)的决策模型、李·舒尔曼

（L.Schulman，1996年）的教师知识模型等被开发出来。从认知科学出发的授业研究，不仅是以这种教师为对象的研究，而且也展开了以授业中的儿童认知过程与情意为对象的研究。比如，展开了着眼于日常生活中学习者形成的概念，以及这种概念通过授业是否得以修正为焦点的授业研究。

另一方面，随着教育的科学化与现代化的进程，学校现场产生了教师技能的法则化、标准化的运动，这就是1985年向山洋一倡导的教育技术法则化运动，其在各地的教育团体展开目标指向优秀的教育技术成为所有教师的共同财产。

（四）重视"反思"的授业研究（1990年前后—2005年前后）

在作为技术熟练者的教师形象流行之前（1980年以前），最受重视的是如何习得专业知识。当然，这些知识对于教师而言是重要的，但是记住各种知识并不能出色地进行授业。要为儿童提供更好的学习，重要的是在积累日常经验的同时，反思经验，抽取授业中默然地作出的行为的本质，掌握经验知识。这里的关键在于"反思"（reflection）。

舍恩（1983年）提出，"反思"这一概念的关注点在于，教师的工作不是运用坚固的理论与技术，而是置身于复杂的问题情境，反思基于经验运用实践知识的实践过程，指向创造授业。而"反思"分两种：同情境对话、瞬间思考与行动的"行为中的反思"；课后寻求其意义的"关于行为的反思"。舍恩（1983年）提出的"反思性实践家"的新的专业概念，在20世纪80年代后半叶被介绍到日本，开发了汲取授业反思与卡片结构化法的经验反思的授业研究法，推进了基于教师反思的阐明学习过程的研究。主要的授业研究如表2-3所示。

表2-3　聚焦"反思"的授业研究

授业研究法	开发者	特　征
再生刺激法	吉崎静夫（1991年）	主张捕捉授业中儿童的内在过程的授业研究法。在授业之中让儿童观看授业录像，思考重点场面，以问卷法的方式探寻所展开的思考，通过儿童认知与情意反应的分析，为改进授业提供依据。
停格摄影法	藤冈信胜（1991年）	从"授业创造网络运动"中产生的授业研究法。在观看授业录像时，关键场面暂时停顿下来，讨论在这个时间点上执教者的思考、观摩者的感受，通过这种过程，旨在提升立体地观察的眼光与授业能力。

授业研究法	开 发 者	特　　征
授业方式法	泽本和子（1994 年）	通过教师有意识地捕捉授业中自己（教师）与儿童的姿态，以此为线索展开反思、寻求授业改进之方略的授业研究法。有一个人进行的自我反思、两个人进行的对话式反思、三个人以上进行的集体反思等三种形态。
卡片结构化法	藤冈完治（1995 年）	通过教师用自己的话语描述授业，旨在让教师意识到自己授业中的潜在结构的授业研究法。把观摩授业的所想所感写在卡片上。通过结构化，意识到自身授业见解的特征与倾向。
授业日志法	浅田匡（1998 年）	以叙事的方法积累日常授业的具体状况，关注作为研究对象的儿童、情境的解读与判断、所运用的手段、运用手段的理由，然后对其加以整理、分析，能够把情境的捕捉方法与手段加以图示化，这也有助于研究变化的过程。
直觉省思法	生田孝至（2002 年）	主要着眼于把握时刻变化的授业中教师的技术过程，利用信息技术手段，把授业中发现的东西原原本本地记录下来，课后加以分析的授业研究法。通过执教者与观摩者的比较，可以发现各自的授业见解。

【出处】吉崎静夫主编，《授业研究的新进展》，京都，智慧女神书房 2019 年版，第 26 页。

伴随着对于教师的经验与反思的重视，展开授业研究的教师的"同僚性"（collegiality）与"专业学习共同体"（PLC：Professional Learning Community）越来越受到关注。另外，施蒂格勒（L.Stigler）和希伯特（J.Hiebert）比较了美国与德国的授业，而后对日本的学生中心的发现型授业给予了高度的评价。其理由之一就是校本"授业研究"（Lesson Study）展现出了较显著的优势。以此介绍为契机，日本学校自古以来的授业研究得以发扬光大。

（五）授业研究共同体的创造（2005 年前后—现在）

授业研究的主要着眼点，伴随着从客观地阐明授业的特征，逐渐转向借助实践者与研究者的协同，多侧面地捕捉授业，越来越关注教师之间的互教互学，从多视点出发创造学习环境。虽然学校中的授业研究从明治期以来就有，但聚焦学校中的授业研究的模式与方法的学术性研究，并不是自古以来就有的。施蒂格勒和希伯特（1990 年）

关注日本学校现场进行的授业研究,探讨了校本研修对教师的成长与发展作出的贡献以及与之相关的有效的方法论。

在日本,教师之间研究授业的文化脉络得到了传承。尽管如此,随着资深教师的大量退职、年轻教师的大量采用,也造成了教师团队的不均衡化。另外,基于教育观与授业观的实践知识的传承的难度越来越高,教师之间探讨授业与教育的机会呈现减少的倾向。有人批判说,"随着消弭教育中的地区间落差、学校间落差、教师间落差的行政研修的增加,迄今为止继承下来的校本授业研究也趋于形式化,成为一种仪式而已。这是与外国以日本的校本研修为榜样、推进学校中的实践研究的方向背道而驰的"[10]。

日本的授业研究在晚近 30 年间,积累了舍恩倡导的以"反思"作为关键概念的研究。当然,"反思"作为关键概念是不变的,但在把握"反思—课后回顾—PDCA 周期—事后报告书"的连锁中,始终以事后报告书作为义务的场合也是不少的。因此,我们要追求的不是落入"反思"的巢穴,而是要积累起这样的研究,即"反思"是如何有助于授业的改进与教师的学习的,怎样的授业研究有助于促进"深度反思"的研究。这种聚焦"反思"的质,把握此前并未研究的授业中的"反思"的研究,也在逐步地推进。

授业与授业研究自从明治期以来,已有 140 多年的历史,作为学术的授业研究,自开始以来也有了 70 多年积累的授业研究的智慧,加上融合 AI 与大数据等未来取向的授业研究,可以期待,真正能够为儿童与教师的学习作出贡献的授业研究将会开发出来。

二、战后授业研究方法的进展

任何学说和理论都是那个时代的产物,拥有该时代的意义与价值。然而,任何验证学说和理论都不可能永远地独领风骚,不可能永远有助于新的时代的课堂实践的变革与改善。授业研究论也是同样。事实上,"日本的授业研究乃至授业研究的历史,是在忠实地学习欧美思想与理论,在连续性积累或运用乃至综合发展的框架之中,展开学习理论的实证性研究的"[11]。随着时代的进步,授业研究的转型是必然的。直至 20 世纪 90 年代,日本的"授业研究"出现了诸多新动向,具体表现为:

第一,从战前仅仅停留于如何教的水准,到战后探讨课堂授业的基本课题——"教什么、如何教"——的研究。

第二,旨在阐明特定的课堂事实的研究,这就是立足于实证主义的研究方法的科学化。亦即描述、阐明该课堂事实是怎样展开的,确立了排除权威与单纯思辨的研究方法。立足于这种研究前提的是"授业的可再现性"这一观念。就是说,课堂授业不仅必须为实际执教的教师和观摩者,而且随时随地可以为任何人提供作为研究对象的素材。因此,授业必须以可再现的方式加以描述。用录音机来逐一地记录课堂中师生的会话,展开授业分析,这是一种较为合适的方法。不过,这种方法在20世纪70年代以后导致了课堂授业的定型化和形式化。

第三,旨在改进该节课堂授业的研究。授业的事实一旦确定,就可以进入如何改进该授业的探讨。授业研究是旨在改进具体授业的研究,并不是单纯地描述授业而已。因此,大体从如下视点展开分析:(1)课前的教案与实际的授业之间的整合性;(2)儿童思维过程(思考的深度与变化)的有意义性;(3)教授行为(提问、讲解、指示)的适切性;(4)教材的妥当性;(5)作为学习集体的功能的有效性。

第四,寻求"授业法则性"的概括化研究。这种研究在于,收集优秀的课堂授业,进行比较分析,抽取共同要素,抽象出授业法则的概括化研究。这种研究在20世纪80年代达到了高潮,谓之"教育技术法则化运动"。"教育技术法则化运动"是1985年(昭和60年)在东京的小学教师向山洋一的号召之下而发起的民间教育运动。这个运动的目的是:(1)挖掘被埋没的教育技术;(2)通过追踪实验,把教育技术加以法则化;(3)把法则化了的教育技术加以推广,成为公共财产。最终目的是将其编制成"谁都能运用的教育技术的集大成"[12]。随着21世纪的来临,法则化运动改名为TOSS(Teachers Organization of Skill Sharing)直至现在。可以说,法则化运动始于向山的一个问题——"人人都能跳箱,却并非教师的通识。为什么?"向山高度评价斋藤喜博说的"用15分钟的时间让大家跳跳看"。但是,正如向山指出的,在斋藤的著作中几乎没有触及跳箱的技术问题。因此,跳箱未能成为教师共同分享的财产。向山正是着眼于这一问题,提出了实践研究的模式。向山主张,让全员跳箱,谁都可以成功。通过公开跳箱的技术,让大家分享。根据实践运用向山技术的10名教师的实践报告表明,在跳箱的儿童中有95.7%的同学能够完成跳箱的动作。这样,他主张集中梳理教育技术与教育方法,让教师们分享它们的意义。向山揭示了支撑"优秀实践"的若干方法和技术,再通过文本让他人能够模仿这种方法与技术,以便达到教师分享优秀方法与技术的目的,从而展开法则化运动。在法则化运动中描述了旨在20世纪的教育技术与方法的集大成,展开"集中"、"探讨"、"验证"、"修正"、"推广"(概而言之,谓之"法则化")。其基本理念是[13]:(1)多样性原则——教育技术是形形色色的,应当尽可能采用多样化的教育方法;(2)持续性原则——十全十美的教育技术是不存在的,需要常常加以探讨与修正的对象;(3)实证性原则——主张应当以明示了教材、提问、指示、留意点的记录为依据;(4)主体性原则——从众多的技术中作出适合自己班级的授业方法的选择的,是教师自身。基于上述理念,作为提高教师授业实践力的方法是:学习教育技术的基础;运用教育技术;从提问、指示、留意事项的角度,把自己的授业实践加以文本化。

日本20世纪90年代以后的授业研究的新进展,概括起来有如下几点:第一,不同于20世纪60年代和70年代的授业研究标榜"授业的科学",在课堂实践的探讨中聚焦教材教法的开发,90年代以后授业研究的聚焦点在于,促进儿童的"学习",开发教师的专业能力。就是说,从教材教法的研究转型为培育"深思远虑的教师"(Thoughtful Teacher)的授业研究。这种转型的背景是国际研究动向——"教师知识"(Teacher Knowledge)研究的进展,以及"反思性实践家"(Reflective Practitioner)这一教师专家形象的转换。

第二,伴随上述的转型,课堂授业的"案例研究"(Case Method)的意义得到重新评价。作为校本研修普及起来的授业研究及其协议会,在标榜"授业科学"的时代,曾被赋予了"验证"的消极意义。但在20世纪90年代以后,"案例研究"(临床研究)却作为培育专家的教育方法,被赋予了崭新的意义和活力。所谓"课堂授业",原本就是个别化的、依存于情境的活动,在不同的教室里,无论课堂事件还是儿童的学习都是不同的。具体的实践案例在具体的情境中得以研究,无非就是探讨教师自身的思考和判断对于儿童的学习具有怎样的意义。因此,作为支撑教师专业发展的授业研究是一种极其重要的研修机会。

第三,课堂录像在授业研究中得以推广。这样,授业研究的对象不再停留于文字记录,而是包括了师生的姿态、话语、对话方式等在内的整个课堂事件。录像镜头的普及带来了授业研究的技术革新。借助图象记录来进行研究的对象范围大大扩充了,不仅仅是授业的内容和儿童的认知,还包括了授业的关系与授业的语境。这样,我们就有可能基于具体的事例来详细地探讨教与学的形成了。再者,授业研究范式的转换,从另一方面说,它也为教师准备了基于"叙事"(Narrative)的授业研究。

第四,作为学校与教师的责任所在——旨在形成每一个儿童的"学力"——的授业研究,得以普及。这种倾向随着PISA影响力的拓展而越发显著。佐藤学教授指出:"学校改革的目的是保障每一个儿童的学习权;保障每一个教师作为教育家的成长。

倘若只有少数教师、少数课堂上课出色,其他课堂的儿童的学习受到阻碍、其他教师的成长受到阻碍,那么,这所学校的改革绝不能得到积极的评价。唯有保障每一个儿童的尊严与学习权,尊重每一个教师的多样性并保障其个性化的成长,才能使得学校的改革脚踏实地地向前迈进。"

第五,从程序型课堂实践转向项目型课堂实践,构成了授业研究的新潮流。在程序型课堂实践中,着眼点在于"计划"的编制与评价,在项目型课堂实践中却是聚焦"设计"、活动和经验的意义的探究。再者,在程序型课堂实践研究中,研究的中心舞台是课前教案的编制,但在项目型课堂实践研究中,是以内蕴于课堂实践本身的设计过程以及课后的反思为核心对象的。换言之,这是一种从定型化授业实践走向情境化授业实践的研究潮流。事实上,当今日本的诸多中小学的校本研修,尽管未能超越旧有的程序型课堂实践的框架,但是,这种授业研究潮流却是不可阻挡的。

第六,与其说授业研究是以教师的教授技术为研究对象,不如说是以授业中儿童的学习事实作为探讨的对象,并且寻求儿童学习中的"协同学习"(Collaborative Learning)的实现。"学习"不是个体的活动,而是作为一种同多样的伙伴合作的社会过程来组织的课堂授业实践。这是一种世界性的静悄悄的"课堂革命"的动向。

第三节　战后有代表性的授业研究

一、围绕教师"指导性"与"授业实践力"的斗争

(一)石桥胜治: 针对错误的"儿童中心主义",强调教师的"指导性"

授业研究作为学校建设的一环来抓——这是战后新教育时期授业研究的一大特征。一言以蔽之,战后授业研究的出发点是否定、超越战前的授业观——"教师即施教者,儿童即学习者"的二元对立的图式。然而,这并不意味着主张"排除教师的一切教授行为"这一错误的"儿童中心主义"。围绕教师的指导性的质,拥有着在"教育目标—教育内容—教育方法"的层面上,同肤浅的"儿童中心主义"斗争的色彩。——这就是战后新教育期授业研究的最大特色。

石桥胜治就是在放弃教师的"指导性"的战后混乱期率先发出反对声音的一位教

育学者。在战前曾经实践过以儿童为主体的生活作文教育方法的他,抨击了战后初期过分乐观的儿童中心主义(谁是学生、谁是老师都不明白)学校教育,认为这甚至是愚民政策的一种反映。在他看来,"学校终究是授业的场所",这就是石桥教育的出发点。因此,他在入学式的当天就开始对一年级学生进行指导:"孩子们一踏进教室,我就微笑着跟他们侃侃而谈。这一点从开学的第一天起就很重要。我要逐个地点名,要求他们当我叫到'某某同学'的时候,一定要回答'到',逐个地给予鼓励。然后,让他们'大声地回答'、'更大声地回答',表扬孩子们'做得好'。调查'会读字的人'、'会写字的人',然后说:今天教'い'字,再写'い'字。让全班同学朗读。孩子们会想到'我们学过了'。这样,孩子们就会精神饱满地来上学。"对于孩子们来说,学校是"学习的地方",让他们感受到:从入学的那一天起,就来到了这个"学习的地方",千万不能松松垮垮。——这就是石桥的观点。另外,他提醒不可忽略的一点是,从入学的那一天起,教师对每一个儿童都应当柔声细气,温情脉脉。

石桥强调教师的"指导性"和授业内容的体系化。他说:(1)在课堂管理与学科授业中,必须强化教师作为"指导者"的意志。教师必须借助体现科学性与系统性的授业内容教授学生、引导学生。(2)课堂授业的过程当然要考虑儿童的兴趣与心理的发展,并且加以有效地运用。但这不是核心问题。依据逻辑编制教材,展开有系统、有组织的指导,才是根本的课题。(3)整个学科的逻辑按照一定的方向组织起来的学科组织和内容,不应受到儿童的问题发现或儿童的兴趣爱好所左右。在战后初期儿童中心主义盛行的时代,石桥的授业研究强调了学科内容的系统性与教授的指导性,是弥足珍贵的。

(二) 斋藤喜博:针对消极的指导,强调教师的"授业实践力"

作为专家,重视教师指导性的斋藤喜博(1911—1981年)作出的"岛小的实践",是独树一帜的。斋藤于1952年到1963年的11年间担任群马县岛村小学的校长。在这里,他展开了通称"岛小的实践"的学校创建与授业创造。"岛小的实践"作为实践性的授业研究在全日本产生了巨大的影响。他1963年任界町东小学的校长,翌年任境小学的校长,1969年退休。尔后,成为宫城教育大学教授,组织授业论研究会。

斋藤的学校创建、授业创造的中心思想就在于把课堂授业视为学校教育的核心。斋藤以他独特的言说风格写道:"教师对于儿童的未来负有责任。负有责任的,就是每日每时的课堂授业。在每日每时的课堂授业中,教师拼命地同教材和儿童格斗,从每一个细微末节开始,实现每一个儿童的发展。引发儿童内在的潜能,使每一个儿童神采奕奕。"[14]这样,"变革儿童的授业"正是学校教育最重要的要素,通过这种授业的创造,"演出授业"就是每一个教师的责任。斋藤基于上述的思想,不仅关注作为学校教育之核心的"授业",而且在作为其母体的学校创建方面,殚精竭虑。斋藤抱着不仅同教师合作,也同家长、学者、文化人合作,一道创建学校、创造授业的愿望,积极地组织公开研究会、校本研修、授业研讨会。通过这种学校创建,从事授业的每一个教师的授业实践力都得到锤炼。斋藤总结了成功授业的条件[15],如表2-4所示:

表2-4　成功授业的九个条件

1. 授业是在"三者"("教材拥有的本质"、"教师的愿望"与"儿童的思考与感悟")的张力关系之中形成的
2. 深入浅出的授业
3. 从容应对的授业
4. 层层推进的授业
5. 角度独特的授业
6. 隐性知识显性化
7. 返璞归真的授业
8. 形式与内容高度统一的授业
9. 精气神兼备的授业

【出处】田中耕治,《简明授业论》,京都,智慧女神书房2006年版,第207页。

在斋藤的授业创造中有若干引人注目的关键策略。

其一,合力攻错。即把"同学的错误",作为全班同学的靶子加以"围攻"。在班级的课堂中探讨某一个课题之际,儿童会产生多种多样的解释和错误。例如在小数的运算中往往会出现如下的错误[16]:

$$2.6+3=2.9$$

$$\begin{array}{r} 2.6 \\ +\quad 3 \\ \hline 2.9 \end{array}$$

教师把这种儿童的错误作为"××同学式错误",在全班同学面前展示出来。为什么会有这种错误? ——让全班同学一起来探讨发生这种错误的逻辑。通过让全班儿童分享"A同学的错误",使得错误的逻辑被揭示出来,把错误跟特定的儿童区隔开来,加以客观化,使得整个班级的儿童能够分享正确的逻辑思路。这样一来,儿童的"错

误"成了课堂授业的重要支柱。斋藤强调,教师不能自以为是,以为自己是真理的化身。当教师面对并不拥有真理与正确的儿童的时候,不能只是单向地灌输。他说:"授业也罢,指导也罢,并非是那样的。拥有真理和知识,并且寻求真理和知识的教师,同那些尽管年纪小,却在寻求真理与知识的儿童,必须在班级集体中相互交换各自的思想和逻辑,形成激烈的冲突。在这种作业中,彼此否定对方的逻辑与思考,从而达于彼岸的世界,拓展彼岸的世界,发现新的知识,使得自己的整个身心投入这个世界。""就是说,当班级全员面对一个问题共同思考的时候,引发彼此不同思考的冲突,其他儿童或是教师都参与其中,在不同思考的冲突之中,A 否定自己的思考,肯定 B 的思考,从而进入 B 的世界,其他儿童也进入 B 的世界。大家都实现了本质上的迁移。而当大家进一步思考之际,发现 B 的思考也是错误的,于是,整个班级进入新的高度的学习。无论是 A,或是 B,无论是教师或是别的同学,各自否定此前的自己与班级的思考,转向新的更高的世界。唯有这种授业,才可能形成发现创造的授业。唯有借助这种经验——直面教材、他者或是他者的思考的冲突——的授业,才能使得每一个人得以充实和变革。"斋藤指出:"岛小的'××同学式错误'完全不同于一般学校羞辱儿童、否定儿童的做法。这种做法旨在通过指出每一个儿童的错误,以此为契机,引发冲突,激烈地展开异质的相互交流。其结果是,无论是被指出错误的儿童,还是其他所有儿童,都深化和拓展了学习,达于全新的世界。借助这种作业,每一个儿童各自从自己的束缚中摆脱出来。同时,也形成了彼此之间的亲和感。"[17]

其二,教师诘问。所谓"诘问",是指教师在授业过程中故意反驳或"刁难"儿童的发言与表达。斋藤把这种"诘问"作为一种契机——动摇儿童业已掌握的知识、逻辑与感悟,使得某一个儿童和班级全员产生新的知识,将其积极地纳入授业过程之中。教师通过对儿童老套的见解与观点进行挑刺,使得师生一起迈向更高的授业境界,乃是斋藤授业的一大特征。一个有名的例子就是国语授业中的一段"'出口'实践"。斋藤在国语课上,针对儿童围绕课文中"来到了森林的出口"的句子,解读为"森林与外界的边界的'出口'",提出了更为广义的"出口"的想法。于是,儿童们自以为天经地义的解读动摇了,从而对"出口"这一语词获得了新的概念。斋藤说:"当然,在这种场合把'出口'解释为'出来的口子'也没有错。这时儿童好似作出了结论的解释也是正确的,我的解释也不是错误的。在教育中,问题不在于哪一个正确,而是意味着陆陆续续地发现、创造着高出一筹的解释、别有洞天的解释,达到一个崭新的思想境界。"[18]

作为专家的斋藤总是抱着具体的儿童形象来构想教案。他说:"写教案的时候,当然要好好钻研教材,但同时也得把某一个儿童装进心里。把教材与儿童链接起来,编写教材。"——这就是他对学校里每一个教师备课的基本要求。在他的学校里,包括校长在内的所有教师(有时还得到授业研究者的参与),一道从事合作研究。反反复复地把日常授业实践的经验加以法则化、共有化,借以提升每一个教师的授业实践力的全过程,就是授业研究。"我们作为教师赋有的最大场面,就是一节一节的课。""每一个教师必须掌握作为专家的扎实的技艺与方法。""我们一直寻求着每一节课给儿童带来艺术的感动。"[19]

二、战后日本代表性的授业研究论

(一) 重松鹰泰: 基于授业分析的授业研究

名古屋大学教授重松鹰泰(1908—1995 年),担任战后文部省首部《学习指导要领·社会科(小学编)》主编。他在《授业分析的方法》(明治图书 1961 年版)中说:"授业分析指向授业本身的改进,亦即授业法本身的提升,乃是理所当然的。授业成为教师自身追求的最有效的活动,就是授业分析的终极目的。"在他看来。授业分析不是旨在创造授业的范式。课堂授业凭借范式是上不好的。适应教师自身的个性、适应儿童的状况,才能上好课。因此,他强调:"授业分析的目的不是旨在分析研究,而是旨在有助于基于实践的授业改造与课堂变革。"[20]他所倡导的"核心关联的考察"或"结构性的把握"这一问题设定的视点,对日本的授业分析产生了巨大的影响。在他看来,授业分析的对象即便是一节课的授业,倘若认识到它也是历史性的、以往一连串指导的结果;拥有多重性的要素与背景,那么,就不可能仅仅限于当节课的分析来评价课堂授业。而判断授业适当与否的基准,正是授业分析必须追求的。重松通过对课堂实践案例的详细记录、分析和考察,创作了一系列著作,诸如《授业分析的理论与实践》(黎明书房 1963 年版)、《理解的授业》(明治图书 1980 年版)等。

(二) 木原健太郎: 作为沟通过程的授业研究

木原健太郎(1921 年—)和末吉悌次(1909—2003 年)等人合作,从教育社会学的角度展开课堂中的人际关系的实证性分析。首先进行细致的课堂实录,然后进行数据分析。可以说,他的《教育过程的分析与诊断》(诚信书房 1958 年版)是这种授业分析的先锋。他认为,"教育过程的核心是教授学习过程,这种过程所赋有的价值形态,在很大程度上仰仗于社会学见解才能阐明"[21]。作为授业分析的要目是：（1）是教师中心的授业还是儿童中心的授业；（2）授业的节奏；（3）教师的情绪稳定度；（4）教师的激励与责备；（5）教师、儿童、集体；（6）直觉性知识还是判断性知识；（7）学科中心还是生活中心。实际考察的主要内容是从发言次数来揭示师生之间的相互关系。木原的授业分析手法可归纳如表2-5所示[22]：

表2-5　木原的授业分析手法

1. 教师中心的授业抑或儿童中心的授业
   · 教师发言次数与儿童发言次数的比率
2. 授业展开的方式
   · 让儿童思考的发言次数占总发言次数的比率
3. 教材与生活的联系
   · 联系生活的次数占总次数的比率
4. 儿童需求的满足度
   · 教师的设疑在授业的哪个阶段、何种程度
   · 儿童质疑的次数
   · 教师对儿童质疑的回应方式
5. 儿童自主学习能力的引导
   · 儿童自主学习的次数
6. 合理的行为方式的养成
   · 教师提示"为什么"、"如何"的次数
7. 格物致知的涵养
8. 具身行为方式的养成
9. 公平态度的养成
10. 狭义的授业技能(同第2项相关)
    · 对话的节律
    · 一节课中凸显主题的数量
    · 主题与主题之间的间隔
    · 主题与主题之间的逻辑关联
    · 导入、朗读、思考、应用的时间分配
    · 师生对话的互动辩证法

【出处】船山谦次，《战后日本教育论争史(续)》，东京，东洋馆出版社1960年版，第418—419页。

　　木原健太郎的《授业的科学化入门》(明治图书1961年版)，系统地论述了何谓授业的科学化、班级的人际关系、授业的展开方式、教材研究与授业、教案的写法、授业的效率化、同步学习与个别学习、小组学习、思考力与思考训练、问题解决的机制、集体性问题解决的过程、学习态度的培养、授业评价的科学化等，多角度地展开了探讨。木原的"授业科学化"，其要点是两个：其一，理想的授业与达到理想境界的"认知的目

的";其二,达于理想境界的"假设",而且以某种合理的研究步骤来支撑这种假设。

(三)砂泽喜代次:基于儿童思维分析的授业研究

北海道大学砂泽喜代次(1910—1982年)所编《学习过程的实践研究》(明治图书1959年版)以北海道的常吕町小学作为实验学校,通过理论小组与实践小组的合作,展开教授、学习过程的研究。其研究同木原的研究并驾齐驱,开拓了授业分析这一崭新的研究领域。其理论小组以"认识、技术性认识、技术性实践、实践"四个阶段,作为研究假设展开授业分析,而在接受这一理论假设的实践现场,则梳理了三阶段的指导过程——展望的学习、思考的学习、惯习的学习。这样,尽管在理论小组与实践小组之间,关于授业过程的形式阶段并未取得一致的结论,但两者都是同样以认识过程或授业过程的路径来展开授业分析的。

砂泽说:"历来是从一般教育史引出教授学说的,而且,历来也是从某某的教育说、教育思想、教育方法出发去编织教授学说的。在编织这些历史的、逻辑的、社会的意义关系的过程中,尝试着向今日的授业及授业研究的现实问题投射。我认为,现代教授学需要依据认识论、法则论以及内容方法论,才能得以作出新的建构。"[23]砂泽喜代次和铃木秀一等人组成的研究小组旨在批判与克服杜威的经验主义教育理论的偏差,展开了授业研究论。他们的论点是:(1)教育过程是价值实现的过程。(2)价值实现的过程是"人格形成的过程",教与学的过程必须作为"认识法则的过程"来探讨。而这种过程是在具体地克服授业中的诸多矛盾这一过程中才得以成立的。社会的矛盾、教材的矛盾、假设的矛盾、儿童的矛盾及其相互关系会在授业中表现出来。(3)上述诸多矛盾主要表现为儿童的思维方式、思考内容与教材的思维方式、思考内容的对立。因此,授业研究的"核心问题"必须是揭示矛盾对立的状态。(4)作为思维过程与价值实现的过程,它可以借助认知与实践相统一的逻辑加以把握。

砂泽的思维分析首先强调教材分析的重要性。他主张,要研究授业中的思维逻辑就得分析教材所要求的思维结构是怎样的;然后,研究教师授业的思维结构;进而探讨儿童学习思维的结构。砂泽喜代次受奥根《思维授业论》(砂泽喜代次等译,明治图书1971年版)的影响,主编五卷本《儿童的思维结构》(明治图书1967年版),主张所谓"教育",是既成知识的同化吸收;是基于问题解决的儿童的探究活动;是支撑知性认知活动的价值体验;是由儿童的实践活动构成的。——这四种普遍的学习方法也是人类认识并变革环境的一般方法,它要求儿童的无限的认知能力,特别是多样化的思维。

砂泽喜代次提出思维过程的分析视点如下:(1)教师是如何解读教材的;(2)授业过程是如何设定的;(3)教师是在怎样的程度上组织儿童的(不仅组织儿童的要求、愿望与问题,而且将其同班级建设联系起来,有机地组织集体思维与沟通关系);(4)在授业中,教师体验到的紧张感和抵触感、思维的进展与停顿,是如何表现的;(5)教师的讲解与提问是采用什么方式(对比性、补充性、反证性、分析性、综合性、离心性、向心性、假设设定性、现实直通性等);(6)板书的样式、构图及其他教材教具的应用方式;(7)教师如何根据每一个儿童的智能、学力、家庭阶层、个性特征、性别差异,点名儿童的状况。

砂泽喜代次区分了儿童思维过程的两种分析方法,即"内涵分析"与"现象分析"。"内涵分析"涉及:(1)内涵的丰富化与明晰化使得思维方式发生变化;(2)生活经验与体悟使得思维方式固定化(在这种场合,特别表现为思维的挫折与折衷)。以国语课文的理解为例,所谓的"内涵的丰富化"是指,尽可能以广泛的幅度去解读每一个语词和每一篇课文,同引发出来的儿童的思考方式联系起来,加深对课文的理解。所谓"内涵的明晰化"是指把儿童提出来的问题好好加以组织,并且确立逻辑关系。砂泽喜代次强调,进行"现象分析"必须有分析的框架。例如,作为提问的类型可分为问题提出式、问题探究式、问题附加式、问题确认式、内涵说明式、思考说明式等;作为人际沟通的基本类型可分为:单纯完结型、累加型、屈折型、集约型,以及上述类型的变型。基于上述基本观点,砂泽的授业分析的总体框架是,把授业的流程分为横向的三个层面——教授过程、学习过程、认识过程,进而在这三个层面之中又贯穿纵向的三个侧面——心理侧面、逻辑侧面、社会侧面,以展开授业的条件分析[24]。

(四) 广冈亮藏:基于课堂改造的授业研究

战后围绕教育方法的有代表性的论争之一就是"是问题解决学习还是系统学习"。为解决这种论争而倡导的就是"课题解决学习"。广冈亮藏(1908—1995年)是立足于具体地统一问题解决学习与系统学习各自的片面真理,来阐述他的课题解决学习论的。这就是,科学、技术的系统授业与主体性、能动性学习的统一。这种授业研究聚焦儿童的学习过程,以儿童、教材、学习目标为变量,揭示学习过程的最优化,找出在某种条件下适应局部条件的最优方案或最优方法。在评价研究方面,把"思考态度"作为学力评价的核心,由内而外构成了由"思考态度"层、"理解"层、"知识"层构成的三层结构模型,这是一种重视儿童主体的内在条件的学力观。

广冈的课题解决学习的主要观点是:第一,批判"问题解决学习"轻视了客观世界,从而提出"课题解决学习论",即倡导这样的学习——儿童通过对客观事物所拥有的客观构造展开主体式的探究,掌握洞察并处理客观事物的更佳方式;或是个性化地表现客观事物的本质。第二,课题解决学习重视主体式的解决思维,而系统学习则重视理解。不过,驹林邦男对"课题解决学习论"持反驳立场,认为:"这里的'问题'与'课题'的区别是被混淆的,因为'系统学习'也是可以从问题的形态开始;也会出现儿童学习的课题的。"

广冈的《授业改造》(明治图书 1966 年版)一书提出了授业改造的方向——授业内容上的"教材结构化"和授业方法上的"发现学习"。在探讨何谓"教材结构化"的问题时,他首先指出了现行教材缺乏结构性,表现在:(1)从怎样的角度把握单元内容,并不清晰。因此,知识内容是毫无性格的。(2)单元内容中哪些是基本的,哪些是派生的,缺乏适当的比重。因此,知识内容不过是杂乱无章的堆积。(3)单元内容该有怎样的广度,其边界往往是模糊不清的。这就是说,角度不明,基本要素的凝练不足,诸要素之间的关联混乱。广冈针对这些弊端,强调了优化"教材结构"的"二段操作"策略:第一段,明确贯穿单元的核心观念;第二段,凝练构成单元的基本要素。核心观念相当于单元内容的核心。核心观念不同,学习内容的性质和范围自然不同。

(五)上田薫:尊重每个儿童个性的授业研究

上田薫(1920—2019 年)在《调动每一个儿童的课堂授业:学情卡、座位表》(明治图书 1970 年版)中倡导的尊重每一个儿童个性、保障每一个儿童发展的课堂改革路线,率先在静冈市安东小学变成了实践。他们认识到:"个体之间差异的存在本身就是价值。为了充分展示差异,需要一个能使每一个个体自在表现的宽松空间。"[25]为此,上田提出了五种授业策略。

第一,学情卡。教师要直面儿童,以儿童为核心,就得理解每一个儿童,"学情卡"记录的是儿童实际的表现,而且是连续性的记录。这种记录不是孤立地罗列儿童在个别学科中的表现,而是多角度地捕捉各方面的现象并把它们贯穿起来。不是对全班儿童作同等量的记录,而是自然地从有突出表现的儿童开始记录。要求文字简洁精练,内容实在。这样,"学情卡"有助于教师把握每一个儿童。

第二,座位表。在课堂上发挥"学情卡"作用的是"座位表"。一张写着全班儿童姓名的座位表不可能像"学情卡"那样写得详尽无遗,教师必须整体地把握每一个儿童,把学情卡上的信息梳理成简洁的语言写在座位表上,以便一目了然地凸显一个个儿童的整体印象。倘若眼中没有儿童,教师只能照本宣科地上课,根据表面现象来指导儿童。有了座位表,不仅主讲教师,包括前来观摩的教师,也都会了解该班儿童的个性特征。

第三,授业全景图。一节课的授业总要追求成功。但在操之过急、一味追求标准答案的状态下,按计划完成的一堂课很难被认为是成功的。把一节课孤立地分裂成独立的、与前后无关的部分,那么,这节课就不能对整个授业过程产生积极的作用。所谓"授业全景图"并不像整套授业计划那样按第一节、第二节的顺序显示授业计划,而是在一张纸上一目了然地描绘三四个或五六个课时的儿童预期动态与授业构想,上面写着教师对"样本生"及其相关同学的愿望与授业方式。经过一段时间再回头看这个过程,可以重新预测儿童的思考轨迹、探究流向和儿童个体的变化。授业全景图当然是同学情卡、座位表构成一个整体,而且处于不断的改写之中的。

第四,样本生。所谓样本生,就是教师选择1—3名重点研究的儿童,在授业全景图和座位表教案的目标部分,专门为他们确定具体的个别目标。教师以样本生为媒介,可以更清楚地认识班级集体中的其他儿童。

第五,座位表教案。座位表教案即把座位表与教案结合起来,以便更好地应对儿童。它为一节课设计了多条展开路线,并确定了样本生以及教师希望与该样本生相互作用的其他儿童,写明了这些儿童的个性特征,该节课程的授业目标、授业手段等。

(六) 吉本均: 创造戏剧性课堂的授业研究

吉本均(1924—1996年)提出了"把班级提升为学习集体"的"授业指导"的假设,并且与一线教师共同致力于"使儿童成为学习主体"的授业创造。这种研究旨在直接地改造课堂授业,验证并创造更佳的授业内容与授业方法,作为研究运动的核心人物,他一直推进着中小学现场的授业研究。吉本均在《授业的构想力》(明治图书1983年版)中主张:戏剧性指向的是集体授业实践力,它由如下三个维度构成:其一,作为教材解释的手段化与作为具象化表象的构想力——把"看不见"的内容变为"看得见"的内容;其二,预测与表象化的构想力——设想通过基于教材解释的教育作用,预测学习集体会有怎样的应答,会产生怎样的对立与分化;其三,在课堂授业中组织并引导儿童发表见解与解释的每时每刻的努力。吉本均主张应当从上述三种关系的角度展开具体的课堂授业的研究,并且倡导基于三个视点——"思考·认识"、"表达·创造"与"记忆·练习"——来组织授业,"创造戏剧性课堂"[26]。

吉本均在其《授业的原则》(明治图书 1987 年版)[27]中针对教师日常课堂中常见的弊端,提出了锻造教师"变革儿童、创造授业"关键能力的 15 个关键点(表 2-6):

表 2-6　锻造教师授业实践力的 15 个关键点

1. 一个儿童,"两个自我"(感知儿童);
2. "否定"之中的"肯定"(发现能力);
3. "评价活动"不是搞"排行榜";
4. "介入"身心者,既非放任自流,亦非强行管制;
5. "眼神"不等于"眼光";
6. "讲解"不等于"告知";
7. "出席"不等于"参与","经历"不等于"经验";
8. "自主"不等于"自发";
9. "教"是为了"不教";
10. "提问"不是"责问";
11. 授业的"浅显易懂"不是将教材"轻薄"化、简易化;
12. 即便作品与教材相同,"授业"也不会相同;
13. "编制教案"就是构思"应对的戏剧"(设想不同见解的对立与分化);
14. "连接词"不等于发言形式,而是"真理与真实的分享";
15. "创造班级集体"不是"编造班级集体"。

【出处】笔者根据须田实的《战后国语授业研究论史》,明治图书 1997 年版,第 73—74 页编制。

(七) 波多野谊余夫: 培养自学能力的授业研究

波多野谊余夫(1935—2006 年)在《培养自学能力》(东京大学出版会 1980 年版)中说,"今日日本学校教育最根本的问题是什么呢? 对此问题的回答是形形色色的,但我以为,传递现成知识的效率第一主义以及与此相应的强化管理造成了儿童学习积极性的低落"。"即便从知性侧面而言,课堂学习应当尝到伴随思考与创造的喜悦与满足以及自己向上的乐趣。应当认识到,在课堂学习中体悟快乐生活的感动或精神满足的充实感是特别重要的。"——这就是他对儿童教育的基本诉求。

面对这种基本诉求难以实现的现状,他提出了摆脱偏重知识教育的羁绊、培养儿童自学能力的主张。他认为,学校教育的重点应当放在尊重学习主体的能动性、自觉性上,放在儿童的自学能力上。在他看来,传统课堂中划一的教师中心主义授业,作为一种有效地、稳固地使儿童掌握一定基础知识与技能的方法或许是妥当的,但过分执迷于这一点,将其作为一种培养主体认识者的方法,却是不妥的。

可以说,这是基于"终身学习"的语境提出来的教育主张,体现了终身学习中"自我实现"的理念。"自我实现"意味着什么呢?在马斯洛看来,这是一种"自己原本就有的潜在可能性的需求,或是真正的自我需求,或是自己期待成功的需求"[28]。还包括求解未知东西的好奇心,追求审美的需求。唯有内发好奇心的儿童,才能积极地展开主体行动、主体思考、主体追求。波多野谊余夫指出,发展这种好奇心的策略是:(1)给学习者以自由,在学习什么、怎么学习等问题上,为儿童提供某种程度的自由选择;(2)寻求惊讶与疑问的唤起及其消解;所谓"消解"就是指,解决疑问、惊讶和困惑,感受解决过程的乐趣和满足感。(3)强调能够给予智力与好奇心一定支撑的伙伴关系的重要性。

(八)佐藤正夫:建构授业科学的授业研究

日本教育方法学会前理事长佐藤正夫(1911—1997年)教授认为:"授业这一具体的实践过程是由种种要素、种种层面复杂地交织而成的,因此,只有探明了每一个要素、每一个层面的本质与性质,揭示其规律性,进一步厘清它们之间的联系与关系,系统地整理并统一这些要素及各层面的关系,如此才能确立授业论的科学理论基础。""当然,这对于构成授业的某一要素或某一侧面的深入研究也是重要而有意义的。然而,只有当这些研究摆正了自身在整个授业理论体系中的位置时,才能对授业论的发展、进而对授业实践的改造,作出贡献。如若是忽略全局的片面研究,会产生以偏概全的倾向,那只会妨碍授业论的发展与授业的改善。"[29]

基于上述观点,佐藤正夫在其《教授学原论》(第一法规出版公司1987年版①)中对课堂授业的组织及其改进的科学基础理论——授业论——作了系统的阐述。该书首先探明授业论的学术性,揭示授业论研究的课题是什么。然后在此基础上,探明授业的所有要素、所有层面的本质与性质,亦即论述授业的课题、目的、构成授业内容的学科、教材选择的标准、教材排列的系统性、授业过程、授业的方法与技术、授业中的教育(世界观的形成与学习集体的形成)、授业的组织形式等,然后,揭示其间的规律性,作出系统的叙述,旨在为授业的形成与授业的改进提供路径、方法与策略。

"授业"、"教授"、"教学活动"、"学习指导"等术语,无非是指教师以课堂中一定的儿童为对象的活动,一般通称为授业。关于这种授业的研究亦即授业研究,它同教

---

① 本书中译本即钟启泉译《教学原理》人民教育出版社版1993年版,台湾五南图书出版公司1995年版,教育科学出版社版2001年版。

授学研究是一种怎样的关系呢？授业研究主要是以学校现场的实践家为主体的，教授学研究主要是以从事教育学研究的理论家为主体的。不过，仅至于此的解释是不充分的。既然教授学把授业置于其研究的焦点，两者之间就有着密切的关系。这就是说，为了深化对教授学研究的认识，就得有分析、比较、综合实际的授业的研究。在这种场合，授业本身起着认识之源泉的作用。基于一定的教授理论所进行的授业，倘若是一种旨在验证该理论能否带来所期待的结果的授业研究，可以说，这就是作为真理的规准的授业。从授业研究引出的一定的法则，是借助作为认识之源泉的授业所获得的认识，其通过作为真理之规准的验证，才拥有其客观性的[30]。授业研究对于教授学研究的作用还不仅如此。作为变革现实的授业必须成为研究的课题——作为变革现实的授业研究的主要目标并不是教育研究者授于新知或是验证这些知识，而是旨在创造授业本身之变革的授业，为学校教育的进步作出贡献。佐藤正夫说："今日的学校授业，一般处于荒废状态。儿童丧失学习的积极性，课堂授业的品质极差，学生的学业成绩显著低落，甚至出现了许多学业低劣的学生。"[31]因此，授业的创造与教授学研究面临诸多问题的挑战：诸如，如何让学生成为学习的主体；如何创设并保障学习条件；如何创设并保障班级授业的条件，等等。

（九）佐藤学的"学习共同体"研究

佐藤学倡导的"学习共同体"历经了三十几年的岁月，已成为国际教育界"共同的言说"。"学习共同体"研究的愿景是：实现每一个儿童的学习权；最大限度地提升学习的质量；促进每一个教师作为专家的成长；基于家长与市民的信赖与纽带的学校创建。不过，实现这种愿景的学校是怎样一种学校呢？实现这种愿景的授业是怎样一种授业呢？又该如何实现这些愿景呢？——所有这一切，用佐藤学的话来说，都是在"摸索中前行"的，而描绘"学习共同体"的学校改革与授业改革的愿景、哲学与活动系统的探索，大约在20多年前就开始了。"学习共同体"的愿景、哲学与活动系统有如下几个渊源：第一，社会民主主义的哲学。卢梭、斯宾诺莎、马克思、杜威的哲学是社会民主主义哲学的基础。第二，新教育运动的革新传统。在这方面，杜威、弗雷勒、皮亚杰、维果茨基、瓦隆等人的影响巨大。日本的教育改革家野村芳兵卫、村山俊太郎、佐佐木昂、城户幡太郎、胜田守一的影响也极大。再有美国梅尔的学校改革，以及稻垣忠彦的教育学与授业研究的业绩等，构成了学习共同体的直接源泉。第三，授业研究的传统。从斋藤喜博的岛小学校的学校创建的经验开始，尔后的教授学研究会的研究，以及由此派生出来的冰上正、田村省三、石井顺治等人的研究,形成了一脉相承的授业研究的谱系。佐藤学自身也作为一员参与其中。这个传统成为今日授业改革的基础。第四,世界各国的教育改革潮流。20 世纪 70 年代以后的美国开放教育、80 年代以后的美国教师教育改革的成果,被学习共同体的理论所汲取。第五,学术与艺术领域的革新运动。学习共同体改革的愿景、哲学与活动系统的形成,尽管并未直接受学术与艺术领域革新运动的影响,但也从运动成果中学到了不少经验。这些人是:谷川俊太郎(诗歌)、三善晃(音乐)、如月小春(戏剧)、栗原彬与吉见俊哉(社会学)、小森阳一(文学)、冈本和夫(数学)、佐藤胜彦(天文学)。所有的这些经验与见解,都成为学习共同体的哲学的源泉与基础[32]。学习共同体的学校改革高举学习共同体的哲学(公共性、民主性、卓越性)的大旗,通过课堂中的"协同性学习"、"同僚性构筑"、家长与市民的"学习参与"活动展开实践。借助这种愿景、哲学与活动系统的三位一体,"学习共同体"的学校改革与授业改革不仅在日本国内独树一帜,而且跨越日本的国界,汇成了声势浩大的学习共同体的国际网络。

【参考文献】

[1]日本教育方法学会.围绕学习指导要领的经验方法学探讨:以素质能力与学科本质为核心[M].东京:图书文化,2017:13.

[2]日本教育方法学会.现代教育方法事典[M].东京:图书文化社,2004:552.

[3][4][5][6]日本教育方法学会.日本的授业研究:授业研究的方法与形态(下卷)[M].东京:学文社,2009:11 - 12,13 - 14,14 - 16,16—17.

[7][8]天野正辉.教育方法之探究[M].京都:晃洋书房,1995:263,264.

[9][10]吉崎静夫.授业研究的新进展[M].京都:智慧女神书房,2019:20,27.

[11][12][20][26][27][28]须田实.战后国语授业研究论史[M].东京:明治图书,1997:40,41,48,72,73 - 74,76.

[13][15][16]田中耕治.简明授业论[M].京都:智慧女神书房,2006:207,207,207.

[14]斋藤喜博.我的授业观[M].东京:明治图书,1973:31 - 32.

[17][18]斋藤喜博.授业:变革儿童的要素[M].东京:国土社,1963:61 - 62,11.

[19]日本教育方法学会.现代授业理论的争点与授业论[M].东京:明治图书,1980:36.

[21][30]细谷俊夫.细谷俊夫教育学选集(第二卷)[M].东京:教育出版股份公

司,1985：133,124.

[22][24]船山谦次.战后日本教育论争史(续)[M].东京：东洋馆出版社,1960：
418－419,422.

[23]砂泽喜代次.现代教授学的基础[M].东京：明治图书,1995：4.

[25]市川博.社会科的使命与魅力——日本社会科教育文选[M].沈晓敏,译.北京：教
育科学出版社,2006：303.

[29][31]佐藤正夫.教学原理[M].钟启泉,译.北京：教育科学出版社,2001(原
序)：2.

[32]佐藤学.学习共同体的挑战：改革的现在[M].东京：小学馆,2018：8－11.

第三章

探寻日本"学科素养"界定的源与流——以日本民间教育研究团体的授业研究为线索

日本"民间教育研究团体"(Voluntary Educational Research Organization)推进的授业研究运动是日本战后授业研究的一大特色[1]。在这种授业研究的潮流中,一个划时代的事件,就是战后不久文部省刊行的 1947 年度《学习指导要领·一般篇(试行方案)》开宗明义地宣称:"当今我国的教育正在朝着不同于以往的方向前进。……此前总是由上级一手决策,下级划一地照着实施就行了。如今却要自下而上地群策群力来办理各种事情。"确实,在自觉地履行这种"自下而上地群策群力来办理各种事情"的过程之中,民间教育研究团体纷纷设立。它们基于《学习指导要领》的基本精神,逐渐推进日本授业研究的形成与发展。这个时期的授业研究主要从批判战后初期的"问题解决学习"出发,致力于现代"学科素养"的界定与授业体系的创造,取得了丰硕的成果。本章根据日本教育方法学会的框架与素材,从"语言与教育"、"科学与教育"、"表现与教育"三个视点出发,梳理战后日本民间教育研究团体的主要研究成果,然后概述战后日本"学科素养"界定的演进及其课堂实践的积累。

第一节 语言与教育：国语科的
授业研究

一、主要民间教育研究团体的研究步伐：以阅读授业为中心

（一）教育科学研究会国语部会

"教育科学研究会"是从基于科学的成果推进教育实践的立场出发，在战前设立起来的研究会。该研究会的一个部会——教育科学研究会国语部会（简称教科研国语部会）创设于 1952 年，旨在"培育儿童成为优秀的日本语的承担者"，围绕"语言教育"（文字指导、发音发声指导、文法指导、语汇论指导）与"语言活动教育"（阅读授业、文学授业、语法授业、会话授业），展开理论与实践的研究[2]。特别是关于文学作品的阅读授业，批判性地汲取了石山修平首倡的"三读法"——通读、精读、品读，基于文学作品的客观结构，展开阅读授业的过程与方法的探讨，从而确立了如下的阅读授业阶段：（1）感知（课文的音声化，事件、情感与形象的正确领会）；（2）理解（在形象的分析与综合的基础上，概括主题与思想）；（3）综合阅读，也可称表情朗读（在洞察全文意涵、语词作用的基础上，进行综合性朗读、品读）。在这方面发挥核心作用的宫崎典男，基于如下"三读法"的授业过程与授业方法展开了文学阅读的课堂授业实践[3]：（1）感知阶段——形象的情绪性感知；（2）理解阶段——对于形象本质性的一般理解；（3）综合阅读（表情朗读）阶段——阅读指导的终结点，深刻地感悟形象。在这些阶段中通过细致、丰富而深刻地理解作品本身的"形象"来认识作品的"主题"——人物的典型性格、生活现象的本质，和作品的"思想"——作家的情感，即评价态度。他强调，这种授业过程会受制于文学作品的"结构"，即被"客观地"制约着。

这是文学授业的"一般法则"。

（二）儿童语言研究会

"一读综合法"是横滨市立奈良小学林进治校长基于巴甫洛夫第二信号系统理论,在否定传统的"三读主义"(通读、精读、品读)的基础上开发的授业方法。其心理学基础是"意识与语言直结说"、"外言、内言与内言力强化说"[4]。据此,语言不是单纯的沟通手段,而是认识与思维的工具。所谓"外言"是指"写、说"之类的"以语言为外表"的行为;"内言"则是指"在头脑中操作语言"的行为。这两者(外言、内言)相互支撑,实现着认知活动与思维活动。儿童语言研究会(儿言研)界定国语授业的目的是:"强化外部语言与内部语言,丰富地发展语词网"[5],文学授业基本上也是沿着这个方向进行的。读者是把作品的语言作为信号来接收,借助"外言、内言",通过"语词网的操作",来创造"某种世界"的。但这种阅读并非仅仅把文章作为客观存在,来发现"作者的意图",而是持续借助"分析与综合"来描绘表象,把握情境及其间的相互关系,形成完整的思想的一种"主体性"活动。

"一读综合法"是在严厉批判石山修平首倡的"三读法"——通读、精读、品读——的基础上提出来的。其批判内容如下:其一,一旦实施了第一次的"通读",那么第二次的"精读"不过是"二度煎熬",亦即不过是重新沿着业已明了的线索,去探明"在哪里、为什么如此这般"的重读而已。其二,"三读法"是在漠然无知的状态下展开字词句篇的阅读,这是一种剥夺了"文学阅读的正道及其乐趣"的"非人性的授业法"。其三,这种授业法加剧了"读者与作者合体"的"被动阅读"和教材的"绝对化",剥夺了儿童的"主体性"和"创造性"。这样开发出来的"一读综合法"的授业,旨在过细地读取每一句的含义与关系,以如下的授业过程与方法展开的:从"阅读课文题目——设想、展望"开始,然后是"每一个人独立阅读,分成若干部分阅读,选择若干段落阅读"、"指名朗读"、"回味、讨论"、"改说——略说(归纳、抽象化)、详说(表象化、具体化)"、"揭示关系"、"发表读后感与见解"、"编制计划"、"改编"、"揣摩表达"[6]。除了阅读授业之外,在文法指导方面也开发了独特的方法。

（三）文艺教育研究协议会

"文艺教育研究协议会"(简称文艺研)是在 1964 年作为文艺理论研究会而创设的,其最大的特色是立足于坚实的文艺学理论展开教材研究与授业研究。该会会长西乡竹彦从其独特的观点出发提出的文艺学理论,由如下的"分论"组成了系统的理论:形象论、视点论、人物论、结构论、表现论、文体论、象征论、主题思想论、虚构论、典型论。其中尤为重要的概念和术语有:"形象的相关性与整体性"、"视点人物与对象人物"、"同化体验、异化体验、分享体验"、"视角的转换"、"人物形象与世界形象"、"情节、构成、线索"、"描写、说明、叙事、对话"、"手法与构思"、"审美结构"等。基于这种文艺理论、批判理论的授业创造的创意有别于欧美的学说,在日本国语教育界也是罕见的。在教材分析的科学化与规格化,以及授业内容的明晰化与系统化方面,具有划时代的意义。作为新的文学教育的潮流,其对日本的中小学国语课堂实践也产生了不小的影响。另一方面,在授业构成与授业方法层面,"文艺研方式"的授业过程与授业方法被确立起来:(1)导入——形成阅读的"格局"的阶段;(2)展开——借助同化体验、异化体验、分享体验,获得"真切的文艺体验";(3)概括——"文艺体验的主题化与典型化"阶段;(4)总结——学习成果的综合整理阶段。[7]战后80年代以来,西乡竹彦揭橥"培育人类观、世界观教育"的旗号,实际上,从20世纪70年代后半叶开始,他就揭示了根据自身多年实践研究积累起来的基于"教育认识论"的"认识方法",即观点、比较、顺序、理由、类别、条件、结构、关系、变换、相关、关联,以及通过这些认识方法揭示的"认识的内涵",即人类的真实与事件的本质,所有这些内容,均被投入于自小学教育阶段开始的授业尝试之中。

(四)科学"阅读"的授业研究会

科学"阅读"的授业研究会(简称读研)是大西忠治在1986年创立的[8]。大西说:"教会学生'阅读的方法',让他们学会阅读,这就是国语授业的基础。……以往的国语科授业即便在文学作品的授业中,'阅读'指导也是不充分的。学生通过国语课科学地、阶段性地、累积式地'阅读'的努力是不够的。"[9]大西的科学阅读说的最大特色是,强调教授"科学、客观"的"阅读技能",借以形成"学生自己的阅读能力"。因此,这一阅读能力的掌握需要在制定阅读"假设"和"标尺"的基础上,通过具体教材的阅读加以掌握。那种没有学科内容的授业,即便教材解释再丰富、提问再精彩、发言再活泼,也无法得到积极的评价。这样一来,大西忠治把批判的矛头直指不培育儿童阅读能力的国语授业,从语言技能教育的立场,明示了"科学、客观"的"阅读技能",一般称为"读研方式"[10]。这种"读研方式"在文学作品的场合,采用的是三阶段的阅读过程与方法——"结构阅读"、"形象阅读"、"主题阅读"。在诗歌的场合则是"结构阅读"、"技法阅读"、"主题阅读"。在"形象阅读"中,"逐字逐句地阅读"(深度阅读)是一个原则。在叙事文的场合,是"结构阅读"、"要旨阅读"、"要约阅读"或是"结构阅读"、"逻辑阅读"、"品味阅读"[11]。"读研方式"基本上沿袭了传统的"三读法"框架[12]。不过,在基本的问题意识上不同于石山修平倡导的"通读、精读、品读"和教科研国语部会的"感知"、"理解"、"综合阅读"的授业过程与方法,它是彻头彻尾地凭借教材来培养儿童阅读技能的一种国语授业论。

二、国语科授业研究的成果与课题

(一)国语科教育"科学化"的功罪

如前所述,在民间的国语教育研究团体中,国语科教育以"科学化"的理念,结合"○○方式"的形式,开发了授业过程与授业方法。这里面包含了教育学、心理学等相关学科的理论以及欧美学说的理论研究的支撑,同时也是诸多尝试错误与实验授业的积累。毫无疑问,这些都是基于严谨的、真诚的授业研究所创生的珍贵成果。特别是在阅读领域里谓之"教科研方式"、"一读综合法"、"文艺研方式"的授业法,成为这种研究会的象征而得以普及。这是由于,程序化授业法以看得见的方式表征,容易走向实践[13]。不仅授业过程与授业方法如此,教材研究层面也趋于重视"西乡文艺学"和大西忠治的"结构阅读、形象阅读、主题阅读"。另外,"文艺的科学"和"科学、客观的尺度"也受到重视。至此,教育现场的教师摆脱了基于个人才智和技艺的经验主义方法,走向了科学主义的"教材分析"的道路。亦即只要习得了客观的方法,谁都能够展开一定的教材研究与授业研究。不过,另一方面,它的局限性也是显而易见的。由于教材分析和授业过程方法的凝固化、定型化,千篇一律地应用理论(分析规则),就会出现同具体教材不兼容或是无法充分体现教材特性的案例,也会出现授业模式扼杀儿童自由创意的案例。仅仅采用特定的方式和实践的尝试是难以填平同西乡竹彦和大西忠治等人的授业理论之间的鸿沟的。

在20世纪60年代"授业研究"的隆盛与"学科内容现代化"的潮流中,兴起了"授业的科学化"与"授业论建设"的高潮。不过,佐藤学批判的问题在民间教育研究运动中也得到了关注。即在这一潮流中,授业的设计、实施与评价与其说关注"基于教师实践性知识"的省察与反思(作为"反思性实践家"的教师),不如说,它更加侧重于"科学技术的合理应用"（作为"技术熟练者"的教师），课堂授业的"复杂性"和"丰富性"并没有得到充分认识[14]。在这里，存在着对系统理论模型顶礼膜拜的现象。可以说，这也是一些实践与研究之所以停滞的原因之一。如何超越西乡、大西，如何提升教师个人的授业实践力，是中小学教师面临的挑战。诸如斋藤喜博的追随者，"不是克隆一模一样的授业"、"不是简单化地模仿斋藤"，说明在上述这些"方式"之前，日本的中小学界就已经存在着同优秀的实践者相通的实践力量，这也为中小学教师应对挑战提供了积极的示范。

确实，在学科内容和授业方法中吸纳"科学的成果"是重要的，这种努力与成果应当得到评价。诸如文法授业与文字授业那样的学科内容的科学化、系统化及其授业过程与方法，是日本民间教育研究团体的珍贵遗产。不过，教师授业实践力的提升又是另外一个维度的问题。不管怎样，授业的"科学化"与"法则化"，以习得定型的知识、技能为中心的课堂授业，在某种程度上是可能的，除此之外的诸多方面，只能委之于每一个教师"同问题情境的对话"和"活动过程中的反思"。斋藤喜博一方面认识到授业理论与技术的重要性，但同时也对那种心急火燎的"科学化"、"普适化"抱有戒心。

（二）教师授业实践力的形成与授业研究

传统的民间国语教育研究主要关注如何看待课堂授业（如何分析、评价课堂授业），如何应用课堂记录，如何书写课堂记录等问题，这也可以说是授业研究的关键之处。然而我们并没有看到从独特的立场来展开这方面探讨与进展的相关研究。例如，从各个研究团体的课堂记录来看，仍然是以逐字逐句地记录师生发言的"C（教师）-T（儿童）"型风格为主流。这种方式源自这样一种需求：要求教师客观而详尽地记录课堂，以便作为科学的授业研究"资料"，供多方面的分析。然而，以第三人称陈述的网罗式课堂记录是存在诸多问题的。佐藤学指出："这种教育实践的思考方式是以'技术理性'为特征的，是一种假定保障授业成功的一般法则与原理何在的观念。"[15]所以，"以往30年间科学的合理的'授业研究'的普及使得教师丧失了以第一人称描述实践的话语，儿童个人的名字也在授业记录与表述中丧失了，以致来自课堂的'叙事'的丧失"。而"反思性教学"的特征则是："尊重语脉的固有性，采用'个性描述法'追求对具体经验进行鲜活的描述"、"通过每一个人的经验描述，解读课堂事件的多样涵义"[16]。斋藤喜博非常重视这一点。他认为，教师专业力量的形成与书写授业记录是密不可分的,为了以第一人称来具体地描述自己的经验,"解释力"、"发现力"、"质问力"、"感悟力"、"记忆力"等都是必要的。他认为这些能力对于教师的专业力量来说极其重要,并从这一立场出发,提出了课堂记录应当具备的条件是:"具体生动的描述"、"明白易懂的文本"、"形成自己的文体"、"摹写儿童的表情"、"抒发自己的心声"。这是日常的富于个性的自我研修、自我表现的记录。

国语教育方面的研究团体一直致力于"观察课堂"或是"言说课堂"这一层次的授业研究。当然,尽管这些都是致力于推进基于课堂现场而展开的实践研究,但其着力点终究放在了如何把自己的教育理念与授业方法加以具体化、如何发展、如何展开每日每时的研究课题上。另一方面,尚存在诸多疑念有待思考——授业的见解、记述的方式、评议的方式是否得到充分的探讨;授业的"复杂性"与"丰富性"是否得到充分认识;授业的过程是否过分寻求"合乎法则性的过程",却轻视了具体课堂情境的意义等。这些授业研究的问题是同教师专业素养的问题直接相关的。教师形象应当是怎样的,教师力量形成的过程与方法应当是怎样的,在这些问题上,以往的授业研究积累了怎样的真知灼见,都是值得探讨的课题。柴田义松指出:"战前日本授业研究的致命弱点就是单纯地以授业的方法与技术作为研究的对象,这种弊端直至今天仍然未能克服。"据此,他提出了如下授业研究的课题:(1)何谓好的授业;(2)学科、教材与授业展开的关系;(3)授业展开的方法;(4)教师的专业能力与人格魅力同授业展开的关系;(5)学校体制与授业展开的关系;(6)儿童的现实与授业展开的关系。[17]

三、日本国语授业的创造

(一) 战后的言语逻辑教育

战后从军国主义魔爪之下获得解放的日本教育所指向的是,培育民主主义的公民,国语教育也指向这个目标并展开了种种努力。旨在培育"讨论能力"的言语逻辑教育就是其表现之一,这是以大久保忠利领衔的"日本语口语教育研究会"及其母体——"儿童言语研究会"为中心推进的运动。这些研究会诉诸以往等闲视之的"口头语言"中的"言语逻辑教育"的重要性,基于大久保主张的"语言与意识直通说",揭橥国语教育的目标应该包括:使学生以日本语的正确知识为根基,来掌握言语,达到知性地、逻辑地使用言语的能力,从而使学生进一步掌握必要的日本语,掌握人类语言功能的知识。具体地说,可以通过实施如下顺序的模拟辩论来促进学生对这一能力的掌握[18]:

1. 限定构成辩题的命题的意涵,形成辩论的立足点与范围。

2. 围绕辩论的论题进行预研究。

3. 决定对辩题的见解(确定正方、反方的各自观点)。

4. 正反双方举出根据,为各自的主张提供理由。

5. 双方相互评价对方论据是否正确,反方推翻正方的论据。

6. 正方摆出理由反驳反方,倘若反方观点全被推翻,则正方告胜,讨论结束。

即这种讨论的基本格局是:"反复地说、听→自主地思考→在倾听中批判性地理解→立时取舍并发表见解",扎实的讨论能力就可以在这样的过程中被培育起来。不过,这种主张并未在今日的日本中小学国语教育中得到反映。其原因在于旧态依然的国语教育观的存在、生活环境的变化等,更为根本的是教师自身对言语逻辑的重要性的认识欠缺。

(二) 日本国语授业的两大潮流

战后日本国语授业大体可以区分为两大潮流,即基于经验主义的"单元学习"与基于能力主义的"系统学习"。这里考察一下各自的教育观点及其课堂授业的创造。

一方面是单元学习(经验主义)的潮流。所谓"单元学习"是指围绕学习者的兴趣爱好与扎根儿童需求的话题而组织起来的一个板块的活动(单元),旨在形成扎实的语言能力、自学能力、个性发展的学习。在昭和20年代,受经验主义教育思想影响的《学习指导要领》倡导"经验单元"(生活单元)的授业方式,设计适应于儿童兴趣爱好的单元和方法,通过讨论、调查研究等作业,促进学生熟练地运用所有的词汇。不过,这种"经验单元"在其尚未扎根于中小学教师之际,就受到了"学力低下论"的批判,教育现场的风向则从重视"经验"转向重视"系统"。今日重新受到关注的"国语单元学习"以大村滨的实践为代表,其从昭和50年代以后得到广泛传布。诸如,大村通过在阅读生活指导中的"怎样选择图书"的单元(问题单元)和"编诗集"、"写书稿"的单元(作业单元),使学习者面向一个目标,全员通力合作,在推进种种的学习活动之中,培育儿童的讨论能力、写作能力、文字能力、语汇能力、修辞能力。

另一方面是系统学习(能力主义)的潮流。昭和 20 年代的经验主义学习由于未能明确国语科作为独特学科的价值与存在理由,遭到了学力低下论的批判,于是出现了重视学科与教材的知识、技能的逻辑,系统地学习这些知识、技能的观点——这就是基于能力主义的系统学习。根据能力主义的立场,国语科的目标是培育学习者的语言能力,而授业内容就是能力的内涵本身。1977 年版《学习指导要领》把基于"听说"、"读写"这一语言活动的划分改为基于"表达"、"理解"、"语言事项"的语言能力的划分,强调了重视能力的方针。从授业创造的视点出发,这个时期的代表观点就是上述教育科学研究会和儿童语言研究会等民间研究团体对"语言事项的系统授业的必要性"进行强调的主张。

(三) 基于新学力观的国语科: 聚焦"语言力"的培育

2008 年版《学习指导要领》中规定国语学科的主要改善事项是: 第一,语言是知性活动(逻辑与思维)、沟通活动、感性与情绪的基础,在国语科中应重视与这些语言的作用相应的能力、感性、情绪的培育; 第二,在各门学科中应充分理解充实语言活动——以国语科培育的语言力为基础——的必要性[19]。何谓"语言力"? 根据"日本语言力培养协作者会议"的界定:"语言力"是以知识与经验、逻辑思维、直觉与情绪为基础,深化自己的思考,运用语言同他人进行沟通所必须的能力[20]。这个定义有两个要点: 一是如何把握"以知识与经验、逻辑思维、直觉与情绪为基础"的涵义; 二是如何把握"沟通"的涵义。

关于第一个要点,即"以知识与经验、逻辑思维、直觉与情绪为基础",有三个涵义。其一,"知识与经验"。"体验"是指对于未经意识到的过去的事件,尔后通过语言对其加以认识的经验。"知识与经验"的表述意味着,语言力培育的前提是借助语言化来"经验"体验,其次在个人的"实感、领会、本意"的层面去获得"知识"也是很重要的。学习者倘若能够以自身的"实感、领会、本意"获得知识,那么,这样的知识既不会被剥离,而且会作为学习者的生存能力固着下来,在种种情境加以运用。通过这种途径获得的知识,就会有助于学习者在如何生存的问题上主动地展开具有一定均衡性的思维与判断。其二,"逻辑思维"。所谓"逻辑思维"是指"判断与根据"、"原因与结果"。培养儿童逻辑思维的重要性是不言自明的。逻辑思维薄弱的话语难以说服他人,难以获得人际的理解。逻辑思维薄弱者理解事物、运用知识的能力以及控制情感与欲望的理性作用也会相对薄弱。要培养这种逻辑思维有两点是重要的：一是能够明确地叙述判断与见解、解释之依据；二是能够琢磨、思考判断与见解、解释之依据的逻辑性。其三，"逻辑思维"与"直觉、情绪"。在传统上，我们往往会对"逻辑思维"与"直觉、情绪"分别加以把握，忽略了其间的相互影响、相互关系。其实，两者的关系可以转换成认知层面与情意层面，或是头与心的关系。两者并不是各自活动而是统整活动的。语言力与内心世界是相辅相成的关系。所谓儿童的"内心世界"，既有获得的知识，也有经过语言化了的体验——经验，还有"逻辑思维、直觉、情绪"的综合作用。所有这些都是个人固有的"内心世界"。语言力在内心世界的培育中起着巨大的作用，两者是不可分割、相辅相成的。

关于第二个要点，即沟通。要建立诚信的人际关系、良好的人际关系，就不能表面化地理解沟通。仅仅抓住同他人沟通所必须的语言运用力的部分，把语言力视为沟通力，那是一种狭隘的理解。"沟通"既不是使人不切实际地观察贫弱的内心世界的方法论，也不是在这种情境中巧妙地编织人际关系的方法论。"沟通"是"以知识与经验、逻辑思维、直觉与情绪为基础"，在"深化自己的思考"中进行的。表达自己的内心世界并将其传递给对方；理解对方的内心世界；最终理解自身，培育自己的内心世界。——这就是"沟通"。沟通，可以说是在沟通过程中培育和深化人际之间内心世界的行为，是受对方内心世界的触发，从而理解并培育自身内心世界的行为。

如何培育"语言力"？"语言力"必须是在打破学科边界的条件下培育的。语言是学习的对象，同时也是学习的重要手段。没有语言力，学科的授业会受到影响。因为，语言是从事学习的重要手段。为了更好地进行学科授业，就必须提高语言力。同时，语言力也借助学科授业得以提高。因为，各门学科的授业大都是运用语言进行的。好的数学授业就是运用语言培育数学思考方式，运用语言加深对数量和图形的知识与理解，其结果就是培育语言力。社会科、理科等其他学科也是如此。语言力原本就具有通过语文学科之外的各门学科而得以培育的一面。培育各门学科的学力的授业，终究是培育语言力；而培育语言力的授业，终究是培育学力。尽管如此，通过各门学科提高的语言力，反映了各门学科的特质。各门学科并非轻视语文授业，而语文作为培育语言力的核心学科也应当发挥愈益重要的作用。语言力不充分，个人的成长与发展就不会充分。要保障儿童的学力和成长，就需要各门学科教师通力合作，致力于健全的语言力的培育。

第二节　科学与教育：数理科与社会科的授业研究

一、科学与教育：理科教育与科学教育研究协议会

（一）组织研究小组：科学教育研究协议会

战后民间教育运动正式兴起于20世纪40—50年代初,当时的《学习指导要领》是不具有法律约束力的,而基于《学习指导要领》实现民主主义教育热潮正是民间教育运动兴起的背景。在联合国军总司令部(GHQ)指导下编制的《学习指导要领》申明,这个指导要领不是约束教师的指导书,而是为了指导教师开展研究而编写的指南。尽管如此,贯穿整个指南的教育思想——从儿童的现实生活出发进行单元学习——却引发了中小学理科授业的问题[21]。"以生活为中心"编制授业内容使得学科系统知识的学习顺序被破坏,课堂授业突然从生活上的应用开始,用于学习系统知识的时间不足,只能囫囵吞枣地灌输了事。这就导致一线教师对此发出了批判的声音。

在教师们的批判声浪中,各地组织起理科研究小组。所谓"研究小组"是指地区里众多的中小学教师在课外时间集中起来,旨在讨论授业的课题或是检讨新的实验教材的开发而组织起来的实践共同体。小组的研究活动并不停留于授业的技术与技能的探讨,还涉及授业内容的改革以及学校课程。在这种背景下,各地的研究小组逐渐联合起来,以东京的研究小组为母体,于1951年率先形成了"理科教育协议会",1954年,作为全国性研究组织的"科学教育研究协议会"成立。《教科研月报创刊号》也于1955年号召教师"组织研究小组,从个人研究走向集体、集团研究!"[22]。在信息沟通技术不发达的当时,各地的研究小组聚焦于研究大会展开面对面的讨论,相互建立研究成果,对理科教育与科学教育产生了重要影响。

（二）教什么——以授业内容的改革为基轴的授业研究

"科学教育研究协议会"的运动是从批判《学习指导要领》,特别是从批判当时的生活单元学习开始的。为此,科学教育研究协议会的授业研究不仅单纯地针对教师授业技术与技能展开探讨,而且对如下问题作出研究,即如何通过理科授业,让儿童学习

自然科学的方法及其技术,这是注重授业内容及其序列的问题,谓之"授业内容的系统性"的课题。

在战后50年代,运用实际的课堂记录的研究——分析"教师以为出色地教了但儿童却理解不了",或是"教师以为儿童未能理解,其实却是清楚地理解了"的状况;揭示儿童的错误和儿童认知形成的途径——迅即展开了。例如,在光合作用的实验中,把热的酒精洒在叶片上,酒精的颜色就变为鲜艳的绿色了。从课堂实态和学生们的反应可以知道,大家沉迷于这种现象,却没有关注淀粉的碘反应。而教师们对这种实验的弊端惊讶不已,于是围绕实验前"应有怎样的学习"这一问题展开了讨论。当时初中一年级的教科书中,为了学习物质的化学变化,采用了水的电解作为实验教材。但是,通过课堂实录的分析,教师们发现了一个问题:儿童们对于不是热解而是电解,以及在水里加入氢氧化钠的意义感到困惑,从而探讨了"何谓适切的教材"的课题[23]。

教师们探讨的课堂授业良莠与否,取决于儿童。基于这一认识,教师们一直致力于理科实验教材的开发,同时一直在探讨这种实验教材应当教什么的问题。"科学教育协议会"从1958年开始编辑出版《理科教室》期刊,收录全日本的理科教师的课堂实践记录、教材开发、授业研究论文等,读者可以从中了解研究的积累和演变。

(三) 愉快教育: 假设实验授业与授业书

假设实验授业是1963年板仓圣宣(1930—2018年)基于一线教师的合作而倡导的,旨在使儿童理解科学上最普遍的或是最一般概念的科学教育授业论。板仓的"科学认识形成过程论"源于两点认识——其一,科学认识是社会认识;其二,科学始于创意,终于实验。他的专业领域是科学史和认识论,基于其自身的研究成果,他致力于新的理科授业体系的重建[24]。

板仓的"假设实验授业"的首篇论文发表在1963年(昭和38年)的《理科教室》11月号上,论文阐述了"假设实验授业"提出的新的科学教育运动的尝试——新的科学教育内容、新的授业形式,以及推进授业研究的方法。板仓是从编制授业计划切入假设实验授业的。在该计划中,通过反复的"问题—设想(假设)—讨论—实验"[25]这一连串的过程,在儿童心中形成假设,然后通过种种的实验验证这种假设,从而达到科学的认识。板仓构想的授业方案经过合作者教师付诸课堂实践,极受儿童的欢迎。于是,板仓倾注巨大的心力投入授业计划的研制工作之中。板仓批判了传统的理科授业不过是教师单纯地把实验在儿童的眼前呈现一下的一个事件而已;教师不过是通过操作这种"实验",并从这种"实验"中引申出称之为理论的东西。他构想了在如下两个原理的基础上展开的"假设实验授业":其一,唯有在抱着设想和假设来探讨客体、借助实验引出答案之际,科学认识才可能形成;其二,科学认识是一种社会行为。就是说,了解自己的设想同集体中他人的设想的不同,把自己的思考向他人说明,这是形成科学认识所不可或缺的[26]。

基于上述认识,板仓编制了称之为"授业书"的教科书。在这种"授业书"中,没有教师直觉性的概括化的解释,而是配以旨在使儿童能够快乐地接受的一系列问题。在"授业书"的开始通常是"质问",然后配置了问题,由"问题提出"、"设想"、"讨论"、"实验"构成。这种问题涵盖了历史上伟大科学家达成重要发现的过程与儿童学习科学原理与法则的过程之间的共同性。作为"问题"的一部分还列示了几种可能的选择,使儿童能够正确地读解问题的涵义,主动地参与问题的探究。这样,在每一个儿童设想的基础上,参与讨论。作为"真理的标准",最后安排的是实验。"假设实验授业"就是根据这种"授业书"展开的。

在假设实验授业中,教师的作用是,根据儿童的设想展开讨论之际,充当主持人或是协助者的角色,无须也不应当替代儿童作出正确的设想。在这里,期待通过科学的逻辑与儿童"直觉性判断"的冲突,使儿童自身去认识科学的乐趣与有效性。这样,假设实验授业的宗旨是,通过"授业书"展开授业,"无论谁只要做了,至少会有起码的成果"[27]。然而,由于是分单元来编制"授业书"的,那么,基于科学的系统性与儿童认知的学校课程的排列,岂不是被轻视了?——对于这种批判,板仓回应的论点是:儿童唯有在假设实验授业中才能直觉地展开探究活动。

(四) 日本理科授业的演进

1. 理科的端绪

"理科"这一学科在日本中小学的诞生是在1886年。1872年《学制》发布,设置了"博物、穷理、化学、生理学"等分科性学科,而后1886年,根据《小学校令》及基于该令的《小学校的学科及其程度》,分科形式被废止,改设为合科性学科。当时,理科在高等小学每周2课时,1908年以后寻常小学从五年级开始教授。1891年的《小学校教则大纲》明文规定了理科教育的目的是:"理科精密地观察通常的天然物及现象,理解其相互关系及其对人生关系之大要,同时培育对天然物的爱护之心。"正如《小学校的学科及其程度》所规定的,理科教育内容是"果实、谷物、……金银铜铁等,人生最紧切之关系者。日月星辰、空气……燃烧、生锈……时钟、温度计……天平、磁石、电报机等，日常儿童所习见者"[28]。由此看来，这种理科的倾向是，与其说强调自然科学的系统性，不如说是重视儿童身边的自然物与自然现象，对其进行选择和排列，让儿童习得而已。

2. 鼓励"学生实验"的动向

随着明治时期对"实学教育"的重视，理科授业也逐渐强调实验和观察。特别是1914年第一次世界大战爆发后，日本为了提高科学技术水准，快速推进了物理化学研究所等设施设备的创办，其措施甚至波及整个学校教育。1917年，帝国临时议会决议，拨款20万日元，用作师范学校·初中的"物理及化学学生实验设备补助"。翌年，文部省颁布《物理及化学学生实验要目》，教育现场就此展开了授业法开发研究，致力于普及基于儿童自我活动的实验与观察，在教员讲习会的开办与教育现场授业研究活动的支撑下，推进学生实验与观察的步伐得以进一步加速。同一时期，留学欧美的学习理科授业法的东京高等师范学校训导栅桥源太郎（1869—1961年）回国后，在《新理科教授法》（1913/1918年修订版）中介绍了基于英国的阿姆斯特朗（H.E.Armstrong）倡导的基于"发现授业法"（Heuristic Method）的"实验室教授法"，主张在学校的课堂授业中确立学生实验的地位[29]。在这种风潮下，民间教育研究团体展开实验·观察授业法与教材研究的动向也活跃起来。1918年成立的"理科教育研究会"立足于各地的特殊性和儿童周围环境的特殊性，在推动全国理科教育实践的相互交流、相互观摩现场的理科授业活动，以及提升教师授业实践力的方面发挥了重要的影响力。不过，国定"小学教科书"时代的教材研究，并不需要离开理科教科书来开发新教材，特别是在大正时期后半叶，倡导"儿童实验"的呼声高涨的背景下，即便采用了"儿童实验"，教师也仍然摆脱不了灌输授业的恶习，因而遭到"教师指导能力不足"的批判。面对这种形势，"率先倡导日本独创的理科教育的实践性理论"的神户伊太郎，提倡培育儿童与生俱来的"科学心的萌芽"的理科学习法——新学习过程论，这是一种以儿童的疑问作为起点的关于理科授业过程的独特的研究与实践的提案。

3. 战后的理科教育——着眼于儿童的"朴素概念"与教材的系统化

日本战后的理科教育极大地影响了进入20世纪60年代的"教育现代化"。"卫星冲击"（苏联1957年发射第一颗人造卫星）以后，中等教育阶段的理科课程改革急剧发展，PSSC物理和BSCS生物之类的课程被引进到日本，旨在寻求反映自然科学体系的授业内容的系统化。20世纪60年代的"现代化"动向促进了有志于"理解型课堂"

的教师们的授业创造。尤其是以板仓圣宣为代表的"假设实验授业"借助"授业书"，谋求儿童的自然认识发展的研究和自然科学系统性的研究相互融合。为了颠覆儿童在日常生活经验中形成的常识性观点与见解，而展开了多种多样的尝试：开发一连串的问题群与教材；开展运用这些教材使儿童习得科学认识的授业创造。20世纪80年代以降，随着认知科学的发展，日本广泛实施了授业前后儿童的自然认识的习得与巩固的调查，发现即便在授业之后儿童对于科学概念的掌握也不够充分的状况。从而进一步推进了关于儿童在日常生活经验中形成的概念——"朴素概念"——之特征的研究，谋求基于认知科学成果的授业研究的发展。在2008年《学习指导要领》中规定的数理教育内容的主要改善事项是：第一，在20世纪90年代以来学术研究与科学技术的世界性竞争的激化中，有必要充实数理教育的质与量两个侧面；第二，必须确保必要的课时，反复学习以巩固知识与技能；进行观察、实验、报告和论文撰写等，以培育思考力与表达力；第三，基于国际的通用性、内容的系统性，谋求中小学相互衔接的授业内容的充实。[30]

二、数学教育的实践创造与理论化：数学教育协议会

作为日本民间教育研究的发展案例，以远山启（1909—1979年）为中心的"数学教育协议会"的活动令人关注。该协议会从经验主义批判出发，围绕授业研究的核心问题——教育目的、学科目标、学科内容构成的方法论、授业实践的创造等进行探讨，产生了丰硕的研究成果。

（一）经验主义教育批判与教育目的

指向构建和平、文化国家的战后日本教育，从美国的新教育实践中汲取了大量的新鲜思想。特别是在"授业自由"的理念下，众多中小学致力于课程创新。可以说在短时期里为日本教育积累了宝贵的经验。不过，由于未经消化地照搬照抄，在反思旧教育的名义下，战前就已达到的新教育的丰硕的实践成果并没有得到充分传承，因而受到种种的批判，其核心论点就是对经验主义的批判。远山对生活单元学习的批判，超越了数学学科的框架，可以说是日本教师的共同诉求："试看昭和24年文部省作为示范教科书编辑的《初中数学》。……第一学年第一单元是'住宅'。……开头7页说的是日本远古时代的住宅。在这7页里面，数学的话题一个也没有出现。到了第7页

才开始出现'圆锥'。这是未开化人所居住的墙脚。……在这里,值得注意的是,该书对于'圆锥'与'球'之间的数学关系却是缄默不语,'不是教授数学'的教育方针是彻头彻尾的。"[31]

远山一方面批判生活单元学习的数学体系,另一方面在论及教育目的特别是科学教育的目的时,主张"科学精神"的重要性——"科学精神正是当今日本教育最为欠缺的也是最大的问题"。"科学教育的真正目的不在于对某具体科学事实的记忆,而在于懂得客观世界背后的某种法则性所支配的东西,而且还要将其与审美感,即对于法则性的优美,对于发现的优美,乃至对于运用法则、使得人类生活得以提升的人的优美等感动联系起来。"[32]即便是出现于文部省《新教育指针》中的"科学精神"也是被视为和平、文化国家建设的关键词,"在这里所表达的科学教育的指针在日本科学教育史上也是值得注目的"[33]。然而,随着国家的路线从和平、文化的国家转向国防、产业的国家,这种教育目的也就逐渐被淡忘了。远山的科学精神论不仅表达了教育的普遍目的,而且同上述日本振兴的路线密切相关。"科学精神"是任何国家的儿童所必须的,这种必要性不管怎么强调都不过分。求真务实、相信真理必胜的精神,揭穿邪恶和虚伪,洞察任何虚张声势终究会死路一条的知性,正是日本人所不可或缺的。

(二)教授数学的数学教育

1. 远山启的科学数学论

远山针对1951年版《学习指导要领》中提出的"数学科的授业,不是教授'数学',而是用'数学'去指导'学生'"的命题,针锋相对地表明了"数学教育就是教授数学的学科"这一立场,进而又把它置于历史的境脉上。"只要教材是作为科学的数学,就不可避免地具有系统性。因而,它与以种种端由来冲击系统性的生活学习从立场上是水火不容的。""如果以为这种学术与教育的分离是从战后的生活学习开始的,那是错误的。我们必须预先切断统治权力旨在完全控制教育而千方百计豢养的、危险的科学。"[34]

围绕学术与教育的争论,存在诸多可探讨的课题。在这里,远山并不是依据既有的数学教育来阐述"科学精神"、"系统性"、"科学数学",而是强调了研究者与中小学一线教师通过合作研究,设定数学教育内容的重要性。数学教育内容只是科学数学的一部分,而非科学数学的整个体系。显而易见的是,在业已成为人类巨大遗产的科学数学之中,能成为在国民教育中被教授的部分,不过是极少的一部分。因此,为了在国民教育的框架内实施有效的数学教育,首先必须选择教材,那么,这种选择应当根据怎样的标准来进行呢?[35]有关选择标准,远山认为,作为内在条件需要考虑的是儿童的心理能力,应该选择拥有逻辑统一性的教材并对其加以排列;作为外在条件需要考虑的是,它同数学之外的科学技术关联密切的微积分,应当纳入直至高中阶段的授业目标。这些都是在数学、心理学、课程论等教育学研究与基于教育现场的教育实践研究的有机关联之下进行的新的研究课题。

这种课题设定的具体化的案例就是"量授业体系"与"水道方式"。明治以后,日本的数学教育极大地受到藤泽利喜太郎的清除"量"的思想的影响,以致数学教育领域对于"量"的重要性认识不足。远山则针锋相对地主张,"量"是"实数概念的起源",是不可或缺的,并从数学同诸多科学的接点上给予"量"以明确的地位。关于其含义,远山指出:其一,可以把"量"分为分离量与连续量,自然数是从分离量抽象出来的,有理数、实数是从连续量抽象出来的。其二,连续量衍生出有理数和实数的概念,因而对于同量的加法相关的长度、液量、重量、面积之类的量,以及同量相关的速度、密度之类的量,我们可以根据它们各自的量的特质,从比较的方法与单位的导入,组织发现性学习。就此,远山拓展了包括上述这些授业过程的新的研究领域。[36]

2."水道方式"的形成及其特征

1958 年(昭和 33 年),随着《学习指导要领》的修订,"数学教育协议会"的远山启等人决定编辑小学算术教科书《大众算术》。他们探讨了日本和外国教科书的计算授业体系,发现了传统算术教科书的问题,那就是:(1)从心算过渡到笔算;(2)从特殊到一般;(3)十进法的概念与运算交互出现。为此,远山启决定,在《大众算术》中:(1)以笔算为中心;(2)根据从一般到特殊的原理,重编计算授业的体系。这种数与计算领域相关的授业体系,就是"水道方式"。"水道方式"的称谓本身是"从一般到特殊"原理的一种象征,就像城市的自来水管从大口径分叉成小口径通向家家户户那样,数学问题也从一般问题到特殊问题。这样,"水道方式"旨在使所有儿童确凿地把握数与演算的意义,领会十进位计算法,并且基于丰富的演算操作与表象,形成数概念。

远山指出,这种"水道方式"的特征是,它由两种思维方式构成:分析与综合、一般与特殊。其步骤是:(1)把复杂过程分解为简单的步骤;(2)对简单的步骤进行组合,形成典型的复合过程;(3)从典型的复合过程进展到非典型的复合过程[37]。"水道方式"对于整个教育的影响力表现在两个方面[38]:一是打破了历来的"从特殊到一般"的思考方式,提出了从"一般到特殊"的理论的可能性;二是证明了分析、综合的科学基础的方法在教育中也是有效的。然而,"水道方式"不过是科学的数学教育中的一个部分而已。只要是科学,就不会是绝对真理。因此,它也存在着改进的空间。

3. 关于数学教材编制与授业原理的探讨

关于数学教材的编制存在如下观点:(1)系统主义——根据数学的系统性、逻辑性编制教材;(2)历史主义——根据数学知识、技能的历史发展顺序编制教材;(3)心理主义——根据儿童在数量认识方面的心理发展顺序编制教材;(4)根据儿童的生活经验编制教材。上述四种观点各自立足于一个重要的原则:数量认识的形成离开了知识、技能是不可想象的,其系统性当然要受到重视;历史发生与心理顺序体现了种种概念习得的难易度,不容忽略;而从提高儿童兴趣爱好、增强应用能力这一点说,生活主义的观点是必要的。因此,理想的模式是综合地考虑上述四个原理。问题在于,它们之间似乎是彼此对立的。尤其是系统主义与生活主义的对立;历史主义与心理主义的对立。比如,在平面图形概念的形成中,倘若立足于系统主义原理,则采取"从一般到特殊"的顺序安排学习:四角形→梯形→平行四边形→菱形→长方形→正方形。倘若立足于生活主义原理,则从儿童日常接触到的四角形、正方形、长方形开始为宜。这样,基本上只能采取一个标准——学生是否易懂,这只有借助实验授业加以探讨了。

关于数学学科的授业原理,尤其强调了两个重要的原理。其一,"从具体到抽象"原理。数概念与图形概念是抽象概念,因为这些概念是基于某种意图舍去了客观事物的种种性质,仅仅着眼于意图所在的性质而引申出来的概括。试看"正方形",诸如彩纸、手帕、头巾之类的实物,若是着眼于它们的形状,则可舍去这些材料的色泽、大小之类的性质,仅从边和角的性质引申出概念。别的概念也大同小异。数量认识的授业内容总的说来也是经过上述步骤而引申出来的抽象概念。因此,它的形成要从具体事物出发,让儿童经历抽象的过程。这是十分重要的,借此才有可能顺利地形成内涵丰富的概念。倘若冒然提示抽象概念,使语言与符号先入为主,就会导致儿童的学习困难,概念则变得空洞无物。其二,"EIS原理"。所谓"EIS原理"是美国认知心理学家布鲁纳(J.S.Bruner)提出的人的认知能力与思维必须经过三个发展阶段的原理:(1)"动作表象"(Enactive Representation),即通过行为的表现,诸如"将2粒糖加上3粒糖",用手实际操作才能实现的阶段;(2)"图象表象"(Iconic Representation),即借助图形表征来展开思维操作的阶段;(3)"符号表象"(Symbolic Representation),即用语言和符号来表征的思维操作阶段。布鲁纳认为,人的认知方式和思维方式可以区分为这样三个阶段。他提出的著名假设是"无论任何学科都可以原原本本保持其知性,有效地教给任何阶段的儿童"。他是把"EIS 原理"当作一个重要的方法论原理提出来的。这个原理同"从具体到抽象"的原理是一致的。不过,"EIS"不是固定的顺序,未必都得从"E"开始。教材不同、年级不同,也可以从"I"开始,或是从"S"开始。

(三) 算术与数学学科的授业创造

1. 数学读写能力

算术与数学的授业创造的目的在于使儿童掌握"数学能力"。那么,何谓"数学能力"? 经济合作与发展组织(OECD)组织的 PISA 测验是把这种能力当作"数学读写能力"来看待的,亦即在种种情境与状况中运用数学设定问题、定型问题、解答问题并解释问题解决的能力。这里所谓的"读写能力"不是指单纯的习得知识,而且意味着旨在参与世界、在必要的情境与状况中对知识与技能进行运用的能力。我们不能认为,算术与数学的授业仅仅是靠记住定理与公式来解决教科书中的问题,尽管记住定理与公式并非毫无意义,但是仅仅靠这一点是不可能培育数学读写能力的。

2. 数学问题的解决图式

那么,我们需要怎样的数学授业呢? 在这里,日本学者强调的是"数学问题解决图式"(图 3 - 1)[39]:

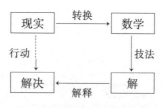

图 3-1 数学问题解决图式

【出处】银林浩,《从人类行为看数学》,东京,明治图书 1982 年版,第 172 页。

按照这个图式,数学是相对独立于现实世界的、旨在解决现实世界问题的一种工具。不过在运用数学工具之际,必须有这样的回路:(1)把现实世界的问题转换为数学问题。(2)用数学方法(技法)来求解这个问题。(3)再把数学的解回归至现实世界,用来解决(解释)原先的问题。要想在算术和数学授业中培育这种能力,教师就得逆向地看上面图式的箭头,希望儿童探寻数学问题的解决过程,教师就得开发相应的授业内容与教具。旨在将数学世界与现实世界相结合而倡导的就是"量的理论"与"瓷砖",而把数学技法之一的笔算加以体系化的就是"水道方式"。

3. 授业创造的展开:"3C"

数学的读写能力由三个侧面——内容(Content)、认知(Cognition)、情境(Context)——组成,谓之"3C"[40]。所谓数学的"内容"就是数学学科的内容;所谓数学的"认知"就是把握内容所需要的认知过程;所谓数学的"情境"就是运用数学的各种情境(家庭、职业生活、公民生活、科学等)。"3C"是一个整体,而各个"C"的内容也是变化的。其一,关于内容的问题,一直存在着两种对立的观点:是教授数学的学术还是教授生活所必须的数学。前者是主张离开现实世界教授数学体系的立场(例如,战后50—60年代"教育内容现代化"),后者是主张作为解决生活中的问题来教授数学的立场(例如,战后初期日本的"生活单元学习")。图3-1(数学问题解决图式)展示了如何实现两种立场相结合的一种答案。其二,着眼于"认知"是晚近课堂授业发展的一种趋势。例如,在"教育内容现代化"中,皮亚杰(J.Piaget)的发展心理学由于揭示了儿童有关数的概念的形成逻辑而受到注目。20世纪70年代后半叶,在认知心理学和学习科学的领域中,一些研究者以特定内容为素材,围绕理解、知识与问题解决是如何展开的相关问题展开了活跃的研究。其三,对"情境"的关注,自古以来就基于数学教育与"生活"如何结合的问题视角,一直在展开讨论。从战后80年代后半叶开始,随着认知研究的活跃,学习所必须的"情境"如何在授业中得以创造也成为热门话题。可以说,探讨如何把"内容"、"认知"、"情境"结合起来,就是当今算术与数学的授业创造所面临的课题。

三、学术与教育:社会科的创生

在战前军国主义压制下,新教育理论与实践只在一部分学校和教师中得以推行。到了战后,新教育终于得以在全日本广泛自由地推广,以开展广域活动为特色的"社会科"就是在这种自由的气氛中问世,并成为课程的核心的。日本社会科教育学会前任会长市川博教授全面梳理了战后日本社会科授业研究的基本理论与各种实践模式。

(一) 历史教育的出发点与社会科的兴盛

"历史教育协议会"设立旨趣(1949年)宣称:"我们痛切地反省,过去错误的历史教育是军国主义与法西斯主义最大的支柱之一;我们深切地认识到,确立并发展正确的历史教育乃是我们面临的迫切使命。"[41]这就是从事历史教育的诸多人士战后的共同心声。基于这种立场,呼吁历史学家与历史教师展开合作,一道从事教科书的研究与授业实践的创造。

"教育科学研究会社会科部会"参与了这种合作,展开了经验主义教育的批判,从教育方法学的高度探讨科学教育与数学教育,诸如"分析综合方式"、"从一般到特殊"、"从抽象到具体"等教材内容与授业方式的研究,开拓了把历史、地理链接起来,旨在形成"社会认识"的系统的方略。"我们认为,即便在历史教育中也应当从如下内容的学习开始——制约人类社会历史发展的最一般的规律性和人类最普遍的特性。因为,正是这种普适性的知识内容拥有儿童容易理解的清晰的结构,才能成为尔后理解更复杂、更特殊的历史现象的基础。"[42]基于这种观点,在"原始社会"的学习中具有极其重要意义的论题是:何谓人类;人类同动物的区别何在;人类是如何发展自己的社会的。出于这种观点设计的"自然史的学习"、"旧石器时代的学习"、"狩猎长毛象的学习"等授业,受到儿童的欢迎。

日本的社会科是在对战前军国主义教育进行深刻反思的基础上于1947年根据首部《学习指导要领》新设的一门学科。在尔后的60几年间,《学习指导要领》的层次、内容构成,都发生了种种变化,现场的实践也出现了若干不同的流派。就《学习指导要领》而言,社会科旨在"不拘泥于任何学术体系,以青少年的现实生活为中心,扩大并深化青少年的社会经验",作为一门综合性的学科,从小学开始设置。在被称为"早期社会科"的1947年版和1951年版的《学习指导要领》中规定在初中和高中也同独设的地理、历史科目一道,设置"综合社会科"。早期的社会科学习指导要领是由"人们是如何在工作中进行合作的"(小学六年级)之类的"问题单元"组成,授业方法是游戏、调查活动等在生活经验中获得知识、技能的"经验主义"手法。相反,1955年版《学习指导要领》以后,社会科在小学高年级以后是分地理、历史、公民来开设的,这些都是"系统主义"色彩强烈的学科。到了1989年(平成元年),社会科在小学低年级被废止,在高中则被分离为"史地科"和"公民科"[43]。

战后60年代以后,随着应试教育的激化,社会科强制学习者死记硬背,给人以强烈的"识记学科"的印象,研究者为克服这种偏向而展开了不懈的努力。例如在小学,有开发刺激学习者好奇心的事实与问题的"授业包"的研究;在初中,有通过对历史人物与现代社会问题的当事者的"共鸣"而扩大社会眼界的研究;在高中,有基于史料的把握展开积极讨论的授业实践,等等。在社会科的授业实践中大胆地引进"教科书裁判"之类的日本近现代史的问题,也是值得关注的。

(二)战后围绕日本社会科教育的论争

1. 关于社会科的综合性与系统性

日本战后初期的课程是一种由"中心课程"、"问题解决课程"、"基础课程"组成的"核心课程"。中心课程"是以学生在日常生活中发生的问题作为学习的核心展开学习的课程";问题解决课程是"旨在让学生通过运用跨学科的知识、技能解决生活中的具体问题来习得基础知识与技能的课程";基础课程"则是以专门学习基础知识、基本技能为目的的课程"。受早期社会科《学习指导要领》的影响,以及当时民间积极地研究并实践的以社会科为核心的"核心课程"的影响,从 20 世纪 40 年代后半叶至 50 年代前半叶,教育现场普遍实施经验主义的社会科授业。在战后早期的恶劣条件下,尽管实践的水准鱼龙混杂,但是永田时雄的探讨开辟地方产业苦境之道的《西阵织》(五年级"中小企业"之研究)单元[44],吉田定俊从防灾对策、复兴支持的政治层面考察袭击地方的水灾的《水灾与市政》单元的授业,受到注目[45]。

早期社会科从一开始就遭到种种批判。特别是历史教育协议会、教育科学研究会社会科部会等研究团体的主张,受到了较为强烈的冲击。批判者认为,"单纯顺应儿童的问题意识的课程难以培养基础学力",强调"教育内容必须进行系统地教授"。他们从尊重学科系统的立场出发,各自提出了社会科授业内容的系统方案,同时展开了相应的授业实践。"胜田—梅根论争"拉开了有关"系统授业"必要性的大论争的序幕。教育科学研究会的机关刊物《教育》1952 年 1 月号编辑"社会科教育批判"特刊,发表胜田守一的《社会科该怎么办》的讨论提案。文章赞成授业必须注重让儿童自主解决问题,但同时强调,为使学生掌握日本人所必须的最低限度的知识和提高科学的思维能力所必须的基本原理,就得有系统、有组织地将科学的成果编入课程内容。不过,梅根悟反对将"社会科"解体为"地理"、"历史"等学科,主张"社会科不仅仅是一门学科,而且是选取生活中具体的问题、探究其解决方略的问题单元课程"。这场论争触及了教育上的一个基本问题,即如何做到既关注儿童的问题意识与生活,通过儿童自主挑战问题的过程,培养他们解决问题的能力,同时又能让儿童掌握一个日本人所必须的基本知识和科学思维能力。从这个意义上说,这场论争对战后日本教育的发展具有极其深远的影响。

2. 关于社会科教育中的科学认识

1958 年社会科《学习指导要领》的修改使得日本教育由经验主义转向了系统主

义。为抵制这种转向，长坂端午、重松鹰泰、上田熏等人发起了"秉持社会科初衷学会"（简称"初志会"）[46]，坚持推行以解决儿童迫切问题为核心的学习。上田熏从动态相对论出发反驳了大揽健的批判，指出知识不是绝对的、普遍的，而是动态的、相对的。"科学只有在被作为把握实在的线索并运用于具体的世界中时才具有意义，才得以发展。"因此，绝不能将科学知识和科学法则绝对化并系统地灌输给儿童。之后，矢川德光又从马克思主义立场出发，批判了上田熏的动态相对论，强调"必须立足于人类积累的科学研究成果，系统地将之教授给儿童，培养他们的科学认识"。

3. 关于"问题解决学习"

作为社会科授业的基础理论的是"问题解决学习论"。梅根悟在《问题解决学习论》中阐述了"课题、问题、疑问"的区别与联系[47]。他说，"所谓'课题'是指目前没有实现而要努力实现的一种生活情境。……要完成一个课题就得解决其中隐含的所有问题。问题通常表现为'怎么办好？'涉及的是方法的选择。……问题是在课题的具体化过程中产生的。……为了得到问题的答案就要提问（设疑）、调查和研究，这就是所谓的信息的获得与利用。这里所'问'的，通常也叫'问题'。但这个'问题'与前面提到的问题有本质的区别，所以最好能另取一个名字以示区别，不如叫'疑问'更合适"。在他看来，"课题的完成、问题的解决与疑问的阐明，这三者本来是一脉相承的，为了完成课题，便产生了问题；为了解决问题，又产生另外的疑问"。也有一些不产生问题就能完成的课题（这时当然也不会产生疑问）；也有虽然产生了问题，但没有产生疑问的课题解决过程。

问题解决学习不是一种简单的学习形态或教育技术。其关键和精华在于，师生在问题解决的过程中体验人生。井上宗二指出，"问题解决学习"原本是一元的，而今天看来却成为构成五维结构的、综合的教育理论与学习理论。这五个维度就是：作为教育原理的问题解决学习；作为课程构成原理的问题解决学习；作为学习方法论原理的问题解决学习；作为思维之逻辑的问题解决学习；作为具体学习方法的问题解决学习[48]。这种"问题解决学习"存在着将学习过程固定为"把握问题—调查—归纳"的定型化程序。不过，1989 年版社会科《学习指导要领》所倡导的问题解决学习可以理解为作为学习方法的问题解决学习，并主张让问题解决学习变得更富弹性、更加充实，要求社会科的授业实践更多样化、个性化。事实上。学校在实践中采取了如下使问题解决学习富于弹性、更加充实的策略：（1）追求问题解决式学习过程的弹性化；（2）问题解决过程中引入多样化的学习活动；（3）重视学生自己对学习问题的设计；(4) 追求儿童在学习过程中的自主性、自立性；(5) 对解决结果以多种方式加以总结、展现与实践[49]。

（三）战后日本社会科授业的创造

1. 教材选择的视点

曾任小学教师和校长、拥有丰富的教育实践经验的竹中辉夫在《选择教材的视点》中阐述了教材选择应当依据如下三个条件，认为只有满足了这三个条件，教材才能作为真正的教材发挥作用，这就是[50]：第一，推进儿童的探究与思考。教儿童不断地在直接或间接地与外界事物和现象的接触中，推进对自然、社会和艺术的思考。可以说，教育的核心任务就是促进儿童的这种探索与思考。第二，保障教材的连续性。每份教材所包含的事实和解释都不是孤立存在的。儿童正是以教材为媒介，去接近各种未知的事实和解释，并统整和发展既有的知识和经验的。所以，教材的这种特性可以称为教材的连续性或拓展性。第三，使儿童的解释发生质的变化。儿童自发的探究往往是盲目的，教师倘若不及时指导，就会使儿童的探究流于无意义的反复。所以，教师必须循序渐进地推进儿童的探究与思考，使其发生质的变化。换言之，就是帮助儿童把各种事物、现象的解释，在经过内心的反复斗争后上升为更接近事物本质与核心的认识。为了满足如上的条件，他还列出了七项教材选择的指标：(1) 所选教材对于重新建构儿童既有的经验和知识体系能起多大的作用；(2) 所选教材能够引发儿童提出和探究什么样的问题；(3) 所选教材可以表达什么；(4) 所选教材需要哪些必要的先行经验和知识才能理解；(5) 所选教材隐含着多少可生成新视点的契机；(6) 所选教材是否包含能让儿童与科学研究的成果进行交锋与对抗的要素；(7) 所选教材是否包含能够不断逼近事物核心的要素。

2. 社会科授业实践

战后日本社会科的授业实践纷繁多样。市川博归纳了富于特色的如下授业实践模式[51]：(1) 使用"学情卡"和"座位表"的授业模式——追求个性的成长；(2) 以地名为教材的授业模式——活用地名的社会科授业；(3) 辩论式授业模式——社会科辩论式授业中反驳的指导方；(4) 提案授业模式——"提案社会科"的授业构成原理；(5) 运用模拟教材的授业模式——模拟教材的基础性考察；(6) 使用磁性姓名牌的授业——磁性姓名牌授业模式的意义；(7) 基于全球化视野的授业模式——社会科中全球教育的四种方法（文化理解法、关系发现法、问题解决法、未来指向法）。

（四）日本社会科的使命

上田熏在《社会科 50 年与今后的使命》中回顾与展望日本社会科的历史经验教训时说道："诞生初期的日本社会科具有价值多元的特征,是一种经验主义的社会科。但是随着冷战的影响扩散到全球,这种经验主义社会科受到系统主义越来越猛烈的攻击。……我认为,基于经验主义的社会科的出现从根本上反映了当时学问观的重大变革,即实现了从'为了学问的人到为了人的学问'的蜕变。系统主义的潮流却将这一来之不易的重大变革重新逆转到此前的状态。"[52]他说,问题解决学习之所以会受到批判,很大一部分原因在于,社会上蔓延着一种静态的思维方式,这种思维方式不能把学力与问题解决直接结合起来,再加上存在着一大批对社会的危机反应极其迟钝和麻木的人群。一言以蔽之,"对绝对主义的依赖与对相对主义的抗拒才是对社会科产生认知偏差的根本原因。……人们讨厌相对主义的模糊性和不确定性。其实,绝对主义才是真正的不负责任。从某种意义上说,把知识毫无遗漏地教给儿童——这种静态的思维方式不应该属于社会科"[53]他倡导社会科教师应当秉持"从动态中把握静态"的思考问题的原则。静止地观察事物固然是不可少的,但它只有与整体的"动"有机地结合在一起时才能发挥作用。唯有如此,萎缩了的社会科才能发出它原有的光芒。"一些人只会简单地判断学生是否掌握了知识,头脑中永远不产生任何疑问,这样的人是不能委以社会科的重任的。"[54]

第三节　表现与教育：体育与
艺术科的授业研究

一、民间教育运动中体育科的授业研究

（一）"生活体育"的探讨

1948 年,"核心课程联盟"成立,致力于探讨课程的结构。受核心课程论的影响,体育科也开始重视经验课程、学科授业与课外活动的关联,着手研究"生活体育"——目标指向于在授业计划中实现体育的生活化。在 1953 年的《小学学习指导要领・体育科编》中导入了"学习内容"的概念,旨在编制能够实现除了"健身目

标"之外的目标——"通过身体活动培养民主生活的态度"这一"民主型人际关系的目标"和正确运用各种身体活动的"娱乐目标"。体育科的学习内容通常是借助运动教材的方式来展示的,旨在克服体育科往往以运动技能为中心、难以适当地凸显其他学习内容的弱点。

东京教育大学的竹之下休藏从1951年到1956年在神奈川县大田小学展开实践研究,这是研究者与实践者合作,作为"教育研究实践者"培育合作的土壤,展开的脚踏实地的实践研究。大田小学头3年的研究成果成为《小学学习指导要领·体育科编》的基本内容。不过,围绕这个体育编,展开了"小组的问题解决学习"是旨在实现"民主主义人际关系的目标"的学习形态还是整个体育学科的学习形态的论争。大田小学在后来3年间的研究中明确了作为学习阶段的"开始—中间—总结"的流程,探讨了单元目标与学习内容的一贯性,明确了"技能"、"友好"、"健康安全"三大内容与单元目标的关联。尔后,竹之下领衔的实践研究在"全国小组学习研究会"(1957年成立)更名为"全国体育学习研究会"(1961年成立)之后得到了传承[55]。

1953年的《小学学习指导要领·体育科编》提出了新的授业计划提案——把课外活动纳入儿童运动生活的视野。在研究过程中结成的"学校体育研究同志会"(简称"体育同志会")发挥了"基于一线教师实践的集体思维的作用"。为了有机地把学科授业与课外活动结合起来,相关研究者提倡把体育活动的计划、运用、组织的服务场所(课外辅导室、儿童会)纳入体育科领域。就是说,首先,把"学科活动"视为"基础学习",对课外赋予"服务活动"的基本能力。其次,把"课外活动的课外辅导室的儿童会"视为"计划运营的学习",在那里进行学科的"学习内容"所规定的活动。再者,将"学科活动"中掌握的"基本的技能、态度"与在"课外辅导室的儿童会"掌握的"组织与运营的基础",作为"课外活动"的"自由时间、特别教育活动、俱乐部活动"发挥作用。

教育科学研究会"身体与教育部会"于1960年成立,在佐佐木贤太郎(1923—1994年)的"生活作文教育"的影响之下,"生活体育"的实践研究也随之展开,即追求体育与生活相结合的"儿童的另一种生活体育"。随着1960年前后《学习指导要领》的法律约束力的强化,在1958年修订的《小学学习指导要领》中运动技能的"系统授业"受到重视,而在1968年修订的被称为具有"体力主义"倾向的《小学学习指导要领》中,引进了运动生理学和训练理论等运动科学研究的成果——被分类为"臂力"、"耐力"、"调节力"的"体力",作为体育学科的头等重要的目标。在教育现场产生了侧重于容易看得见的培育"臂力"与"耐力"的倾向,因而在体育授业中强调了增加运动量,使得许多儿童"喜欢运动但讨厌体育"。而"学校体育研究同志会"(1955年成立)倡导的"体育现代化"则是学习"数教协"在1958年开发的"水道方式",展开"从一般到特殊"的"教育内容的现代化",从而在60年代初期开发了"海豚式平泳法"的教材[56]。

(二)快乐体育:体育授业内容论的重建

进入20世纪70年代,产业社会造成人们的运动不足和健康危机,另外,伴随着闲暇的扩大、生活水准的提升,"闲暇社会"也就此到来。在这种"闲暇社会"里,由于"游戏"受到关注,在学校体育中"运动的娱乐性"也受到关注。在这种背景下,全国体育教育研究协议会倡导"快乐体育论"。在快乐体育论中,相关教师和研究者从"满足需求"与"挑战需求"的"运动的功能特质"出发,来探讨"学习内容的结构化"[57]。1980年,该协议会提出所谓"运动的功能特质与分类",正如"运动"是满足需求的运动,"舞蹈"是满足"模仿、变身需求"的运动一样,根据产生"快乐"的"满足需求"的功能来进行运动的分类;而满足"挑战需求"的运动,根据挑战的类型分为竞争型、达成型、克服型;满足模仿与变身的舞蹈分为节律型、社交型、创作型、芭蕾舞型;而"体操"则是拥有培育儿童体力与运动技能、维持并增进健康的"满足需求"这一"功能"的运动。

另一方面,在"身体与教育部会",从两个维度——"以体育科为主的生活指导维度"以及"为了生产的身体活动技术和为了运动的身体活动技术"中,提取其所内蕴的"知识与技术作为体育科学力",使儿童得以掌握"学科授业的维度",展开了合作研究,强调"身体形成维度"与"运动文化维度"的统一[58]。再者,高桥健夫等人根据民间教育运动的主张,基于运动的内在价值,从"结构特征"的角度研究了体育授业内容,区分了三种目标——技能目标、认知目标和社会行为目标,以及同这三种目标的习得相关的"功能性特质"——"快乐的体验",作为"情意目标"来加以设定。他们强调,构成体育科核心的具体内容是运动技术,以及相关的社会行为与知识,同时强调必须重视"情意目标"。授业内容的结构化无非就是"结构特征"与"机能特征"的统一。

(三)战后日本体育授业的演进

1. 体育的授业创造

"体育"(Physical Education)是基于20世纪30年代美国诞生的"通过身体(运

动)的教育"(J.F.Williams,1866—1966年)的思想,这种思想把身体(运动)作为一种手段,将其视为有助于实现教育的一般目标的学科来建构。不过,在20世纪60年代以后,在社会生活中,各种运动和舞蹈的地位提升的背景下,把种种身体运动总称为"运动文化",出现了以习得这些运动的动作、知识、技能、价值观为自身目的的"体育论"。不过,也出现了把两者——以习得运动文化内涵为体育的"内在价值论",和习得运动文化内涵有助于儿童的健康与教育目的之功能的"外在价值论"——相统一的主张[59]。

佐佐木贤太郎的《体育之子》(新评论1956年版)是借助作文来描述体育运动和自己的身体的故事,借以反映儿童生活中自身的身体与运动事实的实践记录。儿童通过写作发现了由于贫困的生活而不能倾注全部身心的同时,也学到了改变运动的规则以符合自己身心的含意。可以说,佐佐木借助在体育中引进"生活作文"的方法,塑造了一种体育有助于人格形成这一教育目标之实现的体育授业的典型。20世纪60年代,日本开始重视教育内容、教材、授业行为等与授业相关的要素,关注"通过这种练习所教授的授业内容是什么"、"对于教授这种运动技能而言,更好的教材是什么"等的研究。到了20世纪80年代后半叶,日本全国体育学习研究会以"运动给儿童带来快乐"为中心,展开了个别化授业方式的研究。儿童运动技能的习得是有个别差异的,如何快乐地展开适合于各自特点的练习,成为研究的一个主题。

2. 保健学习的授业创造

1949年的《学习指导要领·小学体育篇》以及1951年的《学习指导要领·初中、高中篇》之后,体育科及保健体育科的内容涵盖了"保健学习"。20世纪80年代以后,采纳了假设实验授业研究会倡导的"授业书"方式的保健学习的创造,成为保健教材研究会的集体研究课题。研究者们编制的"授业书"凸显了教育内容、教材、提问等授业要素,经过教育现场实际的实验授业,这些"授业书"的设计得以进一步优化。

1998年修订的《学习指导要领》强调"采取适当行为的实践力",针对儿童喝酒、抽烟、滥用药物等问题,强调了促进儿童掌握适当决策和行为选择等必要技能的保健指导。在保健学习中要求通过儿童的对话,使他们理解疾病、身体发育、饮食生活、安全等知识。2008年的《学习指导要领》强调"体育、保健体育"的改进要点是:第一,保持、增进终身健康,重视丰富的体育生命的实现;第二,从小学低年级开始引进健美运动,初中 1、2 年级包括武道与舞蹈在内全领域必修,初 3 选修;第三,谋求身心的发育、发展与健康,生活习惯病等疾病的预防,保健医疗制度的活用,健康与环境,防灾安全,医药品的指导等的充实[60]。

二、民间教育运动中音乐科的授业研究

(一)民间音乐教育的研究及其视点

1958 年,日本"音乐教育之会"成立。该会从成立之初就把克服技术主义作为第一课题,主张打破音乐教育的藩篱,通过专家和一线中小学音乐教师的合作,创造"作为艺术教育的音乐教育"。同流行的大众音乐相比,学校的唱歌为什么对儿童缺乏魅力呢?他们致力于挖掘音乐性高的教材而不是战前作为德育手段的唱歌,寻求使儿童体验到作为艺术的音乐教育。

1962 年,可以使儿童感受、领悟到音乐原生态的儿歌,被引进音乐教育研究的领域。当时,民族音乐学者小泉文夫主持的儿歌教材研究影响极大。"音乐教育之会"的代表人物、音乐评论家园部三郎关注儿童生命力之体现的原生态的音乐性,提出了"表露—表现论"[61]。他构想了通过把儿歌作为音乐教育的出发点,不是以教师所传授的表现技巧为核心,而是以儿童原本的表现力为核心,来发展儿童的音乐表现的音乐教育。教师也不仅仅是把儿歌作为"民族遗产——'俗谣'的作品群"来把握,而且将其作为一种方法论概念来讨论,探讨了从儿童生活的歌谣来提升儿童音乐知识与音乐性的授业实践。不过,此后倡导了"两条腿走路"的方式——一方面是儿童直觉的、能动的音乐表现的教育,另一方面是旨在系统培育"音乐力"的基于儿歌音域要素构成的"音阶发声练习"的授业。这样,日本中小学的音乐教育进入了培育日本的音阶、日本的音感以及基础音乐力的运动的阶段,儿歌教育式微了。1969 年以后,在作曲家林光的影响下,研究者开始寻求通过高质量教材(乐曲)为儿童带来审美解放的教育,研究的焦点是发现"好教材"。他们通过排除商业主义色彩浓厚的通俗音乐的曲调和西洋古典作品的教材化,致力于研究儿童的音乐教材提示,围绕教师应当采用什么教材,如何通过在儿童面前通过钢琴伴奏提示作品的音乐性等问题,展开了讨论。作为授业研究的手段,课堂录音开始得到重视。倾听儿童的歌声、"反思音乐教育的根本性意义"的实证研究,表明了音乐教育实践的特点是,着眼于超越了语词言说的歌声本身的涵义。

音乐教育之会的授业研究通过否定技术主义,明确了音乐教育是一种"全人教育"。通过着眼于学习的主体——儿童——的生活,把艺术与生活结合起来;通过对战前音乐教育的反思,主张音乐教育是一种"艺术教育"。借助音乐表现行为、儿童获得审美解放的教材研究,包括创作新歌曲在内的音乐教育运动的意义得以强调,另外也出现了诸多积极地、系统地展开授业的构想。有关儿歌的音域要素构成的"音阶发声练习"的研究,对1968年《学习指导要领》的"基础"产生了积极的影响。可以说,以音乐教育之会为中心的民间音乐教育研究,为战后日本的音乐教育实践提供了崭新的教育方法——着眼于儿童的生活表现、洗练儿童自身的表现、提高儿童的艺术境界的音乐教育方法。这也是今日日本音乐教育实践的课题[62]。

(二) 战后日本音乐授业的演进

1. 从《学习指导要领》看中小学音乐科的沿革

1947年公布的《学习指导要领·音乐篇(试案)》凸显了音乐教育的独特意义——"音乐美的理解与感受关系到审美情操的养成",否定了作为"手段"的音乐教育。这就意味着音乐教育的转型:否定了战前把音乐教育作为德性涵养与皇国民炼成的手段。

1958年公布的《学习指导要领》指定了小学和初中的鉴赏与歌唱的通用教材。尔后的《学习指导要领》一直沿用了指定通用教材的办法,这是其他学科所没有的特点。在小学阶段,明确提示了三角铃、木琴、口琴等乐器名,加速推广了器乐教育。在1968年(初中是1969年)的《学习指导要领》中,作为学科内容的分类,引进"基础"。所谓"基础"是指有关节律、旋律、和音、乐谱的基础知识的总称,不过,由于"基础"超越了该领域原有的框架而存在,以至于其被置于与"鉴赏"、"歌唱"等领域并列的位置上,继而也出现了脱离"基础"的课堂授业问题。所以,在1977年版《学习指导要领》中取消了"基础",音乐授业的框架依旧回归于两根支柱——"表现"与"鉴赏"。此后,一直维持两根支柱的格局。

在2008年的《学习指导要领》中,音乐、艺术改革的要点是:第一,在具有想法和意图,通过表现与体认,培育倾听能力的同时,关注音乐与生活之间的联系,养成终身亲近音乐文化的态度;第二,对小学和初中音乐教育中支撑表现与鉴赏活动的授业内容,作统盘的考虑与设计;第三,重视音乐的愉悦体验,重视儿童自身评鉴能力之养成的鉴赏指导,充实日本乡土的传统音乐的授业(见表3-1)。[63]

1947 年	歌唱教育、器乐教育、鉴赏教育、创作教育
1951 年	歌唱、器乐、创造性表现、节律反应
1958 年	鉴赏、表现(歌唱、器乐、创作)
1968 年	A 基础,B 鉴赏,C 歌唱,D 器乐,E 创作
1977 年	A 基础,B 鉴赏
1989 年	A 基础,B 鉴赏
1998 年	A 基础,B 鉴赏
2008 年	A 基础,B 鉴赏

【出处】据田中耕治编《简明授业论》,京都,智慧女神书房 2006 年版,第 156 页"学年内容分类变迁"整理。

2. 技巧习得与音乐喜悦

如前所述,战后的音乐教育是从追求音乐教育的独特意义开始的。不过,实际上存在着偏重于习得音乐技巧的一面,以致剥夺了儿童的音乐喜悦。针对学校音乐教育中"不见儿童"的现象,"音乐教育之会"主张"以儿歌作为出发点的音乐教育"。这一运动在 20 世纪 60 年代得以广泛普及,从而形成了"两条腿走路"的音乐课程提案以及教科书编制。晚近,英国的詹姆士·佩英特(J.Paynter)倡导的"创造性音乐学习"也在日本受到关注,他提出,在创造性音乐学习中不是发出预设好的音,而是让儿童发现自己身边的音,找到相应于自己头脑中的表象的音,进行即兴表演。两者无论在时代性、方法论上都有所差异,但在"把音乐喜悦归还给儿童"这一点上是共通的[64]。

三、民间教育运动中美术科的授业研究

(一)民间美术教育的研究及其视点

回顾战后日本的图画劳作科及美术科的授业研究,会发现它有两点不同于其他学科。其一,授业研究的母体——民间教育研究团体的身体力行;其二,美术教育实践家与研究者的关注点聚焦于新型题材的教材开发[65]。可以说,这门学科的历史是一线中小学教师专注于新型教材开发的历史;也是研究者倾注精力去研究的历史。以题材开发为先导而展开的美术学科的课堂授业,形成了不同于其他学科的授业研究风格。1952 年以久保贞次郎为中心成立的"创造美育协会",重视儿童的发展研究、幻想与想象活动的题材开发。久保所倡导的创造主义美术教育强调关注儿童创造活动所

必须的要素,致力于提供儿童自由自在的学习环境,旨在发展儿童的创造性和个性。1955 年成立的"造型教育中心"重视的是科学思维,把学习过程中的游戏、想象性表现活动和功能性造型结合起来,围绕造型表现的基础,探讨相应的授业方法。1959 年成立的"新画会"则把图画劳作视为认识社会现实的一种手段,探讨了授业方法论。他们直面儿童周边的社会生活,积极地指导儿童深化社会认识,发展生活画的实践。

(二)战后日本美术授业的演进

图画劳作科是战后日本整合了国民学校期的"艺术科图画"与"艺术科劳作"于 1947 年开设的。在 1947 年公布的《学习指导要领·图画劳作篇(试行方案)》中揭橥图画劳作教育的三大目标是:(1)观察自然和人造物,培养表现能力;(2)培养家庭和学校中制作有用的物品和美的物品的能力;(3)培养理解并鉴赏实用品和艺术品的能力。其后,根据 1958 年学校教育法施行规则改正,初中的图画劳作改为"美术科"。美术科的内容限定于以艺术创造为主的表现及鉴赏活动,而木工、金工、制图一类的实用性、生产技术的内容,被纳入新设定的技术科。1968 年的《小学学习指导要领》修订中,各学年的内容被梳理成五个板块,即绘画、雕塑、设计、劳作、鉴赏。在翌年修订的《初中学习指导要领》中则是绘画、雕塑、设计、工艺、鉴赏。尔后,在 1977 年修订中,小学初中均归纳为了两个板块——绘画、鉴赏,一直持续至今。在 1977 年的《小学学习指导要领》修订中,"造型性游戏"被纳入低年级的内容。所谓"造型性游戏",是指自由地运用各种各样的素材展开创造性的活动。由于活动重视创造过程,未必强调产出某具体形状的作品。"造型性游戏"在 1989 年的修订中被改为"造型游戏",尔后逐渐扩大至初中、高中。在 2008 年的《学习指导要领》修订中,图画劳作、美术、艺术(美术、工艺)改革的要点是:第一,养成儿童关注生活中的造型与美术的动向,关注美术文化,养成儿童终身主动参与的态度;第二,在小学和初中作为共通事项提示支撑表现和鉴赏活动的授业内容;第三,充实造型体验、琢磨思路、拥有价值意识,重视相互评论的鉴赏指导,充实日本美术与日本文化的指导。另外,在艺术(书法)部分,强调两点。其一,为了进一步提高书法文化的传承与创造,充实有关书法文化的学习;其二,重视以价值艺术展开相互评论的鉴赏指导[66]。

【注释】

所谓"民间教育研究运动"是教职员、教育学者、家长各专业领域的研究者既独立于政府和公共团体,又同教育工会运动保持一定独立性,作为自主性组织而推进的从事教育研究与教育实践的运动。这个运动之所以被冠以"民间"的称呼,是因为它反对官僚体制对国民教育的控制,揭橥把教育还给国民自身,强调国民的自主性、民主性。各门学科的教育内容与方法、生活指导、社会教育、幼儿教育、教育史、教育法等所有领域都有相应的组织,其中47个团体加盟"日本民间教育研究团体联络会"(民教联,1985年成立至今)。

【参考文献】

[1][2][4][5][6][7][8][10][13][14][21][22][23][36][56][61][62][65]日本教育方法学会.日本的授业研究:授业研究的历史与教师教育(上卷)[M].东京:学文社,2009:39 - 94,41,42,42,43,44,44,45,45 - 46,46,53,53,53,59,79,88,90,91.

[3] 宫崎典男.文学作品的阅读指导[M].东京:麦书房,1980:65 - 70.

[9][11] 大西忠治.科学"阅读"的授业入门[M].东京:明治图书,1990:209,139 - 154.

[12] 大西忠治.文学作品的阅读指导[M].东京:明治图书,1988:9 - 10.

[15][16] 佐藤学.课程与教师[M].钟启泉,译.北京:教育科学出版社,2003:360,363 - 364.

[17] 柴田义松.现代教授学[M].东京:明治图书,1967:13.

[18][24] 教师养成研究会.教育方法学[M].东京:学艺图书股份公司,1986:241,239.

[19][20][30][60][63][66] 人间教育研究协议会编.新学习指导要领[M].东京:金子书房,2008:147,122 - 125,147 - 150,152,151,152.

[25] 庄司和晃.假设实验授业与认知理论[M].东京:季节社,1976:11.

[26] 板仓圣宣,上廻昭.假设实验授业入门[M].东京:明治图书,1966:23.

[27] 板仓圣宣,等.假设实验授业入门[M].东京:明治图书,1966:50.

[28][29][40][43][46][57][58][59][64] 田中耕治.简明授业论[M].京都:智慧女神书房,2006:148,148,147,150,151,83,85,158,157.

[31][32][35] 梅根悟,等.资料日本教育实践(第 4 卷)[M].东京:三省堂,1979:449,459 - 460,8.

[33][34] 板仓圣宣.日本理科教育史[M].东京：第一法规出版公司,1968：387,461.

[37] 生田孝至,等.开拓未来教师的智慧[M],东京：一莛书房,2016：49.

[38] 远山启.著作集·数学教育论丛.水道方式(第4卷)[M].东京：太郎次郎社,1981：53-57.

[39] 银林浩.从人类行为看数学[M].东京：明治图书,1982：172.

[41] 上田薰,等.社会科教育史资料4[M].东京：东京法令出版公司,1977：645.

[42] 教育科学研究会社会科部会.社会科教育的理论[M].东京：麦书房,1966：141.

[44] 永田时雄.西阵织(五年级"中小企业"之研究)[J].课程,1954(2)：48-58.

[45] 吉田定俊.水灾与市政(单元的授业)[J].课程,1953(12)：41-51.

[47][48][49][50][51][52][53][54] 市川博.社会科的使命与魅力——日本社会科教育文选[M].沈晓敏,等译.北京：教育科学出版社,2006：83-89,430,430,207-217,293-410,434,440,440.

[55] 全国体育学习研究会.开拓快乐体育的丰富可能性[M].东京：明治图书,2008：228-230.

第四章

日本授业研究的概念框架

　　授业及授业研究是非常复杂的系统。本章首先从研究者的角度,梳理授业研究的目的与步骤、课题与模式、视点与方法。然后从实践者的角度,梳理日本教师展开"授业分析"的概念框架,借以窥视日本教师是怎样以授业为中心,立足于教育心理学、学习科学、教育方法学的理论和最新见解,来解读师生互动的学习过程的真貌。

第一节 授业研究：目的、环节与要项

一、授业研究的目的

为什么要展开授业研究？关于这个问题，可以进一步分解成两个小问题：授业研究为了什么？为了谁进行授业研究？对第一个小问题的回答是，为了创造更好的授业，为了通过这种授业使儿童实现更好的学习与成长。后者的目的是更实质性的。无法实现儿童更好的学习与成长的教学绝不能被称为"出色的教学"。因为出色的教学不过是儿童学习与成长的手段，从这个意义出发，也应当强调"为了每一个儿童"的观点。即便是接受同样的教学，不同的儿童从中获得的学习过程与体验也是完全不同的，因此在教学研讨中关照到每一个儿童是极其重要的。对第二个小问题"为了谁进行授业研究"的回答，则是从上述的回答引申出来的。那就是为了每一个接受授业的儿童。同时，授业研究也有助于提升旨在实现更好地授业的教师的能力。在授业研究的活动中，师生之间本就是相互促进，共同进步的。

这样，授业研究的理由是显而易见的。不过即便是如此浅显的原理，其实现也未必那么轻而易举。这是因为，要回答"更好的教学"、"更好的学习与成长"中的所谓"更好"，是极其困难的。这种回答未必有一个标准答案，取决于回答者丰富的经验与见识以及对教育的追求。可以确切地回答的一点是，授业研究正是作为教师直面难题的一个绝好的机会。

日本教育学家细谷俊夫指出："所谓授业研究，不是基于授业过程的单纯的思辨，而是从客观分析现场教师生动活泼的授业实践着手，从中引出一定的法则。借此，一方面有助于现场授业实践的改进,另一方面对授业研究直面的问题作出理论上的阐述。在这里,既有现场教师自身展开的;也有教育学者参与,同现场教师合作展开的。"[1] 授业研究是以怎样的目的开始或持续的呢? 在日本教育学者中间,有如下三个目的的表述[2]:其一,提升教师的实践,使之臻于"明白易懂的授业"。这不仅是教师成长的课题,可以说,也牵涉到瞄准授业过程的全局性、提升型课题——诸如用怎样的教材才是最适切的,应当提怎样的问题等。其二,提升教师授业能力的课题。这就是,来自观摩授业的同僚教师的点评,来自资深教师的启发等,使得承担授业的教师的能力得以提升。其三,旨在学术发展而进行的授业研究。亦即,通过授业研究,揭示该授业过程中,儿童的理解度是怎样发生变化的;教师的影响是怎样被儿童接纳的;课题是怎样控制儿童的活动的,等等,面向尔后的授业,发现提升授业的法则性,或是通过较好的授业与不好的授业,发现不足之处,弥补缺陷,借以提升授业水准等,采取多样的方法论。上述三个目的都是重要的,但通常是侧重于某一个重心来展开授业研究的。

二、授业研究的环节

授业研究的活动会经历哪些环节呢? 授业研究是经历旨在提升授业实践的"PDCA"的循环性周期,亦即经历"计划"(Plan)、"实施"(Do)、"检验"(Check)、"行动"(Action)的环节,如此循环往复地发展的。

1. 计划(Plan)——试考察一下具体的授业实践,所谓计划或设计的阶段相当于授业计划的"立案阶段"。这一立案范畴有二,一是在授业研究中由某一位或数位教师在自己的教室里进行的旨在围绕特定学科、特定单元的深入探讨而展开的,谓之"研究授业"的实践;二是以作为同僚的教师、教务主任、校长等的支援和指导的方式来参与的"研究授业"。在授业计划的立案中,执教的教师通常会首先编制指导计划的文本,该文本记述教材在整个单元中的含义,以及学生观、指导的方针等。进而,教师会将立案细化至各个课时,进一步编制详细的指导案(教案)的文本,该文本记述教师的提问、教材的处置方式、设想儿童对提问与教材可能作出的反应、教师的点拨,等等,把课前能够考虑到的部分尽可能明确地记述下来,然后把这些文本分发给同僚教师,期待在同僚教师之间形成生产性的共同作业——让同僚作出点评,或在编制阶段展开讨论。

2. 实施(Do)——基于立案的指导计划,根据实际情况进行实践授业,相当于PDCA 循环性周期中的"实施阶段"。执教的教师基于立案的指导计划,在课堂里展开单元的学习。由于并非一切都按照计划在实施,所以在构想单元之际,就进行适当调整——或者在预想的总课时结束之后,对各个课时的授业实践内容进行修正;或者甚至延长总课时。

3. 检验(Check)——在授业研究中,通常 PDCA 的循环性周期发展到"检验阶段",是在谓之"研究授业"的单元指导计划中瞄准靶心的时间段。这是在某特定的课时中,同僚教师观摩其实践,或观察儿童的活动,或观察教师的活动,收集记录,在授业实践后的反思会上,同执教教师进行讨论的阶段。执教教师与同僚教师根据指导案(教案)一边回顾,一边详细地进行学生问题的分析与授业行为的分析。另外,根据课堂录像,边看录像边讨论的授业研讨会,也蔚然成风。

4. 行动(Action)——最终的阶段是"行动阶段",意味着在这种研讨会的基础之上,或修正授业的计划,或凝练教学的方法与教材,从而指向更高质量的授业实践活动。这种循环往复的周期,既有执教教师个人展开的场合,也有其他同僚教师在下一个学年度接着进行的单元授业研究的场合。另外,也有日本学者对日本授业研究的具体程序作如下的概括[3]:(1)教育目标的设定(总体目标与单元目标);(2)儿童现状的把握(生活水准、认知水准);(3)教材的设定;(4)授业记录的制作与整理,合作研究的需要;(5)授业记录的分析与课题的提示;(6)总结和提炼。

三、授业研究的要项

(一)授业的观察与记录

授业的案例研究是通过若干阶段与步骤来完成的。这就是"观察与记录"、"叙事与分析"、"反思与评议"三个阶段。日本学者稻垣忠彦和佐藤学根据这种阶段性的步骤,探讨了其具体的方法。"授业研究的方法论研究,首先应当从怎样记录授业这一问题开始。没有收集到关键的素材,就谈不上研究。"[4]"观察与记录"是指用现场记录、录音带记录、录像镜头记录等手段观摩且记录授业活动。这种"观察与记录"中对数据的收集,一般会被视为授业研究的开始。不过,"观察与记录"本身是决定授业研究的主要活动之一。"观察与记录"集中地表现了教师对授业的见解与思考。

在"观察"中,"从哪里看"和"看什么"是重要的。在研究授业中,一般是将观摩者的椅子排列于教室后排,观摩者从教室后面观摩授业的情景。但能够从教室后面观察的,仅仅是执教教师的教授方法,这些观摩者的椅子清晰地表明了那种把讲坛上的教师的教授技术作为考量"授业"的传统,可以说,这种传统已有百年以上的历史了。

实际上,观摩者宜从教室的侧面或者前侧去观察"授业",否则,观摩者看不到儿童的具体姿态与动作,也看不到师生之间的互动。再者,不从这个位置观察,观摩者就不能随着授业的进展而进入流变的课堂时空,与整个课堂发生共振——时而与执教者共振,时而与教室的儿童共振。课堂的观察不同于工厂里对工人作业的监视。或许有人担心,从教室的侧面去观察会扰乱儿童的视界,不过,与其儿童担心来自背后的看不见的监视的目光,不如将观摩者的身影置于儿童能看得见的地方,这样更能让儿童安心地集中精神于课业。当然,如果观摩者皱着眉头记笔记或是以批判的眼神去眺望,显然是会妨碍儿童的学习的,倘若是这种观摩者,还是给他们设计教室后面的座席或是干脆拒绝其观摩为宜。对于观摩者来说,融入"观摩"中的课堂的时空也是重要的。与其细微地记录课堂中发生的事件,不如在执教者与儿童交融的时空中与他们同苦乐,更为有益。尽管观摩者是不发言的,但应当有参与授业的身段。在观摩过程中,尽可能地压缩记录时间,发言记录和现场记录宁可在观摩之后制作,观摩时也应专注于对课堂中的事件的观察。

关于"记录",有若干方法。有录音带记录、录像镜头记录、照片记录、叙事记录等。其中客观性最强的记录是录音带记录,主观性最强的记录是叙事记录,录像记录居中,倘若录像机镜头是固定的话,那么它也同录音带记录一样,可以说是客观性最强的记录。当然,我们不能说,客观性最强的记录是授业研究中出色的记录,也不能说主观性最强的记录是不出色的记录。重要的是,需要认识到各种记录的性质与局限性。录像镜头的记录可以生动地记录课堂中的氛围、教授过程、儿童的身姿与声音,而且可以反复再现,尽管是影像,但可以通过它体验到课堂中的观摩,可以说是利用价值高的记录。录像镜头的记录同"观察"一样,"从哪里开始记录"、"记录什么"极其重要。就镜头的拍摄角度而言,从教室窗侧的斜前方的角度拍摄为宜。根据佐藤学的经验,在这个位置上,摄像的构成基本上是:以发言者为中心,包括其周边的儿童的面貌在内的儿童动向的影像占总体的二分之一左右;把握教师动态的影像占三分之一左右;剩下的是把握整个课堂的动向与有特征的儿童的动向的影像。有人担心录像镜头的记录或许会带来儿童的过度紧张和兴奋。这个问题的解决取决于摄影者在教室中的存在——即摄影者应当成为教室中"不显眼的存在"来拍摄。所谓"不显眼的存在"并不是离开了教室的时空而存在,若是从外部的立场来记录课堂,从儿童这一侧面看,反而会成为一种显眼的存在。因此,秉持与教师、儿童在一起的立场拍摄教室的时空,乃是成为最好的"不显眼的存在"的秘诀。

可以说,基于录像记录的授业研究,较之其他的记录有更高的利用价值,但其局限性也很大。最大的局限性在于,记录的对象仅限于"看得见的实践"。在教育的实践中,"看得见的实践"不过是一部分,重要的事实和实践的大半都被埋没于"看不见的实践"之中。况且,基于录像记录的授业研究通常是以一节课为单位的授业记录。教育的活动需要长期的连续性的探讨。弥补这个缺陷的一种方法,就是兼用录像镜头记录和叙事记录。即便在探讨同一节课的场合,这种兼用也是有益的。在执教者的叙事记录中,可以体现执教者对儿童的眼神、对教材的思考与对自身的反省性意识,授业过程中的省思、抉择与判断这一内在的过程,也会基于身临其境的实践者的感觉与意识被记录下来。通过这种叙事的记录,授业研究的参与者可以了解这间教室里的师生的背景及其课堂的历史,这样,就有可能透过这个课堂的师生的内在世界去认识自己所观察的授业。

制作叙事的记录,对于执教者自身而言是重要的作业。一般说来,提供观摩的授业,或是提供录像记录,"请予指教"的居多,这里欠缺的是执教者对于自身经验的内省,以及透过内省的主张。叙事记录的制作,是一种通过执教者自己反思自身经验、建构意义,来建构"体验"和"经验"的活动。在授业过程中展开的省思、抉择与判断,大多是无意识地进行的。通过把这种默然的"体验"加以显性化,形成故事,执教者就可以把这种体验变成"有意义的经验"。

(二) 授业的叙事与分析

"观察与记录"的下一个阶段是"叙事与分析"。具体地说,就是进行实践记录的制作与分析、观察笔记的制作与分析。在这种"叙事与分析"中,极其重要的是,用怎样的话语来叙述、分析自己所实践、所观察到的课堂事件与经验。话语是一种经验的表象,通过这种表象与反思,又制约着经验本身。教师的实践也是同样。教师的实践用怎样的话语去经验、去反思,制约着授业世界的贫富。这种实践的叙述与表述,在日本教师的实践记录中可以说是有历史传统的方式。佐藤学说:"日本的教师们从大正自由主义教育时期开始,基于私小说这一模式,以'叙事'的方式对课堂的经验作出记述、表述、传递。这种尝试一直持续不断。在这些叙述中有不少作品包含了深刻丰富的见识,具体地活灵活现地描绘出课堂的经验世界,是任何教育理论专著都不可匹敌的。"[5]"应当说,日本的中小学教师拥有制作无数的实践记录、丰富议论实践的话语,从而得以分享、传承的历史传统。不过,遗憾的是,在晚近30年间的授业研究与专业用语的普及之下,具体的、鲜活的语脉被抽象化了,授业研究丧失了对实践的创造与反思的想象力。事实上,教师们越是把自身的实践加以概括化、理论化地论述,现实地议论课堂事件的话语就变得越弱小、式微了。"[6]

试举一个典型的例子。在以往的课堂中固化了的基于"T"(教师)"C"(儿童)符号的实践记录的写法。在"T"与"C"这一样式的普及之中,教师和研究者在客观上被动陷入了这样一种诱惑——把授业的过程分解为可控的要素,可以科学分析、可以技术控制的对象。正是这种教育技术的科学化与合理化的诱惑扰乱了中小学技术和教育研究者的授业研究动机。基于"T"、"C"符号的实践记录所丧失的是,教师的第一人称与儿童个人的名字。这样,用"T"所记录的教师,并不是作为有个性的实践主体的"我"和"您",而是受控制的作为第三人称的"教师"。因此,用"T"记录的课堂中的教师,不是活生生的主体,而是被规定了的角色的主体,被扼杀了"个性"内涵,沦落为作为"教师"而扮演的角色存在。课堂中毫无表情的、冷漠的教师这一随处可见的教师形象,可以说,就是作为这种"T"所象征的自我丧失的写照。同样的现象在儿童之中也可以看到。所谓"C",是剥夺了固有名字和个性的"儿童"。"C"既可以代表任何一个儿童,也可以不代表任何儿童。通过设定这个作为一种假象的集合名词"C",把授业视为科学的、合理的技术应用的授业就有了可能。

确实,对"T"、"C"进行概括化、抽象化,来记录课堂的沟通,并且这种以"T"、"C"为单位做好"发言记录"、运用特定的"范畴"对其进行分析的科学研究,揭示了无数授业的一般特性,结构性地阐明了一般的授业系统。或许这在以大量的课堂中的授业为对象,科学地评价特定程序的有效性和缺陷的研究中至今仍然是有效的。不过,应当充分地认识到,这种"T"、"C"的记录与分析,在以特定学科、特定授业为对象,探究"一个课堂事件"的意义的研究中,其局限性和弊端是显而易见的。授业的案例研究中的"叙事"必须满足教师以第一人称出现、儿童以固有名字出现这一前提条件。在这种分析中,不仅要对事件的因果关系进行分析,而且更应当分析该事件得以形成的多种根据和事件意义的建构(因缘分析)。

案例研究中的"叙事与分析"是一种揭示课堂事件和经验的意义,探究事件和经验的意义关联,洞察由此而形成的新的可能性的探究。在这里,对于课堂事件的朴素的印象也应当受到重视,为了揭示其意义,隐喻性的表达与文学的表达也应当受到重视。叙事性的认识,是建构这种课堂事件之意义关联的一种探究方法,是作为体验与经验的建构,丰富实践性认识的一种方法。在这种"叙事与分析"中,尊重执教者与评论者的"原创性"也是今后授业研究中应当重视的。教师文化的深重的病理之一,就是对于这种"原创性"置若罔闻。这种病理的深重性表现如下:在教材的研究与解释、授业的程序上,究竟参考了"谁"的解释、研究、程序和实践事例;执教者独特的解释、见识和创意究竟在哪里,这些几乎是不明示的,另外,先行的计划和事例之间的对比和比较分析也是不进行的。

教育现场与研究中应当培育把授业的一个个案例作为一个个教师的"作品"加以尊重的文化。在授业的报告和评论中,是参考了"谁"的事例和"谁"的主意形成构想的;执教者主张的独创性何在,是应当加以明示的。通过在教师中培育这种尊重"原创性"的文化,就一定能够为生机勃勃的教师的涌现,提供准备;为课堂中尊重每一个儿童的理解方式与表现的教师文化之培育,提供准备;为共同尊重多样性与个性的学校,提供准备。

(三)授业的反思与评议

"反思与评议"是最终的阶段,可以说是授业研究的核心环节。通过这种"反思与评议",执教者与观摩者之间相互交流、分享、讨论彼此省思的见识和相关经验,从而形成新的见解与思考方式。

不过,一般而言,教师往往热衷于教材的研究、解释和教案的编制这一些"课前"的研究,却容易忽略"课后"的"反思与评议"。一个明显的例子就是,可以看到公开研讨会的印刷品和委托研究的报告书。在那里,可以看到庞大的教材研究和教案的详细记述,然而,有关课后的"反思与评议"却寥寥无几,或是干脆完全没有记录。这种现象,是授业本身和教师对授业的意识受"程序"所束缚的表现;是授业的研究游离于课堂的具体事件和经验的表现;也是授业研究脱离了教师自身作为实践家成长这一本来目的的表现。其实,课前的教案应当控制在最小限度之内,教师自身精雕细刻地叙述课后的"反思与评议",才是今后的重要课题。

在授业研讨会上重要的不是求得一种正解,而是通过具体的事实,碰撞、分享多样的见解与思考方式。授业研讨会既然不是各种见解与思考方式的优势相互角逐的场所,那么,它就不是论争各自的见解和意见的场所,也不是推介某种特定见识与思考方式的场所。授业研讨会是通过具体案例的事实,支援执教者成长的场所;是通过围绕这个事实的讨论促进参与者成长的场所。一言以蔽之,这是教师相互学习、共同成长的场所。

正因为如此,教师应该对分享授业的"难处"、"奥妙"与"快乐"达成心态上的共识。授业研讨会不是授业审查会,然而,指指点点、说三道四地裁定授业的参与者绝非少数。授业的实践由谁来进行都一定会有不充分、含糊以及局限之处。倘要指出缺点的话,任何一节课都有可以被指责的地方,但这种指责大多会把该授业值得重视的价值破坏殆尽。重要的在于,教师应该以实践者的身份,探究授业的"难处"和"奥妙",并分享从这种"难处"和"奥妙"之中产生出来的"快乐"。

授业研讨会之所以不活跃的另一个原因是由于受前辈教师的控制。无论校本研修还是小组研究,受有话语权的前辈教师支配的问题极其严重。然而不管怎样,"教与被教"的关系在授业研讨会上只能起到负面的作用。可以说,对于授业研讨会而言,民主性是非常重要的,且实施起来并不困难。相比于对抽象的道理或细枝末节的技术泛泛而谈,基于民主与自由的氛围,进行创造授业的合作更为可取。在学校和团队中,拥有多样的教育认识与多样的实践经验的教师们可以通过授业案例的观摩与评议,一起探索,一起培育实践性智慧,并且形成基于实践性智慧结成的实践者的研究共同体。

第二节　授业研究的视点与方法

一、授业的研究

(一)授业研究方法的多样性

根据东京大学秋田喜代美等学者的研究,一个日本学生从小学到高中毕业,起码要上 1 万多个小时的课。这种课可以立足种种立场、出于种种目的、以种种方法展开研究。表 4-1 显示了构成授业研究的要因,根据这些要因的组合,研究的方式多种多样[7]。

表 4-1　授业研究方法的决定性要因

I 研究者的参与
　1. 研究法
　　a 调查(观察、面谈、野外作业、问卷调查)
　　b 实验(介入实验、设计实验)
　　c 实践(行动研究、授业研究)

2. 研究者定位
    a 体制外(外部研究者)
    b 体制间(合作研究者)
    c 体制内(实践共同体的成员)
3. 研究方法及其基础理论
    a 基于理论的方法 宏大的学说
    b 基于设计的方法 局部的学说
    c 基于实践的方法 现场的学说
4. 数据样式
    a 量 b 质
5. 数据收集期间
    a 横切 b 纵断
6. 对象样本
    a 大规模 b 少数比较 c 一个案例对象

Ⅱ 研究对象
  A 学习空间系统
    a 学生:行为(方略、态度、技能等)、认知(知识、思考、信念等)、情绪(兴趣、爱好、感情等)、待人(关系性、自己等)
    b 教师:行为(方略、态度、技能等)、认知(知识、思考、信念等)、情绪(兴趣、爱好、感情等)、待人(关系性、白己等)
    c 学科、课题内容
    d 教授法、学习法
    e 学习集体组织(个别、对子、小组学习、同步授业、班级人数、熟练度能力分层等)
    f 学习环境资源、工具(网络学习、外部专家等)
  B 学习时间系统
    1 学习的时间单位
      a 教师指令 b 学习活动 c 上课 d 单元设计
      e 课程 f 学年 g 文化
    2 上课的形成单位
      a 授业设计 b 授业实施 c 授业评价、反思

【出处】秋田喜代美等,《授业研究与学习过程》,东京,放送大学教育振兴会 2010 年版,第 190 页。

授业研究大体可以分为两类。一类是在具体的学科授业的语脉中把握儿童的学习过程、作为学习集体参与课堂授业的规范、参与者之间的关系性、沟通的状态等研究。另一类是以具体的学习者与教师作为对象,实际地实施授业与教材的开发与实践、分析与评价、改进与新的实践设计的研究。

(二) 研究者的定位与理论建构的取向

区分这两种研究取向的是研究者自身对于研究对象的定位。就表 4-1 而言,"研

究者的定位"有三种方式——作为外部者根据研究课题与爱好展开的研究;研究者与教师合作拟定课题展开的研究;教师主体展开的研究。这种定位立足于研究方法及其理论基础而有所不同,其区别如下:以心理学、教育学、社会学的理论为基础旨在生成、建构普遍理论(宏大理论)的取向;基于授业的具体语脉、旨在阐述特定范围的语脉中其表现特征的局部理论的取向;旨在发现在具体的实际和实践者之中同实际紧密相连的默然地起作用的理论。普遍理论的建构可以为学术界作出贡献,着眼于授业语脉的理论建构对于课堂授业实际的贡献尤为突出。

(三) 把握儿童与教师活动的授业研究的流派

日本的授业研究着眼于授业的沟通过程,研究者们试图从不同维度来把握师生活动的状态,具体来说,有如下一些维度:

其一,聚焦于对儿童与学习集体的思维过程的把握。以重松鹰泰为中心的研究小组探讨儿童的思维机制的作用,旨在把握两个侧面——班级整体的授业过程与儿童个体的学习过程。他们基于缜密的授业观察,编制详细的授业记录,以便"栩栩如生地表述真实的授业情况"[8]。砂泽喜代次等人把授业作为"集体思维的组织",认为记录师生发言的主要意义有:了解师生之间对话的话题是什么,儿童知识掌握的程度如何,儿童思维发展的深度如何,基于此,把师生的发言连贯起来并加以结构化、类型化地提示出来[9]。在这些研究中关注的是授业中的儿童,不是着眼于实验室"输入—产出"之间的比较,而是指向思维的"过程"本身。实际上,结构化、类型化的作业是中心,是面向实践的理论化。

其二,通过范畴的量化分析,阐明教师的作用与儿童的活动之间的因果法则性。泽田庆辅等教育学者为了把握教师的指令对于儿童学习的作用,运用顾问引发顾客反应的技术——"引导"的概念,对"教师引导的强度与质量是怎样刺激儿童的自发性与自我学习力的"进行了分析。这是以交互作用的语脉中教师发言的地位与内容为线索来识别教师意图的有无与强弱的一种方法。再者,也有把课堂话语分析作为抽取授业技能与授业类型的手段来进行研究的。这是把授业中的交互作用当作教授行为、学习行为的积累,关注其功能的一种方法。在授业理论化的同时,也拥有教师教育的授业技能指导的教材。在这些研究中,主题是阐明教师的影响作用是如何引发儿童的行为的。实际上,由于规定儿童学习的要因是多种多样的,唯有限定特定的变量才能展开研究。另一方面,开发可再现的范畴系统和分析器械与手法,可以提高量化地表达课堂状态的可能性。

其三,揭示支撑授业过程的班级人际关系与氛围的研究。木原健太郎在其《教育过程的分析与诊断：教育生态与教育社会学》（诚信书房 1958 年版）中着眼于教育体制内人际关系的结构分析，进行了"授业过程的分析与诊断"。该研究在对家长与教师进行意识调查的同时进行了授业分析，展开了从发言次数看师生交互作用的量化分析。结果表明，授业是以教师为中心的，学习内容的巩固度弱。

以上的研究基于课堂中真实的沟通过程，旨在求得实践的理论化。同时，研究立足于种种分析手法与视点，给出了各种提案。不过，授业往往被视为单一的"规则体系"的实现过程，基于如下的认识前提——语言仅仅是知识的媒介，授业仅仅是教师向儿童单向地传递信息的过程，应当认为，课堂授业作为一种借助师生之间的交互作用而"被实现"的过程的状况，并没有得到充分地阐明。与此相反，近年来，课堂授业被置于师生学习生活的生态学立场与地位，从而研究者得以原原本本地把握其间复杂变量之间的关系，在"此时此刻"的情境中，具体地解读并重新建构课堂事件的意义与课堂参与者行为的意义。而且，学习者的学习和发展过程，不可能在"过程—结果"之中来把握，而是指向从微观发生学的层面来阐述知识的建构、意义的生成和熟练的过程。

二、授业的理解

（一）作为学习研究的授业研究

如何把握授业的过程，不同的学习观会给出不同的答案。

基于行为主义的学习论认为，学习是"作为经验的结果而产生的比较持续的行为变化"。在这种研究中，条件反射、反复练习、及时反馈被视为是有效的。因此，授业主要被视为与教师的教授行为有关的系列事件。对于学习者而言，刺激、反馈、应当给予怎样的提示信息等，受到重视。

基于认知主义的学习论是用信息处理模型来说明人类的认知行为的。它把学习视为运用既有知识、汲取新的信息、在头脑中建构新的知识结构的活动。这种研究倾向于运用记忆、知识结构、思考、问题解决等概念来说明人的学习。因此，授业被视为主要是学习者的信息处理、问题解决的过程。特别是促进这些步骤和设计、监督之类的元认知和这些要素的熟练受到重视。

基于情境认知的学习论从社会文化研究的视角出发，关注个人和他者交互作用的认知过程，认为学习是在"基于成人与儿童以及儿童之间的合作、以文化性工具为媒介的活动之中产生的"。因此，这种研究倾向于在授业得以展开的语脉和社会、文化、制度、历史的状况等关联之中,来把握学习者与教师的行为。特别是着眼于以语言与符号为媒介的行为之一的课堂中的学习,同工具的关联、同他者的语言上的交互作用。

(二) 质性研究

质性研究的目的是详细地叙述课堂事件与经验,并尽可能地对其加以说明。教育和学习研究中的质性研究受社会学和文化人类学的影响,英国从 20 世纪 60 年代、欧美从 20 世纪 70 年代就已经开始这种研究。质性研究不同于客观地阐明现象、旨在建构一般化的概念和理论的量化研究,它指向的是对象如何具体地建构事件与行为的意义。因此,这种研究首先要求理解具体的情境、把握参与该情境的人们的内心的声音。倘若是课堂授业的情境,就得精细地把握引起授业的状况、参与授业的教师与儿童的表达与行为,在此基础上,通过解释和重建该情境中教师与儿童的表达与行为的意义,来理解授业。在调查过程中,除了运用录像机和光盘等用于图像、声音记录的装置之外,置身于现场同该情境中生活、学习的人们分享语脉,体悟其文化的节律、速度和呼吸,驱动、整合五官来把握潜藏于"事、物、人"的性质和语脉之中的关系性,也是重要的。不过,仅仅是把握还不足以理解。唯有语言化才能获得知识、获得向他者传递的基础。为了理解现场的"事、物、人"是什么,并将其传递给他者,调查者需要对授业现场仔细地加以研究,作出实地调查记录,包括记录备忘录和例证,从观察、感知对象之中把调查者具有某种视点意义的凝练加以语言化、形象化地记述。

(三) 交互作用分析

近年来,课堂授业过程被视为不是教师向学习者单向传递信息,而是学习者同伙伴交互作用、接受社会文化的外在变量的影响而建构知识的过程。格里诺(G. J. Greeno)的研究表明(2006 年),交互作用的分析有助于揭示个人的认知发展与交互作用活动是如何一道发挥作用的。高垣真弓运用"交互讨论"(Transactive Discussion; TD)的质性分析框架[10],以小学四年级的学生为对象,分析理科的"作用与反作用"概念授业中的对话过程。结果表明,对话者经历了如下交互作用方式的变化,实现了知识的建构——对话者之间阐述相互不关联的单一的理由→把自己的主张与他者的主张关联起来并加以精致化→阐述同他者所表明的主张不兼容的自己主张的理由并进行反证→理解彼此的主张,从共有的认识基础出发,重新作出说明(表 4 - 2)。

表4-2 交互讨论的质性分析框架

范 畴	分 类 标 准
表 1-(a)课题提示	提示讨论的题目与论点
象 1-(b)反馈要求	对所提示的课题和表达内容进行点评
性 1-(c)合理化要求	要求对主张的内容陈述合理化的理由
交 1-(d)主张	表达自己的见解与解释
流 1-(e)转述	对自己的主张与他者的主张进行转述
操 2-(a)扩充	给自己的主张与他者的主张增添别的内容
作 2-(b)矛盾	阐明根据,揭示他者主张的矛盾所在
性 2-(c)比较性批判	阐明自己主张与他者主张不兼容的理由,进行反驳
交 2-(d)精致化	给自己的主张与他者的主张增添新的根据,重新阐释
流 2-(e)整合	理解自己的主张与他者的主张,基于共识重新作出阐释

【出处】秋田喜代美等,《授业研究与学习过程》,东京,放送大学教育振兴会2010年版,第195页。

索耶(R.K.Sawyer)认为,交互作用分析有两个特征。其一,揭示在不是教师一言堂的授业情境之下,学习者是如何学习的。晚近学习科学的研究在于推进授业创造的一个目的,即探明学习者之间的互惠的合作学习过程。借助交互作用分析可以揭示这种合作的过程。其二,揭示对话过程与影响学习的外在表象的机制。在学习科学的研究中,运用分节化、具体化的手法分析对话,揭示合作过程是如何以电脑的显示或笔记的记述等外在表象为媒介的。外在表象承担着教育的作用——"促进小组活动的脚手架的作用"。为了从合作过程的对话之中区分个人知识,必须组合交互作用分析、实验分析、认知分析等几种方法,这需要大量数据,分析也需要时间。另外,要揭示参与者理解了什么、建构了怎样的知识,要进行微观分析、详细地分析,实际上短暂时间的记录是难以满足上述要求的。在课堂授业的复杂的流程中,不过是只能聚焦极其小的一部分。

三、授业的创造

(一) 设计实验

在少数的课堂里详细地记述、探讨学习的案例,从先行研究的见解出发,思考并实施改进的设计与授业计划,通过评价引出可能更普适化的设计原理的研究,谓之"设计实验"[11]。"设计实验"的展开主要基于如下见解：构成课堂的种种侧面(教师教育、课程、测验)绝不是独立的，而是相互依存的。因此，从课堂授业中展开的整个系统中抽取一个侧面来论述是非常困难的。事实上，进行校本课程开发的研究小组与中小学合作进行的项目居多。设计实验的步骤如表4-3所示[12]：

表4-3 设计实验的步骤

第一步 基于学习的理论
第二步 设定支援学习的授业论原则(举例)：
原则1 儿童的思考置于学习实践的核心
原则2 每一个儿童为了建构知识，承担合作性的责任
原则3 以适当的媒体支援不同规模的群体
原则4 儿童探讨学习的问题，据以建构知识、监控其进展
第三步 探讨授业的具体要素技术
第四步 观察活动
第五步 评价活动

【出处】秋田喜代美等，《授业研究与学习过程》，东京，放送大学教育振兴会2010年版，第198页。

在第一步中，界定期待学习者习得怎样的理解与技能，是确立授业方针的阶段。日本的授业实践基于"学习是一种知识建构"的理论，鼓励学习者从事"自觉的学习活动"，着眼于形成"渐进的问题解决活动"。在第二步中，在授业设计之前，学习者设定应当学习的内容，执教者明确地记述一以贯之的授业方针。在实践中，为了促进"渐进的问题解决活动"，设计诸如原则3的小组之间的交流，并且准备好支撑这种交流的媒体。在第三步中，所谓探讨"要素技术"是指对在学习情境中实际使用的授业法、教材、活动等种种手段进行探讨。比如在实践中关于"转基因食品"就是分三个小组进行探讨的，由3—4名学习者组成的小组以各自的方法展开探讨，这是旨在促进"原则2——每一个儿童为了建构知识，承担合作性的责任"的落实。另外，为了激活儿童各自的探讨方法、活动基础与小组之间的沟通，可以运用网络上的告示板。第四步和第五步是并行的。将所收集的学习活动记录作为数据，揭示"计划阶段选择的要素技术是否发挥了适当的功能"、"基于这些支持学习者的理解水准提升了多少"、"是否从事了所期待的认知活动"等。然后，运用形成性评价和终结性评价，揭示"出色的部分"和"欠缺的部分"，对其加以修正并且持续地实践。

（二）行动研究

关于教育与学习实践的研究有如下述："观察研究"和"参与观察"都是以"关于"实践的研究为目的的。相反，行动研究是"通过"实践的研究、"从事"实践的研究。行动研究是分析、探讨来自实践情境的问题、由实践所提示的问题，基于从中引出的假设，自觉地计划、实施下一步的实践，从而达致问题的解决，并对解决过程作出评价的一种研究方法，是由"问题意识—计划—实施—评价"这一循环组成的。重要的一点是，应该"基于问题的分析与追究，自觉地有计划地实施下一步的实践"（表4-4）[13]。

表4-4　同实践研究相关的方法

类型·名称	同研究者与实践者的关系	实践的地位	实　　例
观察研究	暂时的外来者、秉持公心者	关于实践的研究	
参与观察	持续的外来者、异文化者	关于实践的研究	
行动研究（咨询研究）	实践创造的间接支持者、咨询者	通过实践的研究	校本研究、案例分析、巡回指导、发展商谈
行动研究（咨导、介入训练）	特定问题情境的实践者、顾问、训练指导者	通过实践的研究	认知咨导、保育指导
行动研究（基于实践者的研究）	日常持续全面的实践者	通过实践的研究	基于教师和家长自身

[出处]秋田喜代美等，《授业研究与学习过程》，东京，放送大学教育振兴会2010年版，第200页。

在问题解决的周期中，需要把握对象的变化，思考对这种变化的具体应对。在这种过程中，尤其重视要求扎根语脉的知识，行动研究是作为案例研究来展开的。在问题解决中，会设定某些理想的成果、引导达到理想的状态。在这里存在着某种教育的价值观，基于这种价值观的活动成功与否，也在这一过程中受到检验。

美国社会心理学家勒温（K.Levin）是行动研究的倡导者。他认为，人类的行为是借助人与环境的交互作用而产生的。在集体中活动的个人的行为与心理可以借助集体内的张力和矛盾关系来说明。20世纪60年代至70年代的英国中等学校的课程改革运动就是一个典型代表，作为综合推进英国中等学校中的授业改进、课程开发、教师职能发展以及学校改革的研究,行动研究获得了一席之地。教育实践中的"行动研究",是指咨商员同教师一道,深入实践现场,在日常的关系中支援师生成长的系统。在尊重教师的专业性和责任性,对自己的实践和班级的状态、社会地位加以对象化、相对化的这一点上,行动研究可以促进教师自身直面问题解决,帮助教师实现自我。另外,行动研究重视支援儿童的发展与学习的实践者的专业性与主体性,尊重教师探讨的课题及其方向性,创造"实践中的理论"(theory in practice)。构成其基础的是,研究者与实践者等不同专家之间的协作性。就研究者方面而言,在实践中的理论与心理学、教育学的理论相互碰撞的过程中,把问题结构加以可视化,或是提示解决策略的选择项。研究重视教师之间的对话,研究者从旁协助教师,承担着协助者的作用。就是说,研究者不过是处于支持者的地位,研究者的角色作用是提示问题结构、同实践者一道思考改革的方向性,培养实践者具有凭借自身,推进改善和变革的力量。而实践者则在自身的职业角色中,改善实践,成长自我。并且支持集体从集合状态提升为作为共同体的成熟状态。行动研究的社会基础是参与,教育基础是改善。作为启发、教育、训练的机会,研讨会的有效性受到重视。

(三)评价合作

为了不至于造成唯有研究者的研究课题与取向先行,确保研究不脱离实践者的专业性和主体性的状态,必须有评价。设计实验的场合,兼施第四步和第五步,进行评价。教师可以借助形成性评价反反复复修正每日每时的课堂授业;借助终结性评价进行整个授业计划的反思与修正,乃至思考进一步的发展。行动研究的场合,评价的视点是:(1)有效性——活动对于问题的解决有多大的作用。(2)实用性——是否有利于同一语脉中所产生的其他课题的解决,别人采用了该种方法是否有解决课题的可能。(3)接受性——研究者的行为和解决策略,教育现场实践者和其他领域的实践者能否接受[14]。这里的评价也必须有形成性评价。由于行动研究是一种循环性的活动,倘若对照有效性、实用性和接受性,出现了问题,就可以补充不足之处,重新设立课题,探究解决之道。

在合作中也要求研究者自身的自我评价,问题解决的主体终究是实践者。因此,在着手解决问题之际,研究者自己立足于怎样的立场,发挥怎样的专业性,是必须事先心中有数的。另外,也要求研究者承担合作的成果和实践者的成长的责任。可以说,行动研究是从"我在这里能够做什么"的设问开始的。

四、授业的评价

教育活动是教师作用于学生，尊重每一个学生的个性特征，培育其素质的活动。"在教师指导之下，一定期间的教育活动一旦实施，检点、评价每一个学生对于预先设定的教育目标的实现程度，是极其重要的。"[15]这里仅围绕评价课堂授业的四个关键问题作一梳理。

1. 是测定还是评价？当下，把课堂评价等同于学业成绩的测定及其结果的等级划分已经很少了。但是，把测定本身置于重点的做法却随处可见。在一节课的授业过程中，教师通常会反复进行小测验、记录学生的反应，或是进行学习行为的互动分析，或是编制测验问题与学生正误对应的 SP 表，等等。这些数据不过是授业信息的一种，倘若停留于这种信息的收集，即便是测定了授业，也不能说是进行了授业的评价。

2. 是形成性评价还是总结性评价？课堂评价本身就是形成性评价，因为它是在教育活动过程中进行的评价。而且，课堂评价可以根据不同的时间与场合进行调整，拥有改变评价方法与基准的灵活性。课堂评价是教育活动的构成要素，评价本身是同人格形成息息相关的。而评价结果的作用是对教师的授业活动与学生的学习活动作出反馈。形成性评价于作用的中途进行，是在进行之中的、未完成的，有可能修正的、灵活的、旨在形塑整体的构成要素，以及人格形成的教育性评价。可以说，课堂评价可以满足这些条件。不过，形成性评价与总结性评价的区分终究是相对而言的。总结性评价终究是在形成性评价框架之内的。库巴（K.Cooper）反对形成性评价与总结性评价的区分，他倡导"同时性评价"（Concurrent Evaluation）与"后续性评价"（Subsequent Evaluation）。所以，授业评价包含了同时性评价（授业过程的评价）与后续性评价（授业成果的评价）。

3. 是来自外部的基准还是来自内部的基准？课堂评价包含这两个侧面。一般而言，外部基准用于成果的评价，内部基准用于过程的评价。但也未必如此单纯。在授业评价中，作为基于外部基准的评价，可以说是以当事者之外的第三者——观摩者评价为优先的。此外，教师对学生的学业成绩的测验也属于这种范畴。另一方面，基于内部基准的评价是以授业当事者——教师与学生的自我评价为中心进行的。

4. 走向"真实性评价"。从如何评价的视点,亦即评价手段的角度来看,作为评价的手段,容易联想起笔试与技能测验,但除此之外,晚近还关注"档案袋"的手段。笔试与技能测验是确认基础知识与基本技能是否习得的一种手法,而"真实性评价"是通过儿童实际运用知识、技能来评价其成果(真实性)的一种手法。这里所谓的"真实性"是指写小论文、报告、制作展示品、各种技能表演、同伙伴一起从事问题解决、进行实验,等等。如果说笔试与技能测验是评价碎片化知识、技能的习得程度,那么,"真实性评价"是测定能否将碎片化知识、技能加以综合运用的一种评价。所谓"档案袋"就是把平日真实性评价的成果加以选择与集中,以便日后进行反思,确认儿童在该时点实现的课题与达成目标,为教师改进授业提供线索的一种手段。

五、授业研究的新视点与新方法

(一)影响日本授业研究的新视点

1. 分布式认知。在传统的授业论中,课堂授业被视为熟悉知识的教师向学习新手传递知识的一种作业。确实,教师处于种种文化、价值与历史的代理人的角色。不过,在这里必须要考虑的不仅是历来的师生关系这一"垂直维度",而且还要考虑同龄的同学之间的解释与视点的多样性这一"水平维度"。课堂授业并不是机械地进行"单向的信息传递",而是在同学习伙伴的交互作用之中,在同来自周遭的社会、文化制度的外在变量的影响之中,学习者自身的"内部逻辑的变化"。在这个过程中,直面学习者周遭的一切环境脉络是重要的。这种新的学习论,极大地受到了"分布式认知"(Distributed Cognition)的影响。基于"分布式认知"来界定授业过程的场合,强调了如下两点:其一,内化于每个学习者的知识与方略,是借助同他人的合作活动才得以实现的,是通过亲自吸纳他人的观点而获得的。其二,在一定的社会、文化意义的语脉中,学习活动才会产生。就是说,所谓应当习得的"知识"是处于"必须用它来解决问题的情境"之中的。布朗(J.S.Brown)从这个视点出发,提出了"分布式专长"(Distributed Expertise)的授业设计方案。这是面对共同的课题选定若干不同的子课题,各自展开行家的探究活动,积累成果进行交流,从而深入广泛地学会课题的解决。布朗主张,这种学习共同体的学习活动可以分解为三个要素,即有必然性的课题、研究活动和信息分享。在这种学习共同体中,面对共同的课题,由于是以每个学习者拥有的既有知识与经验的差异为学习的基础,所以,学习者在相互认知与协调彼此的差异之中,展开学习活动,得以习得更高层次的理解。这种学习活动一旦被促进,就能汲取更高水准的知识。

2. 拓展性学习。科尔(M.Cole)和恩格斯托姆(Y.A.Engestrom)也立足于同样的立场,认为学习活动是通过学习者周遭的实践组织与共同体中的共同活动而产生的,倡导"拓展性学习"(Learning by Expanding)。根据这种理论,学习活动不是单纯基于个人的内在特性,也不是单纯基于外部环境的影响,而是两者在实践中的一种交汇。学习活动系统的结构,由主体、工具、对象、共同体、分工、规则等六个要素构成[16]:(1)主体——从事该活动的个人或小组;(2)工具——狭义的工具,电脑之类的物理性工具,概念、语言、图式、符号、技能等心理性工具;(3)对象——同主体有关系的、包括主体动机在内的客体,对象是作为素材或问题空间而存在的,通过工具的媒介的合作活动,转化为结果;(4)共同体——共同拥有同一对象的活动系统的多样的参与者。参与者理解自己在做什么,自己的行为对于其所在共同体具有什么意义;(5)分工——表示共同体成员之间的课题、权力、地位的水平与垂直的分割;水平分割体现成员之间的对称关系,垂直分割体现成员之间的非对称关系(权力关系);(6)规则——明示的或默然的规则、规范、惯习,制约活动系统的行为与相互作用。在拓展性学习中,主体运用工具作用于对象的行为,并不是主体独自进行的,而是在主体所属的活动系统的规则与共同体、工作分工等要素的支撑下进行的。这些要素是难以观察的,却对主体的行为产生着巨大的影响。

(二) 影响日本授业研究的新方法

1. 社会交互作用过程的分析

晚近,社会交互作用对于授业与问题解决的影响及其重要性受到关注。所谓基于社会交互作用的学习情境,是指直面一个目标(问题解决),拥有同样的知识与经验者或是不同的知识与经验者聚集在一起共同面对问题与情境,彼此交互作用,展开思考与行动的活动。这种交互作用的过程潜藏着如下的要因:(1)提供新的信息、不同的见解与认识;(2)把问题情境界定、重建成更熟悉或更容易理解的定义;(3)选择有效的解决方略,生成导致发现的讨论;(4)对"什么是发生错误的原因"、"当下的行为是否适当"作出反馈。[17]在交互作用的过程中至少会产生两种认知矛盾。其一是人际间矛盾——面对一个课题和问题情境,自己的想法与解决方略同相异的他者之间产生的矛盾。其二,个体内矛盾——自己所拥有的知识、假设和解决方略同课题与问题情境之间产生的矛盾。

历来的研究仅仅停留于从交互作用前后行为的量的变化与知识水准的变化来揭示社会交互作用,对于时时刻刻展开的交互作用的动态分析是不充分的。晚近出现了针对这种交互作用的动态分析的新动向。这些研究致力于对"在交互作用中是什么原因导致了儿童的认知变化"、"对话的内容与方向是怎样随着话题的展开而发生变化的"等问题作出阐述,然后根据这种线索,进行对话分析。在对话分析中聚焦"交互作用的对话",可以详尽地分析其方向与状况。所谓"交互作用的对话",是指"进一步明晰自己的思考,或是影响对方的思考和推论的方式,加深对方的思考这样一种交互作用用的对话"。有人开发了表达范畴的项目研究——聚焦于"表达者的主张、围绕表达者主张的反驳、基于反驳的再反驳"这一论争性对话过程,进行交互作用分析。

2. 个体内认知过程分析

其一是"言语报告分析",这种分析面向授业中的每一个学习者。个体内的心理结构与心理过程难以直接观察。可以通过观察每一个学习者对于问题解决的状况、测量其完成的成绩,从其结果来推测学习者的内部认知过程。但是,单凭所观察到的行为范式与最终的成绩,难以推测内部的认知过程。在这里,可以采用将学习者内部过程外显化的方法,来详尽地探知问题解决的过程。具体地说,可以借助"内省报告"、"表达思考"去采纳言语报告数据,然后基于语脉去分析所获得的数据,来推测内部的认知过程。不过,言语报告的分析需要注意如下两点:(1)报告者会有扭曲言语报告内容的可能性,即对自己进行的选择判断和行为有意无意地予以合理化。作为一种对策,可以把事后报告的内省报告与即时的表达思考区别开来。在发话思考的场合,由于是即时报告的,报告者扭曲内容的可能性极小。(2)析出的概念与范畴并不是依据妥当的步骤得来的,可能会掺入分析者思考的片面性。作为一个对策,必须进行概念化和范畴化的作业,以便规避揭示的恣意性。所谓"概念化",是指基于各种现象的表征及其特征,运用简洁语汇对其进行命名。在对"内省报告"、"发话思考"的数据进行概念化之际,重要的是把整体的语脉纳入视野,同时也考虑到个人的语脉。进而一边概念化,一边探索把各种概念归纳为抽象程度更高的概念——范畴化。

其二是"叙事报告分析",即运用叙事把认知结构外显化的方法,包括知识表现法、命题分析法、档案袋法、概念地图编制法等。概念地图编制法是把有关联的概念群用线段联结起来构成一个网络的方法,借助网络图的描述,使认知结构可视化[18]。

第三节 "授业分析"的要义

一、"授业分析"与支撑授业分析的基础

（一）何谓"授业分析"

传统的教授法研究是寻求某种理想状态的规范性极强的研究,而当下的授业研究则具有方法论觉醒的意味——正如授业分析所代表的,它是在作为现象的授业过程之中,寻求探究的主要线索,并且基于观察的事实,借以探明形成授业的种种条件的研究。一般说来,它指向课堂授业的改进,以日常的中小学教师的现场实践(授业实践)作为分析和研究的对象,起码是校内同僚的教师(在多数场合也包括了外部的教师和教育委员会人员——相互观摩、相互分析课堂授业,诸如从板书的方式、提问的方式、点名的方式等具体的授业方法开始,到该节的授业内容和教材的钻研,乃至单元、课时的授业目标,均纳入探究的范围之内),一道展开课堂探究的全过程,谓之"授业分析"。这样,参与授业分析的全体人员通过课堂授业的"方法—内容—目标"这一上升矢量的分析研究,从而得出的共同的研究成果,成为每个教师的授业目标的水准(或是内容的水准、方法的水准),用以改进自己的授业。——经历如上的历程,"授业分析"就算大体告一段落。一连串环节与历程中所获得的合作研究成果,通过公开授业研讨会以原始材料的方式对外公布,或是归纳成为报告书和书籍,使得未能参与"授业分析"的教师亦可分享。

"授业分析"是日本独创的授业研究方法。"授业分析"这一术语最早出现于小川正发表在《名古屋大学教育学部纪要第 5 卷》(1959 年)的论文《授业分析:第一次报告》中。这篇论文的背景是,以名古屋大学教育学部教育方法研究室首任教授重松鹰泰为中心的、运用授业分析的手法进行儿童思维体制的合作研究。根据重松鹰泰的界定,"授业分析"是日本中小学教师常用的、旨在"尽可能制作客观而详实的授业记录,并通过分析授业记录,借以把握授业或教育的实际动向的一种手法"[19]。"授业分析"并不是从特定的教育理论出发的。就是说,我们期待借助这种精细地观察、记录教师与儿童的意识流的方法,使得授业分析能够逼近更丰富的授业的真实。从这个意义上

说,"授业分析"同"授业研究"没有根本差别。

作为一般名称的"授业分析",不同的论者从不同的立场运用,因此其定义也是各式各样的。日本学者的场正美对其作出了综合性的定义如下:"授业分析是授业研究的一种方法,旨在尽可能地观察、记录教育实践的事实,亦即教学中师生的发言、活动及其他构成教学的种种现象,并根据记录,借助实证科学的方法、社会科学的方法或是解释学的方法,多侧面地揭示构成教学的诸要素之间的关联、学习者的思维过程,或是教师的决策等教学现象背后的规则与意义。"[20]从这个界定可以明白,支撑授业分析基础的是作为教育实践的授业事实,是授业的观察与记录。因此,授业分析是基于授业事实的观察与记录的案例研究,这种授业事实的观察与记录要求尽可能做到详尽而准确。

(二)作为授业事实之核心的儿童的表现与表征

那么,作为教育实践的授业事实是什么?根据前述的定义,它是指"教学中师生的发言、活动及其他构成教学的种种现象"。教育旨在促进每一个儿童的人格形成,这样,授业就是实现这个目的的一种手段。就是说,它是直面每一个儿童,促进他们的思维,培育他们的认识、判断与实践能力,促进他们的人格形成的手段。因此,构成授业事实之核心的,是每一个儿童的学习的实际。

学习的实际主要是每一个儿童的表现与表征。这里所谓的"表现",是儿童有意图、有意识地进行的。因此,所表现的内容本身在大多的场合,并不表示儿童自身实际的思考与认识。儿童不发言、沉默不语也可以被认为是一种表现,而"表征"则是儿童不经意、无意识地进行的。因此,可以更真切地反映出儿童的思维与认识的内涵。比如,当你关注的不是表现的内容,而是表征的方式与状态——诸如表情、语气、语调之类——之际,在不经意之间儿童的思维与认识就可能本真地流露出来。儿童的思维在解决问题的时候,特别是在发现问题中的矛盾的时候会活跃起来。对于儿童而言,问题是在通过教师的指导和同学一起学习之中,以及在实际的家庭与社区生活的交互作用之中,才能成立。而思维通过自我否定,将会促成动态的自我变革,亦即人格形成。

(三)座位表与抽样儿童

在授业分析中重要的是,在实际的课堂授业中判别每一个儿童来作出观察,这个时候,利用座位表是一个简便的方法。所谓"座位表"是在班级里座位的配置上记入儿童的名字。有单纯记入姓名的座位,也有加上点评、教师的愿望、前一课时的感想之类的内容。一旦有了这样的座位表,就可以立刻锁定发言的儿童或者有特定表现的儿童是谁了。

在授业分析中,多采用"抽样儿童"的方法。所谓"抽样儿童"是在以集体为基础单位的教育实践中,教师关注的 1 名或者数名儿童。一般在授业研究中被称为"抽样儿童"的,也会在授业的观察与记录、分析探讨的场合频繁地被采用,成为授业分析的一个重要线索。"抽样儿童"的方法拥有两种功能[21],一是通过对抽样儿童的观察与分析,把握其他的儿童与教师的教学方法,旨在具体地验证授业本身的一种线索。就是说,在集体过程中探讨抽样儿童,不是停留于抽样儿童问题的探讨,而是必然地会涉及抽样儿童以外的儿童和教师的指导、教材、教具的探讨。二是抽样儿童是基于教师自身的观点与标准选定的,亦即通过探讨抽样儿童,可以追问其观点与标准是否妥当。换言之,这一方法有助于深入探讨立足于执教者(以及案例探讨者)自身立场的教学观、教育观与儿童观。

二、授业分析的格局

授业分析是一件相对繁难的工作。一个最大的理由是,课堂授业是由种种侧面组成的极其复杂的构造体。因此,要揭示它的结构就得从不同侧面切入。作为授业分析的侧面主要有:(1)教师的活动。教师借助种种活动作用于学生。通过语言活动以及语言之外的动作直接施加影响,或者通过各种教具间接施加影响。(2)学生的活动。学生对教师的影响会做出种种的活动:显性的活动与隐性的活动。(3)授业的情境。包括显性与隐性的各种情境设定。4. 教师活动与学生活动之间的关联[22]。

也可以说,以上四个侧面是授业分析的对象,其中最麻烦的是第四个侧面。从形式维度看,大体可以恰当地把握两者的关联,并不复杂。例如,可以梳理师生之间问答的逻辑,对其加以图式化,这从操作上来说是简单的,通过教师的发言和教师运用的教具,可以把握其与学生的认识、情绪有什么关联;通过学生的反应,可以把握教师的活动有什么变化(或者应当做出什么变化)。但要进一步作出深入的分析就相当困难了。这是因为,它不像在心理学实验中设定一定的条件或者在一定的框架内观察诸如学生的思维活动,是可以清晰地加以把握的,但在课堂授业中,学生的思维活动受到来自教师的影响是基于怎样一种关系而发生变化的,或多或少具有不确定性。要把握师生双方之间的动力性关系是非常困难的。这就是说，师生任何一方都不是孤立的，教师会针对学生的活动做出相应的授业行为，而教师的授业行为又影响到学生的活动。这就意味着，必须把师生双方的活动共同纳入分析的范畴，才能展开分析性考察。

上面阐述了授业分析的对象，这是从作为研究对象（客体）的课堂本身进行分析的工作，是回避不了的。既然课堂授业本身是复杂的构造体，那么，当我们分析具有这种复杂性质的课堂授业时，考察者（主体）应当采取怎样的格局（立场、步骤与视点）呢？

（一）授业分析的立场

首先，课堂授业过程的现实性（双重性）的立场。课堂授业大体是由拥有两种相对独立的逻辑的指导过程形成的，课堂授业的质量就取决于这两者结合的方式[23]。因此，授业分析基本上是探讨这两种过程以及两者结合的理想方式。第一过程即各门学科内容的提示、展开过程，是以授业内容的习得作为直接目标而展开的指导过程。其分析的对象包括教材教具、资料、教师的讲解、提问、提示、板书等，尤其以提问作为分析的主要对象。因为，教材内容的习得不是靠教师单向的灌输，处于作为儿童主体的、能动活动而展开的教授行为的核心地位的，就是提问。儿童应当习得的学科内容是基于、却又高于儿童的日常生活，把高于儿童日常生活的学科内容连接至儿童的，就是提问。学科内容不是直接地灌输给儿童的，教师是借助提问来逼近学科内容的。必须靠儿童自身直接地把握学科内容。第二过程则是形成儿童集体的指导过程。是所谓学习集体、学习体制、学习纪律的侧面。如果说，第一过程是学科逻辑、教材逻辑的分析，那么，第二过程则是基于"集体逻辑"的分析。经验告诉我们，同样的教材、同样的提问，班级不同，授业的效果大不相同。这个事实表明，学科内容的授业也取决于儿童集体的质。授业既然是在班级当中进行的，那么，这个集体的质，就会或积极或消极地左右着授业的儿童是否能够形成畅所欲言的自主的自治集体，因此，集体的质也必须成为分析的对象之一。

其次，课堂授业过程的历史性（发展性）的立场。在授业分析中，作为直接分析的对象通常是一节课。但是，即便是一节课的授业分析，也必须把分析的视角与范围拓展。授业拥有历史的社会的性质。授业不是偶然的，任何一节课都不是作为孤立的、各自完结的东西而存在的。一节课的授业是此前教师基于"历史性"的一连串指导的产物,也是对于尔后授业指导的一种展望的反映。因此,要分析一节课,瞻前顾后的分析师是不可或缺的。没有这种分析的背景,是难以对教师的授业行为作出判断的。这就是授业分析的历史性、发展性视点。

这些视点归根结底是落实教育目标的问题。如何培养儿童理想的认知、情感、情操、技能,倘若对这类问题的思考与回答过分笼统,那就无助于实际的授业分析。因此,授业分析需要具体的或是独特的视点。例如,教师中心的授业与儿童中心的授业,在一定的条件下各自体现了怎样的授业结果,在怎样的条件下哪一个更为理想? 或者,儿童的思维在教师的指导之下经历了怎样的过程;要促进儿童的思维,授业应当具备什么条件;如何通过授业检讨教材的性质;儿童的集体思维在授业中是怎样展开的,哪些方面是受阻的等视点。

(二) 授业分析的步骤

根据的场正美与柴田好章的归纳[24],授业分析的阶段可以分解如下:

第1步:日常问题的挖掘与分享。通过详细检讨日常授业的活动,挖掘具体场景中凸现的问题与课题。这一阶段并不拘泥于一个个具体问题的解决,而是致力于发现更大的潜在问题并使之显性化。这是研究者与实践者分享问题、探索基于理论背景的解决方略的阶段。授业分析开始的契机,就是教师与研究者把握问题、解决问题的精神。

第2步:课前研究(课前调查、教材的选择与分析、教案的制订)。主讲教师编制教案,授业小组围绕学科内容与教学方法,讨论教案初稿,共同编成教案,在教案中记录若干抽样儿童的实态和教师的心愿。

第3步:授业观察(观察器具的准备、观察者的角色分工、观察记录)。授业的观察与记录是全体授业观察者的共同作业。教师用两个录像机镜头记录教师与儿童的动态,用录音笔记录全体儿童的发言与议论,进行抽样儿童的观察记录。准备好设有"时间、发言者、发言内容"专栏的观察用纸。

第4步:课后调查与资料的搜集、保存。用照相机或录像机记录板书、儿童的作品、儿童的笔记本等,在当天或是尔后确认儿童调查的记录、主讲教师的访谈、观摩者感想的交流、儿童的感想以及后面的日程。为防止录像记录与资料的流失,应将其妥善保存并管理于相应的数据库中。

第5步:逐字逐句的授业记录的制作与综合授业记录的制作。根据录音、录像的记录,对课堂发言顺序进行编号,由时间、发言者、发言内容构成。该记录与编制记载了有关全体儿童和抽样儿童的动态的课堂表现。

第6步:解读授业观察与授业逐字逐句记录时获得的视点并对其进行梳理。亦即梳理分析者在观察授业之前的视点、授业观察时发现的视点,或是阅读授业观察过程中发现的视点。

第7步:分节与立小标题。把分析的1节课时分成若干分节,并梳理分节之间的关系。

第8步:考察题目的设定。综合分析视点,设定具体的子题目。

第9步:根据分析的子题目,整理资料。诸如,针对特定话语的频度与累积度数之类的量化数据、每个儿童的发言,以及发言与发言之间的关系以及相关信息等作出处理与整理。

第10步:解释。解释是在如下的解释学阶段中进行的——首先根据发言的语脉,理解发言。其次琢磨其发言的背景,再度返回提案的实践语脉,加以表达。

第11步:分析结果的报告与积累。分析或是报告解释的结果,积累成果。

(三) 授业分析的视点

授业分析的视点是分析者衡量授业的尺度。视点是对象以及把握对象的立场与主体的一种融合,是旨在研究事实、并对其加以理论化的着眼点。八田昭平与日比裕[25]对授业分析的视点群作了如下归纳(表4-5):

表4-5 授业分析视点群

第1视点群:结构性把握(把握授业的整体结构的视点)
　　视点1:分节间的结构
　　视点2:授业要素的关系结构
　　视点3:学习集体的结构
　　视点4:共同体的学习结构
第2视点群:关系性把握(从现象性的外在表征去分析授业的视点)
　　视点1:教师意图与儿童探究的落差
　　视点2:儿童相互之间思考的差异
　　视点3:某个儿童思考的变化
　　视点4:参与授业的形态
第3视点群:价值性把握(判断授业优劣与否的视点)
　　视点1:目标的未来性
　　视点2:目标的灵活性
　　视点3:儿童的探究力或学习行为的评价与控制

视点 4：协同学习(集体思维)

视点 5：生活经验

第 4 视点群：矛盾性把握(在实践中考察"驱动授业的要素是什么"的视点)

视点 1：儿童的困惑与思维的展开

视点 2：班级的氛围

视点 3：授业的节律

视点 4：班级的政治学

第 5 视点群：文化性把握(考察"形成授业之基础、撬动班级空间的要素是什么"的视点)

视点 1：话语的生成

视点 2：课堂文化(纪律、规则的形成)

视点 3：儿童的具身性

【出处】的场正美、柴田好章，《授业研究与授业创造》，广岛，溪水社 2013 年版，第 15—16 页。

　　授业分析的视点决定之后，就可以引申出"授业分析"的课题，诸如提问功能的分析、思维过程的分析、集体过程的分析、学习纪律的分析等。

三、授业分析的课题

(一) 提问功能的分析

　　提问分析的内容因"何谓提问"这一提问观的不同而大相径庭。首先是把提问作为发问的一般形态，根据授业中的作用(功能)来进行分类，再运用分类结果来分析授业的倾向与问题的立场。可以说，这是着眼于"问—答"关系，瞄准授业的客观实际的立场。不过，由于功能定位不同，分析内容实际上也是不同的：(1) 作为互动手段之提问的分析。在这里，提问是同教材内容的习得和学习的深化无关地进行范畴化的。例如，在弗兰德斯(N.A.Flanders)的互动分析中，教师的言说行为大体分为"有直接影响力的言说"和"有间接影响力的言说"，教师的提问也分为旨在讲解的前者的场合和旨在让儿童回答的后者的场合。在这里，从形成理想的班级气氛的角度探讨教师言说的方式，学生的反应也只是区分为三类——"回应教师的问题"、"自主性发言"、"沉默或混沌"。就是说，这种分析以教师的授业态度对于儿童的积极性、自主性的影响作为核心课题。(2) 作为授业手段之提问的分析。在运用信息理论和学习心理学研究成果的授业沟通分析中，教师的授业活动所必要的功能，即教授的功能得到分析。例如，加涅(R.M.Gagne)的学习理论模型区分了八种教授功能：提供刺激；引起注意和引导活动;达成模式的提示;外部援助;指引思路;诱发知识的迁移;验证成果;反馈。

其次是提问技术的分析。亦即以优秀的提问技术的探讨为中心的分析。包括:(1) 作为统一教与学的技术之提问分析,例如,不是把提问作为单纯的授业手段,而是作为统一教师的指导性与儿童的能动性的授业技术,典型的例子就是对问答基本过程的研究。发问,即教师的提问(问题的难度、清晰度、频度);候答,即教师等候学生的思考与回答(候答时间长短影响问答质量);叫答,即教师示意学生回答(依次叫答,随机叫答);理答,即教师对学生回答的反应与处置(表示肯定,消极反应,追问和转问,对学生回答的重新表述)。(2) 作为统一认知过程与集体过程之技术的分析。

我们假定将“促进儿童思考的授业”作为一个分析视点,倘若以提问作为分析对象,那么,提问的类型就有如下的范畴(框架):(1) 需要思考的问题;需要基于比较的单纯思考;需要基于分析、综合、关联的稍微复杂的思考。(2) 不需要进行比较性思考的问题:以记诵为主的;以发表感言为主的;以根据资料发表见解为主的;以再现经验为主的。关于提问的方式,也可以设定如下的范畴:在儿童畅所欲言的回答中,教师对于“脱轨”的回答是否及时阻止;儿童的回答不到位时,是否进一步追问;儿童的回答是否遗漏了思考逻辑之中的关键性要点;对于不当回答的处置是否合理;对儿童的提问与回答,是否覆盖了整个班级[26]。

(二) 思维过程的分析

思维是这样认识现实的:它关注的不是个别事物而是事物之间的关联;观察的不是事物的现象表面,而是内部关联;而且,它不是直接地而是间接而且是概括化地认识现实的。引导儿童通过逻辑思维从当初直觉地、感性地把握上升到自主地、共同学会概念和法则的过程,是授业的主要课题。不过,在这种场合,从直觉、高效地把握到逻辑性思维,儿童可以采取种种不同的路线。学科内容不是直接地传递给儿童的,而是借助以往的生活总体曲折地传递给儿童的。对于儿童来说,教材内容唯有通过“逻辑的必然”才会变成儿童内化的东西,教学也正是这样编织儿童的内在逻辑,或是在变革儿童的内在逻辑之中使儿童上升到科学的逻辑思维的。在这里,关注儿童的思维过程与认知过程,揭示儿童思维过程的方式与结构是授业研究的主要视点之一。关于这一点,可以从三个方向出发进行分析。一是,通过考察在解决某一课题时需要运用哪些或是缺乏哪些知识、技能,来揭示儿童的思维过程。二是,受生活逻辑和生活概念的强烈影响而形成的儿童思维的特色,以及基于生活经验和先入为主的观念而形成的思考方式与见解等,是在个人经验积累的过程之中习得的。对于儿童来说,越是以生活经验来理解身边的现象,越是难以在科学概念的基础上得到理解。因为生活概念强烈地支配着儿童的思维过程。三是,凭借知识的记诵和单纯的操作,儿童容易陷入机械性思维。授业研究不应当停留于对儿童的这种思维过程的分析。分析思维过程是为了授业的创造[27]。因此,需要认识儿童思维的逻辑。通过分析思维过程,首先是容易发现儿童思维的困局。其次是认识儿童的思维过程,将大大拓展授业展开的可能性,预测儿童的反应。再次,儿童思维过程的分析有助于改善授业评价,从而便于教师及时调整授业策略。科学地把握儿童的思维,通过揭示其过程,可以使得学科内容所要求的逻辑与儿童内在的逻辑之间的矛盾显性化。如何把这种客观矛盾转化为儿童的内在矛盾,教师如何提问、提示和鼓励,对这些问题的回答都离不开对于思维过程的关注。而唯有借助改进授业的一连串行为,儿童的直觉、感性的思维才能上升到逻辑的科学思维。

(三)集体过程的分析

授业旨在儿童习得学科内容,最大限度地引出儿童发展的可能性。与此同时,现实的授业是在班级集体中进行的。因此,每一个儿童习得学科内容的过程(认知过程),也是儿童相互作用的过程(集体过程)。集体发展与个人发展是不可分割地交织在一起的。授业中的个体受集体的制约,同时,集体也受个体的制约。授业的集体过程不是自然发生的。在分析集体过程的时候,大体需要两个视点。第一,揭示班级全员是否真正参与了授业,了解其实际状态。第二,为了改变儿童参与授业的方式与交往方式,要了解包括授业的组织在内,教师是如何指导的,过程中又产生了哪些变化[28]。不过,应当注意的是,授业中儿童的实际状态,绝不是离开了教师的指导而存在的,课外的指导也会影响集体过程。这样看来,集体过程的分析,归根结底是对广义的教师指导本身的分析。

(四)学习纪律的分析

授业是在集体中进行的,受儿童集体的制约。进一步可以说,具体的授业受占支配地位的集体的学习纪律的影响很大。教师的日常经验表明,不同班级的授业,即便是同一年级、同一教师、同一教材的授业,其授业的展开和结果也是不同的。事实上,学科授业是通过直接指导学科内容的侧面和指导学习纪律的侧面来展开的。两者相互制约、相互渗透。而授业指导成功与否，取决于两者的结合方式。学习纪律的分析，就是立足于这种认识，洞察存在于课堂之中的学习纪律，揭示学习纪律产生的影响，从而为理想的学习纪律的确立奠定认识基础[29]。

由此可见，视点完全是研究者（主体）的姿态，而框架承担连接主体与客体（授业本身）的角色，从某种意义上说，框架是主体—客体的连接。因为，框架具有受主体的姿态左右的一面，但另一方面，它又具有密切连接客体的授业本身并受其制约的一面。

四、授业分析的特征

授业即研究。教师不仅要上课，而且要反思日常的授业，展开改进授业、提升儿童学习品质的探究。新教师会从前辈教师身上学习，从这个意义上说，授业研究是教师学习的活动，是教师重要的自我研修。对于新教师来说，以众多儿童为对象，通过对话组织学习，把握参与授业的儿童的学习与理解的过程，实现因材施教，是极其困难的。可以说，教师是困惑的处理者。不过，教师并不是处理一时一处的困惑，而是经年累月地反思授业，从中获得学习的。对此，斋藤喜博深有感触地说："一个儿童无论如何也弄不明白'2+2＝4'。前天，那位教师拼命地教了他整整一天，设法让他理解，然而学生依然不能理解。昨天，教师用另外一种方法和解释去教他，仍然无效。今天，教师用完全不同于此前的教学材料进行讲解，然后让儿童解释，终于让他明白了。到了此时此刻，教师才真正理解了数学、理解了儿童、理解了授业、理解了教育。组织并发展班级的课堂授业，除了借助这种对决、这种奋争，教师自身进行学习从而变革自身的方法之外，别无他途。"[30] 授业的复杂性在于时间、空间、视点的交错性。课堂授业的时间，可以从多层的时间角度——课前预设的时间与实际花费的时间、课堂授业中教师感受到的时间与课后教师反思授业而发现的时间——来加以把握。即便在同一间教室里，一个儿童的事件和另一个儿童的事件是不一样的，在不同观摩者看来也有不同的内涵。其中有着多样儿童的多样经验的复杂性。因而，教师往往会产生问题意识与课题，开始并持续地探讨授业。这样，从教师重新探讨业已认识的事态与内容，借以加深理解的意义上说，"授业即研究"。因此，就教师职业的性质而言，可以说授业分析是一种必然的活动。

授业分析旨在考察现实的授业，致力于日常授业工作的改进。它不像自然科学的基础研究成果旨在间接地为生活现实服务，即便授业分析客观地揭示了课堂授业的事实,倘若其研究不是直接有助于日常的课堂改进,那也是没有意义的。这样看来,授业分析的特点是:第一,问题性。"问题性"是与上述授业分析的四个因素之中的分析视点相关的。也就是说,"问题性"是以明确的分析视点为前提的。第二,整体性。授业是活生生的,而且是由种种契机构成的构造体。因此,要实施好的课堂授业就必须在全局性展望的基础上展开工作,就像医生诊治疾病的时候,总得了解整个病人一样。同样,面对活生生的课堂,教师总得把握对授业产生重大影响的事件。所谓"整体性"的含义是:(1)统揽课堂的全局,分析研究重要的事件;(2)不遗漏地分析研究重大事件的态度。第三,简洁性。不必花太多的人手与时间。如果观察、记录一堂课需要动员全体教师以及花大量时间记录,那是不可能,也是不能持续的。

第四节　日本授业研究的方法论

一、授业研究的两种范式

(一)"技术取向授业研究"与"解释取向授业研究"

制约授业研究范式的一大要素,是如何把握教育实践的特质。是把教学现象视为犹如艺术品一般的具有独特性的现象呢,还是把它视为可传递的、可再现的某种现象呢。这一认知差异会对授业研究的方法论形成产生巨大影响。

斋藤喜博论述"教育实践"时说:"我认为教师是艺术家。作为教师的工作,最重要的是教学,这种教学如果是真正创造性的,那么就会同艺术有同等的高度,同艺术一样给人以感动。"[31]在斋藤看来,教育实践从严格意义上说,不具有再现性,它是基于特定的境脉而形成的。这种情况下,作品的阅读者(教师、研究者、相关人员)相当于解释、评论的存在,阅读者在这里不是分析、说明作品,而主要是解释、理解作品。基于斋藤的这种立场,授业研究简直是一种在艺术的世界中借助鉴赏的手法进行的授业研究,这种研究谓之"艺术取向授业研究"。作为"解释取向授业研究"的方法论,可举阿特金(J.M.Atkin)的"罗生门方法"。不同于目标具体化之后验证达成度的"工学方法",阿特金提出了活跃主观性、多视角地揭示现象的"罗生门方法"。"罗生门方法"倾向于采取"多角度地展开主观性、常识性的叙事的综合方法"。艾斯纳(E.Eisner)的

"鉴赏"与"批评"也属于这个序列。

针对斋藤喜博的思路,针锋相对地提出批判的是向山洋一。"斋藤的'艺术'倘若是名人的艺术,那就得必须向所有的教师展示其来龙去脉:揭示其过程,确证艺术之所以为艺术之缘由,以及艺术之道。"[32]然而,教师对儿童的指导倘若能作为技术来提炼的话,借助这种技术的学习,教师就能够指导儿童了。这种思考方式不同于"解释取向授业研究",谓之"技术取向授业研究"。在这种"技术取向授业研究"中,不仅"向山式"的教学技术化运动得以推进,而且聚焦学科教学内容与教材的"假设实验授业"(板仓圣宣)得以展开。把授业视为"艺术"还是视为"基石或者技术与教材的集合体",也制约了授业研究的方法论。

上述两种取向的授业研究各有其自身的特质与历史,分别对日本的授业研究产生了不同的影响作用。"技术取向授业研究"是在 20 世纪 60 年代活跃起来的,70 年代形成了支配性的潮流。不过,到了 20 世纪 80 年代遭到批判:这种研究追求的是同授业内容无关的有效技术的研究,既不是对师生的认知过程及其结构的研究,也不是着眼于课堂社会境脉的特殊的研究[33]。它寻求的是对任何教材都有效,对任何师生都有效,对任何课堂都有效的普适性的教育技术。与此相反,20 世纪 80 年代以后,从事质性研究的人士认识到,课堂授业中的经验是受到教材的特殊性、师生认知的特殊性、课堂的特殊性所制约的,并根据这种课堂事件的特殊性来摸索认识学习经验的意义的方法。今日的质性研究是集中地观察、记述一个课堂,作为阐明授业中的事件来推进的"个性记述学"。课堂事件及叙事的活动与儿童的学习经验是交织着四种对话性实践——认知性实践、文化性实践、社会性(人际性)实践、伦理性(存在性)实践——的复合型、多层次的经验。着眼于产生该事件的课堂境脉、师生关系与教材内容,实际地认识课堂事件的意义,就是授业的质性研究所关注的课题[34]。佐藤学教授采用了两种授业研究的范式——"技术性实践"授业研究与"反思性实践"授业研究,来对其进行表述(表 4-6):

表4-6 授业研究的两种范式

	"技术性实践"授业研究	"反思性实践"授业研究
目的	程序的开发与评价 超越背景的普遍性认识	教育经验的实践性认识的形成 背景中细腻的个别性认识

	"技术性实践"授业研究	"反思性实践"授业研究
对象	大量授业的样本	特定的一种授业
基础	授业论、心理学、行为科学、实证主义哲学	人文社会科学与实践性认识论、后实证主义哲学
方法	量化研究。一般化抽样法、法则命题学	质性研究。特异化案例研究法、个性描述学
特征	效果的原因与结果(因果)的阐明	经验的意蕴与关系(因缘)的阐明
结果	授业的技术与教材的开发	教师的反省性思维与实践性见识
表现	命题(范式)性认识	叙事(叙述)性认识

【出处】佐藤学著,《课程与教师》,钟启泉译,教育科学出版社 2003 年版,第 336 页。

这样,授业研究分两种范式——授业的量化研究范式和授业的质性研究范式——获得超越境脉的普适性认识。前者是旨在程序的开发与评价;后者是旨在教育经验的实践性认识——基于境脉的纤细的情境性认识。前者以授业论、心理学、行为科学、实证主义哲学为基础,借助量化研究,阐明教育效果的因果关系,求得授业技术与教材的开发,其表征为"命题性认识";后者以人文社会科学与实践性认识论、后实证主义哲学为基础,借助质性研究,揭示经验的意义与关系,求得反思性思考与实践知识的形成,其表征为叙事性认识。

(二) 技术取向授业研究的意义与问题

作为"技术取向授业研究"前史的,是"授业科学"的摸索。海后胜雄(1955 年)提出了旨在建立"基于授业的数据,揭示教育现象规律性的授业科学"的目标。在日本,教育工学的研究——像"程序学习"之类控制教学的目标与过程的系统化研究,就属于"技术取向授业研究"。在这里,"技术"是一种广义的概念。这里面存在着作为教师的技能的技术,不过并不是指"默会知识"、"具身知识",成为"技术"的是"能够传递"的"形式知识",而"形式知识"是他者能够习得的。因此,这里所谓的"技术"不是单指教师的技能,而是指有助于教学的形式知识。这就是说,"技术"是一种作为构成教学的要素,能够同别的教师分享的概念框架[35]。

"技术取向授业研究"经历了 20 世纪 60 年代的"问题解决学习";70 年代的"系统

主义"的学科内容研究;70—80 年代的"愉快教学"研究(从学科内容研究到教材研究,再到教学行为、学习者研究);90 年代的新型教育内容的建构(学习者与学科内容之关联、学力论)以及新世纪的学力论研究(PISA 冲击之后的"新能力论"研究)。70—80 年代以来的"愉快教学"研究有两个特征:其一,"愉快教学"的"愉快"的意涵。在板仓圣宣看来,所谓"愉快"是指获取"科学知识"的愉快,是对"知性"的意义与效力的一种信赖。其二,聚焦教材的变革。编制对儿童有价值的教材,进而从儿童的角度选择教材。通过这些步骤来实现愉快的教学,在这里体现了教学观的根本转换——让儿童"理解"一定的教材。可以说,这个时期的授业研究的特征是,同教育内容直接相关的教材开发成为主要的课题。

"技术取向授业研究"的最大意义在于,汲取了现代科学的实证研究的方法论。在授业研究中通过汲取"假设—验证—修正"的所谓"PDCA"循环,使得实证性研究的授业有了可能。不过,这种授业研究的问题是[36],其一,本质的问题在于,即便从授业的整体结构中提取了技术,其意义何在。授业本身由于局限在具体的境脉和固定的空间中进行,难以提炼出形式知识,若是以学科内容、教材与授业行为的形式提炼的话,是否容易陷入"要素主义"(把整体肢解成部分)的泥沼,等等。其二,授业得以成立并不仅仅是因为容易看得见的"要素",授业是借助默会知识、具身知识而形成的。这种难以看见的部分是难以探究的,仅仅聚焦看得见的技术部分,带有忽略了难以看见部分的倾向性。其三,技术取向容易导致"关系论"的缺失。授业是借助"教师与儿童"、"儿童与儿童"这种关系性得以成立的。"技术取向授业研究"往往容易忽略对这种关系论的探讨。

二、从"解释取向授业研究"走向"质性研究"

(一)"授业科学"神话的破灭

在日本,冲破这种制度化的"授业研究"挑战的,是佐藤学的论文《打开潘多拉魔盒:授业研究批判》(1992 年)[37]。该论文打破了"授业科学"的种种神话,旨在把课堂的观摩、记录与话语方式从形式主义的枷锁中解放出来。

神话之一——授业过程的法则性认识的神话:授业过程是合乎法则的过程,作为确立法则之学的"授业科学"是有可能形成的。而这种"科学的法则"是可以根据学习与发展的心理学研究加以阐释的,这也被称为"学习概念的心理学主义"。

神话之二——普通授业论的神话：授业的过程是凭借合理的技术构成的。凭借出色的技术有可能求得更合理的技术体系。换言之，超越了学科内容的特殊性、课堂语境的特殊性、儿童认知的特殊性、教师的特性的普遍的授业论，即普通授业论是存在的。

神话之三——学科教育学的神话：既然"授业科学"，即普通授业论能够成立，那么，"学科教育学"也能够依据固有的理论领域得以成立。

神话之四——授业研究主导性的神话：授业实践的开拓者是教师，授业科学的理论研究专家是教育研究者。

上述神话包含了诸多错误的前提性认识。第一个神话的前提源于过分朴素单纯的"授业"见解，但实际上，授业是在复杂的社会语境中展开的复杂的种种价值的实现与丧失的过程。第二个神话的前提源于朴素的理论信仰与技术信仰。第三个神话的前提源于授业论研究与学科教育学的信仰。其实，远离了课堂的实践领域、远离了学术与专业领域的授业技术或是学科教育学的研究是难以成立的。第四个神话基于"从事授业研究的理论建设者能够指导教师的授业实践"这一朴素的理论信仰。这些前提性认识造成了过去30年间"授业研究"的泛滥，导致了中小学的课堂与大学的研究室丧失授业的见解。佐藤学倡导，倘若从承认下列前提出发，可以使得授业研究获得新的基础——

1. 授业的过程是师生的文化实践、社会实践的过程。因此，它不可能是价值中立的过程，而是政治的、经济的、社会的、文化的、伦理的、价值的、复杂实现（或是丧失）的过程。

2. 授业的过程不是单纯的合理应用技术的过程，就教师而言，它是在复杂的语境中展开的实践性问题的解决过程；是要求高层次的思考、判断、选择的决策过程。

3. 授业科学、授业论、学科教育学这些固有的学科是不存在的。授业研究与学科教育学研究是显示复杂教育问题的对象领域，这些领域首先是教师的实践研究形成的对象。其次，就研究者来说，这些领域是以多样的学科为基础，作为个别研究与合作研究加以具体化的对象。

4. 因此，作为教育学研究的授业研究，不是特定专家的专有领域，而是涉及所有领域进行的综合研究。在所谓的"教师进行的授业研究"与"教育研究者进行的授业理论研究"之间，既有分工又有合作：两者共有同一研究对象，但在课题与责任上形成不同的领域，同时彼此协作开展研究。

（二）走向"质性研究"

田中耕治指出,日本的授业研究需要在更大的框架——量化研究与质性研究——中来把握"解释取向授业研究"与"技术取向授业研究",开拓尚待开拓的作为质性研究的授业研究[38]。

进入 20 世纪 80 年代,作为授业的"质性研究"的"解释取向授业研究"的方法论得以展开。基于如下三个缘由,"质性研究"得以倡导[39]。

其一,布鲁纳(J.S.Bruner)的《有意义行为》(*Acts of Meaning*)倡导不同于实证方式的"叙事方式"。叙事方式旨在"理解",寻求逼真性。叙事方式采用人类学、民俗学作为方法论。

其二,研究者提升了对教师的实践知识与课题的关注度,亦即对授业中的"难以看见的部分"的关注。课堂教学的实践构造原本是不能用一般理论与技术应用来说明的。即便是同一个教师,采用同样的教案,也不可能上出一模一样的课,这是显而易见的。事实上,课堂的实践是情境性、关系性的。即便同样的构想,情境不同,教师与儿童或者儿童与儿童之间的相互关系也就变了。教师的授业往往是在课堂的情境与儿童的相互关系之中,改变预设的方法与步骤而展开的。在这里,实践性知识会发挥巨大的作用。教师的授业实践是一种反思性实践,即在实践性行为中不断反思自身,同时借助行为来改进实践。正如藤冈完治(1998 年)指出的,"授业中教师的行为,并不是从选择项中选择最优解,或者作出构成若干要素的最优判断之类的。它是儿童与教师之间的相互解释的沟通,是以不同场合的一次性、经验与意涵、非操作性与非相容性作为基本特征的一种活动。归根结底,它是一种'临床性'活动"。秋田喜代美(2004 年)进一步指出,这种授业研究突出了作为实践知识的特征,即教师的实践知识是具身化的、以全身心洞察授业的节律而进行的。可以说,通过身心体验而掌握的作为默会的知识占据了大部分。从这个意义上说,教师的实践知识不仅是临床性知识,也涵盖了教师对学科和教材内容、教育方法和关于学习者的知识、班级经营的知识。

其三,教师形象的变化,研究者提出了不同于"技术熟练者"形象的"反思性实践家"的形象。其契机是舍恩(D.A.Schon)提出"行动中的反思"的原理(Reflection in Action),即在反思课堂事件、琢磨其相关关系的同时,采取促进儿童学习的实践。这种教师谓之"反思性实践家"。舍恩对比了两种专家的形象,揭示了传统的"技术合理性"的局限性,主张新的专家形象是一种面对复杂的实践问题,同不断变化的情境对话,同自身对话,通过反思自身的行为,发现问题、探究要因,从而解决问题的专家形象,这是一种采取超越了科学知识运用的、"从行为中习得知识"、"从行为中反思"、"同情境对话"的专家形象。

授业的"质性研究"这一提法显然是作为同"量化研究"相对的概念而提出的研究范式。在日本,授业的量化研究是从 20 世纪 60 年代践行弗兰德斯的"互动分析"的授业分析法开始风行的。这是借助"假设—验证"的科学方法论来尽可能"客观"地把握授业的"量化研究"。"质性研究"则重视现场的环境条件,并不预先设定假设与实验变量,而是从观察事实出发,来发现对话性结论。这种手法与其说是把集体的平均状态作为问题,不如说是"临床性"重视具体现象内在本质的一种理解。

授业的"质性研究"的原理是,不丧失授业"现场"的整体性与综合性,其特征是:(1) 它是作为个案研究的教育实践研究。(2) 研究者同时作为观察者、叙事者。(3) 它是基于质性叙事数据(课堂观察记录、访谈录)的教育实践研究。(4) 研究具有评价标准与启示性(有效性)——基于"链接"与"重复"的理解,解释的深度与启示[40]。

三、把握授业过程的四种授业研究

在教师的职能活动中,协同受到重视。"Lesson Study"(授业研究)风行全球。不过,何谓"授业"? 这一个根本问题在授业研究中并没有得到回答。倘若要展开授业的研究,如何把握授业这个复杂而繁乱的情境或是现象,将会对授业研究结果的解释产生决定性的影响。关于这一点,西之园晴夫(1988 年)梳理了把握授业过程的四种研究[41]。这就是现象学研究、教育技术学研究、行为科学研究、系统研究。关于"何谓授业",这四种研究通过各自的视角,对授业形态与要素进行了探究,回答了该如何把握授业的问题。

(一) 现象学研究

所谓"现象学研究"是以教师的内省叙事与授业的"见解"作为问题的。就是说,研究重视的是教师如何认知授业过程或儿童。为此,研究采取具体授业的缜密的记录,并对其加以认真地读取。这意味着重视授业中作为教师的"我"的授业理解、重视个人的经验。因此,研究兼用教师与儿童在授业中的活动的观察与基于教师的反思报告,从教师与儿童的可观察的行为的角度,来捕捉其背后的思维活动与认知活动。不过,所谓"观察"基本上是独立于研究者(观察者)的存在,它从教师的教授行为与儿童的学习过程,或是从师生的交互作用中产生的。

与此相关,中田基昭(1995年)关于授业的现象学的解释,基于马丁·布伯(M. Buber)的存在主义哲学概念,重新界定了授业"观察"的概念,指出了"觉察"与"感悟"的重要性。所谓"觉察"是指研究者(观察者)把授业的现象视为"一种存在"的经验。亦即个人感受到的、主观性的印象在研究者把握授业之际起着重要的作用。比如,"很紧张"、"不紧张"、"很快乐"等,是校本研修中常常会听到的惯用语,这是授业现场的每一个儿童对研究者所表达的话语。再比如,"生气勃勃"、"无精打采"等,是研究者自身在授业现场主观感受到的儿童存在的原原本本的描述。这就是"感悟"。这是通过观察授业不能把握的,虽然它只是观察者内心的表达,乍看起来只不过是观察者个人的感受与主观印象而已,但其实这是授业这一现象的普遍本质性的一种表现。因此,在现象学研究中,研究者自己把自身观察到的授业加以激活而感受到的表现,就是"好的授业",而不是根据某种客观的步骤、按照某种标准得出的才是"好的授业"。

关于这一点,吉田章宏(1975年)说:"授业并不仅仅是一种客观事实的存在。它是作为参与者的教师与学习者创造出来的。无论教师还是学习者都拥有情感。这种主观性态度是必须与社会学与心理学的研究态度——重视客观性的自然科学与作为第三者的观察者的眼光——有所不同的。为了解决这个问题,教育研究者与教师通过磨合共同的价值观,就可以正确地认识授业过程。"

(二) 教育技术学的研究

这种研究是把教育技术视为教师的判断过程,以教师拥有的教育技术长项与教师决策作为问题的研究。教师拥有的教育技术长项从"假设实验授业"的教案体现出来。另外,作为教育技术的法则化运动,旨在以系统地汇集能够广泛推广的形式,提炼经验上有用的教育技术,编制成指导书体现出来。然而,所谓教育技术是什么,并不清楚。另一方面,从决策过程的概念模型的研究视角出发,授业或者编制整个单元之际所进行的深思熟虑的决策与授业过程中交互作用的决策,被视为两种决策的问题,继而围绕这两种决策,研究者们展开了研究。

吉崎(1988年)的交互作用决策模型的研究就是一例。吉崎的模型显示出如下特征:(1)通过授业计划与授业形态的比较,分析教师的认知水准的落差程度及其原因,据此提出种种的决策过程,诸如,选择按原计划行动的策略,或者选择别的替代策略。(2)描述教师的决策与授业量规以及授业知识的关系。(3)教师的授业计划与交互作用决策之间的密切关系。上述三点，显示出教师如何认知授业计划与授业状况之间的落差、又如何判断这些落差决定尔后的教授行为的过程。就是说，授业中教师的行为，涵盖了具体情境中的判断过程。这个模型还进一步说明授业计划中，影响教师判断过程的要因、教师自身所拥有的关于授业的知识与班级经营、深思熟虑的决策成果。

（三）行为科学的研究

这种研究是指记录与分析授业中教师与学生的可观察的行为的研究。这种研究把授业过程视为教师或者学生的行为变化过程，旨在描述授业的特征。授业的范畴分析便是一例。"范畴"视授业分析的目的而有所不同，但共同的一点是，它们都是基于授业的话语记录或者授业录像的范畴分割、范畴之间的关联，谋求教师或者学习者的行为的序列化，然后基于这些行为的序列化，剖析自我授业的构成要素，再去分析授业是怎样构成的。就是说，这是一种基于如下过程与产物的模型的授业研究——授业是由序列化的行为所构成的活动，这种构成的差异导致学生的学习成果的差异。

不过，授业范畴的分析并不是揭示授业的法则性的研究，而是基于所开发的范畴系统的分析目的，来说明或者理解作为研究对象的授业的研究。进而通过比较所抽出的授业范式，进一步加深对授业的理解。之所以这样有限度地把握授业分析的结果，是因为授业终究是个性化的现象，构成授业的要素也是多种多样的。我们需要根据授业的这种独特性或是情境依存性，来看待授业的范式或是授业的序列化的范畴分析。西之园从范畴分析中抽取行为的序列（授业分节），称之为同时间顺序并行的序列化，授业即是根据这种系列化的授业分节而构成的。但是，并不存在对所有学习者都是唯一的最优的授业分节。倘若考虑到每一个学习者的话，是存在替代的授业分节的。倘若如此，自然就提出了一个问题：在范畴分析中的指示、提问、解释等教师行为的分类范畴，与应答、质问等学习者行为分类范畴的行为科学研究，并不是解读或理解每一个学习者，而是作为群体的分析，来解读或理解每一节课的授业的。应当认识到，面对授业现象的复杂性，范畴分析是有其局限性的。西之园（1988 年）倡导的授业流程与行为的记录方法，即便能够描述授业，也是不能揭示基于教师与学习者之间的交互作用，授业究竟在进行着怎样的序列化。可以说，授业的描述是极其困难的。

（四）系统研究

系统研究是作为授业的设计、实施与评价的一体化的系统，来把握可再现的授业现象的一种研究。不同于现象学的研究,在授业设计阶段所决定的儿童的学习过程,亦即"从易到难"或者"从简单到复杂"这一教师的授业系列,被视为授业的实施阶段中的问题。因此,这种研究谋求基于"计划→实施→评价→行动"的修正或教授行为的变更,亦即基于 PDCA(Plan→Do→Check→Action)的循环往复的授业改进。在这种研究中,基本的思维方式是把握授业的系统。授业是由教师、儿童、教材三个基本要素构成的,具体地说,包括授业目标、教材、媒体、学习活动、教学法、设施设备、学习方式、教授方式、儿童实态(特性)、教授者特性、评价、课时分配等构成要素。如何把这些要素最优地组合起来以达成目标,就是研究的课题。因此,在授业设计阶段教师怎样预测儿童的学习或是思维过程,能否编制缜密的教案,乃是教师自身的授业设计能力的关键所在。

不过,PDCA 周期的思维方式严格说来并不适合授业。这是因为,基于 PDCA 周期的授业改进过程,嵌入了教授者自身的变化。就是说,授业改进的过程是教授者自身成长过程的一部分。换言之,在系统研究中,构成前提的授业的再现性,并不是那么高的。基于教师自身的授业设计能力或是授业认知的评价能力极大地制约着授业。因此,应当说,授业是极具个性化的,把授业视为基于 PDCA 周期的一种系统,是有局限性的。

【参考文献】

[1] 细谷俊夫.细谷俊夫教育学选集(第二卷)[M].东京:教育出版股份公司,1985:122.

[2] 大岛纯,等.授业过程论:学习科学的发展[M].东京:放送大学教育振兴会,2006:152-154.

[3] 日本教育方法学会.现代教育方法事典[M].东京:图书文化出版公司,2004:352.

[4] 稻垣忠彦,佐藤学.授业研究入门[M].东京:岩波书店,1996:116,131.

[5] 佐藤学.课程与教师[M].钟启泉,译.北京:教育科学出版社,2003:156.

[6] 水越敏行.授业研究方法论[M].东京:明治图书,1987:191.

[7][10][11][12][13][14][30] 秋田喜代美,藤江康彦.授业研究与学习过程[M].东京:放送大学教育振兴会,2010:190,195,197,198,200,203,207-208.

[8] 重松鹰泰.授业分析的方法[M].东京:明治图书,1961:56.

[9][19]广冈亮藏.授业研究大事典[M].东京:明治图书,1975:364,358.

[15]水越敏行.授业评价研究入门[M].东京:明治图书,1980:17－19.

[16][17][18]高垣真弓.授业设计前沿[M].京都:北大路书房,2005:4,5,12－13.

[20][24][25]的场正美,柴田好章.授业研究与授业的创造[M].广岛:溪水社,
2013:6－7,13－14,15－16.

[21]鹿毛雅治,藤本和久.授业研究的创造[M].东京:教育出版社,2017:124.

[22][23][26][27][28][29]佐伯正一.授业分析的理论[M].东京:明治图书,
1963:9－10,518,533－535,535－537,537－539,539－541.

[31]筑波大学教育学研究会.现代教育学基础(中文修订版)[M].钟启泉,译.上海:
上海教育出版社,2003.

[32][35][36][38][39][40]田中耕治.教的创造与学的创造[M].东京:学文
社,2011:39,49,59,38,61,67.

[33][34][37]佐藤学.课程与教师[M].钟启泉,译.北京:教育科学出版社,
2003:310,336,223.

[41]吉崎静夫.授业研究的新进展[M].京都:智慧女神书房,2019:32－38.

第五章

日本学力理论与授业研究

何谓"学力"或"基础学力"[注1]，如何测评"学力"，这是授业研究中最根本的问题。回顾世界教育史可以发现，对于学力的认识，存在两种基本思潮。一种学力观是以"读、写、算"为代表的立足于基本知识与技能的"学科"学力观，它以"学科"为单位构成"课程"。近代以来学校教育的目的就在于让儿童习得这些学科的授业内容，这种习得的结果则被称为"学力"。另一种学力观认为，所谓"学力"就是从现实中学习并在生活与工作中起作用的能力，并不局限于各门学科知识的习得，这种观点被称为"实践"学力观。事实上，这两种学力观之间具有一定的张力，对于如何求得两者之间的均衡这一问题，各国之间存在着微妙的差别。日本在战前倾向于"学科学力观"，战后初期受美国进步主义教育的影响，"实践学力观"一时占据上风，但随后对此的批判也非常强烈。从 20 世纪 90 年代以后发达国家的动向来看，在传统的二元对立的构图中并没有表现出单纯的回归。日本所谓的"学力"（Achievement）或"基础学力"（Basic Academic Competence）系指："通过学校的基础教育而形成的终身学习的能力。"2017 年，日本文部科学省发布《学习指导要领》，倡导"素养·能力"（核心素养）与"主体性、对话性的深度学习"。本章探讨日本的学力理论的变迁以及基于新的学力理论的授业研究与授业创造。

第一节　日本的学力概念与学力论争

一、日本"学力"概念的界定及其隐喻

（一）"学力"的概念

探讨作为国民核心素养的"学力"的基本构成及其时代脉络，是日本教育研究中的根本性课题。"学力"一般被视为"通过学校里的学习而获得的能力"或"以学业能力为表征的学力"。在日本，"'学力'可作如下界定：1. 儿童在学校的教学过程中作为学习教材的结果而掌握的知识、技能、熟练的总和。2. 儿童在学习活动中发展起来的学习能力——学习力"[1]。前者是静态的内涵、结果的侧面，后者是动态的、过程的（活动的）能力侧面。我们不能对学力中这两个侧面进行机械的划分，必须着眼于两者的相对独立性。这是因为，知识、技能的学习不可能自动地带来学习能力的发展。所谓"人的能力发展"是有别于知识、技能之积累的能力自身的发展。

倘若从教育科学的高度来把握这个概念，那么，其涵义囊括了：（1）学力是通过人们后天的学习习得的；（2）这种学习的媒介是重新建构人类和民族的文化遗产，这包括科学、技术、艺术等体系的课程、学科和教材，其借助有意识、有计划、有系统的授业活动而使学习者习得业已客体化了的人类的能力和特性；（3）作为人类能力的学力同学习主体的内在条件有着不可分割的关系，并同人类的能力与特性的总体发展有机关联；（4）因此，学力是通过其客体侧面（作为学习对象的授业内容）和主体侧面（学习主体的兴趣、动机、意志等）的交融与统整，作为人的切实、灵动的实践能力而形成的[2]。可以说，这是现代国家的每一个国民必须共同拥有的"核心素养"，也是衡量一

个国家"软实力"的基本指标。这种素养也可以谓之"基础学力",而作为基础教育的中小学校就是承担着培育每一个国民的基础学力之重任的机构。

(二)"学力"的隐喻

值得我们关注的是,日本学者数十年来借助"学力模型"的研究,把现时代理想的"学力"目标加以图像化和客体化,提出了"学力"的两个比喻,为"学力"的教育学研究提供了诸多方法论上的启示。

1."冰山模型"。传统的应试教育只关注学力的显性部分——知识、技能,而忽略了学力的隐性部分——思考力、思考方式,情感、态度、价值观。这是赤裸裸的"目中无人"的教育观念的集中体现。其实,学力的这两个部分——显性学力和隐性学力是不可分割的。如果我们把"学力"比喻为一座冰山,那么,显性学力就是显露出来的冰山一角,隐性学力则是处在海平面以下的冰山的主体,两者是一体化的,且后者是支撑前者的[3]。

2."树木模型"。如果把"学力"隐喻为"学力之树",那么,构成树木的三个部分的树叶、树干、树根,可以分别视为知识与技能、过程与方法、情感态度与价值观。正如树叶、树干、树根的生长是浑然一体的那样,学力是由这三个维度构成的统一体。"看得见的学力"(第一、第二维度),是由"看不见的学力"(第三维度和第二维度的一部分)支撑的。传统的应试教育只见树叶,不见树干、树根,以为学校教育的基本目的是使学生习得现成知识,其结果便是形成"学力"。这种学力观的问题在于,无视"看不见的学力",并把"看得见的学力"等同于"能够分数化的学力";而素质教育的学力观除了重视"看得见的学力"外,还重视"看不见的学力",这是对的。否则,"看得见的学力"便会成为无根之木,无源之水了[4]。

(三)隐喻的启示

上述两个隐喻告诫我们,课程知识不是一种外在于儿童的、供儿童"打开"的"知识百宝箱"。"知识百宝箱"论把课程矮化为学科,把学科矮化为学科知识,进而又把学科知识矮化为既定概念、定理、规律的堆积。这就抽离了学校课程丰富的文化内涵和对儿童的精神发展价值,进而使学习过程蜕变成了唯教材、唯教师、唯标准答案的死记硬背的过程。学力的形成决不是将"客观"知识强加于个体的被灌输的过程,而是一种充满生命活力的意义生成的探究过程。

日本有关"学力"（Achievement）或"基础学力"（Academit Competence）的教育学的界定和解读，从根本上推翻了应试教育固有的"学习观"。"学习"或"授业"的过程是学习者自身发现意义、建构意义的过程，不能简单化地归结为单纯的知识堆积。对于日本"学力"（Achievement）或"基础学力"（Basic Academic Competence），从全球的角度看，如果说 19 世纪以来世界基础教育课程改革强调的"基础学力"重心是传统的"读、写、算"技能，那么，当今世界各国基础教育课程改革的最大特征，不仅在于教会学生"学会学习"，而且教会学生"学会关心"。这就是强调"关爱"、"关切"、"关联"的"关心伦理学"。在这里，所谓的"关爱"是指，关心自己、关心身边最亲近的人、关心自己熟悉的人、关心陌生的人。所谓"关切"是指，关心动物、植物和自然环境、关心人工世界。所谓"关联"是指，关心知识和学问。正如美国斯坦福大学诺丁斯（N.Noddings）教授所强调的，"学校教育不是通往上流社会的阶梯，而是通往智慧的道路"。进入新世纪以来，各国强调"核心素养"、"关键能力"、"21 世纪型能力"，尽管术语不一，但归根结底都是强调学校教育所追求的，是作为人的能力发展的"健全人格"和"基础学力"[5]。

二、日本学力论争的现代构图

（一）围绕"学力低下"的论争

回顾战后日本的教育史，每当学校教育迎来转折点之际，就会爆发围绕"学力"问题的论争。例如，1950 年初，战后的"新教育"引发了来自家长的朴素的疑问——"我们培养的儿童能够主持会议，说起话来滔滔不绝，却写不了一封书信，连县厅所在地也稀里糊涂"，从而提出了"基础学力的内涵与定位"这一基本问题。同样，在 20 世纪 60 年代，随着日本经济的发展，修订的《学习指导要领》拥有了法律的约束力，采纳了注重系统地传授、习得基础知识与技能的方针。在这个背景下，在教育学领域里重新探讨了"如何思考学力结构"的问题。到了 20 世纪 70 年代，随着高中、大学升学率的上升，所谓的"差生"问题浮出水面，同时，"灌输教育"的弊害与"应试学力"的问题被提了出来。由此探讨了"如何创造明白易懂的教学"，"如何保障儿童扎实的学力"，"如何矫正应试学力"，"如何形成基于人性立场的学力"等问题。于是，在整个 80 年代，日本推进揭橥"教育人性化"的"宽松教育"。进入 90 年代，文部省提出了新的学力观，"兴趣、动机、态度"这一侧面得到了空前未有的强调，培育适合于新时代变化的"学力"受到关注。该次《学习指导要领》修订的关键词为"生存能力"，其进一步推展了这样的学力观。1999年日本教育界爆发的"学力低下"的论争,到2003年大体告一段落。

文部科学省从2001年开始"路线转换"——从肆意地鼓励"综合学习时间"、推进"宽松教育"路线,转变为重新确认"基础知识、基本技能"的意义,重视培育"扎实学力"的路线。导致这种路线修正的缘由,据说是东京大学研究小组在2001—2002年实施、公布的学力调查报告——《"学力低下"的实态》。这份报告提供的信息是:儿童的"基础学力"着实低下;"基础学力"的低下同学习状态密切相关;在学校中,优生与差生各占一半;这种学力的分化跟家庭状况和私塾状况相关。不过,克服学力低下和两极分化等问题的学校也确实存在。从把握"学力低下"的实际出发,需要探讨三个问题。一是"学力水准"的问题。在调查中发现的"基础学力"低下的幅度是不能忽略的。学生的测验得分之所以大幅度下降(测验所用试题与此前测验试题相同),原因固然很多,但近10年来教育政策的重点转移是不容忽略的。二是"学力差距"扩大的问题,这是最引人关注的问题。在这10年间儿童的学力显然在两极分化,形成优差参半的格局。这是同儿童的家庭经济、文化状况密切相关的,也同儿童的学习积极性和努力相关。三是,必须重新思考"学力结构"的问题。调查所牵涉的不过是所谓"基础知识、基本技能"为中心的"传统学力"的一部分,它跟"活生生的学力"和"综合学习"等概念所指向的"新学力"的关系,至今并不明确。亦即,"传统学力"与"新学力"的结构性关系,是需要进一步从经验上、实践上加以探讨的课题。

(二)"学力低下论"的构成

在日本,围绕"学力低下"展开的种种论战,反映了各色各样的立场与主张。大阪教育大学的长尾彰夫梳理了各种主张的基本特征,可概括成如下若干"说法"[6]:

1. "学力低下"亡国:国家危机说。"学力低下"问题的导火线是大学生的学力低下,甚至日本一流水准的大学生,而且是理工科的学生连分数运算也不会。这是同日本的"科技立国"战略格格不入的,也关系到国家安危。这类观点以西村和雄的《不会分数运算的大学生》(东洋经济新报社1999年版)为代表。

2. "宽松教育"自身的原因:矫正宽松教育说。削减三成教育内容、新设"综合学习时间"等举措是1989年旨在实施所谓"宽松教育"的《学习指导要领》修订的集中反映。新的学力观认为,关键的问题并不是知识量的竞争,而是如何在"宽松"之中让儿童掌握新的思考方式和新的见解。但这种"宽松教育"具有否定刻苦攻读的危险性。

从某种意义上说,这种必然导致"学力低下"的宽松教育本身就应当被改弦易辙。这类观点以大森不二雄的《"宽松教育"亡国论》为代表。

3. 基础与基本的学力终究是重要的:基础学力捍卫说。"学力低下"批判的另一方面是强调"学力提升"的重要性。正是因为基础与基本的学力不足,才导致了"学力低下",因而强调基础学力的重要性应当成为普遍性的常识。这类观点以大野晋等人的《学力危险》(岩波书店 2001 年版)为代表。

4. 反映社会阶层分化的学习意愿的低下问题:社会阶层分化扩大说。"学力低下"的原因之一是学生学习意愿的下降,而且父母的学历与收入属于社会"低层"的家庭环境中的儿童,其学习意愿显著低于家庭环境较优的儿童。倘若这是事实,那么"学力低下"将会进一步加剧社会阶层分化。这类观点以苅谷刚彦的《阶层化日本与教育危机》(有信堂 2001 年版)为代表。

5. 当代儿童开始逃避学习:逃逸学习说。佐藤学认为,当下的"学力低下"是由于儿童缺乏学习兴趣,不想学习,导致"逃避学习"的现象广泛发生。通过原因分析,佐藤学主张学校与教育方式的批判性审思与重建,强调以"学力低下"问题为契机,对日本教育现状进行批判性分析与探讨的必要性。这类观点以佐藤学的《逃避"学习"的儿童》(岩波丛书 2000 年版)为代表。

6. 学力真的下降了吗:"学力低下论者"批判说。考分与等级不过是以某种形式认定"学力低下",并以此为前提探讨其原因,引申出危险性、问题所在的讨论。不过,晚近的舆论主张,"学力"的核心是"生存能力","学力低下"论"见分不见人",学力低下并不是真实的,这类观点着眼于批判"学力低下论"本身,以加藤幸次、高浦胜义编著的《学力低下论批判》(黎明书房 2001 年版)为代表。

(三) 对"学力低下论"的批判

1. 无法对"学力低下"这一问题作出明确论断。针对"学力低下论",加藤幸次、高浦胜义提出了针锋相对的反驳观点[7],认为"学力低下"的事态并非真实。两位学者根据 2000 年"国际教育成就评价学会"(IEA)的"第 3 届国际数学、理科教育调查(第二阶段调查)"(TIMSS－R)的结果,得出如下结论:(1)日本学生的数学得分同 4 年前相比,没有变化;(2)同一问题的平均正答率,无论是日本还是国际,同 4 年前相比,都没有变化;(3)日本初中生解答数学问题的正确率,同 4 年前相比,没有变化;(4)日本达到一定学力水准的学生比率,在 38 国或地区中,居新加坡、韩国、台湾、香港之后,列第5位;(5)日本学生数学应用题的正确率为66%,高于国际平均值(30%);(6)日本喜欢数学的学生减少,国际平均水平没有变化;(7)日本学生校外学习时间减少,观看电视节目的时间增多,国际平均水平没有变化;(8)日本教师重视问题解决的学习。浅沼茂指出,"批判学力低下的论者缺乏明确的证据"。现代日本的学力论争所缺乏的是,如何变革课程与授业的讨论。新《学习指导要领》值得高度评价的,就在于改变了单凭应试学力或是固定的标准来看待儿童的传统目光,而提出了新的方向。学力低下论者抓住改革之前存在的"学力低下"问题来发难,简直是本末倒置。根据日本国立教育研究所的社会、数学、理科的调查(1987年、1990年),按照《新学习指导要领》展开改革实践的学校,稍处优位,基础学力并没有低下。

2. "学力低下"不是由新设的"综合学习"冲击引发的。"学力低下"论争往往被单纯地视为"宽松教育推进派"(文部省方面)与"基础学力维护派"(学力低下论者方面)之间的论争。但东京大学的市村伸一提出,仅仅"把学力低下视为非常严重的问题还是不够的",还要认识到,"学力低下"是关系到"赞成教育改革路线还是反对教育改革路线"的论题。在他看来,"学力低下的问题是严重的问题,为了打破这个僵局,教育改革路线更是重要的"——持这种立场的论者也不少。可以谓之"另类学力低下论者"。他们所谓的低下的"学力",比学力低下论者着眼的问题更加尖锐。这是因为,他们的焦点并不是什么具体的知识、技能层面的学力,而是表现力、思考力等"难以测量的学力"以及学习积极性、学习技能、自我评价力等"作为学习力的学力"。这不是单纯地靠课时和应试压力就能提高的,需要体现"学习"之本义的整个社会的活动。新设的"综合学习"以及学校与家庭、社区之间的合作尝试,就是这种活动的一环,值得肯定。新《学习指导要领》的宗旨是培养青少年的"生存能力"。这个观念早在日本中央教育审议会咨询报告(1996年)中就已经明示。按照该报告的解释,所谓"生存能力"是指:(1)自己发现课题、自主学习、自主思考、主体地判断和行动,更好地解决问题的素质与能力;(2)能够自律并与他人合作,拥有恻隐之心与感动之心等丰富的人性;(3)健壮地生存的健康与体魄。教育课程审议会根据这个报告发表的咨询报告(1998年),立足于"终身学习"的思想,提出了改进教育内容,通过整个学校教育活动,培养学生"生存能力"的设想。而"生存能力"的一个重要侧面,就是"扎实的学力"[8]。新《学习指导要领》背景下的"扎实的学力"突出了两点。一是通过个别辅导、小组辅导等细致的措施,使学生扎实地掌握基础知识、基本技能;二是在综合学习和分科学习中,借助充实观察、实验、调查、研究、发表、讨论等体验性、问题解决性学习,培育包括学习的积极性和思考能力在内的"扎实的学力"。

三、日本学力论争的历史线索

"没有授业理论,就没有授业改造。"[9]日本的学力理论是推动日本授业研究和授业改造的基础理论。不过,"学力"作为常用词渗透于日本的教育界乃是战后的事。不可思议的是,翻开战前出版的种种教育学辞典,找不到单独的"学力"词条。这个事实表明,战后日本国民各阶层对于培育学生"学力"的学校的期待与要求有所提升了。可以说,"学力"作为一种"社会问题",勾勒了战后日本教育史。自战后初期以来,"学力低下"、"低学力"、"学力落差"、"扭曲的学力"等词汇所象征的"学力问题"不断浮出水面,围绕学力问题的激烈论争和大量的学力调查此起彼伏。我们不妨参考京都大学田中耕治教授的战后学力研究史研究,从思考"扎实的学力"这一角度,通过三个论题,来构画历史发展的线索。

(一)何谓"学力"之基础的问题

众所周知,书名中冠以"学力"的第一本学术著作是 1949 年青木诚四郎等人的《新教育与学力低下》。该书的出版极具象征意义,意味着"学力"这个术语在构成"基础学力论争"的导火线的"低学力问题"的背景下开始使用了。战后初期的"基础学力论争"是同当时对于"新教育"的评价交织在一起的。这些史实本身富于启示力,同时也为我们解读今日的学力问题提供了珍贵的素材。

关于"学力的基础",可以作出如下解释:a. 构成一切学习之基础的"三基"(读、写、算)的基础学力。b. 构成各门学科学习之基础的作为教育内容的基础学力。c. 作为国民教养之基础,至少在义务教育阶段结束之前需要共同掌握的教育内容(最低限度水准)的基础学力。d. 学力结构(知识、理解、问题解决、兴趣、态度)之中作为基础部分的学力。论争的起点是,20 世纪 50 年代前后通过大众媒体挑起的社会舆论对于"学力低下"的焦虑和不满。舆论指责儿童"连书信也不会写"、"县政府所在地的地名也不懂"。这种"学力低下"原本应当归咎于战时和战后初期学校教育功能事实上处于瘫痪状态,但事态的发展却使得"新教育"成为众矢之的,受到各种批判。

面对这种批判,论争双方的代表人物及其基本观点是什么呢?"新教育"的理论支柱青木诚四郎反驳道,强调"读、写、算"的认识是陈腐的"知识主义"倾向的学力观,在新学力观看来,"读、写、算"不过是一种"工具"。提高"生活的理解力"、"生活态度"才是目的。因此,对"学力低下"的指责是基于陈腐的学力观。而批判"新教育"的代表人物国分一太郎在《现代教育的探求》(1954年)中强调,"读、写、算"的"基础学力"是"开启人类文化宝库的出色钥匙",他批判"新教育"轻视了基础学力,高扬"捍卫基础学力"的旗帜。尔后,经过久保调查(1951年),"学力低下"问题随之大白于天下。基础学力的地位和内涵也发生了变化。支持"新教育"的人士也把"读、写、算"的作用纳入视野,但对于应当瞄准的"问题解决能力"(活生生的学力)来说,"读、写、算"能力终究是"基础"。学者们从这个判断出发,展开了学力结构论的相关讨论。其代表观点就是(d)的立场,这类观点始于广冈亮藏提炼的"三层"(基础课程、问题解决课程、实践课程)学力模型说(《基础学力》,1953年)。另一方面,在批判"新教育"的人士看来,所谓"基础"就是人格发展的基础。因此,"基础"的对象从(a)扩展到(b)、(c)。国分一太郎在"读、写、算"的基础上,加上"科学、文化基础知识"来"捍卫基础学力"。而城丸章夫则把"认识之概括"的"读、写、算"界定为"狭义的基础学力",把支撑国民需求的教育内容界定为"广义的基础学力"[10]。

这样看来,在"基础学力论争"中提出的关于"基础"的四种解释,(a)、(b)、(c)是从学力的客体的、实体的侧面,(d)是从学力的主体的、功能的侧面来界定基础学力的。这种梳理考虑了学力的基础问题,凸现了现代生活所必须的教育内容是什么的问题。从这个视点出发,一则需要精选教育内容,二则需要增添有助于人格发展的新的教育内容。这里,需要关注的所谓"基础学力"就不能局限于"读、写、算"了。

(二) 学力中的生活与科学的问题

仅仅列举教育内容并不构成基础学力,基础学力的研究应当阐明如何把精选的教育内容转化为儿童"活生生的学力"的"结构"。这就引申出了第二个论题——学力中的生活与科学的问题。前面提到的与"基础学力论争"同时展开的"问题解决学习论争"以及其后出现的围绕"现代化"的大论争,都是学力中的生活与科学的问题。它与"基础学力论争"重叠在一起,形成了如下的论点。

战后初期编制的《学习指导要领·一般篇(试行方案)》关注儿童的生活与经验,主张"倘若不是出于青少年自身提出的目的并且满足自身要求的活动,就不可能有真正的知识和真正的技能",从而创设了"社会科"和"自由研究"。然而这一举措却引来了激烈的抨击:在这种"问题解决学习"中,轻视、忽视了学力的客观侧面——"教育内容"的系统组织,或者仅仅停留于生活知识的层面。以这种论争为契机,支撑"新教育"的"核心课程联盟"开始了种种理论与实践探索。不过,时代的趋势显然是从"问题解决学习走向系统学习"。

在20世纪60年代前后,日本出现了教育内容现代化的趋势。由于学校授业的内容落后于"知识爆炸"的时代,以现代的学术内容与方法从根本上改造教育内容的需求应运而生。从学力中的生活与科学的问题这一角度来看,可以说,"问题解决学习"与"现代化"表现了各自主张"生活知识"与"科学知识"的绝对性:"问题解决学习"在"唯有'生活知识'的持续发展,才谈得上'科学知识'的形成"这一主张下,轻视了"科学知识"的意义;而"现代化"在"借助'科学知识'来变革'生活知识'"的主张下,忽视了"生活知识"的价值。

围绕这个论题,东井义雄从教育现场的角度,就源于"学力的普遍性"的"学科逻辑"与基于"学力的地域性"的"生活逻辑"的关系,提出了精辟的见解。他说,"普遍适用的价值体系在儿童的'生活'中被消化,才能成为'学力'。价值本身并不就是'学力'"。因此,"授业这一事件与其说是交织着生活逻辑与教材逻辑,不如说,是在儿童相互地磨砺生活逻辑的过程之中推进基于生活逻辑的学科逻辑的主体化和血肉化"[11]。从这种"基于生活逻辑的学科逻辑的主体化"主张,可以引申出两个涵义来:一方面,儿童是拥有自身生活经验的存在。儿童是基于这种"逻辑"对环境进行选择性参与的。从某种意义上说,这种存在是有作为的存在。另一方面,要使得科学知识主体化,就得使儿童以熟悉的"生活逻辑"来消化"学科逻辑",通过这种过程,进一步丰富生活知识。这对于我们揭示学力形成中的"生活知识"与"科学知识"的辩证关系,意义重大。

(三) 学力中的态度问题

学力中的科学与生活问题的论争终究会带来对于"活生生学力"的结构的阐明。这就引申出第三个论题——学力中的态度问题。其代表性的研究就是广冈亮藏的学力模型研究(《何谓学力、基础学力》,1964年)。广冈以"高度科学的学力,而且是活生生的发展性的学力"来对其加以概括。所谓"高度科学的学力"是针对战后所谓的"经验教育"、"偏重主体性知识,而忽略了知识的抽象性(概念)、知识的客观性(文化遗产)、知识的系统性(逻辑结构)"提出来的。所谓"活生生的发展性的学力"则是针对批判"经验教育"的"科学主义教育"的问题所在而提出来的,它把"经验教育"的积极方面——知识的主体掌握、行为性知识等也全盘否定了。所谓"活生生的学力"是一种内化了的带有应用力的能力，并且鉴于"态度主义问题解决学习"与"知识主义系统学习"的利弊，提出了由知识层与态度层组成的双层学力结构模型。

广冈提出的模型很好地梳理了战后初期的学力论争，不过，有关广冈模型的核心课题——"高度科学的学力"与"活生生的发展性的学力"的关系、"知识层"与"态度层"的关系，乃至"学力"与"人格"的关系结构，引起了其他学者的批判。换言之，广冈认为，在意识活动中，知识与态度并不是"同根"的，而是"异根"的。这种观点则陷入了"态度主义"。中内敏夫抨击道，尽管广冈主张知识与态度是不可分割的一体，但他过低评价了"科学"与"艺术"本身所拥有的陶冶力，这样的观点包含着直接地向学习主体灌输对于"科学"与"艺术"来说是"外在"的态度，因而是非合理的。何谓"态度主义"成为 20 世纪 60 年代学力研究的焦点。中内敏夫提出了既带有广冈的问题意识，又避免陷入"态度主义"的学力模型。他主张，历来所谓的"态度"，无非是"习得"的教育内容通过主体充分地把握，呈现出"熟练"的面貌。换言之，某种知识、概念及其伴随的方法论是儿童经过生活知识与经验知识的碰撞而"习得"的，进而应用于实际情境，在再学习、再理解之中"熟练"起来的学习过程。这种"充分的理解能力"正是"活生生的学力"。因此，批判"灌输式教育"并强调"兴趣、动机、态度"的"新学力观"，吸收了学力模型研究的成果，强调如果没有兴趣与动机的培育，就不能内化学力。学力的培育，受制于得到怎样的"知识与理解"的支撑，经过怎样的"思维与判断"这些要素。

（四）新四层结构的学力观

值得注目的是，在 2008 年的《学习指导要领》修订中，因应 21 世纪"知识社会"的新三层结构的学力观得以提出：第一层，基本的知识、技能的习得；第二层，运用知识、技能，旨在解决课题的思考力、判断力、表达力；第三层，自主学习的态度（学习意欲）。这三层结构让人不由得想起广冈亮藏倡导的经典的三层结构。不过，第二层的"运用能力"的概念大体相当于"PISA 测验"根据 OECD 的关键概念的视点出发所设定的评价内容。另外，增加了由思考力、判断力、表达力所建构起来的"运用能力"这厚厚的一层。因此，一般谓之"新三层结构的学力观"[12]。梶田叡一在"三层结构论"的基础上又提出了"新四层结构学力"的解读，即"理解·记忆"层（知识·技能）、"探究"层（思考力·问题解决力）、"兴趣"层（意欲）、"体验"层（感悟）[13]。在他看来，"学力"的"冰山模型"的最下层是"体验"(因而产生"感悟");在其上层产生"兴趣"(因而形成某种"意欲"),它是受"兴趣"支撑的;从而出现"探究"活动(这就必然形成"思考力"或是"问题解决力"),形成可见的形态——"理解"或是"记忆"的活动。这样,正如学力的冰山模型所示的那样,所谓"学力的形成"无非就是涉及"体验·感悟"与"知识·理解"的一种"自下而上"、"自上而下"的双向活动过程。

四、儿童"学力"的真相与新型学力观

(一) 儿童的"学力"及其特征

儿童在"同步授业"中有意识、非自发地或是无意识、自发地习得种种知识。前一种学习的核心部分是制度化的学校知识的学习,这种学习的成果可谓之"学力"。在日本早就盛行这么一句话——"差生七、五、三"(即小学三成、初中五成、高中七成的比例是"差生"),但另一方面,根据文部省在20世纪80年代初的小学和初中的"达成度调查"[14],中小学生的学力水准(测验的平均通过率)较之60年代前后有大幅度提升。这种平均合格率在多大程度上反映了儿童的学力,并不清晰。况且,这同中小学与私塾的双重教育结构关系也有关系。"平均合格率"的数据,不过是学校教育、特别是制度化的知识灌输授业的成果而已。"学力"的内涵是制度化的知识,其与"学力"作为知识灌输的成果的交集必然会产生"差生"。

根据驹林邦男的分析,在高水准的"学力"中印刻着相互制约的三种消极性:学力的"剥落性"(脱落性)、学力的"非日常性"(抽象性)、学力的"交换性"[15]。有关学力的"剥落性",就像浆糊粘贴的东西会脱落一样,学生从学校毕业后,甚至是还在校学习的时候,就开始产生"学力剥落"的问题了。例如,在小学学到的分数计算的问题,就正确率来说,一年级学生是75.8%,二年级学生是72.4%,三年级学生是60.0%。"学力"的剥落性其实是构成学力内涵的制度化知识的非日常性(抽象性)的派生结果。在日常生活中的学习是同学习的当事者的需求、感悟、身体、能力密切结合在一起的,是编织在他的日常生活之中的。所以,学到的知识的意义对学习的当事者来说是不言自明的。然而,在学校的同步授业之中制度化的知识学习的场合,却是另外一种情形。制度化知识是学生在受制于学校特有的时间和空间的框架下、在人工环境的教室里面学到的,主要是以语言这一符号为媒介来学习超越自身感官经验范畴的知识。因此,学校中的学习一般偏于制度化知识的教授和语言主义的倾向。以死记硬背的"抽象

性、概念性"的知识为主要成分的"学力",毕业之后开始"剥落"乃是理所当然的。"学力"的另一个性质是"交换性"。"学力"本身是没有价值的,只具有服务于达成疏远的外在目的的手段性价值。例如,在同考分交换之际,"学力"才会产生价值。"学力"不过是像货币那样具有交换价值而已。另一方面,儿童在同步授业中学到的东西并不仅仅是"学力",还有另一种学习——隐蔽课程。就是说,儿童并不是仅仅学到正式的"显性课程",而且还学到隐蔽的"潜在课程"——儿童自觉或不自觉地在课堂中学到的规范、价值、信念或知识。"显性课程"所排列的制度化知识的学习成果是容易"剥落"的,"潜在课程"的成果却是自产的,不会轻易地"剥落"。

(二)"应试学力"与"真实学力"

学力目标决定着学习(授业)品质,反之,学习(授业)品质也制约着学力目标,两者相辅相成。尽管从理论上说,"应试学力"与"真实学力"并不构成相互对立的概念,它们之间有重叠的部分,但在教育实践中明确地区分这两种概念之间的差异,却是非常必要的。

日本学者尾木直树对"应试学力"作了如下的界定:(1)思考能力局限于出题者意图的范围,成为彻头彻尾的被动接受者。在这里,质疑、反驳、独创性,是不容许的。(2)学习的课题是教师对学生施以敏捷地抓住出题者意向的训练。借助这种训练所培养的,不是能够解决真实问题、具有综合分析能力的能动的学习者,而是像机器人那样的只能做出机械反应的"条件反射人"。(3)回避逼近本质的学习。在成百上千道习题的解答操练之中总会认知到纸笔测验方式必然出现的各门学科的出题形式,这种认知能力就是"应试学力"[16]。这种模式旨在通过反复训练来提高得分能力。显然,这种"应试学力"不应当是我们所追求的,我们需要"真实学力"。正如肖伯纳说的:"我们所期望看到的是主动追求知识的儿童,而不是受制于知识的儿童。"[17]事实上,1985年,联合国教科文组织发表《学习权宣言》强调:"是否承认学习权对于人类来说,是空前重要的课题。"所谓"学习权"是指:"阅读写作的权利,提问、深思的权利,想象、创造的权利,读懂自身世界、创造历史的权利,分享一切教育资源的权利,发展个体的、集体的力量的权利。"[18]"学习权"是人类生存必不可少的手段。因为,正是学习活动使人们从自然的客体转变为自由的主体。

作为学习主权者的"真实学力"是一种发展性学力。日本在新课程改革中倡导的"扎实学力"就是对这种"真实学力"的一种解读。按照日本教育界的界定,"扎实学力"的重要视点是：（1）不是剥落性地,而是扎实地掌握知识和技能。（2）能够把这种知识和技能运用于实际生活。（3）从提升思考力、判断力、表达力和学习的观点看,就会谋求知识、技能和生活的结合,谋求知识、技能和思考力、判断力、表达力的相互关联、深化与统整。倘是这样,那么,儿童就会具有探究未知世界的积极而主动的兴趣、爱好,以及求得深度理解的好奇心。从加强儿童与现实社会的观点看,就能加深社会框架与儿童之间的关联,培养劳动观、职业观,促使儿童思考生活方式[19]。可以说,这个意义上的"扎实学力"在某种程度上表达了能动的、主体式的"真正知性"的具体内涵。

（三）"综合学习"的问题

引发学力低下的论争,骨子里牵涉到如何认识并实施"综合学习"的问题。

第一,"综合学习"是一种问题解决学习。新《学习指导要领》倡导的综合学习显然不同于传统的划一型知识灌输的授业方法。"问题单元"不是成人世界的"工作",而应当是学校中的"活动"。按照代码理论,所谓"学习"就是丰富地改组解读对象的代码的行为。儿童在学习社会的场合,与其操作教科书字面的知识,不如在真情实感的体验之中求得准确的、真切的理解。旧的观点往往在体验性活动之前强调儿童要首先进行基础性学习,但这种说法终究是排斥了体验性学习。新的观点是,首先进行体验性学习,从中学习必要的知识,这样一来,学生更能兴致勃勃地学习。

第二,从脑科学研究的成果看来,综合学习是一种理想的学习方式。大脑与诺伊曼计算机的差异就在于,现行的计算机依存于输入,而大脑依存于产出。脑所输入的信息,从某种意义上说,是作为旨在激活业已获得的神经回路的扳机来使用的,脑借此而进行产出。而这种产出会发生学习效果,改写算法语言。这里所谓的"算法语言"就是前述的"代码"。大脑借助学习,创造自己的内部世界,由此准备答案索引。输入信息,就是作为旨在引出这种答案的检索信息而进行的活动。大脑的一切产出都是从预先准备好的答案中经过选择,成为话语之类的产出。大脑的内部世界在胎儿期就已经形成了,当然,其借助学习在内部世界中增加了知识。不过,从大脑的借助产出改组算法语言的性质看来,体验性学习具有重大意义。这是因为,大脑的内部世界倘若不跟外部经常交流,就难以实现真正意义上的作为人的交流。

第三,综合学习有助于学生学会生存方式。综合学习是体验性、问题解决式、自我实现式的学习。在这一点上说,它是有别于学科学习的经验课程。经验课程不是按照预设的代码进行的,而是在克服未能预期的事件过程之中完成的,包含了未知要素。

事实上,在综合学习中,在儿童按照自身的意愿和计划从事活动的过程中,往往不限于成功,即便失败,也能够重新验证失败的原因,再度挑战。通过失败的反思和成功的喜悦,可以改写自己的内部世界。这就是自身的"解体"与"再生"。所谓"自我发现"与"自我探索之旅"就是在自己的内部世界里发现自我。这种发现,也必须是一种同外部世界的交流与体验性的活动。

从认知心理学的角度看"学力",人是一种信息处理的系统。汲取语言、图像等输入信息,借助记忆和思维,作为产出信息表现出来。不过,在人的场合,发挥重要作用的是作为内在资本的知识。人凭借已经掌握的知识去解释、理解所感知的对象的意义与结构,在这一点上,人类完全不同于照相机或是磁带。在进行推理与问题解决的时候,也使用知识。近年来,不仅是头脑中的知识,包括联系日常生活中工具或是他人等资本进行信息处理的研究也在展开。从这种人类的信息处理的视点来看,传统的学校授业是偏颇的。最大的问题是,学校的授业把知识的积累本身作为目标。内在的资本——知识,确实重要。然而,"知识"本身并不重要,重要的是激活知识。现代学校教育的状况正在发生变化。历来的知识积累型的系统学习固然重要,但如今的研究目光已经超越了"知识的量=旧学力"、"知识的质=新学力"孰重孰轻的讨论,聚焦在如何实际地使用知识进行活动,在牵涉种种的工具与他人的活动之中展开学习。如何求得系统的学科授业与现实的问题探究型授业的均衡关系,是课堂转型的最大课题。

(四) 21 世纪的新学力观

日本 2017 年 3 月公布的新《学习指导要领》倡导"素质·能力"与"主体性、对话性的深度学习",在理论与实践上提出了诸多需要探讨的课题。这次修订的《学习指导要领》体现了若干特征[20]:其一,倡导向社会开放的学校课程,即指向"核心素养"的学校课程,谋求未来社会所需要的"素质·能力"(核心素养),亦即旨在培育超越学科的、能够综合地解决现实社会中问题的通用性人才。其二,倡导基于"主体性、对话性的深度学习"的指导过程与指导方法,为此强调以"单元"为单位组织授业的必要性,也要求学习者自主学习,协同地展开具有建构意义的学习。其三,强调指向"跨学科学习的课程经营"。在这里,为了在教师之间分享跨学科的视点,就得全方位地经营课程的计划、实施与评价,因此突出了如下几点——(1)鼓励 PDCA 的循环往复,加强"计划"(Plan)、"执行"(Do)、"检查"(Check)与"行动"(Act)的全面质量管理;(2)加强学科之间的合作;(3)有效地运用校内外的人才与资源。其四,基于"三种学力要素"，全面实施分视点的学习评价。即在所有学校统一实施基于"学力三要素"——"① 基础知识与技能，② 思考力、判断力与表达力，③ 主体性学习动机与态度"的学习评价。其五，在作为特别学科的《道德》学科中实施以"讨论、辩论"为中心的授业，借以相互理解多面、多样的立场，在教科书审查中强调"日本"的传统文化与重视"日本人"的独特性，这就无异于撕下了"政治中立性"的伪装。

这样，从"知识（内容）本位"到"能力本位"或是"素养本位"的改革进程中，学科授业不仅重视"教什么"，而且重视"怎样学习"（学习的过程），另外还提出了一个关键词——"能动学习"（Active Learning，简称 AL）[21]。这种"能动学习"突出了改善授业的三个视点，这就是：（1）拥有学习的兴趣与爱好，联系自己的生涯计划与方向性，能够前瞻性地、坚持不懈地实现"主体性学习"；（2）通过同伙伴的协作，能够实现既深且广的"对话性学习"；（3）运用各门学科中习得的概念与思考方式，能够实现"深度学习"——发现问题与解决问题，形成与表达自己的思考，以思考为基础展开构想与创造性。

第二节　基于"学力理论"的授业创造

一、"分层授业"批判

国际比较教育的研究表明，在世界教育发展史上，学校原本是以旨在克服阶级、阶层、种族和性别的落差，实现平等的社会为其使命的。但另一方面，学校教育又借助甄别与选拔发挥着再生产阶级、阶层、种族和性别落差的功能。这种甄别与选拔在基于能力与出路实施的"分化教育"中更加甚嚣尘上。"分化教育"的类型五花八门：分轨、分科、分群、分层、择校。"分化教育"在欧美各国已被视为落后于时代的教育，但在东亚国家和地区却被奉为圭臬，这是一种十分奇特的现象。

国际教育界早在 20 世纪 70—80 年代就曾对"分层授业"进行专题研究，表明了"分层授业"的无效性与危险性：其一，"分层授业"并不利于学生学力的提升。特别是对于"下位"学生而言，"分层授业"是危险的。其二，以为"下位"水准的授业内容适合"下位"组的学生；或是以为周边都是"下位"的学生，所以能够安心地积极参与学习,乃是教师的偏见。其三,基于"分层授业"的学生之间的学力差距进一步扩大了。调查研究得出了两个重大启示。第一个启示,"分层授业"带来的学力差距的扩大并不是由学生的"能力"差异造成的,而是"上位"、"中位"、"下位"各组的授业内容与学习的质的差异所导致的。在"上位"组的授业中,"科学推理与逻辑"、"研究方法"、"批判性思维"、"分析、解释与评价"、"创造性思维"、"自我思考的自信"、"多样见解的交流"、"问题解决的思考"、"资料与经验的运用"等训练,使得这些学生拥有深刻理解教育内容的丰富的学习经验,而在"下位"组的授业中,重点放在了"学习纪律"、"自尊感"、"基本技能的训练"、"学习态度的训练"、"学习习惯的形成"等方面,授业内容限定于低水准的基本技能的熟练上。可以说,这就导致"上位"组的学习经验与"下位"组的学习经验不仅在内容上,而且在性质上有着决定性的差别。这种"分层授业"把"中位"组、"下位"组的学习压低了一个层次,扩大了学生之间的学力差距,因而抑制了整个学校的学力提升——这就是一连串调查研究的结论。第二个启示,包括"分层授业"在内的分化教育发挥着排斥与歧视的功能,这在欧美教育界已是一种常识了。正因为如此,欧美国家在 20 世纪 60 年代至 70 年代推进了以废除分化教育为中心的教育改革。

佐藤学指出,"分层授业"之所以容易在学校教育中扎根而得到普及,其要因之一,就在于儿童、家长乃至教师大多抱有一个朴素的观念:与其让学生在程度和能力不同的集体中接受授业,不如把优等生、差等生分开来施教更为有效。对优等生教授高程度的内容,对差等生教授低程度的内容,容易取得教育效果。这个朴素的观念隐含着诸多的错误。不过,尽管如此,它并没有轻易地受到撼动。这是因为,这个朴素观念是由于受到每个学生基于自身受教育的体验与实感——作为"优等生"修习业已懂得的内容因而感到无聊的体验;或是作为"差生"修习难懂的内容因而不能理解的体验——而形成的。实际上,我们有必要对这种朴素的实感的前提加以纠正。其一,这种朴素的实感是以划一的授业为前提的。确实,只要是设定划一的授业,"分层授业"就有其一定的合理性。不过,教师站在讲台上使用黑板与教科书讲述、学生记笔记然后准备考试这一传统的课堂授业方式,如今在欧美各国进入了历史的博物馆。现代的教室是以课桌椅构成的,小组"协同学习"作为基本方式、基于项目单元的集约性学习得以展开。而且,儿童学习价值的追求已经发生了变化:从单纯"量"的追求——如何掌握更多的知识与技能,更多地转向注重"质"的追求——如何丰富而深刻地获得真情实感的体验。为了叩问今日的"分层授业",必须基于"21 世纪型的学习"来检讨其功过。

其二,上述朴素观念中的学习是针对运算技能、汉字习得之类的低水准的学习而言的。确实,倘若根据所定技能分阶段地排列课程,"分层授业"显然是有效的。但是,在学校教育中,运算技能、汉字习得不过是基本技能领域中的一部分。因此可以说,适应"分层授业"的教育内容不过是课程的一部分而已。

其三,任何一个班级总会有几名优等生,任何一个班级也总会有几名学习困难的学生。这种"上位"与"下位"几名学生的存在,特别是学困生的存在,容易成为实施"分层授业"的一个推动因素。对这几名学生视而不见、听而不闻是一个问题,但是,为了这几名学生而实施"分层授业"却是极其粗暴的举措。对于特别优秀的学生和特别困难的学生,应当采取选修科目、课外活动和课外指导加以应对。关注每一个学生的需要,保障每一个学生的"学习权",正是"教育公平"的本意所在。"分层授业"是同"教育公平"背道而驰的。

替代"分层授业"的学习方式不是基于划一授业的学习,而是每一个人的多样性得以交流的"协同学习"。"合作学习"可以为排斥个人主义竞争的"互惠学习"作好准备[22]。实现"教育公平"的境界,归根结底需要从教师做起。正如维勒(W. Waller)在《授业社会学》(*Sociology of Teaching*)(1932 年)中把教师工作比作"飞镖"那样,教师应当认识到自身的工作具有这样的性质——教师在课堂中直面的问题,其原因和责任可以归结为儿童、家庭、社会、教育行政,然而,不管怎么进行责任归因,归根结底,这些问题是教师自身在实践中应当应对的课题。构成教师工作核心的授业问题,会作为实践主体的教师自身的状态与生存方式的问题,不断地回归到教师自身身上[23]。

二、授业方法论反思

(一)授业方法论固有的基本课题

1. 师生教育关系的创造。教育的方法能否出色地发挥作用,这是牵涉方法本身的属性及其应用模式的问题。倘若不能有效地发挥作用、无助于问题的解决,那么这种方法则是不恰当的,或是错误的,需要探明原因。反之,倘若是有效地发挥作用,那么方法是恰当的——可以确凿地作出判断。确实,方法本身有好坏。同时,不能忽略了方法论有其自身的前提与理解——这就是"教师与儿童之间的教育关系"[24]。教育的方法是在儿童与教师之间形成的,而且,即便是同样的方法,由于教育关系不同,其有效性也会受到影响。可以说,教育方法确实是作为一个重要的必要条件而存在的的。即便在资深教师的班级也会发生"班级崩溃"的现象,这个现象表明,不是单纯的方法的优劣,而是教师在无条件地"形塑"这样一个方法论意识支撑下,师生关系被扭曲了。教育现场期待新型的师生教育关系的建构,亦即寻求教师与儿童、儿童与儿童之间双向地以主体与主体的相互关系为基本的"面对面"的"相互沟通"、"相互应答"的关系。正是在这种关系之中,才能确保儿童的解放与安心的自由得以保障的"居所",才能促进学生创造有意义的他者,展开"自己与他者关系的建构"、"作为存在感的场域建构"。教育现场必须创造出立足于这种视点的教育方法。

2. 基于集体的方法还是基于个体的方法。在教育方法中,是集体优先或是个体优先,对于这一问题,教育相关工作者一直有所争论。不过,在思考这一问题时,我们应当摒弃二元对立的思维。集体与个体,两者是不可分割的关系。学习的个人的作为,绝不是集体本身的作为。因此,我们也应该通过思考如何支持、指导个人行为的学习来构想教育方法。教师守护每一个儿童的自主性学习、个别学习。根据儿童的需求提供援助。如果这是一种教育方法的话,会带来若干疑问。如果是个人个别地学习的话,那么班级集体不过是单纯易于管理的权宜之计了。在班级中进行学习的意义,是通过包括学习在内的班级生活,确立"自他关系"理想的"协同关系"。人际关系的稀薄化、异化、有意义他者的丧失成为社会问题,学习和支撑学习的教育方法不是同这种问题毫无关联的。面对集体与个体关系的问题,迄今为止的研究积累了不少成果,得出的结论是,两者不是二元对立的,而是不可分割的。两者不可分割的内涵是,集体的形成不是单纯的个体相加,而是集体的力量积极地或是消极地作用于个体,而有时教师的作用会更大。另一方面,集体本身不是个体那样的存在,但通过个体,集体的"力量"必然会发生改变。对于授业方法的探讨,不应该从对立的视角出发进行思考,而应当以关系性存在为前提,使得授业的展开能够成为文化丰富的教育,多侧面、多元化地创造出基于对话的自主合作学习。

(二) 授业方法的新追求

1. 儿童的主体"参与"。教育方法主要是从师生如何对授业作出影响与回应的角度来展开论述的。这样,作为学习者的儿童应当谋求从受教育的客体地位转型为学习主体的地位。值得注意的是"参与"的概念。称之为"参与"的学习实践与认识存在种种的相位与差异。今日一般所谓的"参与型学习"的形态是指通过游戏、训练、辩论等,形成参与者积极的"活动"和"动作",在重视活动所拥有的自由度、快乐度、想象性、体验性的同时,重视参与者相互交流和见解交换、合作的方法。这是绝然不同于以灌输为中心的一种"新的学习"形态。"参与"并不局限于活动与动作的维度,而且拓展到授业的构想与展开的维度。就是说,儿童对授业的愿望与要求被吸收进来,体现在授业的框架之中,教师同儿童一起合作建构授业。这种场合的"参与"不是参与教师预设好的授业框架,而是保障儿童参与授业的框架本身。这样,基于这种"参与"的教育方法具有的优越性在于师生成为授业的共同创造者,有助于促进儿童的学习自觉性。

2. 开拓超越课堂的社会性、协同性学习的天地。随着媒体的发展与社会的需求,超越课堂的学习这一进展是可以预期的。这种模式能够超越传统课堂的信息源,从世界范围获得信息;能够把自己班级的学习活动成果分享传播给别的课堂、别的地区。对于儿童而言,这是思考的工具、对话的工具、表达的工具,从而有利于产生新的"学习场"和环境[25]。儿童的活动范围被空前地拓展,不同于与经由教师的授业论"加工"了的教材进行对峙与对决,而是超越课堂的学习以媒体为媒介,更多地经验到活生生的信息、现实与更广阔的人际关系。在这里,重要的不是经验的多少,而是儿童对信息、现实和人际关系的发信行为与受信行为,借助媒体手段,使得儿童的学习超越时空的限制,形成"拓展学习"。归根结底,在课堂的学习中,如何锻造儿童的学习力,如何把双向的行为——发信与受信行为——加以主体化,是教育方法研究的一个重要课题,我们期待创造出不同于传统课堂的媒体授业的方法。不过,开拓基于信息媒体、学习网络的广度与速度的学习的新的可能性是一个方面,另一方面,超越课堂的学习也存在着脱离生活现实的疑似体验、引起虚拟世界与现实生活的混淆,进而招致学习缺乏身体性与体感性体验的危险性。媒体终究不过是学习与思考的"工具"。重要的是基于这一立场设计学习活动,以认识媒体在人与人、人与物中的地位,批判性地解读借助媒体获取的信息。

(三) 教师的信念

教师是通过自身的受教育经验和从教经验,在默会之中形成对授业的信念的。信念是"应当如何,如何做就好了"之类的、引领知识与行为的、具有心理学价值的认识,也包括情感在内。信念未必一以贯之,它只是认定某种事物是否正确的一种认识。从一般的授业表象到具体的授业方法,教师拥有对于授业的各种各样的认识。秋田喜代美在1996年做了一个问卷调查,要求被试用"像什么,为什么"的方式来对授业作出比喻与说明,结果(表5-1)显示:由于教职经验年数和学校类别不同,师范生和在职教师会分别将授业视为"信息传递场所"或"协同创造场所",另外,对于教师作用的调查等方面,师范生和在职教师的回答也显示出不同的表象。信念是基于个人经验而形成的,而教师的信念又是具体地赋予授业行为以方向的。"应当支援儿童的自律性"这一信念强的教师,其授业过程中,以发展性、开放性的提问居多,儿童之间的对话也高涨;"应当支援儿童的自律性"这一信念弱的教师则大多掌握主导权,其授业过程中,"教师提问、儿童作答"的范式居多(表5-1)[26]。

表5-1 从隐喻的内涵看师范生及在职教师对授业表象的描述

A"信息传递场所"的表象
例一:初中师范生,男
　　授业就像是放电影:众多的人在一间屋子里接收信息。
　　教师就像是一本日历:按部就班地进行。
　　教师的"教"就像捐款:贡献他人以"知识"。
例二:普通大学生,女
　　授业就像虚无的世界:无聊。
　　教师就像录音机:年年月月重复同样的内容。
　　教师的"教"就像复印:老师把拥有的知识转移给学生。
B"协同创造场所"的表象
例三:小学教师,从教7年,女
　　授业就像制作陶艺品:凭借众人之力凭空捏造出来。
　　教师就像无名英雄:一个默默的支持者。
　　教师就像交响乐的指挥:培育每一个儿童(演奏者)充分发声,同时形成美妙的和声。
　　教师的"教"就像一剂药方:难解之处一旦有效地施用便好转了。
例四:小学教师,从教12年,男
　　授业就像合作制作的作品:与儿童一起创作的物品。
　　授业就像蜗牛的步伐:不是一蹴而就,而是步履蹒跚,日积月累。
　　教师的"教"就像陪跑者:不是拽着儿童跑,而是同儿童一起跑。

【出处】秋田喜代美等,《授业研究与学习过程》,东京,放送大学教育振兴会2010年版,第33页。

三、课堂对话的创造

(一) 从课堂对话的比较谈起

1. 传统课堂的对话。在许多学校里,常常可以发现如下所示的师生对话(表5-2)[27]:这种传统的课堂话语体现了如下特征:(1)教师的提问只有唯一的正确答案;(2) 学生本身就已经知道答案了,教师只是探寻学生知道的答案是什么;(3) 教师对儿童的回答作出正确与否的评价。教师的表达在③⑤中很是显著。在⑦中教师自身不作评价,而是让其他儿童评价。可以说,这种模式的师生对话在诸多课堂里占支配地位。同时,这种对话阻碍了学生具有创造性的深度学习[28]。这是因为,上述的对话可以说剥夺了儿童多样思维的机会。人是在同异质的他者的交流中发现自己与他者的差异,从而学到诸多东西,形成新的理解。不过,在上述沟通中,第一,教师要求儿童回应自己的提问,因此,基于自发性的发言与发现性的自言自语有时会被当成一种窃窃私语,成为被提醒要注意的对象。第二,教师要求儿童作出正确的发言。因此,正确答案以外的发言被视为错误而被排除。这一方面抑制了儿童的多样思考,另一方面又导致课堂一味地寻求正确答案。第三,这种课堂根据教师掌控的内容、教师的思路展开授业。因此,在授业中很少有超越了教师知识与教材理解的基于儿童多样思考的交流与表现(表5-2)。

表5-2　传统的课堂对话

① 教师:在这幅画中有几只鸭子?
② 儿童:(异口同声)8 只。
③ 教师:不错。那么,乌鸦有几只呢?(争先恐后)小 A。
④ 小 A:5 只。
⑤ 教师:很好。那么,鸭子比乌鸦多几只呢? 小 B。
⑥ 小 B:3 只。
⑦ 教师:唔,3 只。大家同意吗?

【出处】秋田喜代美,《教师言说与沟通》,东京,教育开发研究所 2010 年版,第 20 页。

2. 基于儿童多样思考的交流。那么,在怎样的情况下,儿童多样的思考才得以交流、学习才得以深化呢(表5-3)[29]?

表5-3　基于儿童多样思考的交流

　　黑板上贴着放大的课文。教师在上课伊始就发出指令:"读了课文之后,请你把脑海里浮现出来的印象写在刚刚发的纸上。大约 10 分钟之后,请大家交流各自写在纸上的内容。"

　　岛津:哎,"两匹小海蟹在清澈的水底聊天"。是什么样的小海蟹呢? 是一种叫做克拉姆蚌(系作者宫泽贤治的造语,这是作者想象中的一种海洋生物——译者)的海洋生物。
　　教师:唔——很快就出现了克拉姆蚌的话题。现在,结合岛津君所说的两匹小海蟹,我们来谈谈克拉姆蚌的话题吧。接下来,无论哪一个场景都可以,只要是关于克拉姆蚌的话题,谁来给大家说说看。好,加藤君。

加藤：那个，"克拉姆蚌在嘎嘎哈哈地笑呢!"——这里的克拉姆蚌是怎样笑的?

教师：唔——这个，怎么来解读呢?

高峰：哎，怎样笑的? 不就是嘎嘎哈哈地笑吗?

羽田：浮在水面上笑呢。

教师：嗯? 再解释一下看看。

羽田：哎，所以，浮在水面上尽情地笑。

加藤：不是在嘎嘎哈哈地笑呢!

高峰：你是说，不是在嘎嘎哈哈地笑?

　　　（中略）

都筑：一边在冒气泡。

教师：哎，这是——气泡，是用气泡来表现吧。是的，山田君，你说呢?

山田：都筑君说了，一边嘎嘎哈哈，一边在冒气泡。"小蟹们也在咕噜咕噜的"，所以，这是气泡的表现。

教师：唔，不错。作为气泡的表现，就是这样来说的。好，猪饲君。

猪饲：（窃窃私语地小声说）咕噜咕噜地——

教师：等一等（敦促其发言声音大一些，让周围的同学能听清楚）。

猪饲：咕噜咕噜……加上笑声……不是嘎嘎哈哈吗?

教师：啊，真是那样。气泡出来的样子咕噜咕噜，什么呀? 对不起，再说一遍。还是?

猪饲：这样说来，是发笑时的声音……

教师：混在一起的声音?

猪饲：混在一起，嘎嘎哈哈。

教师：唔。（一边指着教科书，一边说）这么链接，果真如此么?

【出处】秋田喜代美，《教师言说与沟通》，东京，教育开发研究所2010年版，第21—22页。

在案例中（表5-3），儿童就"嘎嘎哈哈地笑"交流各自的阅读心得。在这里，作为促进儿童深度学习的要素，至少可以归纳出如下五点。

第一，促进儿童与教材相遇的提问。在这堂课中，教师的提问同上一个案例（表5-2）不同。教师寻求儿童读了课文之后脑海里浮现的情节。换言之，教师探寻了儿童是怎样同教材"相遇"的，这一问题没有唯一的"正确答案"。教师也不可能事先预测儿童各自同教材是如何"相遇"的。由于是不同的儿童同教材的"相遇"，当然会是多种多样的。因此，把儿童各自同教材的"相遇"作为解读加以讨论。另外，让儿童有时间紧紧地叩问教材也是重要的。教师不仅要求儿童同教材"相遇"，而且要为儿童提供"相遇"的情境。

第二，从儿童的问题出发。教师基于儿童的问题展开授业。在案例中加藤同学提了"克拉姆蚌是怎样笑的"这一问题，可以说，这是以问题的形式来议论她同教材的"相遇"，而教师采纳了这个问题，围绕加藤同学的问题交流各自的思考，来展开授业。

这样一来,课堂不是围绕教师的问题展开授业,而是基于儿童的问题展开授业,这对于深度学习也是重要的。因为,这个问题是儿童同教材相遇所产生的"真实"的问题。而围绕儿童在同教材相遇之中产生的问题展开思考,儿童就会同提出问题的同学相遇,再次重新与教材相遇。同拥有不同思考的他者相遇,这为深度学习提供了背景。这种情形不限于国语课,同样的,教师在理科的课上,在探讨某种物质的性质之际,以2人结对为单位,进行设想并制订实验计划,设计儿童们根据自己思考进行实验的场所。在这里,儿童自身确立问题,并基于问题展开实验与思考的交流。

第三,不评价儿童的发言。支撑深度学习沟通的第三个要素是教师不评价儿童的发言。在案例中,教师并非直接评价儿童的发言,而是首肯、倾听,时而返回课文,咀嚼儿童的发言内容。也就是说,在基于多样思考的交流与讨论中,教师并不直接评价儿童的发言。

第四,以教材为媒介进行交谈。儿童之间以及儿童与教师之间,以教材为媒介连接起来。首先,是面向儿童的发言,儿童各自基于自身对课文的叙述谈出自己的心得。再者,接纳儿童发言的教师,一边确认课文的叙述,一边倾听。正如这个案例所表明的,许多思考并不是漫无边际的,而是相互联系在一起进行交流、深化理解的。在这个背景中,可以说儿童在分享教材。就是说,课堂将教材作为一种媒介,把多样的思考串联在一起展开授业。另外,由于课堂是以教材为媒介的串联,正如教师提问——"这是从哪里读出来的呀"。那样,教师会频繁地进行回归教材的提问。可以说,教师回归教材的提问也有利于促进儿童的多样思考与深度学习。

第五,倾听儿童的发言。案例后半的猪饲同学,是以窃窃私语那般没有自信的细小的声音,断断续续地发言的。这样一种不完全的、半提问式的发言,也是深度学习的契机。因为猪饲同学自身不仅有可能边叙述、边形成自己的理解,而且这种叙述的话语,有可能把周围的同学也卷入学习,以协同的方式形成理解。更重要的是,整个课堂的氛围有可能使得这种形成中的发言得以展开。像猪饲同学那样的发言唯有在接受多样思考的氛围中才能产生,是难以在上一个求得正解的案例(表5-2)中产生。再者,对于儿童没有把握的发言,需要有整个课堂予以仔细倾听的张力。在案例中,教师让周围的儿童引起注意,倾听猪饲同学的"喃喃细语",使得整个课堂的氛围沉静下来。另外,教师压低自身话语的音量,以缓慢的速度,让儿童本人确认每一个字句,向全班儿童复述,形成全班儿童倾听猪饲同学发言的情境。这样一种沉着的话语的音量与速度,在引发学习深化的沟通中也是重要的。

当然,我们还可以从案例中读出,不仅教师,而且儿童之间也相互倾听。例如,儿童回应其他儿童的疑问,或是引用其他儿童的发言。即相互倾听的发言是重要的。因为,单纯地申述一己之见,难以产生多样思考的交流。可以说,为了实现深度学习的沟通,倾听他者的见解,且据以发言,是十分重要的。

不过,基于儿童多样思考的交流并不是主张封杀传统课堂的沟通,当然,也不是只要进行多样思考的交流就能深度学习。因为,多样思考的交流,必须要借助儿童之间分享的平台。为此,课堂上必须分享一些必要的知识与信息,时而教师还得传递必要的知识与信息,或是提供资料。重要的是,获得这种知识并不是目标,通过这些知识深化学生对教材的理解才是目标所指,这就取决于教师是否准备了为此而设计的提问与教材。

(二) 民主对话空间的创造

1. 多声与对话。课堂是一种话语多样的空间。一进入教室,各色各样的话语方式、内容、语气和语调会"飞入"耳朵。每当探讨课堂话语多样性的时候,可以将其凝练成一个"多声"的概念。所谓"多声",顾名思义,即指"声音"的多样性。"声"是俄罗斯符号学家巴赫金(М. М. Бахтин)使用的概念,指的是发话主体的人格与意识。带有表示喜或是怒,想让谁听或是不想让谁听之类的"表情"和"取向"。再者,表达在本质上是借用他者的语言和思考才能成立的,是在听者与表达者(他者)的互动中产生出来的。产出表达的"声"不仅表现表达者自身作为主体的意志和志向以及表现这些的重心,而且反映听者和情境以及作为集体的意志与志向、重心所在。就是说,课堂授业中,儿童的表达是在自己的视点与意识中嵌入了作为听者的同学、教师的视点与意识而形成的,这就是课堂中展开的"对话"。在课堂对话之际,往往是直面听者的声音进行对话而作出表达的,就这一点而言,课堂是一个"对话的空间"。

课堂中"声"的多样性是由于儿童带着不同的思考参与授业而形成的。提到思考,包括教育内容与教材怎样关联起来,怎样来构成自己的学习环境等。所谓"学习环境的构成"是指同他者的关系、空间与物件配置的设计。例如,如果是课题解决活动,就要考虑是一个人独立应对还是在集体中边讨论边思考,是坐在教室自己的座位上还是去图书馆这些涉及与他者的关系性等方面的问题,还要考虑如何探讨课题、探讨怎样的课题等,其背景是多样的生活经验与学习经验。

课堂里话语的多样性,暗示了客观世界表现的复数形式,某种特定社会、文化的对话与思考活动形成的结合。课堂的话语是多声的。由此即便产生见解与思考的对立，也是催生新的对话，是同深度学习联系在一起的。

2. 参与结构。在课堂里，多种多样的话语交互作用在一起。尽管如此，课堂作为集体的学习场所，授业得以形成、展开，是由其超越了话语的多样性，表达与倾听能够井然有序地进行。换言之，无论是儿童还是教师，为了参与授业，都必须围绕充当表达与倾听而掌握适当的行为。所谓"参与结构"，是指围绕"什么时候，能够对谁说些什么"——把握表达与倾听的权利与义务——这样一种构成活动的参与者之间的角色分担。即便是在民主型的课堂与授业中，儿童也并非可以随心所欲地发言。

如表5-4所示，儿童是在种种的要因组合的基础上进行发言的。参与结构首先取决于谁在发言，而使得发言的方式发生变化。在多数场合，教师的发言优先于学生的发言。倘若有学生的发言，需要设计好发言步骤。谁获得这种发言权，取决于面向谁发言。倘若是面向邻座的同学，就没有这个必要了。另外，在某个学生面向整个班级发言的场合，其他学生就得无一例外地承担起倾听者的义务。再者，倘若是面向整个班级却是同授业无关的发言，就得权衡轻重，有所甄别（表5-4）[30]。

表5-4 决定参与结构的要因

1. 谁来发言？	儿童，教师
2. 如何发言？	教师：优先于儿童的发言
	儿童：要求—举手—点名—发言
	举手—点名—发言
	点名—发言
	默然的要求—点名—发言
	自发的发言
3. 向谁发言？	教师、班级全员、小组伙伴
4. 发什么言？	授业的内容、无关授业的内容
5. 何时发言？	公共时间、个人时间

【出处】秋田喜代美，《教师言说与沟通》，东京，教育开发研究所2010年版，第63页。

参与结构的模式基本上是由执教教师的指示与问题来决定的。发言权不宜集中于特定的儿童。保障学习困难的儿童的发言权，让其他同学承担倾听的义务，是班级管理中必须考虑的问题。

3. 面向民主对话空间的创造。如何才能瞄准参与授业的个人学习的形成，谋求每一个儿童的自我实现呢?

第一,倾听每一个儿童的声音。授业是"一对多"的对话过程,不能把"多"笼而统之地归结为"全体儿童"。他们是各自拥有个别的学习经验与生活经验的活生生的存在,参与授业的方式也是各色各样的。

第二,面向课题解决。课堂上必须展开这样的授业——倾听每一个人的声音,同时又是作为集体的学习的形成。为此,就得设计参与结构。

第三,进行课堂对话的经营。课堂授业是由拥有各色各样的生活经历、个人体验的儿童参与的。所谓参与结构的设计,并不是抑制或促进儿童发言这样一种非此即彼的选择,而是在容许儿童发言的过程之中展开授业——"以灵活的对话管理支撑授业的展开"。

四、"协同学习"的创造

(一)"协同"的含义

通过数人的交互作用相互学习谓之"协同学习"(Collaborative Learning)[31]。这里的"协同"有"协作"、"合作"之意。不过,在小组内分担课题进行作业的"协作"(作用于同一对象)与作为小集体的"协同"(一道动作)是不同的。"协同"更加注重在集体内成员之间同时达成目标的交互作用。合作并不是以作业的平均分担或是成员的均质性为前提的,而是以成员之间的异质性、活动的多样性为前提的,指的是通过同异质的他者交互作用而形成的活动状态。就课堂授业而言,"协同"指的是每一个拥有固有的学习经验与生活经验而集合起来的儿童们,以多样的授业参与为前提,共同分享认识的活动状态。

(二)作为社会参与的学习

晚近出现的新学习观主张,学习是一种社会的文化的活动,这是有别于过去把学习视为个人头脑之中的活动的学习观。20世纪70年代兴盛的人工智能研究在80年代遭遇停滞的瓶颈,这是因为电脑不能再现人类的智能被人们认识到,一切的智慧行为不是在个人头脑之中实现的,也不是在充斥着工具与机械的环境之中实现的,而是在有着具体的关系性的合作者与对话者存在的复杂的社会环境之中实现的。维果茨基的一个著名理论就是"最近发展区",所谓"最近发展区"是指儿童能够自力解决问题的发展水准,同通过他者的帮助可能解决问题这一个更高的潜在发展水准之间的范围。教育的作用就在于,通过影响这个领域,对当下的发展水准进行提升的同时,能够扩展到潜在的发展水准。近年来,在有关维果茨基理论的学习与研究中,通过"脚手架"同年长者的交互作用,通过协调作业同伙伴的交互作用等过程,受到重视。毋庸置疑的是,儿童不是单向地接受灌输,而是通过交互作用,来形成并扩张自己的最近发展区。

基于学习被视为社会性活动的立场,校外的工作现场也成为研究对象。诸多研究形成了"分布式认知论"[32]:知识不是在个人的头脑之中,而是呈社会性分散的状态,所谓"学习"是"参与实践共同体的过程",等等。例如,莱夫(J.Lave)等人倡导"正统周边参与论"。在他看来,学习是社会实践的一部分。亦即把学习视为参与过程——学习主体在实践共同体中承担某种角色,参与共同行为的生成与维持过程。学习主体在从边缘化的参与到更加充分深入的参与这一过程之中,掌握并熟练该共同体的活动所必要的知识和技能,深化对实践的理解,同时加深作为该集体成员的认同感,并获得成员资格。另外,作为借助社会交互作用的学习和发展的具体化尝试之一,柯林斯(A.Collins)提出了把"认知学徒制"的视点引入学习[33]。所谓"学徒制"是一种如下意义的隐喻:学习依存于实践的语脉,浸润于情境之中,带有对专家集团的文化适应的性质。认知学徒制的视点强调,所谓的"学习"是通过社会交互作用与知识的社会建构而展开的,在这个过程中学习者走向真正的文化适应。基于合作学习的重要性的主张,研究者提出了让学生参与科学的探究,帮助他们发现科学家的观点,或是以科学家共同体的探究模式来展开理科授业的可能性。知识的建构需要社会性情境的支持。

(三) 协同学习的知识建构

人是在伴随经验、重复经验的过程中,形成任何状况下都能运用的抽象的、概括化的知识——图式——的。在协同学习中,学习者以与他者的交互作用为前提,接触多样的个人图式,个人的图式不仅是量的增加,而且可以期待基于经验的多样性,在质上也是多样性的图式。再者,在数名伙伴从事一个问题解决的场合,可以观察他者的问题解决过程。由于视点与思考方式的不同,我们能够在某种程度上对问题解决予以更加客观的把握。就个人而言,也可以产生诸如"不然的话,在哪里会有不恰当之处"等细致地检查自己的思维过程的契机。这样,协同学习中的知识建构由于成员之间的多样性,会出现不同于个人的知识建构的模式,产生更高的效率。

(四)协同学习的评价活动

根据约翰逊(W. D. Johnson)的分析,协同学习的学习评价活动有如下特征:(1)由于必须对他者作出说明,在语言性对话中的学习者的高级认知过程被显性化了;(2)显示出成员之间产生认知冲突,及其调整与创造性的课题解决过程;(3)不仅读写,而且通过口头说明与图表提示等多样的方式有可能把握认知过程;(4)社会生活技能和公民素养、价值观与态度、对工作的热情更加突出;(5)不仅教师评价而且相互评价和自我评价的机会也有所增加。这样一来,评价的机会与线索开拓了,可以减轻评价的偏颇,使评价更有意义[34]。

(五)支撑协同学习的环境

编成小组并不会立竿见影,马上形成协同学习。教育者必须意识到,通过协同学习要让儿童理解什么、如何培育学习者之类的理念与方针。布朗(A. L. Brown)主张学校应当是"学会学习"的共同体,即"学员的共同体"。学生是"见习的学习者",通过在学员的共同体中的活动,成为"知识的初学者"。所谓"知识的初学者"是即便在未知领域没有必要的背景知识,也知道如何获取知识的学习者。

在学员的共同体中,"分布式专长"与"有意图的学习"受到重视[35]。由于学生探究自己擅长的领域与感兴趣的领域,所以,专业知识是分散地存在的。这样,分享知识的、有目标指向的学习环境就变得重要了。在有目标指向的学习环境中,学生自身发挥着能动的研究者和指导者、监控者的作用,同时教师发挥着模范与向导的作用。受到青睐的学习内容,与其说是识记广幅的片断知识,毋宁说是一种一以贯之的深度理解。

作为学习形态兼用"互惠授业法"与"交叉学习法"[36]。例如,学生们学习动物的生态与环境,从"生物个体数的变化"、"食物链"、"动物的防御机制"中选择一个课题,再将这些课题分割成五个子课题,例如"生物个体数的变化"进一步分为"灭绝"、"灭绝的危机"、"人工授精"、"生态保护"、"城市化"。在教师作出授业铺垫之后,学生形成五个研究组,分别承担子课题研究。研究组借助"互惠授业法",阅读资料,成为各个子课题的熟练者。然后,根据交叉学习法,从各研究组中抽取 1 人组成学习组。在学习组中,成员都是各个子课题的熟练者。这样,学生基于互惠授业法,理解整个课题的内容,或是挖掘需要进一步探讨的问题。

研究组的研究一旦有进展,学生们就自发地组织学习小组,引进互惠授业法的对话时间。通过互惠授业法来检查自己所在研究组的研究在哪些方面不够充分。以这些活动为基础,确立与维持如下的班级氛围是必要的:(1)分享研究组的知识的个人责任与共同责任的氛围;(2)共同体内外成员之间的相互尊重;(3)有可能进行建设性讨论的对话机制的确立;(4)便于学生研究组与学习小组之间过渡的活动方式的定型化。另外,值得我们关注的是,"计算机支持的协作学习"(CSCL)——利用计算机多媒体技术和网络技术来支持和优化的协作学习,促成了一种崭新的合作学习形态。

协同学习的展开需要立足于授业过程中个人与集体的相互关系的思维的发展[37]。因此,在课堂中展开协同学习至少面临三种主要挑战:(1)在组内制定规范,形成结构化小组,各自明确如何协同工作;(2)设计任务,支持有效协同学习;(3)设计适合学科的讨论策略,支持教学内容的充分学习。

【注释】

[注1] 顺便需要指出的是,"学力"其实原本是中国的词汇。日本学者小林洋文发表文章说,"学力这个词是日本特有的,学力这个概念也是日本特有的"。这是不对的。据中国的《辞海》和日本的《广汉和词典》,"学力"这个词最早出现在我国宋朝。范大成诗曰:"学力根深方蒂固,功名水到自渠成。"王令也有诗曰:"贫知身贵重,病觉学力怠",其中的"学力"大体是指"学问的功夫和造诣、学问的程度"等。"学力"是中国固有的词汇,这是毋庸置疑的事实。不过,日本学者把中国固有的词汇激活了,使其成为现代教育科学的关键词,这也是事实。

【参考文献】

[1] 东洋,等.授业改革事典(第2卷)[M].东京:第一法规出版公司,1983:181-182.

[2] 奥田真丈,等.现代学校教育大事典[M].东京:行政出版公司,1993:393-394.

[3] 梶田叡一.教育评价理论[M].东京:金子书房,1994:86.

[4][6] 长尾彰夫,等."学力低下"批判[M].东京,AS选书,2002:23—24,92-94.

[5] 诺丁斯.学会关心——教育的另一种模式[M].于天龙,译.北京:教育科学出版社,2003:175.

[7][8] 加藤幸次,高浦胜义.学力低下论批判[M].名古屋:黎明书房,2001:77-100,123.

［9］广冈亮藏.授业改造入门［M］.东京：明治图书,1969：3.

［10］市川博.战后学力论资料集(内部交流资料)［C］.横滨国立大学教育人间科学部,2002.

［11］参见现代教育科学［J］.东京：明治图书,1960(6).

［12］日本教育方法学会.现代课程研究与教育方法学［M］.东京：图书文化社,2008：41－42.

［13］梶田叡一.新学习指导要领的理念与课题［M］.东京：图书文化社,2008：58－60.

［14］［15］东洋,等.教育的方法：儿童与授业［M］.东京：岩波书店,1987：44,45.

［16］菊地良辅.学力的构图［M］.东京：民众社,1992：95－96.

［17］托宾·哈特.从信息到转化：为了意识进展的教育［M］.彭正梅,译.上海：华东师范大学出版社,2007：30.

［18］日本教育方法学会.现代教育方法事典［M］.东京：图书文化社,2003：486.

［19］人间教育研究协议会.新学习指导要领［M］.东京：金子书房,2008：11－12.

［20］［21］日本教育方法学会.围绕学习指导要领修订的教育方法学探讨：以"素质·能力"与"学科本质"为核心［M］.东京：图书文化股份公司,2017：18－22,38－39.

［22］佐藤学.学校的挑战：创建学习共同体［M］.钟启泉,译.上海：华东师范大学出版社,2010：191－203.

［23］稻垣忠彦,佐藤学.授业研究入门［M］.东京：岩波书店,1996：1.

［24］［25］山崎英内则.教育哲学的诱惑［M］.东京：学术图书出版社,2007：42,46－47.

［26］［30］［31］［34］［36］秋田喜代美,藤江康彦.授业研究与学习过程［M］.东京：放送大学教育振兴会,2010：33,63,143,167－168,147.

［27］［28］［29］秋田喜代美.教师言说与沟通［M］.东京：教育开发研究所,2010：20,20,21－22.

［32］高文,等.学习科学的关键词［M］.上海：华东师范大学出版社,2009：92.

［33］柯林斯.认知学徒制［M］.吉田裕典,译.东京：培风馆,2009：41.

［35］高垣真弓.授业设计的最前线：拉近理论与实践的知性合作研究［M］.京都：北大路书房,2003：2－3.

［37］的场正美,柴田好章.授业研究与授业的创造［M］.广岛：溪水社,2013：195.

第二编

授业研究与
教师成长

    本编的主题在于阐述作为校本研修的授业研究的现状与课题,并从"学习集体论"的角度分析学校作为"学习共同体"的课题。授业研究是日本中小学教师校本研修的基本形态。借助这种授业研究,培育每一个教师的专业性——这就是日本的授业研究所传递的基本经验,这个经验正在显性或隐性地影响着当代世界授业研究发展的走向。

第六章

校本研修·授业研究·
学习共同体

　　日本在传统上形成了以学校为基础，同僚教师相互切磋授业的自律的校本研修的文化。尽管这种文化在不同时期、不同学校或活跃或沉寂，但这种教师文化却是一脉相承的。"授业研究"不仅是旨在教师个人专业素质的学习，而且是在教师之间形成同僚性的纽带，创建"学习共同体"最有效的学校改革方略。本章首先多角度地考察"校本研修"的普适价值与现代意义，概述其运作模式及其发展机制。然后，以佐藤学的教育思想作为"学校改革"理念的实验学校所推进的"授业研究"为案例，具体描述当今席卷整个日本的"课堂革命"的草根运动。

第一节　以授业研究为基础的校本研修

一、校本研修的意义：普适价值与现代意义

（一）学校中实践研究的普适价值

所谓"校本研修"是指"旨在有效地提升教师在职务上所必须的知识、技能以及教育效果而在所在学校内展开的教职员研修"[1]。或者简言之，"以学校为单位推进授业研究，并以此为支柱的实践研究"谓之"校本研修"[2]。"校本研修"是各自学校旨在解决教育课题与学校管理问题而有计划地实施的研修。

教育工作原本就是具有创造性的工作。教师们钻研授业，每日每时感受到儿童的成长，享受着创造的喜悦。倘若能够借助学校中实践研究的推进，保障每一位教师探讨课堂授业的机会，那么，他们就会充分感受到这一点。学校中的实践研究可以成为教师们重新认识教师工作的本质、体验成功喜悦的珍贵机会。曾任日本全国教育研究所联盟委员长的木田宏说："授业研究对于研究者而言，是教育研究的出发点，也是验证教育理论的场所。从这个意义上说，授业研究是研究者的一种重要研究方法；对于一线教师而言，学校中的授业研究则具有反思自身的授业、谋求自身变革的特征。"[3]

一方面，校本研修有助于同僚关系的建构。教师的职业是容易孤立的工作，课堂的物理空间是封闭的。加之价值观的多样化，任何的实践从某种角度看，都是存在某些问题的。换言之，课堂授业从本质上说，是容易被挑出问题的活动。因此，教师有意无意回避公开自己的课堂授业。教师大部分的时间是用于课堂授业的，教师之间缺乏课堂层面的沟通与合作，而彼此想要建构良好的同僚关系也是极其困难的。倘若学校

展开致力于改进课堂授业的校本研修,就能确保教师之间"同僚性"的确立。校本研修是费时费力的工作,然而在热衷于实践研究的中小学里,多数教师并不认为它是一种苦役。这是因为,教师之间的沟通题材和合作的舞台越是丰富、充实,同僚之间分享授业创造的喜悦与烦恼的可能性就越高。

另一方面,校本研修在对于儿童的影响、促进他们的成长方面,也是一种有价值的活动。佐藤学参照美国教育社会学家威拉德·沃勒(W.Waller)的灼见,论及教师文化的"回归性"。即教师在受"机械原理"所控制的学校里,容易以"滑稽的教育方法"凌驾于学生之上,形成伪善的、权威性的人格[4]。这种教师文化的特征也可能波及到教师整个工作的"回归性"。鉴于教师职业的回归性,倘若能够通过校本研修确保同僚之间的沟通与合作,那么,在儿童之间也可以形成合作学习的集体,也可以期待这种集体有助于儿童人格的成长与学力的提升。

(二)校本研修的现代意义

从学校管理的视角来看校本研修的话,关注领导力的发挥的学术倾向越来越强烈。具体表现在[5]:

1. 作为经验学习之田野(现场)的校本研修。这一"组织社会化"、"现场学习"、"组织再社会化"、"跨界学习"等管理学习论的理论视点被广泛运用于教师学习环境的实证研究,而校本研修则旨在促进一线教师的教育信念(授业观、研修观、工作观)的变化,以及有助于这种变化的教师学习环境的创造。

2. 作为专业学习共同体之活动的校本研修。作为"反思性实践家"的教师,并不注重设计存在划一的解答方案的情境,而是不断地通过反思实践求得充实。教师团队应当拥有"革新与学习的规范"、"反思、反馈、问题解决能力"、"民主决策"的性质等一系列性质与要素。

3. 作为发挥教育领导力之舞台的校本研修。晚近,校长的"教育领导力"这一概念受到关注。日本教育管理学会研制的《校长专业标准》(2009年)中,有一个标准就是"创设可以支撑教职员专业发展的合作体制与氛围",该标准指出,"校长应当推进旨在所有教职员通力合作、反思自身的教育实践,持续地构建、创设能促进教师专业成长的体制与氛围",并规定了如下几个要素:(1)提升教职员专业成长的自觉性——明确地意识到,谋求所有教职员的专业成长是同改进所有儿童的教育活动联系在一起的。(2)理解与支援每一个教职员——精准地把握每一个教职员的生涯与职业能力,充分地理解并支援每一个教师各自的课题意识与未来展望。（3）指引教职员实现愿景——为了实现学校共同的愿景,编制旨在促进作为每一个教师专业发展与作为学校的教育课题解决的研修计划。（4）形成相互交流与反思的教职员团队——形成有助于有效的教育实践的相互交流、协同合作的教职员团队。（5）营造有利于教职员自我发展的文化氛围——在教职员之间形成协同、信赖、公正、公平的意识得以扎根的文化氛围[6]。

在推进校本研修之际,不仅注重校长的领导力,而且着眼于承担实际推进工作的研究主任、教务主任等中层干部的领导力。晚近,研究者提出所谓"分散式领导力",可作如下解释:"领导力可以被视为一种组织形象,即立足于组织的多样的情境与多样的领导,通过对话与人工物的运用而行使的'分散式模型'。"[7]露口健司（2010年）进一步梳理了体现"教育领导力"的具体行为:

- 为教师的校本研修积极地提供信息。
- 因应教育目标设定校本研修。
- 设定满足教师需求的校本研修。
- 为教师提供接触教育论文与研究论文的机会。
- 通过校本研修的机会,积极地为教师提供指导与建议。
- 在校本研修的实施中,充分考虑到有助于改进授业与儿童成长的研修。
- 在校本研修的实施中,招聘来自教育研究中心与大学的外来讲师。
- 在校本研修的实施中,要给予教师充分的时间,保证教师能够充分地讨论有关授业方法的论题。
- 指导尽可能多的教师参与校内的研究性授业。
- 校本研修的反思会,不限于以年级与学科为单位推进,而是以全校规模来推进。

表6-1　校本研修中的教育研究方法

研　究　方　法	特　　　征
理论研究	以教育理论作为支撑,梳理相关文献的研究
教材开发研究	立足于教育实践、开发教材教具的研究
调查研究	实施调查,分析并考察其结果的研究
案例研究	基于收集到的资料寻求因果关系、探讨授业方法与课题解决的研究
授业研究	确立假设,通过授业实践,引出改进授业方略的研究

在校本研修中可以采取各式各样的教育研究方法,重要的是理解各自研究方法的特征,有的放矢地展开研究。尤其授业研究是以授业本身作为对象的研究,能够紧扣儿童的实际问题展开,在主题研究中起着重要的作用[8]。

归纳起来,校本研修拥有如下特质:(1)目的性、针对性。能够直面日常教育实践的场域中产生的教育课题。比如,面对语文教学中儿童阅读能力低下的问题,教师把培育儿童的阅读能力作为学校教育研究的课题。(2)共同性。在研修中,教师能够共同地直面职务上所产生的问题与课题的解决。在学校里拥有种种不同经验与能力的教职员通过相互切磋,可以取长补短。(3)具体性、实践性、即效性。研修易于针对各所学校自身面临的课题,产生立竿见影的作用。在校本研修中,根据儿童的实际,展开授业研究、学生指导等种种研修,特别是在主题研究中,设定基于实践的研究主题,有助于在日常的实践中直接作用于儿童,解决课题。在这个过程中,研修的成果容易通过儿童变化的形式加以确认。(4)简易性。由于在校内实施,比较容易调节用于研修的时空条件。

二、校本研修的支柱:"授业研究"的方式

(一)校本研修的规划、运作的模式

毋庸置疑,校本研修的支柱——公开授业——的实施,以及以此为题材的协议会的开办,亦即授业研讨会的实施是一种授业研究。作为一种尊重实践可能性的活动,其特征可以总结为:在同一所学校里工作的教师共同分析案例、评价案例,从而获得的见解,理想地说,校本研修应当渗透于学校之中,这将有助于促进儿童日常的成长。换言之,这是同从学术的角度梳理授业现象的研究活动大相径庭的。正因为如此,其着力点在于教师拥有的实践性知识的交流。

为了提高校本研修的潜在可能性,必须从校本研修的若干侧面琢磨其规划与运作。一个代表性的事项就是研究课题的确定、年度活动的筹划,以及部会与分科会的构成。在校本研修中设定某种课题后,可以借助授业研讨会等校本研修的活动对其加以充实。再者,授业研讨会的次数和实施的时期也要加以规制。何时召开授业研讨会,研讨会的目的何在等,需要探讨的事项不少。研究课题的设定与年度活动计划的策定是同所谓的部会、分科会等合作研究的下位组织的构成联动的。一般而言,根据研究课题实现的课堂授业,可以有若干逼近的设想,构成以这种逼近为单位的下位小

组,容易展开缜密的讨论和合作作业。从某种意义上说,可以深化实践研究。就是说,校本研修是一种重叠的组织——全体教职员以小组为单位,委托个人展开。因此,基于这种组织的活动的梳理与相关关系是需要明确的。

(二)公开授业的实施

一般说来,日常的授业是一名教师针对一个班级来实施的,除了特例之外是不涉及第三者视线的,亦即以不向公众开放为前提的。然而,基于某种缘由,任课教师接受第三者介入而实施的授业一般谓之"公开授业"。公开授业根据如下目标实施:(1)面对本校同僚教师,旨在研究主题的验证与问题讨论而实施公开授业。在这种情况下,外来教师和研究者作为合作研究者出席。在教育现场,这是最常见的一种公开授业形式,而这些研究成果也在公开的研讨会上发表,这种场合也对参与者实施公开授业。(2)在例行的家长参观日,诸多中小学举办公开授业。这种公开授业的目的是,通过向家长公开"授业的实际状况",公开"授业中各自子女的活动状态",让家长、家庭和社区的教育力参与教育实践之中。(3)公开授业不仅让本校的教师观摩,而且让同年级与不同年级的儿童来观摩驾驭优秀的授业技术而创生的授业事实,借以相互切磋教师间的"授业的实力",期待儿童打开参与授业的视野,提升儿童参与授业的意欲与准备状态。(4)以新任教师的研修为目的,同年级教师进行日常的观摩和指导,为了获得校长、教务主任的指导与帮助,有时也让新任教师上公开课,以半公开的方式实施。(5)针对教育实习生,由实习校的教师进行公开授业。(6)基于特定的授业理论和学科理论的倡导者以及上课"达人",面对现场的教师实施公开授业,从而传递一定的理论与技术。

(三)授业观察的视点

倘若观摩授业作为一种研究(研修)来实施,就得有组织地进行——明确观察目的;设定观察视点;根据视点选定观察方法;做观察记录,基于资料展开授业研讨(执教者也参与)。这类研究可以大致分为三种——主要研究学科内容、教材教具、授业媒体的;主要研究教师的授业行为的;主要研究儿童或儿童集体的状态的。一般而言,同时牵涉三者来设定广泛研究题目的场合是不少的。不过,从实际研究的意义上说,聚焦某一侧面的观察更为妥当。观察的视点必须根据课题与目标,具体而明确地加以设定。例如,以"儿童的主体性活动"为目标的话,如下观察视点是重要的——(1)主体参与学习活动的心态;(2)每一个儿童展开能动的学习活动:学习活动与探究活动是否紧扣授业目标、逼近学科本质,是否开展了蕴含丰富情感和表象的主体性表现活动;(3)班级伙伴是否作为学习集体进行沟通和合作,揭橥构成核心的骨干的活动是否得以积极地组织。对教师的观察视点是——(1)教师对儿童施加的影响作用是否充分,特别是提问、对话是否引导了儿童的思考、情绪和认知;(2)指示、提醒、演示、示范之类的教师的行为、示范同以提问为核心的探究过程(表达过程)是否融为一体且系统化;(3)教师的提问示范是否贴切而充分;(4)教师的语言性影响与非语言性动作是否适当而充分,即教师是否形成了总体的影响。通过评价,学习活动是否得到深化,学习集体的提升是否得到了引领等。

三、授业研讨会的意义、计划与课题

(一)授业研讨会的意义

第一,有助于推进沉浸于教师日常的教师研修。着眼于研修的场所,教师的研修大体分年级的研修、学科领域的研修乃至整个学校的研修。校外研修分体制内研修、体制外研修以及国外研修。往往可以听到中小学教师说"工作忙,没有时间研修"、"即便研修也无济于事,所以不想研修"等,这种心态成为一线教师研修的障碍。在这些话语的背后反映了教师对于研修的错误认知——所谓研修是离开课堂授业,从繁忙的事务中挤出空闲时间,外出参加演讲会、讲习会。但实际上,在学校中每一个教师的日常的努力都是旨在精彩教学的创造,也就是说作为教师的职务的教学与教师的研修是一体化的。

第二,有助于教师在共同的职场里谋求共同的理解。在学校里相互公开课堂,展开授业研讨分校内研修与校外研修两种。就校内研修而言,包括个人进行的;年级组或学科组进行的;全校进行的。公开的场合,包括作为研究教学进行的;作为示范教学进行的;作为面向家长的参观教学进行的。特别是教师的个人研修往往不向他人公开,这是由教学的隐私主义和人类拥有的防卫本能所致。为了打破这种现状,其一,重要的是全体教职工取得对课堂研究的共同理解。所谓教学是课程实施的场所,也可以说是师生根据教学目标一起努力的场所。因此,作为教师,期待在教学中具体地落实教育、教学的目标,谋求年度的重点目标的实现,同时,追求每一个学生的变化与提高。其二,重要的是要考虑每一个教师都能参与校内研修的方法。校内的授业研究原本就具有一种让每一个教师积极主动地从事合作研究的性质。因此,授业研讨会的展开方式需要经由全体教职工的协商,取得共同的理解。

第三,有助于儿童解惑与教师授业实践力的提升。在教师每日每时的授业中,儿童往往会产生这样那样的困惑。为儿童解惑,正是教师工作的本质意义所在。因此,重要的是教师时刻把儿童的困惑当作自己授业的困惑。教师必须明确,针对儿童在哪些地方不明白而产生的困惑,作出怎样的指导,消解每一个儿童的困惑。为此,强调教师需要从如下两点提升教学实践力:一是,教师的专业性——能够使得每一个学生都能理解的愉快的教学;二是,教师的人性——尊重每一个儿童的教师。

(二) 授业研讨会的计划与课题

授业研讨会的计划根据以往的授业研讨会的评价来制订。作为评价的视点如下:(1) 授业研讨会是否有具体的目标;(2) 每一个教师是否凝练了授业的问题;(3) 每一个教师是否得到尊重,教师之间是否展开了相互合作的有组织的活动;(4) 研讨会是否是从学校的实情与儿童的实态出发,进行计划与组织的;(5) 作为整个学校的组织,授业研究推展的速度是否恰当。这些视点是多角度的。归纳起来,无非是授业研讨会的种类及其计划方式,研究课题的设定、组织建设等。

授业研究是旨在聚集众多教师的智慧,为每一位教师的精彩授业提供指导技术与实践理论而进行的。各自学校的授业研究除了年级部会、学科部会之外,还有全体部会。而在公开的研究发表会所进行的研究授业,大多倾向于注重针对教师个人的教育素质及其教学实践力进行点评的评论性研究。示范教学则是由资深教师进行的,是把所谓的精彩授业作为模范来公开的。观摩者以谦虚的态度从中得到学习,以有助于自身教学的改进。不管是校内的研究授业,还是公开的研究授业、示范授业,都应该通过其后的授业研讨会,使得执教者、观摩者易于实现各自的目的。

授业研讨会一般是在公开授业之后召开的。为了使得授业研讨会的成果成为每一个教师的财富,可以采取"研究性教学→授业研讨会"的模式。有关授业研讨会的实施,不同的学校有不同的做法。例如,决定授业研究的课题、有计划地实施授业研讨会的学校,每个学期进行 1 次旨在提升教师授业实践力的授业研讨会。重要的是要扭转单纯的知识传递倾向,着力于培养儿童自身的思考力和正确判断力。从这种立场出发,重要的是建构"Plan-Do-See"这种循环往复的课堂研究周期的整体构想,全校持之以恒地展开实践。首先是从"看到"(See)本校的课堂研究状况开始,从而确认每一个教师的教学问题意识及其合作研究的问题。然后,在此基础上,编制新的授业研究的"计划"(Plan),进而根据这个计划"实施"(Do)授业研究。这样,评价实施的成果,修正以往的计划,再编制新的计划。如此循环往复,每一个教师的教学实践力得以提升,从而构筑儿童发扬长处、矫正短处的基础。

四、有助于"校本研修"持续发展的机制

日本众多学校建立了极具特色的支撑校本研修的规划与运营的机制,可归纳如下。

(一) 作为"实践文件包"的研究纪要及其运用

作为校本研修一环的授业研究的成果应当直接地反映在日常的课堂授业之中。最大限度地尊重这种授业实践的"日常性"举措,就是由教师自己记录并整理授业的计划、实施、评价的过程,然后跟同僚交流其内容。这无非就是制作并运用"实践文件包"。从某种意义上说,这种研究在日本中小学教育现场已经得到推广,几乎每个学校都在从事"研究纪要"的编辑。教师在执笔撰写研究纪要的过程中,必然会梳理日常实践的经验。这是一个"教师通过'写作',使得自己的授业实践重新客体化"的过程[9]。

(二) 授业与课程的外部评价: 研究发表会的举办

作为校本研修一环的授业研究是以同僚性为基础的活动。同时,授业研究期待同兄弟学校的教师展开合作研究。所以,在研究发表会上,通过向兄弟学校公开本校的授业,在公开授业研讨会上征求意见,教师可以从更广的视野来评价本校的课程与授业。这个传统自大正时期自由教育运动以来就已蔚然成风。如今,每年的2、6、10、11月份,日本众多中小学都会举办这种研究发表会。

(三) 尊重实证: 学力调查与教育力调查的活用

在大正时期自由教育运动中,一些中小学就开始致力于实践研究,重视各种教育调查,学力调查与教育力调查就是其中的典型。重视实证成为日本学校实践研究的一个显著特征。

(四) 尊重授业研究的学校文化的传承

上述机制拥有活跃授业研究的可能性,同时也可能会带来形式化的危险。为此,学校的中坚——研究主任应当在学校的规划、管理中发挥重要的作用。这不仅需要提升具体班级的指导和各门学科的授业,而且必须通盘把握整个学校的课程与资源的现状与课题,对其加以充实。教师需要满足如下条件,才能发挥这种协调作用:赞赏同僚的挑战;积极地听取同僚的意见;具体地回应同僚;能够梳理本校的多样化实践;拥有授业与课程的丰富知识;能够构想有实现可能性的具体的研究计划[10]。"授业力"即最大的"教师力",直面基于"能动学习"的授业的转型,要求教师从自身的授业实践中学会授业。

总的说来,这种校本研修制度有助于一线教师感悟"教育的瞬间",共同反思"授业",寻求更好的授业实践,以及理解授业实践的内涵,从而促进真正意义上的教师的学习与成长的过程。

第二节　基于授业研究的"学习共同体"的创建

一、课堂革命的愿景与哲学

晚近授业改革的潮流之一,就是学校作为"学习共同体"(Learning Communing)创建的实践。学校作为"学习共同体"创建的实践是从 1896 年到 1904 年杜威展开芝加哥大学实验学校以来的传统,是从 1910 年以来的 30 年间国际新教育运动的中心课题之一。当下,世界各国正把作为"学习共同体"的学校放置于"21 世纪型学校"的位置上展开讨论与实践。日本佐藤学倡导的基于教师的"授业研究"的"学习共同体"的学校改革,就是其典型的一例,这种学校改革在日本已形成燎原之势。佐藤学在经历 1 000 所学校改革失败与 3 000 所学校改革成功的基础上,总结了包括课堂授业规范与校本研修规范在内的规范的解构与建构的独到见解,值得我们借鉴。佐藤学说:"危机的时代也是变革的时代。"日本学校富于创意的挑战,是教育研究与哲学思考的丰润的思想宝库,也是启迪我们发现和实现新的教育创造的一份确凿无疑的实证依据。

(一) 学校与教师的责任：保障每个儿童的"学习权"

课堂授业是实现每一个儿童的"学习权"的场所。课堂中为什么会出现很多学生未能进入学习状态的情况呢？佐藤学一针见血地指出，这是因为，每一个教师的意识都聚焦于"授业"的展开，未能面向每一个学生的学习。上课本应以实现每一个学生的学习为目的，但教师仅仅关注于上课本身，未能直面关键的学习。他指出，这是本末倒置，因此我们需要对授业观念作出根本转变。上课是以实现学习为目的的，每一个学生学习的实现必须成为上课的诉求。根据联合国教科文组织的解释，所谓学习权，是指每个人天生就有的"阅读、写作的权利，提问、深思的权利，想象、创造的权利，读懂自身世界和书写自己历史的权利，分享教育资源的权利，发展每一个人的智慧以及所在集体的智慧的权利"。学习权是基本人权之一，学生在学校里不仅仅是记忆知识，他们还有提问、思考、想象、创造的权利，有表达自己观点、发展个人智慧等权利。教师保障每一位儿童的学习权，意味着教师要创设人人参与的课堂情境，倾听每一位儿童的见解，高质量地组织学习活动，激发儿童的提问、深思、想象、创造。而要营造这样的课堂，协同学习是必须的。因为在当前的班级规模状况下，不组织协同学习，就不能实现每一个学生的参与。教师还要合理分组、把握合作学习时机，尤其是要创造性地使用教材，果断地处理单元的展开，有效地组织授业的内容：该压缩的压缩、该拓展的拓展，高水准地设定协同学习的课题。这样，协同学习就能够融汇基础性和发展性的授业内容，使得互帮互学得以实现。

(二) "学习共同体"的哲学与实践方略

"学习共同体"[11]的历史可以追溯到古希腊的学院、中世纪的修道院和大学。"学问"（Discipline）原本是意味着"学习者"（Disciple）的共同体的概念。早在 1992 年，佐藤学就发表《作为对话性实践的学习：学习共同体的寻求》，而创建"学习共同体"的学校改革在日本各地得以推广的出发点，则是茅崎市教育委员会创建的"21 世纪领航学校——滨之乡小学"。滨之乡小学的创设是一件历史性的事件，在那之前，日本还没有创建拥有独自的改革理念，并揭橥教育愿景的公立学校。在滨之乡小学，"学习共同体"的学校理念与哲学被具体化为如下内容：

1. 作为"学习共同体"的学校。"学习共同体"是彰显"21 世纪型学校"愿景的概念;是重建学校的概念,使之成为儿童协同学习的场所、教师作为专家相互学习的场所、监护者与市民参与学校教育并相互学习的场所。为实现这种愿景,学校采取了一系列的举措:(1)在课堂里实现"协同学习"。(2)在教职员室里构筑教师合作、富于创意地一起挑战、评议、学习的"同僚性"[12]。提出"同僚性"概念的是朱迪斯·沃伦·利特尔(J.W.Little)。她调查研究了学校改革中被视为成功要素的众多要素的功能,主张教师作为同僚之间的专家的亲和力在学校改革中起决定性作用。她提出把教师专家的亲密无间的合作置于学校改革的优先地位的现实提议是十分智慧的,佐藤学把它译为"同僚性"。这个"同僚性"已成为今日日本教师的通用语。(3)监护者与市民致力于参与授业实践、同教师合作的"学习参与"。

2. "学习共同体"的学校改革寻求三种哲学——公共性(Public Philosophy)、民主性(Democracy)、卓越性(Excellence)。所谓"公共性"的第一个含意是,学校是基于"公共使命"(Public Mission)与公共责任组织起来的场所,教师是承担这种公共使命与责任的专家。学校的公共使命与肩负这项使命的教师责任在于:实现每一个儿童的学习权,实现民主性的社会。"公共性"的第二个含意则是,学校是作为"公共空间"(Public Space)而开放的。"公共性"是一种空间概念,学校和课堂的空间是一种对内对外开放的、多样的生活方式与思考方式借助对话性的沟通得以交流的场所。所谓"民主性"系指,学校教育的目的在于民主性社会的建设,学校本身必须是民主主义的社会组织。"民主性"并非只是政治的程序。这里所谓的"民主性",诚如约翰·杜威所界定的,意味着"与他者共生的方略"。在以民主性的原理组织起来的学校中,每一个儿童、教师与家长都是承担着各自固有的功能与责任、参与学校运营的"主人公"(Protagonist)。所谓"卓越性"系指,无论教师的"教"还是学生的"学",都必须是卓越的。这里的"卓越性"并不是谁比谁更优越,而是指无论何等困难的条件下都能各尽所能地追求最高境界,在教与学中,是万万不能降下"卓越性"这一旗帜的。

3. 作为实现上述三种哲学的实践方略是,其一,组织课堂中活动性、协同性、反思性的学习。其二,建构基于校本研修的作为教学专家共同成长的"同僚性"。其三,家长与市民参与授业的"学习参与"。"学习共同体"的学校改革是以授业实践的创造与评议为轴心推进的。授业的理论、方式与研究的多样化受到鼓励,不限于特点的力量与方式。这一语境要求每一个教师基于自身的信念与经验,创造并交流多种多样的授业方式。这是因为,这是同学习作为同事物对话、同他者对话、同自我对话的三种对话的实践创造相通的，是同基于构筑课堂中"倾听关系"的对话性沟通来创造教学相通的，是同在教学中积极引进协同学习、组织更高水准的"跳跃的学习"相通的。

"学习共同体"是每一个人的差异得以交响的共同体。佐藤学强调需要用"差异授业"替代"划一授业"。正如交响乐团运用不同乐器音响的交响演奏成一曲交响乐那样，每一个人的经验得以交流与交换的共同体，就是"交响式沟通"。在这种"和而不同"的共同体中，每一个人的自立、亲和及其多样性是一个前提。每一个人自身通过亲力亲为的探究，形成与自我共生的众多异质的他者的关系，从而构成了自我参与其中的共同体。可以说，寻求"学习共同体"的实践是一种迥然不同于"甄别教育"的实践——把抽象的"集体"置换成具体的"个人"；把无关系的"他者"置换成亲密的"他者"的实践。没有差异就没有学习。宣示"一切的差异万岁"的旨趣，无非就是寻求把学校这一"竞争与甄别"的体制置换为"共存与共生"的共同体的方略。

"学习共同体"是每一个儿童、每一个教师、每一个家长共同成长的天地。"学习共同体"的构筑，是一种把学校重建为人们相互学习、一起成长、心心相印的公共空间的改革[13]：第一，学校是每一个儿童共同成长的天地。在课堂中保障每一个儿童能够以多样个性为出发点的活动性学习，以及实现多样的学习交流的合作性学习。学校的公共使命在于，培养每一个儿童成为自立的、活动的、合作的学习者。第二，学校是每一个教师共同成长的天地。作为合作创造的授业专家一起成长的教师之间的亲密无间，谓之"同僚性"，它是决定学校改革成败的最大要因。学校内部的改革能否实现，取决于教师能否构筑起将彼此的实践相互公开，相互批评、合作创造的关系。"同僚性"的建设是学校内部改革的中心课题。第三，学校是每一个家长共同成长的天地。从"教育公共性"的原理看来，学校教育是以教师为中心，家长、市民合作构筑的协同的公共事业。

（三）活动系统

"学习共同体"的方略就是活动系统的构成。佐藤学倡导的"学习共同体"是以倾听他者声音、形成相互倾听的关系为基础的。"倾听他者的声音"是学习的出发点。"学习"常常容易被描述为能动的活动，其实学习是以"被能动性"为其本质特征的。据说在古希腊语中有一个被动态与能动态融为一体的"中道"的动词态。学习正是这种"中道"的活动。

教的活动也是同样。以杰出教师著称的德博拉·梅尔（Deborah Meier）在其 1996

年的著作中写道:"教的活动大半存在于倾听之中。"确实,杰出教师无不在课堂里把精力倾注到由每一个儿童的声音相互关联而形成的整体的声音的倾听之中。"倾听"的优先性,在把学校构筑为公共空间的过程中也非常重要。约翰·杜威在其《公众和公众的问题》(1927年)的最后部分,提及了作为树立公共性的必要条件的听觉优先性时,作了如下的论述:"听觉与生动活跃的思考与行动的联结,较之视觉与生动活跃的思考与行动的联结要紧密而多彩。观看的时候是旁观者,而倾听的时候却是参与者。"这一段文字中的"倾听"的被动性所带来的"参与"关系被充分地表达出来了。正如杜威所指出的:一个人通过"观看",能够沉浸于"思辨"之中;但通过"倾听",却一定会作为当事者"参与"其中。倾听关系在共同体的建构之中具有决定性的意义。这是因为,相互倾听的关系可以生成对话性语言,并通过对话性沟通为构筑共同体作准备。

佐藤学倡导的作为"学习共同体"的学校是借助完整的"活动系统"来组织的。倘若实施了这种"活动系统"的一系列活动,那么,就会在不知不觉之中,自然而然地体悟并实践"公共性"、"民主性"与"卓越性"的寻求。从某种意义上说,这是创建"学习共同体"的操作系统。

(四) 课堂革命:"宁静的革命"、"永远的革命"

以滨之乡小学为代表的日本3 000所中小学坚持螺旋式上升的改革,从课例研究着手,反复"回到改革实践的基点上来,重新发起新的挑战",给了我们诸多启示。他们年复一年地展开返璞归真的、周而复始的,甚至步履蹒跚的授业研究,积累了丰硕的成果,成为年轻教师成长的基地。授业研究应当是教师的"自主研究"而不是"奉命研究";授业研究的课题不宜年年翻新。这是因为,这种挑战是持久的、缓慢的文化变革过程。变革课堂困难重重。佐藤学在十几年间经历了1 000多所学校改革的失败后说道:"对于变革学校之艰难,创建'合作学习'的课堂之艰难,建构教师之间'同僚性'之艰难,建构家长与教师之间的信赖与协作关系之艰难,建构家长之间联谊关系之艰难,建构学校与教育委员会之间伙伴关系之艰难,以及建构研究者与教师之间相互学习关系之艰难——我是痛彻心腑的。"这样,课堂革命不能不是"永远的革命"。

"学习共同体"的学校改革引领如此众多的学校获得堪称"奇迹"的成果,其背景是教师对于一系列教育概念的再定义。佐藤学倡导三种概念的再定义。

其一，"学习"的再定义。"学习共同体"的"学习"被重新界定为三种对话实践——与客观世界的对话、与他者的对话、与自己的对话。学习是认知性（文化性）、人际性（社会性）、实存性（伦理性）的实践。"学习是同新的世界的'相遇'与'对话'，是师生基于对话的'冲刺'与'挑战'。挑战学习的儿童是灵动的、高雅的，而且是美丽的。"[14]

其二，"教师"的再定义。在"学习共同体"的学校改革中，对"教师"也重新作出了界定。以往教师被界定为"教的专家"，但"学习共同体"的"教师"被重新界定为，既是"教的专家"，也是"学的专家"。再者，以往教师的专业能力被界定为：基于"科学技术的合理运用"的原理在实践中的具体化而获得的科学知识与能力，但在"学习共同体"中的教师的专业能力则被视为省察自身的实践事实与同僚的实践事实、展开合作学习的"反思性实践家"（Reflective Practitioner）。

其三，"公共性"的再定义。学校改革的"公共性"，或者说"民主性"的概念（与其说是参与民主性，毋宁说是审议民主性的语境中界定的"民主性"概念），也在"学习共同体"的学校改革的探究过程中得以深化。课程改革也是同样。在推进"学习共同体"的学校改革中，正在摸索着以三个基轴——"科学对话的教育"、"艺术技法的教育"、"市民性教育"——设计与实践学校课程的方向，并且期待这些实践在最近的将来会开发出崭新的课程结构。

二、课堂规范的解构与建构

（一）建构新的课堂规范

课堂规范不是万古不变的，它要随着时代的发展和教育价值取向的变化而与时俱进。我们可以从《学校的挑战》的二十几个案例之中，发现日本的中小学教师是如何解构旧的课堂规范，建构新的课堂规范的。在课堂规范的解构与建构的背后，隐含着诸多具有颠覆性的教育信条。

1. 课堂变革三要素

在佐藤学的实验学校中，"不议论教材的选择与教学技巧的是非得失，而是根据课堂的事实，探讨三个要素——活动作业、协同学习、分享表达——是如何发挥作用的"[15]。课堂授业中，教师结合学习内容组织活动，让儿童或借助于词语展开探究，或用绘画来表达科学现象等作业状态，表达自己的见解，从一开始的同质性的见解，到逐步的多样化和异质化。通过授业设计中设定的挑战性的学习内容,布置相关的冲刺与步骤的活动,构筑"合作学习"的关系,男女生四人混合编组,在小组活动中为使学习困难的学生能够通过求助同学来参与授业,引导学习困难的学生形成随时向邻座同学询问"唉?你看这是怎么回事"的习惯。随着每一个儿童之间的多元学习和彼此交响的"合作学习"的进行,每一个人基于同学习内容的细部与深部的对话得以催生,通过"在某某段落……"、"听了某某同学的话,我想……"等的语言,把自己的发现与感想同学习内容、同学的所思所想联系起来,借助合作、彼此分享见解与思考,儿童们的讨论与发言在课堂里形成了"问题的意义空间"。

在菅野老师的五年级综合学习(学习生命、感悟生命)公开课上,刚刚观察结束后的儿童们重新集结起来,转入课堂讨论。美贵开口道:"蛋清是不是相当于人体的羊水?"和美接着说:"在白色区域内起保护作用。"菅野老师问道:"有没有胎盘?"健太发言道:"看起来好像是肚脐眼的东西,不知道是不是胎盘。"阳介说:"蛋是不是相当于子宫?"美智子补充道:"是的,壳上面黏着白色的膜呢。""是嘛,今天的课,我们还不知道有没有胚胎就结束了?"——菅野老师说罢,课堂上议论纷纷。健次发言道:"白色的粘膜不就是胚胎么!"整个课堂里,"是的"、"是的"——赞同声响成一片。儿童们提议下一节课的活动要详细观察受精卵的内部[16]。

这是一幅和谐、融洽的课堂学习场景。寥寥数语的描述,使我们窥见了理想的授业和学习状态。"菅野老师的每一句话之所以能够使这个课堂犹如'吹皱一池春水'般地激起层层涟漪,并且形成交响,就在于菅野老师的身体语言与整个话语能够同每一个儿童思考的起伏变化相吻合,丝丝入扣,整个课堂分享着'嘈嘈切切错杂弹,大珠小珠落玉盘'的美妙。"[17]这个片段中的每一个儿童都参与了学习,儿童在相互倾听的基础上分享自己的见解,在相互的启发中层层加深认识。在课堂中一旦引进了三种活动——学生作业自主活动、小组讨论(合作学习)、全班交流分享,就一定能够打破教师一言堂的格局,形成活动式学习、协同式学习、反思式学习。所谓"学习",本质上是一种对话性实践,即同客观世界对话(文化实践)、同他者对话(社会实践)、同自我对话(反思实践)三位一体的活动。

2. 教师上课三件事

课堂授业中教师工作的核心在于"三件事":倾听、串联、反刍。即倾听儿童的心声、串联儿童的思考、反刍教材的陈述。

倾听是教师授业活动的核心。"倾听儿童的发言意味着在如下三个关系之中接纳发言。一是,认识该发言是由文中的哪些话语所触发的;二是,认识该发言是由其他儿童的哪些发言所触发的;三是,认识该发言同该儿童自身先前的发言有着怎样的关联。教师一旦基于这三个关系倾听每一个儿童的发言,那么,就能以课文为媒介,把每一个发言如同织物一样编织起来。"[18]而且,"任何一个儿童的思考和挫折都应当被视为精彩的表现来加以接纳。倾听每一个儿童的困惑与沉默,正是课堂授业的立足点。所以,富于创意的教师总是全身心地直面儿童的多样性与教材的发展性"[19]。倾听关系是儿童之间相互学习的基础,是教师优质授业的起点。该授业场景的典型特征正是倾听。课堂中形成一种非常和谐的倾听关系:儿童之间相互倾听;教师作为倾听关系中一个平等的参与者,倾听每一个儿童的声音。一堂课的精彩不是指教师上课的优劣,而是指每一个儿童自由自在地、有个性地参与学习,形成了以倾听关系为基础的管弦乐般地交响。

我国近年来也在倡导"协同学习"。在协同学习的课堂上,学生发言后教师往往会让"同学互评",即后面发言的同学会对前面发言者的发言进行评价,教师再根据学生的评价进行总结。学生倾听同伴的发言,关注的是找出错误和纰漏,帮助同伴更正;教师让学生互评,是为了发展学生的判断能力与评价能力。合作讨论中教师的中心工作是"组织—评价—总结"。这是我国课堂中的常态,我们也习惯性地视其为理所当然。然而,佐藤学给我们展示的若干课堂却将我们从对"同学互评"的迷恋中唤醒,下面是其中一堂课的片段:

山崎老师不像一般教师那样,把"好的发言"串联起来组织授业。对于山崎老师而言,任何一位儿童的发言都是"好的发言"、"精彩的发言"。这种态度是一以贯之的,所以,山崎班级的儿童们也同山崎老师一样,把每位同学的发言都当做"好的发言"、"精彩的发言"来听取。这就形成了这个课堂的相互倾听的关系,从而成为"合作学习"的基础[20]。

佐藤学指出,任何儿童的思考与挫折都应当被视为精彩的表现来加以接纳;倾听每一个儿童的困惑与沉默,正是课堂授业的立足点。为了构筑相互倾听的关系,应当停止让儿童们进行相互评价,因为,相互倾听、协同学习的关系同"相互评价"、"合作授业"的关系是对立的;而且,要克服一味追求"主体性学习"的授业,为了提高学习内容的水准与合作学习的关系,与其强调"主体性学习",不如强调依存他人、回应他人学习。这里所说的"依存他人、回应他人",实际上是一种专注的倾听与合作:倾听他人的见解,分享自己的看法,为加深他人的理解与认识做贡献。

3. 课堂授业三境界

课堂授业有三重境界：澄明的学习、协同学习、交响的学习。所谓"澄明的学习"意味着每一个儿童的学习和每一个教师的学习是得到了品质上的磨练的。所谓"协同学习"是指多样性（差异性）学习的交流通过个体与个体之间的交融而得以发展，也可以说是"互惠学习"。所谓"交响的学习"意味着儿童学习的多样声音与教师学习的多样声音的交响。借助每一个人的个性差异的碰撞，培育"和而不同"的学校（课堂）文化。不过，重要的不是从"澄明的学习"到"协同学习"再到"交响的学习"的发展，而是从"交响的学习"到"协同学习"再到"澄明的学习"的发展。在学校改革中，儿童的学习并不是从"澄明"到"协同"再到"交响"的，恰恰是逆向的过程。以下是望月高中挑战高水准学习的一个场景：

缐场老师的生物课的题材是"各色各样的遗传"。在确认 ABO 血型的遗传方式之后，缐场老师说明了世界上 8 个国家的 ABO 血型分布与基因频度的概念，最后提出问题——"若某地区 ABO 血型的基因频度分别是：A 为 0.3，B 为 0.1，O 为 0.6，那么，A 型、B 型、AB 型、O 型的比率分别占多少？"全班就此问题展开探究性学习。教科书中阐述了 ABO 血型的遗传方式，但未论及"基因频度"的概念。利用"基因频度"进行复杂的遗传现象的概率计算，是大大超越了教科书的水准的[21]。

4. 课堂观摩三要点

课堂观摩要抓住三个要点：聚焦儿童的学习成功、困惑以及主讲教师的授业风格。基于授业观摩的两小时左右的授业研究的讨论，需要有上百次的积累。授业是一个非常复杂的过程，失败是在所难免的。简单地说一节课成功或者失败是没有意义的。佐藤学认为，听课者的任务是抓住授业中的具体问题进行分析。例如，学生是否都真的明白了？我们可以从中发现哪些问题？哪些方面学生们还不知道？对此教师作出了怎样的判断？——我们要像拿着放大镜那样，进行细节观察。我们从公开课的授业中要学到的是这样一些东西。因此，教师的评课聚焦于三点：第一，你发现全班同学的学习在哪些方面是成功；第二，你发现全班同学的学习在哪些方面还存在困惑；第三，你从主讲教师的授业中学到了什么。

这就是说，授业研讨的对象不是放在"应当如何教"的问题上，而是基于课堂的事实——"儿童学习的成功之处何在，失败之处何在"。授业研讨的目的不是"教师露一手"，而在于"学习关系的创造"与"优质学习的实现"。研讨的中心不在于教材的解释与教师的技术，而是必须基于课堂中每一个儿童的学习的具体事实。正是这种省察的缜密性、准确性与丰富性,奠定了创造性授业的基础。在研讨中,观摩者不是"对执教者建言",而是观摩者自身的"学习"交流。唯有实现了这种转型,校本研修才能成为每一个教师富于魅力的"协同学习"的场所,争先恐后地争当执教者的氛围才能形成。同时,在研讨中,观摩者不应当缄默不语,应当实现不受高谈阔论者与评头品足者支配的民主型研讨。

5. 校本研修三原则

我们必须认识到,校本研修的目的不在于"上好课",而在于实现每一个学生的"学习权",保障学生挑战高水准学习的机会。佐藤学倡导校本研修的三个原则是:(1)即时回应儿童的授业;(2)以倾听为中心的授业;(3)彰显教师风格的授业[22]。这是因为,课堂授业是超越了一般教师难以想象的极其复杂的工作,是一种智慧的作业。为了实现以学习为中心的授业改革与教师作为专家的成长,第一,任何一名教师,但凡关起门来授业,都是不可能从内部变革学校的。所有教师每年起码需要上一次公开课,积累授业研究的经验。基于授业观摩的两小时左右的授业研究的讨论,需要有上百次的积累。第二,构筑同僚性的校本研修,展开日常的授业研究,充实授业后的反思。研究方法需要摆脱"假设—验证"模式的支配,应当研究的事项不是"假设—验证",而是事件意义的多样性解释,是事件关系的结构性认识。缜密地研究课堂事件,儿童学习的成败,才是中心课题。第三,现行的学校组织与管理要精简。对于教师说来,最重要的是扎根于自己的课堂事实的研究与研修,是自己所在学校内部的研究与研修。越是扎根于传统,就越是拥有创造性,就越是能够摸索出新时代教育发展的不可移易的方向。

(二) 指向"深度学习"的创造

佐藤学的创建"学习共同体"的学校之所以取得奇迹般成果,其秘密就在于寻求高水准的"深度学习"。它们的任何一堂课都分为两种学习课题——"分享性学习"(教科书水准)与"挑战性学习"(超越教科书水准)来设计,让儿童投入一个又一个从"教科书设定水准"上升到"课题设定水准"的挑战[23]。这里略举数例,从中可以看出,拥有一定的"广度"、"深度"并吸引全员"参与"的学习课题的设计,或者适度的"驱动性问题"的设计,乃是提升课堂教学效率与魅力的重要因素。

茅崎市滨之乡小学借助"湘南研讨会",推出了诸多"深度学习"的实践报告。滨田淳志老师的小学三年级理科《花的色彩不可思议》——提示12种类的花的照片。孩子们在各自制作《花的图鉴》、标上花的名称与分类之后，着眼于花的颜色，用紫外线照片呈现虫子所认识的花的颜色，根据花的颜色，发现寄身的虫子的差异，组织一次兴趣盎然的学习。堀宏辅老师的小学五年级图工"泥塑"的实践——用"泥塑"来表现柯勒惠支（K.Kollwotz）、康定斯基（B.Кандинский）、米罗（J.Miro）的艺术世界。这些"挑战性学习"设计尽管耗费精力，但教师们乐此不疲，就是由于"挑战性学习"（深度学习）蕴含着无穷的魅力与可能性。无比可贵的是孩子们热衷于"挑战性学习"，而且越是学力低的孩子，对"挑战性学习"越是兴趣浓厚。这是因为，借助"挑战性"可以为学习打好基础，摆脱低学力的困惑。

大阪府堺市小学大川拓也老师的四年级"求平方面积"的数学课——"分享性学习"的问题设计是："已知一块长 12 米、宽 9 米的长方形土地，现试图通过在横纵方向上各铺设一条道路，以将其分割成 4 块长方形区间，请问，当路宽是 3 米时，这片大长方形土地上，除道路之外的土地面积是多少？"孩子们经过 10 分钟左右的小组协同学习后，都得出了正确的答案。接着进入"挑战性学习"，其问题设计是："现有一块长 12 米的长方形土地，其在横纵方向上各铺设了一条道路，路宽为 3 米，请问，如果除道路之外，该长方形土地的剩余面积为 180 平米时，那么该长方形土地的宽度是多少？"

三重县朝阳初中一年级社会科《世界各地形形色色的气候》——小宫康子先生作为该校的研修主任，为了支撑课堂改革，率先上了一堂公开课。在初一的学生入学不久即开始了以构建"学习共同体"为目标的学习，上这节课的时候，已是进入第三周的阶段了。教学是从儿童掌握"雨温图"开始的。在"分享性学习"中，他们读懂了五张雨温图的特征，并把这五张雨温图同五张风景图相匹配；再同六个观测点（东京、伊尔库茨克、巴黎、新加坡、日本设在南极的"昭和基地"、利雅得）匹配起来，确认观测点在地球仪上的位置。作为"挑战性学习"（深度学习）的设计，从"雨温图"、地球仪的位置与地图册，发现了制约气候的要因——"纬度"、"海流"、"偏西风"，发现了欧洲的城市尽管处在比日本的北海道更为偏北的位置，却为什么是温暖地带的原因。

木岛平初中盐崎充昭老师上的一堂公开课：《光的反射》（初一理科·物理）——这是"挑战性学习"的一例。上课伊始的 15 分钟，盐崎老师给每一个小组分发激光器、镜子和白板，以便让学生体验光的反射。在做了"入射角等于反射角"这一"光的定律"的实验之后，进入挑战性课题的学习。盐崎老师准备的是"反射板"（自行车背后的反射板、夜间工人制服上贴的反射板、作为路标用的反射板），将其贴在黑板上，从斜面照亮。根据反射定律，它们应该像镜子一样反射，但实际上，当学生站在反射位置时，看不见什么反射光。反射板无论从那个方向发出光，都向着发光源反射。学生们发出一片惊叹声，好奇反射板究竟嵌入了怎样的机制呢？盐崎老师给每一个学生分发了一块小小的乙烯基薄板（透明的黄色反射板），让每一个学生在小组里探究"反射板的奥秘"。这块乙烯基薄板的表面很粗糙，但背面却很光滑。不久，他们通过显微镜观察、制作模型，发现反射板上有无数的三角形，但用显微镜只能看出模糊的图像。于是，各个小组以这种模糊的图像为线索，在白板上绘制一组组三角形或六角形的图案，进行解密，也有许多学生试图组合几面镜子来解密。一群解开谜团的学生出现了，他们发现，在反射板（乙烯基薄板）上被嵌入了无数的棱镜。其实，还有另一种反射板，它的球体呈颗粒状配置。这里用的是光的折射定律（盐崎老师下一节课的主题）。盐崎老师的教学精妙之处就在于，通过"模型探究"这一科学探究的过程来实现深度学习。

三重县纪宝町井田小学二年级岩本拓志先生的数学课——减法运算。全班 26 名学生，原本需要特别辅导的儿童就占了半数，其中学困生有 4 名。即便这样的班级都能焕然一新，变得着迷地学习，这是由于岩本老师坚持通过"结对学习"，让儿童展开"挑战性课题"学习的结果。岩本老师布置"分享性课题"——分别发给各个小组印有从 1 到 9 的数字的纸牌，让儿童任意选择两个数字，构成两位数，然后用大数减小数的原则，循环进行减法运算，直至答案为个位数为止。比如，倘若选择 2 与 9，那么，循环进行的运算是：92-29＝63、63-36＝27、72-27＝45、54-45＝9。在这个课题中，选择任何两个数字都能往下运算下去。倘若选择 3 与 5，那么，循环进行的运算是：53-35＝18、81-18＝63、63-36＝27、72-27＝45、54-45＝9。这样，做完第二回运算的小组，渐渐地发出声来——"哎，又是9！"、"下回也是9?"不管用哪两个数字进行运算，最后的答案全是9。每个小组都醉心于求解，整整持续了将近30分钟。倘若答案不是9，一定是哪里运算错了，结对小组边检查，边运算。剩下的10分钟是"挑战性课题"，在此环节的运算中将会发现隐藏着的三项规则："最后的答案一定是9"（规则一）。5分钟不到，所有小组发出一片发现的惊叹声："哎，答案全是9"（规则二），"无论用哪两个数字来进行循环减法运算，答案都是9"（规则三）。

福岛县涩川小学的数学公开课——"分享性学习"（教科书水准）的课题是，是"从 0 到 9 的数字，均只能用一次，组成十位数，其最大的数是什么？最小的数是什么？""挑战性学习"（超越教科书水准）的课题是，"从 0 到 9 的数字，均只能用一次，组成十位数,其第三大的数是什么? 第三小的数是什么?"这种挑战性学习设计是出色的,它有助于理解题材的本质——十进法的结构。况且,这种"挑战性学习"的设计并不是那么困难的作业。这个课堂的相互倾听关系是成熟的,所以,挑战性课题难度越是升高,越是激发孩子们迷醉于实现协同探究的活动。

"学习共同体"的改革是旨在实现每一个儿童作为学习的"主权者"参与"深度学习"的课堂。"挑战性学习"的设计是"学习共同体"改革的枢纽之一。"在这里,培育着对未来的希望。"[24]

三、打造教师专业成长的"同心圆"

佐藤学指出,在作为共同体的学校中,教师须同时成为"教育专家"及"学习专家"[25]。教师要以课堂(儿童的学习)为中心,围绕自身的授业研究和学校的校本教研,形成教师专业成长的"同心圆结构"。

(一)同心圆的内核:教师的挑战精神

什么是学校最大的挑战? 是教育管理制度还是办学的条件与设施? 都不是。学校面临的最大挑战来自教师——确切地说,是教师有没有挑战精神。《学校的挑战》一书中强调高质量的学习应该是"冲刺与挑战的学习",这是一种迎难而上的、朝气蓬勃的、高质量的学习,教师以高水准的学习课题来组织学习内容,学生劲头十足地合作探讨,寻求问题的解决。然而,要促使学生达成这样一种学习状态,关键是教师首先要有"决战课堂"的决心、有迎接挑战的勇气。教师每天身处一个又一个的课堂中,学校的挑战就在于:教师能否不断挑战自己的授业,用心地在每一个平凡的课堂中营造出独特的精彩。

滨之乡小学森田老师的课堂曾经受到佐藤学教授"不留情面的"、"愤激的点评", 在当天,森田老师嚎啕大哭。接着,森田老师参加了一所小学的公开研讨会,观摩了许多文学课。于是,他从次日起就开始了课堂授业的执着挑战,拼搏于自己的课堂改革,不断挑战自己不熟悉的授业内容和自身的授业风格。半年之后,当森田老师出色的授业实践课以及他本人一心钻研授业的面貌展现在大家面前时,作为观者的佐藤学教授不禁热泪盈眶。他说,滨之乡小学的希望就在于像森田老师这样的年轻教师的成长。

森田老师就是这里所说的富有挑战精神的教师。这样的教师以儿童"学习"为中心不断开展自身的授业创造,"拼搏于自身课堂授业的改革"。佐藤学教授指出:"挑战学习的儿童是灵动的、高雅的,而且是美丽的。"我们要说,挑战学习的教师也是灵动、高雅、美丽的。教师在挑战授业的同时实现自身的成长,他们以"冲刺与挑战的学习"推动了学生高质量的"冲刺与挑战的学习"。教师的进取心、挑战精神构成了学校改革的核心的、恒久的动力,构成了实现学生学习权的根本保障。

(二)同心圆的内层:个体教师的授业研究

授业质量的改进和教师自身的成长,归根结底扎根于教师日常的、扎实的授业研究。这里的授业研究不是指研究各类"纵向课题",亦非发表论文、著书立说,而是立足于授业实践,根据授业学科的性质和教师实际、以儿童"学习"为中心持续开展某一主题的授业研究。一些中小学"奉命研究"(即根据上级主管部门下达的统一课题开展研究),或者开展全校统一的课题研究,让教师花费无数的时间与精力撰写成果,但是研究成果一旦上交就被束之高阁,没有人愿意认真阅读,这些参与研究的教师的授业实践也依然故我。而且,这种深夜还在加班加点的"献身性研究方法",注定不能成为一般中小学的研究模式,当然也难以培育出社会视野与学术视野广阔的教育专家。再来看日常的授业研讨型校本研修,几乎所有的中小学都规定校本研修的目的是"上好课",致使其在一开始就偏离了方向。因为,"教师的责任不是上好课,而是促进每一个学生的学习,保障学生挑战高水准的学习机会,为民主主义社会做好准备"[26]。

在佐藤学所描述的学校里,每一个老师都有自己的研究课题,这个研究课题是教师根据自己所授业学科和儿童自己设定的。教师的日常授业就是围绕着这个研究主题开展,授业过程就是研究过程。教师每年的公开课,就是自己课题研究成果的展示:直方东小学的改革是从"摆脱奉命研究"出发的。学校不再是实施统一课题的研修,而是每一个教师自己决定"个人研究课题",每一个教师自己寻求支持"个人研究"的导师,实施"自选导师制度"的校本研修。下面列举个人研究课题的若干具体例子:"人人喜爱的体育运动"、"通过学习与合作学习提高思考力的学习活动的尝试"、"培育自学能力与共同学习能力的授业创造"、"儿童喜爱的音乐授业"、"提高教师管理参与意识的学校管理模式"(校长)、"明晰管理视点的校务管理"(教务主任),等等[27]。

每一位教师扎实地开展自己的日常授业研究,研究对象和研究成果都是自己的课堂。这无疑抓住了教师授业研究的本质。根据舍恩的观点,研究就是实践者所从事的活动。它被实践情境的特征所激发,在现场中进行,而且即时行动。教师的研究唯有这样开展,才能回归到授业研究的本来目的上,教师也才能在日常授业中实现专业成长。

(三) 同心圆的中层: 授业研究

这种校本研修通常以"听课—评课"的方式展开:接到授课任务的教师精心备课,同一学科组或教研组的教师共同帮助这位教师"磨课",精雕细琢每一句话、每一个环节,反复试教;课后研讨重在观摩者根据自己的授业观做出"什么地方不该怎样"之类的点评;校本研修重课前设计轻课后研讨。课前花大量的时间和精力去准备,课后的研究却草草了事,因为,研究目的仅在于上好课而已。让年轻教师上课,前辈教师观摩其授业之后对其作出这样那样的指点,受到这样那样批评的年轻教师往往情绪低迷,前辈教师也会安慰他说:"我在年轻时代也是这么过来的。"佐藤学教授对这种所谓的校本研修持批判态度,他认为,借助这种校本研修,教师们是不可能构筑起相互学习、彼此合作的同事关系的。学校从内部发生变革的最大原动力恰恰在于亲和与合作的同事关系,因为,授业是超出了一般教师想象的极其复杂的工作,是一种智慧的活动,教师的成长需要上百次的公开授业研讨与磨砺,需要同事间的相互学习与启迪。因此,单单追求"表演"或"完成任务"的校本研修,是难以承担提升教师智慧的重任的。

教师专业成长依靠扎扎实实的授业研究。授业研究中的"公开课"本身是教师的研究成果展示。教师立足于自己的课堂,围绕研究课题开展日常的、持续的研究,并定期向同事上公开课,在课后展开研讨。这看似简单的"程序"背后,恰恰隐藏着教师专业成长的奥秘:教师的经验是以"案例"的形式保存的,当实践者面对新的问题情境时,先前的"案例"就可以作为供参考的先例;各种各样的"案例"构成了实践者的"资料库","案例"越丰富,意味着教师的实践智慧越丰富。这就是教师实践智慧的生成机制。也许正是因为此,佐藤学高度强调授业研究的重要性:课堂授业的工作是一般人难以想象的高度智慧性的复杂工作,每一个教师必须基于大量的案例研究来培育实践智慧[28]。

滨之乡小学以如下三个原理,推进着课堂的创新与教师的研修:(1)尊重每一个学生的学习,即尊重儿童。(2)尊重教材所隐含的内在学习发展性。(3)尊重每一个教师自身所秉持的哲学。要贯彻这三个原理中的任何一个或许很容易。实际上,许多教师根据三个原理中的一个原理,实现了授业的创造。然而,同时贯彻这三个原理是困难重重的。三个原理在实践中往往是相互冲突、相互矛盾的。如何克服重重冲突与矛盾呢?滨之乡小学的教师们积累了每年百回以上的授业研究,一直在探讨着授业研究的策略[29]。

授业研究应当研究的事项是"事件意义的多样性解释",是"事件关系的结构性认识"。而以往的授业研究,往往是观摩者根据自己的授业观作出"什么地方不该怎样"之类的点评,纠缠于教师的上课的优劣与教法的是非之中。佐藤学基于大量的学校案例,提出授业研究的几个要点:重视课后的研究甚于课前的研究,要在课后围绕课堂学习的事实进行细致的观察和交流;不是议论教材的选择与授业技巧的是非得失,而是根据课堂的事实,探讨三个要素——活动、合作学习、分享表达——是如何发挥作用的;观摩者不是对执教者提出建议,而是围绕一个中心课题——从授业的实践中学到什么——展开讨论。佐藤学教授指出,在以创造"学习"为目的的授业研究中,应当着力研究的是"学习的成功之处和学习的失败之处",缜密地研究课堂的事件才是中心课题[30]。

从一部分教师为中心的授业研究发展到每一个教师都是主角的授业研究,研讨的内容从历来讨论"教师的教法"转变为讨论"儿童的学习",从历来观摩者对执教者"提意见"转变为观摩者从执教者的授业事实出发讨论"学到了什么",授业研究成为了每一个教师富于魅力的"协同学习"的场所,在教育现场,争先恐后地争当执教者的氛围得以形成。以往被屏蔽了的教师的声音不仅能够自由地、坦率地发出来了,而且教师对于每一个学生的学习事实的观察细致入微,进一步明确了授业的复杂性与深奥性,实现了以学习为中心的授业改革与教师作为专家的成长。课堂里发现的现象与印象得以交流,每一个教师观察到的微小现象的意义得以连接,形成了沟通,催生了教师之间交响的学习。

课例的创造原本是人为的。授业研讨会如何能够有效地交流教师的实践性知识和观点,需要我们进一步的思考。这种交流,凭借单纯地非难执教者的质疑应答,或是唠唠叨叨地建议忠告是实现不了的。我们期待教育现场能够形成这样一种研讨会——拥有参与者之间能够积极地分享有关授业的知识、技术、信念的机制、环境和步骤的研讨会。

（四）同心圆的外层：校本研修制度

构筑"同僚性"的校本研修，是佐藤学打造"学习共同体"的基本方略。

推进"学习共同体"创建的佐藤学，把学校改革的中轴设定在教师作为专家培育的"同僚性"上；把学校经营的轴心设定在校本研修上。在作为"学习共同体"的学校中，教师自身必须从"教的专家"转型为"学的专家"，而在作为"学习共同体"的学校中，必须在保障每一个儿童的学习权得以实现的同时，也保障每一个教师作为专家成长的机会[31]。

以往的校本研修一般是观摩者针对授业的改进作点评、提建议。佐藤学认为这种方式应当从根本上加以纠正：在以往的校本研修中与授业的研讨中，执教者与观摩者之间形成的"观摩—被观摩"关系是单向的权利关系[32]。无论是外行的学生还是资深教师都能说出足够多的意见，而执教者只能处于唯命是从的境地。执教者对攻击与评判是毫无防备的，而观摩者则处于类似法官那样的权力者的位置。只要这种权利关系不消弭，在校本研修中教师讨厌执教者这一角色就会是理所当然的。而且，只要这种权利关系不消弭，在校本研修中教师之间的相互学习就是不可能的。就这一点而言，以往的校本研修是根本错误的。为了摒弃这种校本研修，学校应该制定各自的校本研修原则，出台相应的校本研修制度。佐藤学教授基于大量学校案例研究的基础，归纳出校本研修的研讨原则：（1）研讨的对象不是放在应当如何教的问题上，而是基于课堂的事实——儿童学习的成功之处何在，失败之处何在。（2）在研讨中，观摩者不是"对执教者建言"，而是阐述自己在观摩了这节课之后"学到了什么"，通过交流心得来相互学习。（3）在研讨中，观摩者不应当缄默不语，应当实现不受高谈阔论者与评头品足者支配的民主型研讨，为此，应当设定一个人人必须发言的基准。另外，应当以不凝练、不归纳作为不可撼动的原则来主持研讨会是最理想的。（4）学校组织与管理应该精简。今日的教师被本职工作以外的杂务与会议纠缠不休，学校必须以儿童与教师的学习为中心，有力地精简学校的组织与管理[33]。

实际上，教师专业成长的同心圆结构还有一个非常广泛和松散的外围层，那就是家长和当地社区。佐藤学教授在书中多次提到家长以及社区对学校教育的参与（不是"参观"，而是"参与"）。有时，社区的参与是直接参与学习，有时，这种参与则是像下面这段话所描述的一般，以一种"心心相印"的默然的行动来进行的："仿佛是为了祝福改革的持续，今年的校园周边盛开着大波斯菊。学校附近的农家，每年都要在割完稻谷的田地里栽植大波斯菊,借以激励容易烦躁的中学生们。近年来,农夫们特地调整了花期,让大波斯菊能够在公开研讨会的日子里怒放。在几年前的公开研讨会上,一位农夫说道:'大波斯菊唯有亲手所栽才会美丽地绽放。大波斯菊绝不会辜负人们的一片苦心。'这是他对教育殷殷期望的一句箴言。"[34]

这个案例表明,授业研究并不仅仅限于对一节课的特定授业的研究,对于教师而言,需要的不仅仅是课堂授业的螺旋式上升的"改善",而且是不断地重新学习。由此,给我们展现出了一幅崭新的授业研究的图景——以"反思性实践家"的概念重新定位教师的身份,把学校构建在"同僚性"之上,并且进行发挥"学习共同体"功能的授业研究。

概括说来,佐藤学倡导的实现"学习共同体"的要点是,重视倾听的"活动系统"(Activity System)。具体地说,就是不断挑战协同学习的新课题,以教师的"倾听"、"串联"、"反刍"为基础,排除灌输,提高即兴性、应答性。一般提起所谓的"活动",一味强调"能动性",然而这种活动系统却是以"被能动性"为本质的。这是授业双方倾听对方内在的声音,生成对话性沟通,来实现协同性、反思性学习的。

创建"学习共同体"的学校寻求的"学习"是"三位一体"的"对话性实践"——同客观世界的对话,同他者的对话,同自己的对话。这种课堂是一个多元声音交响的世界。古屋老师一直致力于"学习共同体"的课堂创造与授业研讨,他的"授业隐喻"发生了根本性的变化。他说:"在我的脑海中,'交响的授业'的形象变了。在此前的'交响的授业'用语中,儿童们的思考被描述为犹如'星星'那般连结在一起,而实现这种授业所必须的无非是有趣的教材开发与合适的授业方法而已。如今面对三年级的孩子们,我所抱有的形象与此有所差别。所谓'交响的授业',就像'一石击破水中天,激起层层涟漪'那般敏感地作出反应的课堂中所生成的授业。"

"交响的授业"的形象从"星星"变为"涟漪"——这种转换是一种根本性的变革。教师一旦以"涟漪"的"交响"为基础来展开授业,那就凸现了教师的授业技艺的问题——如何读出孩子们的眼神来展开教材的探究;如何把课堂里生成的复杂多样的"涟漪"链接起来、拓展开来。

"学习共同体"的学校创建与以"授业研究"为中心的"校本研修",不是旨在给一线教师"添加"一些新的知识与技能,而是引导教师心心念念地钻研、不断充实自己的内心世界[35]。

【参考文献】

[1] [8] 福冈县教育中心.校内研修的实施[M].东京:行政出版公司,2013:6,27.

[2] 日本教育方法学会.日本的授业研究(下卷)[M].东京:学文社,2009:127.

[3] 全国教育研究所联盟.学校的授业研究[M].东京:东洋馆出版社,1980:1.

[4] 佐藤学.课程与教师[M].钟启泉,译.北京:教育科学出版社,2003:256.

[5] [6] [7] 吉崎静夫.授业研究新进展[M].京都:智慧女神书房,2019:82,
     83-85,102.

[9] [10] 吉本均.现代教授业研究大事典[M].东京:明治图书,1987:597,597.

[11] [13] 佐藤学.学习的快乐:走向对话[M].钟启泉,译.北京:教育科学出版
     社,2004:3-22,103.

[12] [14] [18] 佐藤学.教师的挑战:宁静的课堂革命[M].钟启泉,陈静静译.上海:
     华东师范大学出版社,2012:138,9,5.

[15] [16] [17] [19] [20] [21] [22] [26] [27] [28] [29] [30] [31] [32] [33] [34] 佐
     藤学.学校的挑战:创建学习共同体[M].钟启泉,译.上海:华东师范大学出版
     社,2010:65,55,54,140,172,161-162,76,166,149,73,172,167,166,168,
     169,154.

[23] [24] 佐藤学.学习共同体的挑战:改革的现在[M].东京:小学馆,2018:
     38-192,161.

[25] 佐藤学.学习的革命:从教室出发的改革[M].黄郁伦,钟启泉,译.台北:台湾天
     下杂志股份有限公司,2012:242.

[35] 佐藤学.教师花传书:为了作为专家的成长[M].东京:小学馆,2009:23.

第七章

日本授业研究的经营与经验

"授业研究"作为日本中小学校长年实施的、旨在提升教师授业见识与技能的研修方法,晚近成为一种世界性现象。授业研究的目的有三个:改进授业;形成教师的授业能力;发展授业的学术研究。晚近特别受到关注的是形成教师的授业能力这一点。在以往的学校教育中,教师单向地向儿童传授知识的"知识传递型"授业大行其道。如今"学习"的模式迎来了巨大的变革,教师的知识观和学习观也必须发生转变。可以说,学校教育中基于"新知识观"来设计并实施授业的能力,是时代所要求于教师的。本章聚焦日本教师的授业研究,探讨日本的教育体制是如何保障学校成为学生学习的场所、同时也成为教师学习的场所的。

第一节　授业研究的经营

一、作为"合作学习场"的授业研究

日本中小学的授业研究极其复杂多样。从教师学习的视角以及教师拥有的实践知识、思维方式以及职业的独特性等来看，授业研究是发挥着功能性作用的。教师的"实践性知识"（Practical Knowledge）是在特定的授业语境中发挥作用的、复合的、多层次的知识。从某种意义上说，它是一种"具身知识"（Embodied Knowledge），是无意识地起作用的"默会知识"，是基于个人经验的一种行为理论[1]。因此，教师想要觉悟到自身授业风格所表征的行为理论与实践性知识，从而得以语言化，通常说来，靠单独的个人是困难的。支撑实践性知识与思考的行为理论仅仅靠单纯地阅读教师丛书和授业方法的教科书，或是单靠语言来说明和传递是不可能获得的。在课堂中，教师的专业见识是如何具象化的呢？除了直面授业的情境、借助合作，通过对话来分析知识之外，别无他法。

从这种教师的实践性知识的特质来看，作为学校现场的授业研究，具有如下三点内涵。第一，教师可以直面其他教师的授业场，进行观摩学习。进而通过讨论自己的授业观点与他的授业观点之间的共性与差异，能够从他者身上学到如何把握学生的学习与教材；如何做出应对的实践性知识和行为理论。由于执教者在整个授业中以众多的学生为对象，始终是与学生持续地进行交互作用的，所以要持续地观察学生学习的轨迹是困难的。不过，要是成为授业的观摩者的话，就有可能经验到持续地把握某特定学生和学生集体的学习过程。

第二，开放自己的课堂让他者观摩。通过对话，把自己的行为和班级学生的学习同他者的点评相对照，来进行授业，可以发现自己的授业风格与理论、信念。

第三，教师之间通过相互观摩授业，可以分享"期待实现怎样一种授业"的学校共同的愿景和授业的具体形象。单纯的语言表述仅仅可以使教师之间共享"学校教育目标"、"研究主题"等用抽象的口号来表述的内容，通过一道观摩、探究授业，教师可以达成关于包括课堂氛围在内的非语言性侧面乃至授业中生成的师生情感的共振和共鸣。教师工作是认知性的，同时又是情感性的。

从保障教师发挥三大功能的学习——反思从他者的授业行为与学生的学习中获得的学习；反思自己的授业行为；和同僚一起分享学校谋求的授业模式的心象——的意义上说，授业研究中相互开放课堂观摩授业在教师专业见识与职业认同的学习中是不可或缺的。

在医生和律师的专家教育中，通过病例与判例学习的案例研究是一个核心。通过原原本本地梳理这种复杂的现象，不是旨在还原对个别要素的处理，而是旨在能够进行综合性的判断。不过，不同于其他的专门职业，在教师的职业中，同学生的关系是持之以恒的，授业也是日复一日地展开的日常行为。为此，要确定"何谓案例"是困难的。再者，考虑到不同年级的学生的成长，在同其他教师的合作中一起培育学生的视点，在学校中是必要的。因此，以学校为单位，以特定的授业与课堂事件作为案例展开探讨的案例研究，可以在链接行为的理论与实践的教师学习中发挥重要作用。广冈亮藏说："教师在授业改革之际，重要的是需要秉持特定的授业方式的主张，同时，要深刻洞察不同授业方式之间的互补关系，保持一种均衡感，致力于诸多方式的灵动的组合。尽管这是艰难的，却是现代教育的重要课题。"[2]

二、支撑授业研究场的学习理论系统

（一）作为专家的学习模型的两种校内研修类型

秋田对授业研究案例进行了收集、分类与比较，发现授业研究改革以研究开发校与指定校等由行政指定的学校为契机，创建了一些学校。包括：接受地方自治体的支持，根据校长和研究者的理念模型所创建的学校（佐藤学的领航学校神奈川县滨之乡小学、静冈县富士市岳阳初中、富士市广见小学）；由自治体主导，在地方创建的数个作为示范校的地方性学校（诸如宇都宫市、高砂市、别府市等）；拥有授业研究文化传统的教师自觉地传承的学校(诸如福岛县郡山市芳山小学、富山市崛川小学等);若干大学研究者同中小学教师合作创建的学校(诸如福井大学附中、东京都练马区立丰玉南小学、东京都新宿区立大久保小学)。学校迈向变革的模式有多种多样。不过,从学校中支撑教师学习活动的系统与理论的视点看,即便在日本也存在着形成鲜明对照的两种校内研修模式:其一是,按照传统的"设计授业—公开授业—授业研讨"的流程实施的模式。其二是,基于不同的学习理论支撑的呈现不同学习愿景的授业研究,正在形成。前者称之为"有效传递模式",后者称之为"合作建构模式"。前辈教师向后辈教师传递知识技能的形态属于前者。包括前者在内,从授业研究中发现每个教师各自的长处,并从中得到学习的形态属于后者。支撑授业研究的教师学习的理论与认识[3],具体地体现了授业研讨的形态及其所带来的沟通方向与内容上的差异(表7-1)。正如教师的授业风格各有不同,校本研修也存在形形色色的风格。在学校现场,既有这些因素交织在一道的场合,也有作为明确的模式加以实施的场合。在知识社会时代,借助行动研究等研修方式,从"有效传递模式"走向"合作建构模式"不仅是必要的,而且是可能的。

表7-1　两种授业研究的类型

A. 支撑作为校内研修的课堂授业的学习理论

教师的学习	有效传递模型	合作建构模型
学习的愿景	教师文化的再生产; 应对教育行政课题的有效学校的实现。	自律的学校文化的创造; 回应儿童和家长的需求与可信赖的民主型学校的实现。
教师的学习是怎样一种行为	授业法、见识的传递、熟练模型; 从学生问题的诊断与教师知识技能的欠缺出发,获得知识、技能。	实践的愿景与专业知识的合作建构模型;作为学习主体的学生与教师潜能的发现,合作的指导与扩张模型。
学习的是谁:学习者—指导者	学习者—指导者作用的固定、集中; 学习者是年轻的执教者,指导者是讲师、前辈教师。	学习者—指导者作用的变化、分散; 执教者与全体观摩者是学习者,同时是建言者,随时会发生变化。
赋予学习以价值的行为	对反思与问题的处置、指导与建议。	问题与课题的发现,合作中的对话过程。

B. 作为具象化的专业学习场——授业研究

场的形成要素	有效传递模型	合作建构模型
学习集体	学校同步授业,科任教师。	以同龄儿童的学年团为中心的的小集体,同步与灵活变化。
学习周期	短期:课时主义。(教案探讨过程与课题解决)	长期:探究周期与课程的形成。(反思与尔后的设计与课题的发现)
授业研讨对话的主要发言者	讲师、资深教师、执教者、主持人。	拥有多样经验的与会者。
授业研讨所使用的工具资料	教案,讲师配发的资料。	课堂录像、个人学习过程的记录;备忘录、发言稿、作品。
研讨会讨论的内容	关注教案、教材、教师的行为、学生及其发言的内容与行为、事实这一个"课堂事件"。	关注听课儿童的动向与自言自语、发言之间的关联、构成核心的学习、教材、活动的链接,关注"课堂事件"间的联系及其推理。
研讨会所形成的记录与记忆	教案整理与今后课题的命题的记叙:自我完结式的独白的记叙。	重新把握课堂事件的叙事式记录与实践的意义:意识到向对方传递的对话性叙事。

【出处】秋田喜代美,《授业研究与话语分析》,东京,放送大学教育振兴会 2006 年版,第 212 页。

(二)作为专家教师的学习过程

上述两个模型,可以从日本中小学教师的行动研究及其实践案例中看到。那么,在作为专业知识的合作建构模型——授业研究——的学习系统中,作为专家教师是怎样展开学习的呢?佐藤学的领航学校——神奈川县滨之乡小学的授业研讨会,就是这种合作建构模型的先进案例。该校在 1999 年—2002 年的 4 年间实施了 26 次公开授业研讨会。秋田从中选取了国语与理科的授业研讨会记录,进行对话分析(教师和建言者佐藤的论述与教师的话语),提出国语学科授业研讨会的特征是:在授业研讨会参与者中发言的教师人数是不同的——前半平均 9 人,后半平均 12.5 人。参与者约半数发言(由于实施 2 节课时间的授业研讨会,大体每人发言 1 次),发言的教师从教年数不一,经验多样,发言者每回不固定。总而言之,这个模型表明了如下三点特色[4]。

第一,研究者(建议者)深入参与课堂的模式。作为建议者的佐藤学论及授业中的具体行为与活动,诸如"具体地指出引人注目的场面"、"说明场景与场景之间的关联"等。研究者(建议者)不是从教师侧面而是从儿童的视点出发提示见解;用更抽象的概念和话语、比喻等来说明和提示具体的行为(诸如播种,进取与挑战)。通过外来研究者和熟练教师对具体场面的意义建构,提示链接根据与理由的解释框架,将教师的默会知识显性化、意识化。借此,作为在其他授业场景也可能迁移使用的知识,该知识重新上升到意识层面。

第二,通过观摩公开授业,伴随感悟与体验的教师知识以返璞归真的话语得以表现出来,实践知识的分享成为可能。

第三,对于讲师在授业研讨会上阐述的内容、视点、用语等,教师并非在研讨会中或其不久之后就能对其加以表达与运用,而是经过1—2年之后,才完成对研修内容的内化。以往作为教师的学习是教师在研修不久之后就学习到了什么,掌握了怎样的技能之类。但是,作为专家的教师却会在自己的实践中经历这样一个过程——教师再度设计、实施在语言上习得的知识,从而根据经验对其加以验证和接纳,内化为自身的东西。这个事实表明,教师对于知识的内化单纯靠语言的传递是不可能实现的,这不仅需要教师的思考,而且需要教师基于该知识,付诸实践。这样一个"实践化的问题"的话语,体现了晚近关于教师学习问题的一个侧面。秋田等人针对个体教师一年间的行动研究中的研讨会话语展开分析,也支持这样一种见解——凭借来自外部的建议,并不是谋求像教师所说的那样的问题解决,而是作为一种具有指向性的实践,期待执教者自身能够设计,并且能够说课,是需要花费时日的。

从上述的分析,秋田把教师的学习过程视为"和同僚一起从授业研究中学习的周期",即循环往复的实践知识的建构过程。这就是:授业设计(基于PCK知识)→授业实施(具身化的默会知识)→授业对话(明示性知识)→授业实践记录(课堂事件的理解、学习的轨迹),尔后又进入授业设计的环节,展开新一轮的循环周期[5]。这是一个和同僚合作,通过经验,教师循环往复地形成体验化的知识、语言化的事件知识、长期的学习叙事,以及因应儿童而建构的教材内容的知识。然后,学校把这种知识作为资源积累下来,从而实现长期的学习。

教师的知识是在展开授业的阶段之中形成的体验化的默会知识,同僚之间相互观摩授业、分享这种默会知识是可能的。由于节律与气息并不是单靠语言能够说出来的,所以仅靠语言传递不能产生共鸣,它需要通过语境的分享,借助五官才可能感受到。通过反思授业、记录自己的实践与学生的学习过程,从而他者也能够读取实践记录,这样就可以摒弃一节课主义,而且有可能以长远的眼光看待儿童的发展,编织学习的故事。借此,进而可以以更充实的方式形成基于学生学习的教材内容的知识,在向同僚倾听这种教材知识与设计的过程中,积累日常的授业见识。由于不同的学校规模与实情,在学校的什么场所、同谁、以怎样的频度进行"设计"(Designing)、"实施"(Doing)、"讨论"(Discussing)、"对话"(Dialogue)、"记录"(Documenting)的过程,是不同的。不过,基于体验化的默会知识在整个学校里、在学年里,在工作小组或是同僚中还是可能产生的。

在学校中,各自不同的学习过程是怎样起作用的,这是今后必须探讨的。唯有在同学校的合作行动研究之中进行案例研究,这种探究才有可能。从这个意义上说,不仅和同僚合作的知识建构,而且借助中小学同大学与教育委员会等外部支持系统的合作建构模式的形成,也是可能的。

三、授业研讨会与教师的学习

(一) 授业研讨会的原型

早在明治初年,"教授批评会"就兴盛起来了。所谓"教授批评会"是指无论是主讲者还是观摩批评者,都从平等的立场出发,旨在实现更为精彩的授业实践而共同研究,从某种意义上说,它是今日授业研究的原型[6]。《日本之小学教师》第7卷(1905年)对东京市立育英小学的《教授批评会规定》作出了如下阐述:

第一条　本会系本校教职员之组织,旨在谋求教务之上进。
［中略］
第三条　本会按如下顺序,每月一次,于第二个星期六放学后开会。但在有支撑的场合不受此限。
一、校长在开会七日前,除训导外,指定教授者一名、协助者两名、批判者三名。
二、教授者编制教案,征得协助教师与教务老师的意见后,于开会三日前交由校长审阅。
三、校长审阅之后,供各教职员传阅。
四、实地授业。

五、讨论发言的顺序：

（一）教授者；（二）批判者；（三）该年级训导；（四）其他训导；（五）教务老师；（六）校长。

由上可见，在教案的编制阶段，教师们采取的是合作研究的体制。批判者事先浏览教案，然后观察实地授业，方可展开批评。在明治30年代，新的"教授批评会"之所以盛行，是基于如下状况：(1) 教授技术的合作化意向高涨；(2) "批评会"可以为教师提供相互切磋的场所；(3) 教师们认识到日常性研究发问的必要性；(4) 理论与实践统一之授业研究的必要性——发问之术、教授之术的"修炼"不限于训练性"修炼"，将其提升到研究性"修炼"的氛围也已形成；(5) 要求教师具备视儿童之状态临机应变地展开授业的能力；(6) 期待教师具有职权之认知，为教师留有自由裁量之余地，以改进授业方法之研究[7]。

（二）作为合作学习的授业研讨会

日本的授业研究举世瞩目。授业研究的功能与重要性在全日本得到了共识。东京大学基础学力研究开发中心在2006年以全国小学与初中的三分之一为样本，即以2429所小学、1369所初中校长为对象进行了调查，调查表明，中小学教师当下最需要的是教师能力的项目，即在课堂授业中的授业技能。而作为这种教师专业性开发的研修，比外界讲师的演讲、教材与课程等的学习会更有效的是授业研究（特别是授业研讨会）。再者，为了提高授业能力，整个学校应该关注的重点是校本研修的充实。

教师工作的核心是授业。不过，由于教师是在封闭的教室空间里从事工作的，所以向同僚学习的机会并不多。即便是通过观摩授业的学习，仅限于既不瞻前也不顾后的一节课的观摩，在这个过程中，观摩教师一个人是难以发现授课教师复杂的专业判断与指导所表现的授业行为之间的关联，以及学生的学习与教师干预之间的关联。因此，仅从片面的眼光去把握提问与授业法、教材、授业目标等，往往会把学习与授业问题的原因与意义归咎于单纯的因素。而教师如何读取"授业"这一复杂的现象内各种各样的关联，做出复杂的判断，仅从外部观察授业是难以把握的。再者，即便授业的方法在头脑中是分明的，也很难用清晰的语言来表述，然而，教师需要习得这一能力并且唯有将其融入自身的行为实践之际，学习才具有意义。这也正是教师学习的意义与难点[8]。

因此，教师如何把握实践；如何借助语言把授业的课题与意义表达出来；如何分享授业的见解与思考方式——观察这种"实践的表象化过程"是必要的[9]。就是说，教师们围绕授业的言说分析是必要的。为了思考教师的自律的合作学习过程和学校这一共同体中的学习活动的系统，授业研讨会的模式是具有决定性意义的。正如教师教育的术语所说的，作为大学、教育行政在教师的职前培养与在职教育的教育计划中，并不是以怎样的方法准备提供哪些信息的视角，而是从研究者的立场，把授业研究的场所作为授业观察的一个窗口，探讨在教师繁忙的日常工作的相互交往之中，是如何形成专家教师的学习和作为学校的授业规准与规范的，这就是授业研究。从校外建议者的立场来看，随时随地的碰头会，对于教师而言是有效的，它具有间接支持的意义。不过，这样的授业研究才刚刚起步。

（三）作为合作学习的授业研讨会的地位

1. 作为授业研究中重要一环的授业研讨会。教师的学习场存在于教师自身日常的授业实践之中，不仅包括教案研讨会和公开授业研讨会，而且，教师们在日常的教职员室中与同僚的争论、关于教材的信息交换等，也是重要的学习。再者，作为授业研究的课例研究，并不单纯指教案的研讨和公开授业的研讨会，它之所以能以一定的周期展开，是由于在各个周期中，教师们能够获得的专业知识是不同的。重要的是，要根据学校的实际思考哪一部分应当优先配置，经过一年间的这个周期，就可以获得专业知识。倘若新任教师多，则如果不讨论如何处置教材的问题，仅仅议论授业方法，是不可能做出有价值的学习内容的设计的。因此，教案的探讨是重要的。对于资深教师而言，细致地进行授业研讨会，从学生的学习过程的实态来重新审视授业，更为重要。倘若教案和实践记录被形式化了，那么，只要模式本身不修正，它就不是对于学生学习流程的真实档案和记录，仅仅是研讨会的流水账罢了。

授业包括了如下的下位过程：

A. 通过教案的研讨会，可以获得怎样处置教材的某些内容、根据学生的实际对其加以分节化和教材化的视点。某特定单元的内容是否适于某阶段、某学生，就是在这种讨论中习得的。B. 授业理论在研究授业中被实践化。在这种场合，由于教师是亲临其境的，所以能够学习到作为肢体行为、语言行为在授业中的实践化方式和学生的学习过程的实际。因此，具有鲜活的意义。C. 在反思授业中，共同建构"实践的表象"，即在把握授业中的学生的学习过程并对其加以语言化的过程中，思考如何把握现实的授业现象这一"实践的表象"[10]。D. 通过分单元和年度回顾授业实践记录，不仅可以获得一节课的授业信息，而且可以产生这样的过程——教师通过思考学生的学习轨迹和课程,从中引出学习和授业的原理。这样,在授业研讨会中,教师们围绕"把握什么内容、如何将其关联起来并对其赋予意义加以把握"等问题展开讨论,从言说的层面重建授业,作为思考、学习的重要契机,授业研讨会在授业研究周期中有其不可或缺的地位。

2. 作为合作知识建构场的研讨会。实施授业的执教者与观摩授业的观摩者,并不是唯有在授业研讨会的场合才能思考和学习。授业研究是每一个教师的思考、反思与教师合作的学习循环往复。可以说,授业研讨就是教师通过把自身默然的理解表述给他者,从而对主题加以聚焦和讨论,形成一种意义,在学校里借助合作,建构关于学习与授业的理解与知识的过程。因此,也可以说,授业研讨会不仅是个人的学习,而且是基于拥有一种学校文化的共同体而得以形成的过程。学校的教师文化,是通过沟通和行为,作为思考、话语、记录而生成的人工制造物得以分享和交流的。作为校本研修的授业研讨会就是教师合作建构知识与形成教师文化的一个场所。

3. 教师在长周期中实现个人学习的契机。在这里,值得注意的是,合作的知识未必是参与者——教师全员,能够分享和习得的。以往教师的学习也被视为同学生的学习一样,按照朴素的线性的因果模型来解释的。就是说,知识与信息一经提示,知识、信念、态度就变了,利用这些知识的授业实践就变了,学生的成果就显现出来了——这种解释是以线性模型为前提的。但是,通过美国教师的言说分析得出的见解是,这种线性式模型是说明不了问题的。因此,单靠演讲是无法使教师作出改变的。实际上,并不是信念、知识变了,教师的行为就会发生改变。唯有当教师实际感受到学生在某些方面发生了变化,以往的信念才能解冻,变为新的信念,知识才能活用。而教师要在语言上将其表述出来,也需要一段延宕的时间。就是说,停留于字面的接受并不能内化为教师的实践知识。作为授业,唯有经历实践化、通过探究重新得以概念化,才能产生有意义的信念变化与知识利用。

因此,授业研讨会上所讨论的因而得到理解的东西,不能说就是每一个教师作为学习而内化了的东西。对于教师而言,对话是学习的一种契机,而且学习不等于实践化。就是说,教师之间的对话,使教师的课题意识与信念、知识、技能得以碰撞、交流与交融,这是决定教师能否形成学习的一个决定性开端的契机。可以说,这对于教师而言是一种长期的学习和熟练的过程。

(四)授业研讨会讨论内容的范畴

根据佐藤学研究团队的经验,课后的授业研讨会一般(但不是每次)包含 5 个上位范畴与 15 个下位范畴的讨论内容。如表 7－2 所示[11]：

表7-2　授业研讨会讨论内容的范畴

A. 教师之间分享情感与感想
　1. 交谈各自对授业的印象与情感
　2. 对其他教师发言的接纳与附和
B. 课堂授业事件的链接
　3. 课堂事件与事实的发现与揭示
　4. 课堂事件的链接
C. 其他授业实践与本授业实践的链接
　5. 比较本次课堂授业活动同以往授业的链接
　6. 回想并联系别的教师类似的实践
　7. 同别的教师的类似经验的链接
D. 从元认知的视点生成意义
　8. 以不同的表达重述授业的价值
　9. 从课堂事件引出抽象的概念与原则
　10. 不同视点与见解的提示
　11. 事件价值的转换与再认识
　12. 把学科与教材内容置于更广泛的语境
　13. 围绕儿童的发展与视点展开议论
E. 对教师的授业、课程与教材及学习环境进行原则性的议论
　14. 围绕具体情境的处置方法展开议论
　15. 围绕课程与普通授业法展开议论

【出处】秋田喜代美等，《授业的研究，教师的学习：日本授业研究的诱惑》，东京，明石书店 2008 年版，第 122—123 页。

如果说，艾斯纳(E.W.Eisner)倡导的"教育鉴赏"是侧重于个人层面的"发表的艺术"，那么，日本的"授业研讨"可以说是赋有公共性的"教育鉴赏"。这种授业研讨包括如下四个维度：(1) 描述——有助于信息接收者之理解的生动活泼的叙述。(2) 解释——赋予意义。(3) 评价——就叙述对象的特色做出准确的判断。(4) 课题化——上升到更普适的宏大叙事[12]。这就有助于打破"观摩者评价—执教者被评价"的非对称关系，形成以实践者之间的相互倾听关系为基础的"对话性沟通"的格局。

（五）未来教师专业能力的形成

授业研究是日本教师学习的一种方式。这里所谓的"学习"可以从三个视点出发来把握：从授业经验中学习；支撑学习的学校语境；长期的变化过程。教师通过复杂

多样的"授业实践的事实",作为"案例"来学习:把握状况,做出判断,考虑其作为解决方略有多大的可能性。

所谓"案例",按照李·舒尔曼(L. Shulman)的说法,是由四个侧面组成的:(1)教师的"意图"。(2)意图与计划不得不变更的"变化"。(3)在该情境中做出的"判断"。(4)从该判断与结果学到了什么,引出了什么课题的"反思"。根据这四个侧面,教师需要有探讨如下问题的场所:授业者自身在具体的展开之中或是在某种特定场面,是怎样把握事件、判断事件并作出决策的,事后又是怎样进行客观分析的。这种场所就是校内的"授业研究"。

总之,授业研究作为教师学习的一种方式具有两种作用:一是教师通过授业直接地促进学习;二是通过授业研究,教师之间的关系方式发生变化,从而形成学校中教师之间相互学习的关系。的场正美提示了持续地、生动活泼地展开授业研究的如下八点实践性提案:(1)培育能够引领学习共同体的核心;(2)开发有助于促进授业研究的工具;(3)教师与研究者的协作;(4)重视授业研究中的授业分析的地位;(5)发现证据;(6)用自己的话语来表述自己的实践;(7)引进事实与分析者相互制约的授业分析;(8)摸索面向教育实践的教育实践研究的伦理[13]。

不过,秋田喜代美指出:"日本的指定校制度和中心型研修学校,不管聚焦单位或是个人,都必须从短期的教师学习系统摆脱出来,寻求教师教育政策的变革——转向作为终身专家有可能学习的系统。"[14]在教师教育中,长期纵向的研究——教师在某种学习系统中是如何学习的,同僚之间的学习是如何展开的,才刚刚开始。在学校中,大学、教育行政和中小学通过合作网络,建构教师自律地、而且相互之间能够发现可能性的扩充、发展、合作的学习系统,促进未来教师真正的专业能力的形成。

第二节　大学与中小学的合作研究

一、授业研究、授业分析与授业实践

(一)战后日本大学授业研究的历史发展

直面摇摆的授业研究的视点,大学的研究者从一开始直至现在,一直游弋于课程论、学力论、授业论、学习集体论的两极之间，直面日本特有的教育问题，致力于消解如下的二元对立：重视授业的艺术侧面与重视授业的科学侧面的对立；重视授业中教材与课题的生活内容与重视授业中科学内容的对立；重视授业目标中的学力与重视授业目标中的人性的对立；重视学习目标中的知识与重视学习目标中的思考力的对立；重视授业中的教师的主体性、指导性、尊重教师与重视授业中的儿童的主体性、自主性、尊重学习的对立；重视学习形态中的同步学习与重视学习形态中的个别学习的对立；重视学习过程中的人际合作与重视学习过程中的个人学习的对立。战后日本大学的授业研究走过了各具特征的历史发展阶段：

1. 摇篮期——在 20 世纪 50 年代末开始的教育中央集权化《学习指导要领》的国家标准化、教科书检定的动向之中，斋藤喜博、东井义雄等学者以教育现场的实践为核心进行授业研究，并参考外国先进的授业理论与授业分析展开课堂实录，这是授业研究的摸索、探究期。

2. 召唤期——1962 年，以北海道大学、东京大学、名古屋大学、神户大学、广岛大学的研究者为中心，结成"五大学合作研究组"。1963 年，该研究组吸纳实践者，成立"全国授业研究协议会"。以此为契机，授业研究进入召唤、扩充期。

3. 兴盛期——全国所有中小学以校本研修为中心，展开固有的教育促进与授业改善运动，包括临时教育审议会（1984—1987 年）的审议报告和 1989 年《学习指导要领》的修订等，都使得授业研究进入致力于授业研究的方法与价值的确立与积蓄的稳定、充实期。

4. 持续再生期——教育现场迈入宽松与学力、分化与统整、生活与科学、习得与活用之间摇摆的教育改革之后，授业研究处于相对弱化的地位，谋求"自立"的授业研究的稳定发展，摸索、创造新的合作研究的授业研究进入超建构期[15]。

（二）战后日本中小学的授业研究

日常的授业实践、授业研究、授业分析的关系是相互关联的。从研究者的角度看，日常的授业实践是发现或是再发现教育学概念的场所；授业研究是以合作的方式构想明日的授业实践的场所；授业分析旨在促进教育实践的问题解决，加深对儿童行为与教师行为的理解，谋求理论再建构的场所。因此，授业分析处于其核心地位。在问题产生的场合，必须探明儿童内部发生的变化，授业分析就是旨在根据具体的授业过程中表现出来的事实，探明儿童的学习与思考。而反复的授业实践，则成为"形成基于新的发现的假设、重新建构开放的理论"的场所。

以"教育实践问题支持项目"为中心的授业研究,被命名为"参与型授业研讨会"。其关注点是,教师在日常授业实践中所面临的问题的挖掘及分享。实施阶段如下[16]:第一阶段——授业研究的年度计划与研究授业者、执教者的选择。4月份制定总体计划。第二阶段——拟定单元计划和教案。制定抽样儿童的教案,通过学科或学年的教师团队完成。第三阶段——研究授业的事前准备。包括:明确研究授业的问题意识;确认对儿童的要求;明确作为执教者意图实现的手段与影响;设计单元构想、教案、座位表等;具体决定抽样儿童(3名左右)。第四阶段——研究授业的观察、记录的分组与说明。决定授业的观察、记录的分组(速记者2名、抽样儿童观察者、全体观察者),要求观察者时刻在信笺纸上做好有关被观察儿童的实态的观察记录。第五阶段——研究授业的观察与授业协议会的活动。第六阶段——研讨成果的积累与使用资料的整理、保管。第七阶段——利用长假,基于逐句授业记录的授业研究每年实施1—2次。

二、基于教师与研究者对话的学习共同体

在全球化进展的21世纪知识社会中,中小学教师不能仅仅停留于片断的知识与技能的有效传递,还要深入学习现实世界与学术体系的原理,从而使得儿童掌握创造力——新的知识和智慧。为此,怎样设计学习环境和课程;在授业过程中怎样组织学习过程;如何建构学校的学习文化,是当今时代对于作为学习与探究专家的教师的要求。不仅如此,教师还应该成为终身学习的专家——能够根据多样的文化与社会背景的儿童的实际,应对急剧发展的学术知识的变化,变革高度复杂的综合性的学科知识和授业的实践性知识。这个事实意味着,这是一个要求教师作为"反思性实践家"的新的智慧的时代。

(一)聚焦授业研究的合作研究

日本的研究者与教师的携手合作研究拥有悠久的历史传统,大约有100年以上的历史。从晚近10年的先行研究看,成功的大学与中小学的合作大多集中于对学校的改进、教师力量的形成、教师领导力的形成等课题的关注。大学与中小学的合作形态多种多样:中小学为未来教师提供专业成长的场所,大学从事教师教育的形态研究、

中小学运用大学研究成功的形态，双方建构长期合作。大学与中小学合作的动机、兴趣以及支持合作研究的文化土壤是不同的，大学抱有强烈的研究兴趣，而中小学并没有直接进行研究的必要与兴趣。因此，开始合作之初，需要有一个磨合过程：形成共同的课题、形成共同的话语系统、分享共同的课题与价值、建构平等合作的关系。

以往的大学与中小学的合作是大学教师个人与中小学或是中小学的教师之间单向的集权化关系。中小学邀请大学的教师观摩授业，评述同授业直接相关的内容与方法，或是研究的动向。大学教师在中小学观察课堂授业，对中小学教师的授业方法与授业改进提出建议，这是提高中小学教师自身专业性的有效方法。最有效的方法就是聚焦授业研究的合作研究，这种合作研究以授业研究作为共同的根基，研究者与教师携手，形成交流的话语，寻求建构互惠合作关系的可能性。日本授业研究的特征在于合作性。东京大学秋田喜代美教授从言说分析出发，探讨授业研究中研讨会的建言者的作用，揭示了建言者向教师具体地提供多层地解读一节课的视点，以及建言者的视点怎样让教师接纳，教师的话语是如何变化的。

合作研究在反思性地把握课堂案例、形成相互学习的教师团队和学校文化中，最能发挥作用。日本授业研究的特征在于注重形成相互学习、彼此合作的学校文化。这种学校共同体论源于：（1）彼得·圣吉（Peter Senge）的学习组织论；（2）北美学校中的专业沟通论；（3）日本佐藤学倡导的学习共同体论[17]。基于第三个源泉的实践在日本众多学校中扎下了根。超越了教师、专家、研究者奠定专业人士的范畴，家长也参与合作，形成多层次地研究复杂的授业的母体的过程，产生了揭示其条件的根基与数据。

（二）典型的合作案例

可以看到大学教师的思想对中小学产生影响的典型案例，例如上田薰与静冈市立安东小学之间的合作。该小学根据上田薰的理论，形成了共同的话语系统，开发了学情卡、座位表、座位教案等具体的工具。另一个例子就是佐藤学与茅崎市立滨之乡小学之间"创建学习共同体"的合作。这一类型的特征与其说是基于组织与组织的合作，毋宁说是研究者与教师团队以及基于学校的个人与集体关系的合作性研究活动。如今，授业研究的目的并不是运用大学在研究中产生的知识，而是借助中小学教师和研究者的合作研究，旨在以课堂实践为根基、奠定建构新的知识的基础。为了有效地推进合作研究，大学教师和中小学教师就得相互理解合作中形成的现实及其现实背后的因素,以及现实的多样性。这种合作表明,教师的专业能力不在于知识获得与范式运用,而是在反思性地把握具体事例的教师团队的学校文化中,发挥出自身的最大能力。

伴随着2004年4月国立大学的法人化进展,大学与社区的合作成为新的趋势。在这之前,日本文部科学省从2002年开始设立地区贡献特别支援事业费,通过"自治体与国立大学未来的真正合作的确立"、"有组织地、综合地推进整个大学的地区贡献",来促进大学与地区的合作。比如,名古屋大学为了有组织地、综合地推进合作,组织以校长为首的社会合作推进委员会,同时在合作中设置了名古屋大学与自治体之间定期交换意见的"社会合作联络协议会"。致力于发展授业研究的合作研究,培育中小学授业研究的骨干。这种大学与中小学的合作是组织与组织的合作,对于双方而言,具有互惠关系。

三、日本授业研究中内在的方法论课题

(一)合作授业计划的方法与作为工具的教案

公开授业的教案是通过执教者的计划、学年或学科教师的集体探讨以及教师间的相互合作研究来编定的。爱知县新城市立新城小学明确区分了合作研究的阶段,开发了个人、学科集体、个人重叠地编制的"多轨型教案"。这种教案的特征在于,预测若干授业的流程,在教案中加以明示。教案具有教师合作研究的性质,同时又具有作为工具的性质。这里所谓的"工具"是融合了各个学校的文化与教师自身的个性来开发的,是支撑思想与方法论的重要工具。静冈市立安东小学开发了学情卡、座位表、座位表教案三种工具。学情卡作为教师观察儿童、把握儿童的手段,不仅在课堂授业的场所发挥作用,而且在课堂外的学校生活的场所发挥作用。在座位表中,记入了授业中和授业后每一个儿童的思考和教师对每一个儿童的愿望。座位表教案根据学情卡、座位表和教材分析来编制,从多重线索描述儿童思考的流程。教师每日每时借助座位表的编制,培育"考察基于事实背景的儿童的思考"。当然,为了对儿童的反应作出灵活的应对、链接各个个体,加深、撼动儿童的思考,教师需要预设可能运用到的具体工具。教师除了教案之外,旨在活跃讨论、深化儿童的认识,还开发了板书、写有儿童名字的粘贴板、儿童使用的座位表、表象图等多种工具。毫无疑问,阐明课堂实践中各种工具所运用的功能,对于描述日本的授业研究而言是必不可少的。

（二）授业的观察方法与记录方法

公开授业的观察与记录以及授业后的研讨方法有：（1）反思课堂现象，凭借记忆展开探讨；（2）把授业过程中发现的问题记录下来，据此展开讨论；（3）编制授业的合约书，据此展开讨论；（4）根据课堂录像展开探讨；（5）再现图像记录，定格问题现象场面加以探讨；（6）再现图像记录，根据授业流程进行内部语言分析[18]。除了这种课后的分析，还重视对当下直面的课堂事件的认知、判断和儿童内心世界的理解，诸如采用授业叙事（授业故事）的研修、基于备忘录的参与型授业研讨会、基于多媒体的授业分析等。

在记录授业的方法中，有基于录像机和光盘的录音、录像、速记、观察记录、照片等特定场面的定格。在观察记录中，有着眼于整体的观察记录和着眼于特定儿童的观察记录。比较两者会发现，着眼于整体儿童的观察倾向于记录：（1）授业展开的环节；（2）氛围与意欲；（3）执教者的意图；（4）儿童发言之间的关系。着眼于特定儿童的观察倾向于记录：（1）发言之际的动作、表情；（2）儿童思考的预测与疑问；（3）不同于一般儿童的思考方向的儿童的思考[19]。

20世纪90年代，日本的授业研究强调客观地记录上课的流程，用S代表儿童、T代表教师进行速记，再作分析。然后对所谓"样本儿童"的特定儿童的动作、表情与发言进行全面记录，形成综合的课堂记录，用于授业分析。20世纪70年代，日本从美国引进范畴分析。80年代以后，引进了民族志研究、质性研究法、参与观察研究法等研究法，以及认知科学、社会建构主义、批判理论、活动理论等。如今，授业研究的重点从儿童的信息处理转向意义生成，整合授业研究中的主体立场与观察立场的模型研究，基于行动研究的数据收集与评价的方法论，案例与插话研究等多种多样的研究方法也得以展开。

（三）授业研究的理论课题

从理论查明展开的课题研究，有佐藤学的"授业研究的主流思想的变迁"的研究、论述授业分析的理论建构的可能性的研究。佐藤学批判科学的理论态度的授业研究，提出了建构授业研究的新基础的若干前提——（1）授业过程的文化性、社会实践的过程性与诸多家长的复合性；（2）实践情境中教师的问题解决与决策；（3）教师的实践研究与研究者的合作研究；（4）教育学研究的综合研究与研究者和教师的合作性[20]。

柴田认为授业分析是一种以现场的授业实践为出发点进行的理论建构性活动。揭示了旨在理论建构的条件是:(1)基于事实的理论建构;(2)从教育实践出发的有参照可能的理论建构;(3)有可塑性的理论建构;(4)阐明儿童的思维过程;(5)动态把握。

授业研究是以授业实践及其反思为基础的。从教育学的视点看,授业研究是教育学概念的发现或再发现场所,同时也是发现教育学的概念内涵的场所(教育学的课题)。对于授业实践者而言,授业研究是尝试通过授业解决直面的各种问题,建构明日的教育实践可能性的场所(教育实践的课题)。从教育实践研究的视点看,授业研究是自觉地把握实践情境的困难性,更加明确地重新把握实践情境的场所(教育实践研究的课题)[21]。从研究手法的视点看,授业研究是以实践研究为根基的研究手法和工具的克服与展开的场所(研究手法的开发课题)。的场正美指出,授业研究就是囊括了上述四种课题在内的、从事四个课题研究的、教师与研究者之间开放的、智慧与实践的合作研究[22]。

四、为了授业研究的可持续发展

为了授业研究的可持续发展,日本学者秋田喜代美提出了如下的可行性实践方案[23]:

1. 引领学习共同体的骨干培育。培育骨干,建构各自的学校里合作实施授业研究的文化,培育引领授业研究的骨干,是面临的一个课题。学习的组织,是彼得·圣吉(P.M.Senge)倡导的企业经营学的概念,这个概念已被运用于教育学。学习被视为学习的组织、学习的共同体来构想与发展。关于学习共同体的特质有若干特征和结构性条件,骨干是其中的一个条件。

2. 促进授业研究的工具开发。在分享事实的参与型授业研讨会中,开发综合授业记录、赋予观察事实以价值判断的信笺纸、推测儿童学习的抽样设定、保留讨论轨迹的速记与工具开发等,都是必要的。在提升授业观察力的同时,完善授业记录的实地调查记录的叙述方法的开发也是重要的课题。

3. 教师与研究者的合作研究。无论是对于授业实践者还是对于授业研究者来说,授业现实都是重要的领域,授业研究要求具有互惠关系的教师与研究者的合作研究。

4. 作为授业研究的授业分析。授业分析以详细的授业记录为线索,其特征是反反复复地回顾、分析同一发言，或是同别的发言关联起来，做出分析。这就有可能使得教师着眼于授业实施过程中难以读取的或是被忽略了的发言与事实。通过授业分析，教师对儿童接纳授业的方式与作用、儿童发言做出深度解读，从而带着这种感悟，在授业中做出具体的观察。授业分析的一个重要课题是，开发授业实践所内隐的制约授业的因素（在多数场合，这种要因不是以名词形，而是以动词形而存在的）得以显性化的工具。

5. 证据的发现。授业实践在每一个儿童的人格形成过程中创造着有良知的、显性化地而且明智地运用当下有可能入手的最强有力的证据。授业分析具有发现证据的可能性，这是同授业研究中的伦理形成相关的。

6. 用自己的话语陈述自己的实践。在日常实践中，教师通过授业，衍生诸多事实。不过，现代授业的困难，不仅仅是把握这种事实的话语在现代的状况中游离于事实的问题，而且存在着背负太多的政治性意义的问题。在自己的实践语脉中陈述同各自的实践相关联而产生的话语是重要的。这是同授业观、儿童观等授业认识论相关的课题。

7. 授业事实与分析者相互制约的授业分析的导入。由于授业事实与分析者的相互制约性，授业分析有可能在实践的语境中被使用。授业分析的相互制约性，不仅在概念与概念之间产生，而且在事实与分析者构成的概念之间产生。

8. 探索面向授业实践的教育实践研究的伦理。作为专家的教师，以拥有人格的人为对象，赋有社会责任，作为自律的专业集团，探索专业伦理的确立，这对授业研究而言是重要的。伦理是基于授业分析而发现的证据。当这种伦理成为基石，学习共同体就能在精神上获得自律。

第三节　长跨度授业研究的创造

一、从习得知识的方法研究到培育儿童的研究

儿童通过授业，同世界、文化、科学、历史相遇，变革自身，建构关系。因此，授业不是单纯有效地促进儿童记忆的场所，它是通过学习不断造就自己的"新山"的"造山活动"，是对生活世界之认识的再建构活动，也是在生活世界中与共同生存者建构伙伴关系的活动[24]。然而，学习活动却往往被误解为似乎是单纯的知识习得活动。在这里，

知识是单纯的工具,这种知识的活用者——学习者——在学习前后依然是同样的自己,并没有想到通过学习活动,学习者自身会发生变化,往往以为变化的仅仅是知识量而已;以为学习者所拥有的知识越是增加,越是能够应对将来的各种情境,扩大生命活动。因此,拼命地记住什么也保障不了的"将来有用的知识",成为学校活动的中心。在这种学习观之下,学校教育中的大量时间被浪费掉了,在应试学习中记忆的知识,几年之后便会烟消云散。这种经验是谁都有的,剩下的仅仅是战胜应试想象的磨难,赞赏其努力与顽强的精神而已。实际上,我们应当追求的是超越自身的变革,进而变革人际关系,变革世界的活动。

因此,授业研究并不是什么有效地向儿童灌输知识的研究。应当看到,它是能够有助于儿童自身的建构、关系的建构,有助于儿童走向生活世界的研究。不过,从这个视点来看待授业研究,就会碰到授业研究所耗费的时间问题。时间会引发怎样的问题呢?

二、从短跨度授业研究到长跨度授业研究

试看一节课的授业[25]。比如众多教师观摩,课后进行研讨会的"观摩授业"——这是我们最熟悉的授业研究的一种。执教者在课后"反思",列举授业不顺和失败的地方,对观摩者的攻击"有言在先",是一个惯例。不过,那种没有价值的"不应当……"、"应当这样来准备……"等乱七八糟的意见冒出来,执教者则带着强烈的"公开授业,我不想干了"的心情而告终。毋庸置疑,这种研究授业的弊端必须剔除。那种费时费力、发表成果的观摩授业的模式应当终结。授业研究应当转向轻松自如地相互切磋授业、寻求明日授业的日常性研究。

不过,即便是致力于这种改进的努力,仅仅局限于一节课的内容,自然是有限的。一节课的授业研究所存在的问题依然故我。选择的教材这样可以吗? 教师通过教材所描述的故事和儿童通过学习活动所描述的故事有什么关联? 教师的提问可以吗? 儿童回答的真实意图是什么呢? 等等。在一节课的授业中只能做出这些议论。然而,有关上述儿童的自我建构与关系建构,同生活世界的联系模式等的议论是困难的。当然,仅从一节课是难以推测儿童的学习状态的,而离开了一节节课的模式去讨论儿童学习的问题又是毫无意义的,这是众所周知的。但是,反过来说,一节节课的授业研究在讨论儿童学习之际是必要条件,然而不是充足条件。我们要充分认识到授业研究的

重要性,授业研究也一直是世界各国关注的。倘若如此,那么我们就更加需要积累授业研究,建构得以探讨儿童的自我建构、关系建构、参与生活世界的方式的模型。一节课40—50分钟,不管如何反复地分段落进行授业研究,也是不可能完全把握儿童的学习状态的。我们有时可以看到"丰富的、精神焕发的……"班级目标的标语。然而,在教师的日常授业中,对于这个班级目标同日常授业相挂钩的过程的研究,亦即考察儿童成长过程的研究是没有的。倘若是没有,班级目标只能是单纯的口号和期待而已。这样,授业之间的关联是必要的。把几次的授业链接起来加以考察,即沿着儿童成长发展的轨迹读取长期的授业研究是必要的。

关于建构关系也是同样。学习也会使得共同体的关系发生变化。在实践共同体中,从外表上看得出,学习者各自作为正统周边参与者,承担着不同的学习活动的作用与责任,逐渐地提高作为学习成员的自治意识。而且学习者能够沿着学习活动的规划、运作、实施、表达、评价等时时刻刻的变化过程,进一步成为共同体的一员。学习活动越是变为儿童的主体性活动,一节课的授业就越能够起到这样的语境中的一个片断作用。问题是授业研究花费的时间。因为,花费时间的长度不同,能够考察的内容也不同。如今需要的,不是单纯地强调授业研究的重要性,而是从每一次的授业研究的方法出发,链接多次的授业研究,直至案例研究的过程,凝练成作为一个系统的提案,来实施可以读取儿童成长的授业研究。

三、教师自身通过授业研究检视自己的成长

如果说,授业是使儿童同世界、科学、历史相遇,实现儿童的自我建构与关系建构的场所,那么分享这个场所的教师应当起什么作用呢? 当然,不仅仅是知识的传递者而已。这是因为,无法在儿童的认知活动中生根的生吞活剥的知识终将消失殆尽[26]。

教师对于儿童的学习活动而言,是作为协调者的身份参与的。就是说,教师是学习活动的同伴,与儿童一起探究,通过授业,教师自身也在学习着和变化着。离开了这种教学相长的授业研究是不可能有的。因此,从对于儿童影响的好坏与否的考察出发,也能够确认,教师自身成长发展的授业研究是必要的。特别是,既然21世纪知识社会所要求的学力不是单纯的知识习得能够解决的,那么,期待于教师的角色能力也需要从知识传递者,转向支撑学习与成长的协调者的能力,授业研究应当为培育这种

能力提供必要的视点，这对于授业研究而言是必要的。另外，教师进行的授业活动是受同僚性所支配的。在作为同学年、同学科的教师团队讨论与调整的结果，展开每日每时的日常授业。在授业研究中，通过教师对授业实践的考察，不仅教师个人成长，教师团队的同僚性与组织学习的模式乃至学校的运作、学科和公共教育的模式等也将被纳入考察的范围。如此，可以看到，在今后的学校中，授业研究将成为核心，展开教师的组织学习，世代传承的循环得以正常地发挥功能的面貌。

充分认识到这一点，或许很多教师会想到"一次一次的授业研究"的情景。不过，这是错误的估计。脱离了如今所要求的关于教育与教师能力形成的视点的授业研究，终究只是将就应付的反思会而已。联系日常的实践考察，以半年、一年、几年为单位，从教师自身的成长、学科、教师组织和学校建构的视点出发，重建授业研究的系统，应当在学校文化中积淀下来，基于这种展望之上的授业研究是必要的。

四、架起理论与实践之间的桥梁

在以往的教师培养的授业中，大学教师是教授理论的，有关实践部分是以教育实习的形式委托给学校现场的。然而，授业是高度复杂的专业。熟练教师拥有的力量，可以说是由能够置换成话语的"形式知识"，和浸润在经验之中得以分享的"默会知识"构成的。在大学教育中相当于"形式知识"的部分是作为理论向学生讲授的，"默会知识"部分是在教育实习中通过现场的见习来学习的。然而在这种分工背景下，这种理论也不是熟练教师的"形式知识"的保证。教育实习虽热衷于授业方式的指导，但也谈不上是"默会知识"的习得。往往可以听到"理论实践化、实践理论化"的口号，但是，授业终究不过是单向地传授知识而已。

实际上，熟练教师的"形式知识"与"默会知识"并不是通过理论实践化、实践理论化而形成的。在授业实践中，知识的形成被置于重点，它是在展开的行为中致力于考察而形成的。在实践中，教师不断进行着"形式知识"的重建与"默会知识"的磨砺[27]。另一方面，学生在大学的讲授中获得的诸多"形式知识"，在自己的实际教育活动中是没有根底的浮于表层的语言（拟似形式知识），被视为"默会知识"的体验也并没有经过梳理的语言，因此，原本含有语言表达不稳定的部分，仍然处于"混浊知识"（拟似默会知识）的状态。实际上，我们所拥有的知识中，基于工具理性的"形式知识"和不可能转换为语言的真正意义上的"默会知识"并不少。我们的诸多知识大多停留于这种"拟似形式知识"与"拟似默会知识"的层面,为了强化这种"拟似形式知识"与"拟似默会知识"的转换,可以同熟练教师一样,在实践中把重点置于知识的生成,在行为中致力于考察。就是说,在实践与实践的空隙之间设置授业研究与案例研究,用语言而且是用经过经验打磨的语言来为实践奠基。在这种授业研究与案例研究中,教师与学生之间讨论、倾听自身的实践,根据事实的时间线索的逻辑来陈述故事,使其上升为语言与经验相互交融的叙事知识。熟练教师的场合实际上也是这样,与其说是"形式知识"和"默会知识"占据优势,毋宁说是"叙事知识"占据优势,或许正因为如此,不展开以倾听与对话为支撑的授业研究,就培养不了教师。再者,在这种场合,讲授理论的大学教师也参与,大学教师也分享实践案例,帮助教师与学生将现实的经验语言化,也使得学生将既有语言与固有经验交融。就是说,在大学教育中,不应该使讲授与实践两者分离,而应该在其间设置案例研究的课程,以推进理论与实践的融合。

【参考文献】

［1］［4］［5］［14］东京大学基础学力研究开发中心.日本的教育与基础学力——危机的构图与改革的展望［M］.东京:明石书店,2006:193－194,202－204,204,206.

［2］广冈亮藏.授业改造入门［M］.东京:明治图书,1969:115.

［3］秋田喜代美.授业研究与话语分析［M］.东京:放送大学教育振兴会,2006:212.

［6］［7］丰田久龟.明治期提问论的研究:探寻授业成立的原点［M］.京都:智慧女神书房,1988:252,253.

［8］［9］［10］［11］秋田喜代美,刘易斯.授业研究与教师学习［M］.东京:明石书店,2008:114－115,116,117－118,122－123.

［12］鹿毛雅治.授业这一活动:同儿童一起创造"主体性学习的场所"［M］.东京,教育出版,2019:349－350.

［13］的场正美,柴田好章.授业研究与授业的创造［M］.广岛:溪水社,2013:92.

［15］日本教育方法学会.日本的授业研究:授业研究的历史与教师教育(上卷)［M］.东京:学文社,2009:166－167.

［16］［23］［24］［25］［26］［27］秋田喜代美,等.授业的研究,教师的学习:日本授业研究的诱惑［M］.东京:明石书店,2008:174－175,181－183,186,187,189,192.

［17］［22］日本教育方法学会.日本的授业研究:授业研究的方法与形态(下卷)［M］.

东京：学文社,2009：191,196.

[18] 野鸠荣一郎.记录教育实践：教学的技法[M].东京：金子书房,2002：160.

[19] 的场正美,等.授业研究的记录方法与观察视点[J].名古屋大学大学院教育发展
科学研究纪要(教育科学)：2000(9)。

[20] 佐藤学.课程与教师[M].钟启泉,译.北京：教育科学出版社,2003：224-225.

[21] 日比裕,等.授业分析的方法与授业研究[M].东京：学习研究社,1978：95.

第八章

日本授业研究与教师成长

　　实践者与研究者合作展开授业研究的过程,同时也是实践者与研究者重建关系的过程,更是反复推敲"何谓实践者的研究"、"何谓研究者的实践"的过程。本章介绍秋田喜代美研究团队的授业研究案例——授业创造的"装置",以及基于"对话授业"的角色研修,借以了解日本的授业研究是如何为中小学教师的研修不断开拓新的可能性的。

第一节　授业创造的"装置"研究

一、"教师上课"是怎样一种活动

授业是学校中最重要的教育活动。鹿毛雅治从教学创造中的"装置"的角度,具体地说明了"教师上课"究竟是怎么一回事。他说,"教师上课"这一活动是由三件事构成的,亦即"构想授业"(具体地策划授业)、"展开授业"(以授业构想为基础,和儿童一起创造现实的授业)、"反思授业"(反思实施了的授业实际及其背景,展望尔后的实践),三者构成了一个有机的循环[1]。具体地说,为了创造授业,教师必须认真地对待这些环节,并且积极地把这三者链接起来。

(一) 构想授业

所谓"构想授业",就是教师通过发挥自己的想象力和创造力,明确将要实施的授业并对其加以具体化的行为。这一环节主要是教师根据学习者的实态,明确学习者学习与成长的规划及目的。在此基础上明确授业的目标,把教育内容教材化,同时决定具体的教育方法等相互密切关联的多样化工作。具体地说,这一环节可以大致分为"授业设计"与"准备装置"。即教师不仅要设想单元计划与课时的细案来进行"授业设计",还要准备落实教案所必要的具体手段(即"装置")。

所谓"授业设计",是把授业的四个构成因素——"学习者"、"目的"、"内容"、"方法"相互链接起来,将其作为一个整体来描述授业。这就是单元设计与课时设计。所谓"准备装置",指的是教师具体地准备旨在实现授业所必须的"装置"(使得儿童的学习得以形成的步骤)。诸如,印刷品和卡片的制作,开发促进儿童学习的"工具",考虑小组学习的成员与课桌椅的配置,具体地规划教育的"场",等等。教师的这种"创设装置"的工作,旨在形成有价值的学习,即预测"每一个儿童在授业中会有怎样的体验",以确保儿童的活动沿着教育的方向前行。诸如"组织小组学习"是基于教师的预测——通过实践儿童的教育体验(对别的小组表明意见,记录对话的内容,准备小组发表等),促进他们的学习——来做出授业法上的决定的。其背后的认识是,教师普遍认为"小组学习"较之其他的"装置"(例如"个人学习")更为有效。这样,所谓"构想授业"就是描述"设定学习活动的教育活动"的剖面图,这是基于教师的专业性,最大限度地发挥想象力与创造力来设计教育实践的过程。

(二) 展开授业

教师根据课前的授业设计,驱使"装置"展开实际的授业。比如,运用多样化的媒体提示信息;明白易懂地讲解教学内容;提出促进思考的问题;做出唤起儿童注意的指示;特意预设等待的时间;根据学习者的反应给出明确的反馈等,通过这些,使得儿童的学习得以形成。一言以蔽之,教师工作的本质就是"教育性参与"。这是以"即兴性"为特征的。

所谓"教育性参与"是指监控授业中儿童的状态,旨在形成儿童的更好的学习,根据事前构想的授业设计,利用"装置"来实施临机应变的即兴式应对。这时要求于教师的是,同儿童合作,推进授业的意志。因为,儿童是学习的主体。通过授业的展开,可以让儿童的感知方式、思考方式、疑问与见解、体验与表达,在授业过程中积极地反映出来,这对于教育实践来说是不可或缺的。从这个意义上可以说,教师为了儿童,必须借助儿童的力量来展开授业。从原理上说,授业中发生的一切事件是不可能事先预测的,不能按图索骥、照本宣科。因此,在现在进行时的动态的授业过程中,教师不能不对授业设计本身做出某些修正与调整。所谓"展开授业",就是运作实际的授业的一连串行为,同时也隐含着授业的"再设计"工作。

教师为了展开授业,必须确凿地掌握"儿童与教材的关系"、"伙伴之间的关系"等状况,调整教育活动。而且授业不仅是教师的单向沟通,还要引出儿童自发性的多样的思考与表现,链接儿童之间的反应,借以拓展、深化儿童的学习。可以说,这是因应动态的授业状况的即兴式的"教育关系"(整理语言提示、建议和对话的流程)的实践过程,而构成这种教育关系的是教师对于"教育瞬间"(Pedagogical Moment)的把握与判断。"教育瞬间"可以理解为"为了儿童必须做出的某种教育影响的一瞬间"[2]。它可能是面对儿童的某一个表情、某一个发言、某一个行为的瞬间,而是否感受到哪一个场面即是"教育瞬间";或者基于即兴式的"状况把握"与"教育判断",即兴式地实践某种"教育关系",自然而然地可以反映出教师的专业力量。有的教师会发现某个儿童的发言的重要性,特意将其推介给全班同学;有的教师或许忽略了同样的发言。即便处于同样的状况,"教育瞬间"的把握与判断,乃至基于这种判断的"教育关系",每一个教师都是有所不同的。制约教师对"教育瞬间"的决策的,是教师对于授业时间的着眼过程。这是由于教师的个别差异所使然——教师关于教育目标、教材、每一个学习者以及教育方法的"知识",儿童观、学习观、授业观等的"信念",对儿童的行为与发言的"兴趣"。教师工作是一种极其高深的专业,从如此复杂的"教育关系"这一教师的技艺支撑着授业的展开这一点看,也一定是可以理解的。

(三) 反思授业

教师在课后对自身实践的授业展开的自我反思,是一种自觉地进行自我评价的授业反思。可以说,教师是在教育上把握、判断自身的"评价"专家。这里所谓的"评价"并不是单纯地给予分数与成绩的意义,而是指在教育实践中隐含着的"评价性思考"(从教育观点出发解释评价对象,运用这种信息的思考)。一方面,教师在展开授业的过程中离不开基于"教育瞬间"的把握与判断行为的"评价性思考",另一方面,教师课后的授业反省性思考也属于教师授业创造的一部分。一般说来,"在体验中产生的探究问题解决的思维"谓之"反思"。"反思"是作为教师工作的重要因素。在教师反思授业的活动中包含两种反思:"回顾性反思"与"展望性反思"[3]。

所谓"回顾性反思",指的是回忆已经实施的特定的或是多节课的授业,对照事后的授业构想,重新赋予意义的思考。这时必须注意的是教师坚信某种想法而做出了曲解的危险性。例如,教师与其单纯着眼于沿着教师意图的少数儿童做出发言,简单化地以为授业就成功了,倒不如去思考对于不发言的多数儿童而言,授业是怎样的场所的问题,才是反思不可或缺的重点所在。为了极力避免教师偏颇的解释,要求教师以细致地确认在授业场所发生的具体事实(例如每一个人的表情与自言自语)为基础,同时充分地设想每一个儿童的授业体验,真诚地反思自己的授业实践的心态。通过过细地反思授业中所发生的事实,才能回避基于单纯印象的简单化的授业评价,才有可能感受到授业的复杂性与深奥性。

所谓"展望性反思",是指通过对"回顾性反思"的有机往复,旨在获得发现具体地构想今后授业思考的过程。例如,通过"回顾性反思"重新认识 B 同学"自言自语"的重要性,可以产生出在尔后的单元展开中如何发挥 B 同学的这种"自言自语"背后的思路。这种反思是同引导对于下一节课时的授业构想联系在一起的。可以说,"回顾性反思"与"展望性反思"之间相互有机关系的这种思考(授业反思),正是"重新设计"授业的活动。

"教师上课"就是由上述三个环节构成的,但这并不意味着上课就是重复这些"作业"。因为,所谓"授业"终究不是根据"预先设计好的程序的实施及其成果"这样一种单纯的框架所能把握的复杂现象。就是说,在授业中,即便是分享同样的授业空间,每一个学习者的体验也具有各自差异的"个别性",以及因应即时即地而产生多样活动的"即兴性"。所谓"授业",是作为授业者的教师,基于每一个独特的学习者、教育目的、教育内容、教育方法之类的构成要素而形成千姿百态的能动性活动。从某种意义上说,所谓"授业"是一种不可能十全十美的"实践",这正是教师展开授业研究的意义所在。

二、何谓"装置"

(一)"装置"的含义与特性

所谓"授业设计",是教师、儿童与教材三者之间相互作用关系之场所的设计,这种活动本身就是形成"装置"。就是说,"所谓'装置'不是单纯的授业构成要素,而是承担授业的教师通过授业设计,在授业之前准备好的、旨在服务于所有学习者的主体性、能动性学习(外显的、内在的)的工具(物理的、非物理的),以及与这些工具发挥作用的场所(环境)所构成的动态系统"[4]。具体地说,所谓"装置"是指"旨在达成某种目的而在事前组装的东西"。亦即指:(1)在开发者心中抱有某种目的与计划;(2)不是自然存在的,而是人造物;(3)可以预先准备好的。上述特质可以分别谓之"意图性"、"工具性"、"预设性";这里,基于这种"装置"的一般意义来探讨一下何谓"授业装置"。

其一,意图性。所谓"授业装置"中的"意图性"系指以教师心中的某种目的和计划为背景的意义。这里的"意图"指的是"授业目的"本身,"装置"是为儿童实现特定的学习目的而准备和利用的。一般而言，"学习"是通过"活动"来实现的。例如，通过写作活动来获得（学习）写作的技能。不过，所谓"活动"并不仅仅是可观察的行为，亦即外显的行为，也包含内在的活动——"为了把意图传递给读者，应当如何表达"的思考。在"装置"中，存在着这样一种影响作用——通过使儿童发生外显的、内在的活动，促进知识、技能的获得，培育感受方式与思维方式之类的态度。这样，可以说，通过促进特定的活动，形成特定的学习，正是"装置"背后的教育意图。根据教师所拥有的教育意图的不同，"装置"的状态也会改变。比如，从这种教育意图差异的观点出发，"装置"似乎可以大体分为"收束型装置"与"开放型装置"。所谓"收束型装置"是指旨在习得与巩固特定的知识、技能的"装置"。例如，在识字练习、运算练习这种场合，通过"装置"而发生的活动是划一的，产生这种结果的学习成果也应当不至于产生个别差异，它要求学习者被动地应对通过装置所引导的方向。另一方面，所谓"开放型装置"其前提是旨在促进探究的"装置"，借以产生多样的行为与学习成果。例如，"暑假自由作业"——期待学习者主体式地、能动地同"装置"关联起来，拓展、深化自己的学习，便是适例。

其二，工具性。所谓"工具性"，是指人造物的性质。装置不限于印刷物之类的看得见的物理性实体。例如，初中美术"用陶土制作灯笼椒"的单元，授业导入时，教师提示儿童"把这个以假乱真的灯笼椒放进冰箱，让母亲吃惊"，这是一种基于语言的"提示"，但儿童听见之后，或许会立刻产生期待的心情，想象家人吃惊的样子。带来这种心理效果（引出制作灯笼椒的期待心情）的非物理性人造物（语言的提示）也可能成为一种"装置"。在"装置"中，不仅有印刷物和用于提示的单个"工具"，而且有作为复合的有机统一体的"场"的存在。例如，运用特定印刷物的小组学习，不仅有作为工具的印刷物，而且包含了物理环境要素（诸如面对面的课桌椅排列）和人的要素（诸如男女生各 2 名）这种涉及整个场域的"装置"，其构成了以形成学习为目的的各个要素相互关联的有机环境。"装置"也可能流通。例如，对于印刷物和提示，开发者以外的人也可以在自己的授业中运用。从这个意义上说，"装置"往往是作为基本知识来传递的，不过，即使大家运用同样的装置，却不能保证收到同样的效果。因为，所谓授业是通过教师、儿童、教材的交互作用所创生的独一无二的事件，装置是以该授业固有的语境为前提制作的，其他教师把这种特定的装置拿来用于自己的授业，是有局限性的。

其三，预设性。在授业开始之前做好准备这样一种时间要素，就是"预设性"。

所谓"装置"是作为授业构想的结果而具体化的,原则上在授业展开之前应当是准备好了的。不过,预设"装置"即便是完美地准备好了,也不能保证授业展开的成功。确实,精彩的授业需要精彩的"装置"支撑。不过"装置"一旦过多,师生往往会处于不得动弹的窘境。对于教师而言,"装置"是事先准备好的手中的"王牌",至于这些王牌是否出手,取决于授业中的教师。而且处于现在进行时的授业之中,"王牌"甚至是即兴地制作(装置化)或是加以变通之后才加以使用的(装置改进)。例如,教师把某个儿童在授业中表达出来的思考(C同学解决法)提示给其他的同学,诸如此类的工具在授业的展开过程中突然间被"装置化"并加以利用,就是一例,或是在预设的授业构想中让所有儿童利用"暗示卡片",然而,授业开始后发现,即便不予暗示也可能解决问题的儿童会意外地多,于是调整为个别地发放卡片,这就是"装置改变"的例子。

(二)"装置"的作用

如此看来,所谓"授业装置",原则上是授业开始之前准备好了的支持儿童学习(外显、内隐)而利用的工具(物理性与非物理性)和场(环境)。精彩的装置至少有三种作用[5]:(1)刺激学习的功能——刺激学习者。"装置"引发学习者注意学习对象与内容,唤起他们学习的愿望,激发他们的学习活动。(2)引导学习的功能——引领学习者。"装置"使学习者明晰学习的路径,引导学习的发展与深化。(3)学习可视化的功能——"装置"将学习所必须的信息可视化。借助"装置"使得学习者容易感知学习所必须的信息。顾名思义,这里所谓的"可视化"不仅使得视觉性知觉变得容易,而且也使得以五官为媒介的感知信息来得容易。

(三)作为"装置主体"的教师

由上可见,装置有可能成为授业创造的关键。教师在构想授业之际,进行旨在形成儿童学习的"装置创设"。根据每一个儿童的实际,通过他们同"装置"的相遇,基于不同的体验,进而产生多样的学习——在这一点上,教师通过最大限度地发挥自身的想象力与创造力,将"装置"具象化。

教师审时度势,通过把装置作为王牌来运用,可以求得更精彩的授业。如上所述,在授业展开中,教师工作的本质在于临机应变地进行"装置化"和"装置改进",以建构灵活的"教育关系"。变更事前准备好的"装置"或是做出放弃"装置"的决断是理所当然的。我们要求于教师的就是这种包含高度判断的授业展开。不过,过剩的"装置"也可能导致"目中无人"的危险。"装置"不过是使儿童的学习得以形成的手段。教师一旦被"装置"所俘虏,过分信赖"装置",把"装置"的运用本身作为目的,就会忽略了儿童的多样的学习,忽略了教师拓宽、加深儿童学习的契机。在授业反思中,要求教师以儿童授业中的姿态为基础,细致地把握"装置"同儿童的姿态与学习有着怎样的关联。通过这种反思,教师就会产生更鲜明的发现,明确尔后授业的设想。

借助"装置",要在所有儿童身上不折不扣地形成教师预先设想的学习,是极其罕见的。即便是最大限度地利用了装置的教师也会感到,儿童的学习往往是同教师的意图有一定距离的——这种宿命的事实作为反思的结果是清清楚楚的,不可能有完美无缺的授业。可以说,对照具体的授业事实,谦虚地确认授业活动的困难性与深奥性,正是教师反思授业的意义所在。

三、"装置"的真相

(一)着眼于"装置"的授业创造

鹿毛雅治教授以藤泽市教育文化中心教育实践临床研究部会的实践为例,探讨了"装置"的具体面貌。

该研究部会的教师谷合弘州以"装置"作为实践研究的关键词,他在小学六年级理科的"土地的形成与变化"的单元内容开发的过程中,为了引发儿童"好好地观察、好好地探究"的学习心态,制作了多样的"开放型装置",运用于授业实践之中。然后,通过授业的反思,重新设计授业。这个挑战"来吧,让我们凝视大地!"的单元授业实践中的具体学习活动如表8-1所示,其主要"授业装置"(工具层面和场域层面)则参见表8-2[6]。

表8-1 学习活动的展开

1. 儿童初次接触火山灰标本,通过清洗火山灰的作业,对"美丽的火山灰真貌"产生兴趣。(2节课)
2. 为查明"美丽的火山灰真貌",去临近的某地层进行实地勘察,听取特邀讲师讲解地层的知识,同时采集标本。(2节课)
3. 清洗、烘干地层标本,用显微镜观察。(3节课)
4. 通过回顾先前的学习,设定研究课题——"海滨沙滩的沙"与"地层的形成",组织研究组。(2节课)

5. 研究组分成研究小组,拟定《研究计划书》。(2 节课)

6. 分组进行活动。(8 节课)

7. 介绍各研究小组的研究成果,共同回顾此前的学习。(1 节课)

8. 准备"总结报告会",归纳研究成果。(4 节课)

9. 举办大地问题研究所"总结报告会"。(2 节课)

表 8-2 授业的装置

工具层面

□大报告书

儿童的发现用蓝色的笔、疑问用桃红色的笔、想要探讨的事项用绿色的笔,分别写在信笺纸上。记下名字之后,贴在粘贴这些信笺纸的模板纸上。

□研究计划书

描述研究目的、研究对象、研究方法、研究结果的预想,分儿童探究的单位(小组)提交。

场域层面

□大地问题研究所

基于地质学家小组探究活动的语境设定。设定教师担当"所长",儿童担当"所员"。场域具体由小工具(地层的标本、胶片案例、数字摄像机、显微镜等)、活动(实地调查、标本的清洗等)、研究报告的场所(研究所总结报告会)等构成。

【出处】秋田喜代美、刘易斯,《授业研究与教师学习》,东京,明石书店 2008 年版,第 164 页。

(二)"装置"的双重性——"授业装置"与"授业研究装置"

在以上的探讨中,"装置"是以儿童为对象、旨在形成儿童的学习的一种术语。不过,谷合先生的实践研究表明,"授业装置"不仅使儿童的学习得以形成,同时也有助于教师的授业创造,这种"授业装置"可以用来激励、引领每一个儿童的学习,使得儿童的相互学习得以可视化。同时,通过促进作为执教者的教师的发现,在授业展开中形成教师的即兴式应对,有助于为授业反思提供珍贵的信息。另外,在谷合的实践背景中,存在支持谷合的授业创造的"授业研究装置"(参见表 8-3)。所谓"授业研究装置",是指支持教师从授业的构想开始,经过展开、反思直至再设计的一连串教师的思考过程的工具与场。藤泽市教育文化中心教育实践临床研究部会组织了教师高质量的实践研究,而且通过实践研究,教师明确了自身展开学习的"意图",获得了开发授业研究的工具或建构场所的实绩。谷合的授业创造就是由研究会组织的、借助"授业研究装置"来支持的(表 8-3)[7]。

表 8-3　授业研究装置

工具层面

□授业构想的工具：授业设计的六大构成要素
支持教师进行授业设计的概念框架。通过分别明晰"目的"、"目标"、"学习者的实态"、"教材研究"、"授业方略"、"学习环境与条件"等六个子课题，同时通过将授业作为一个有机的相互关系的整体展开探讨，从而提出授业构想，旨在将授业作为一个明确的、统整的活动来设计。

□授业反思的工具：基于"日记分析"的实践报告
拥有时间流程结构的叙事式实践报告风格。教师通过执笔，叙述自身实施授业创造的过程，借以促进长跨度的授业反思，包括授业之后未曾有的发现，以及发现之后的变化。授业创造是作为长期的故事来撰写的。

场域层面

□例行的研究会
研究会（原则上每月一次）、暑假集中研究会（为期 4—5 日）、授业研讨会（公开授业研讨会：每年 3—4 次）。研究员有参与的义务。

□半正式的反思场
执教者在授业之后即刻举行的、同观摩者合作进行的授业反思。

□非正式的交流场
研究室作为部会担当者（2 名）的工作场所中心，是部会开会的场所，同时也是研究员在研究会开会前后进行沟通的场所。

【出处】秋田喜代美、刘易斯，《授业研究与教师学习》，东京，明石书店 2008 年版，第 166 页。

（三）授业创造的力学

"授业创造的力学"可以理解为支持授业创造的双重"装置"。谷合的实践是借助"授业装置"与"授业研究装置"之间的双重性而形成的。例如，倘若着眼于"装置"的可视化功能来看的话，通过"授业装置"，儿童自身和教师可以实现对儿童学习的"可视化"，同时，基于"授业装置"的可视化，不仅是针对基于"授业研究装置"的执教者的，而且是针对授业研究共同体的成员的。借助双重"装置"的作用，授业的构想、展开、反思这种执教者的活动有机地结合起来，不仅促进了作为执教者的教师的发现，而且也促进了授业有机共同体中其他教师的发现。上述的分析表明，教师也同儿童一样，是主体的学习者。教师在组织儿童的学习得以形成的同时，从其一连串的实践过程中也获得了自身的学习——这种学习的双重结构，正是授业实践的本质特征。在授业创造的过程中运用的"装置"不仅会促进儿童的学习，而且也会使教师的学习得到激励、引领和可视化。

第二节　基于"对话授业"的教师成长

一、为了"对话授业"的实施

（一）对话——学习的关键所在

学习的活动不是单纯地在自己的头脑中积累种种知识、信息和原理的"个人头脑中的封闭式活动"，它是通过同新的事件、事物和人的相遇，动摇、修正自己的见解与观点，生成新的意义世界与认知框架的"同他者与情境之间的开放的知性活动"[8]，是必须拥有自我主张和创造性、批判性思维的自我建构的主体性活动。不过，往昔日本文化和日本学校教育的根基是尊重"克己精神、以和为贵"的价值观和风土人情，它并没有着力于培养"自我表现力、创造性地批判者思考"的能力。不仅如此，为了在未来生存下去，基于"原理万能主义"——在每一个人的头脑中灌输重要的知识与原理最重要——的"知识传递型教育"的情结极其强烈。其结果是，知识储存型的学习形态甚嚣尘上，培养了诸多缺乏主动地挑战未知世界的志向和创造性、批判性思维的儿童，这种人是难以生存于多变的日常世界中的。特别是在见解、观点、价值观不同的多元文化的人们之间，难以展开创造性的沟通。因为在记忆中抽取从学校文化的特殊语境中学到的片断的知识和原理，对于日常的问题情境与多元文化世界的问题解决是无济于事的。在这里，必须重新发现情境依存的、临机应变的更好的生活方式。即我们要对什么是问题、原因在哪里、必要条件是否具备、哪里有资源、根据什么线索、怎样解决问题等作出思考，这其实是强烈要求问题发现型、探索型的学习模式。同时学习者也必须具备同伙伴一起建构新的知识的协同研究能力。

这种学习模式要求儿童成为学习的主体，积极参与学习情境，在与不同思考者的交互作用之中求得"新的认识起源"和"新的生成场域"，这其实也是对基于对话的授业实践的呼唤。这是因为，在基于对话的授业中，儿童置身在不同于自己的思考与解决思路之中，置身在通过同他者的相遇而引起的一种知识的战场之中。对于一个问题并不是要寻求一个正解，而是要探索其中的可能性——从多样的视点出发，探寻多样的路径和意义建构的思维过程本身是重要的。这就是所谓的从新的视点出发，探究更适当的思维方式,挑战未知世界的学习。可以说,"对话"是"生成新知的创造性源泉",是学习的关键所在。晚近的学习科学启示我们,要想使得儿童求得深度理解、熟练地适应各种情况,建构培育创造性对话能力的授业环境是重要的。

(二) 对话授业的要诀与教师应有的姿态

所谓"对话",原本是同客观世界、人和事件相遇并在关系之中生成的,是以他者为中介生成的。为了展开对话授业,教师至少要认识到如下几点的重要性,并且努力付诸实施:(1)预设大体的授业设计,做出可变通的计划;(2)读取儿童理解的状态和情境的流程,根据情境修正轨道;(3)修正轨道的线索是在儿童表现出来的疑问和问题中发现的;(4)教师追求的不是以几名相关儿童为中心展开的授业,而是以"不理解的儿童、积极提问的儿童、不时挑毛病的儿童、一言不发冷静思考的儿童"为中心展开的授业;(5)教师追求的不是答案出来就终结的授业,而是重视"持续的提问、持续的思考"过程的授业[9]。在这些要点的基础上,更重要的不是"儿童对教师的思考与动作绝对服从"的姿态,而是"教师尊重儿童的思考和见解,把它们作为一种知性工具和资源,在同学之间与师生之间的对话中偶然表现出来的诸多线索之中,发现有意义的线索,尊重偶发性"的姿态。在这种姿态之下,无论儿童和教师都会真切地感受到"思考的难度与快乐"、"发现某种思考的局限性,展现新的思考"、"在同他者的合作中所创造的多样的新思考",受到探究未知世界的探究精神的鼓舞,新的创造性对话也就变得容易生成了。

"对话授业"要求于教师的姿态与技能,可以简述如下[10]:

第一,从根本上纠正教师对授业的认识(授业观)。改变旧的授业观——把课堂视为传递知识的场所、灌输正确答案的场所、记忆重要原理与概念的场所,这归根结底是以传导为隐喻的授业观;发现新的授业观的重要性——课堂是儿童进行主体思考并习得思考方式的场所,是体验、深化、拓展发现问题并解决问题过程的场所,这归根结底是以脚手架和说服为隐喻的授业观。

第二,教师要认识到,"授业活动不是靠教师一个人的力量就能开展的活动,它是以教材为媒介,在教师、儿童与教材的三者关系之中运动、拓展的过程"。在这种授业关系之中致力于建构支撑对话的心理氛围是重要的。在教师准备教材与课题之前,学生已经拥有了不同的思考、知识与经验。这些儿童是根据"此时此刻瞬间的自己的心态",从自己的观点和理解水准来生成不同的见解与思考方式的。这样说来,在授业的瞬间,整个课堂里就会形成分散式的、各种各样不同的思考。承担梳理、形成有逻辑组织的重要作用的,就是对话。倘若能够彼此理解和尊重各自不同的思考,在课堂里形成心心相印的对话心理的氛围,那么,就容易形成相互倾听、相互交融、创生新知的协同学习的课堂授业。

第三,重要的是教师"做好丰富的教材准备,以便儿童生成新的相遇与发现,或是提供必然产生对话的某种语境与情境"。为此,课前缜密的教材分析是必要的,但在进行教材分析之际,不仅应该从教师的视点,也应该从儿童的视点出发同时加以考虑,这种双向分析是不可或缺的。就是说,儿童"在哪里容易发生困惑"、"在哪里似乎容易出现不同的见解与思考"、"谁会在哪个部分陈述怎样的发言与思考"等,教师在上课之前,就已经把握了班级里每一个儿童的有个性的见解与思考,在此基础上,反反复复地同假想的语境之下的儿童展开对话——这种教材分析是极其重要的。进而,倘若设定如下的情境与事态——"种种见解与思考喷涌而出,一发不可收拾"、"儿童的思考不够深广"、"似乎难以形成对话",在头脑中准备好随时做出"振耳发聩的提问",也是重要的。

第四,潜心应对"对话流不能完全预测"的事态。不论推出的授业设计如何进行——课前详细的教材分析、设想班级儿童的思考动向与特征,在授业计划中所设定的儿童的思维,都不过是以往同儿童长时间的关系之中教师感受到的儿童学习方式与思考方式而已。然而,儿童的思考方式与感受方式是变动不居的,由于儿童是生存在"现时、此地、瞬间",所以,因应同教材的相遇和"此时此刻的心态"是很重要的。倘若能够细心地注意这一点,那就必须倾听授业中偶然相遇的儿童们的有个性的发言内容和思考方式。在这里,不能仅仅关注符合"教师自己的尺度与思考"的思考,相反,关注不符合"教师自己的尺度与思考的思考,以及有分歧的发言与思考",极其重要。

第五,"对话授业"要求教师在授业活动中尽心尽责,且能够游刃有余地因应情境而灵活应变。毋庸置疑,整个授业的责任在于教师。因此,在授业的流程中,教师采取如下的姿态极其重要——"以儿童为学习的主体,不越俎代庖,但却暗中出力,扶助儿童学习的姿态"。

第六,教师需要倾听在授业流程中出现的儿童的极小的"困惑"和"疑问",以及课堂中这样那样的"议论"。随时判断、评价其含意和意义的大小,决定是否将其纳入授业进程之中,并视需要重新调整授业。这就要求教师具有敏锐的感觉、感性以及灵活性的即兴式的判断力。为了发挥这种即兴式的判断力,教师必须把握儿童瞬间的学习状态,同时,牢牢地把握自己的授业推进状态。另外,教师要以经营授业中的自我思考过程和情感状态作为反思对象,进行元认知的、反思性的思考。在这里,适当地监控教师同自己的情感状态之间的距离极其重要。在授业的经营中,"不顺心"、"焦虑"、"不明白"、"烦恼"等,在教师与儿童中间会生成各种各样的意图的分歧和情感反应。要读取这种瞬间的情感反应究竟反映了什么,单凭读取者的主观反应是难以完成的。所以,这就要求教师必须敏感地读取在授业经营中此起彼伏的主观反应是从何而生的,其含义是什么,并且灵活而适当地做出处置。这是因为,教师内心世界沸腾的情感反应一方面是教师对其自身的授业进展与进展状态的一种自我评价,是教师自身把握自己的思考和心理状态的重要工具。另一方面,它也是教师对儿童参与授业的姿态和理解姿态进行评价的表现,是把握"教与学"的关系是否顺利展开的重要工具。

第七,为了发挥敏锐的感觉与感性,"对话授业"不能单凭话语的编织,而是要以感同身受作为先行的关系模式。这一过程中,感同身受的倾听、交响的关系模式是重要的。为此,教师必须读取每一个儿童微妙的心理动作的含义,同儿童心心相印。就是说,要求教师能够做出即兴式应对——在"读取整体流程动向的同时,读取个体的心理动作"。

第八,为了重建即兴式授业,教师必须同时或是继时性地反复展开质量相异的或是取向不同的三种对话。一是同教材与事件的对话。二是教师参与同学之间的对话(包括直接性对话与间接性对话)。所谓"直接性对话",是教师自己同特定的儿童之间的一对一的对话,是由教师提问、儿童回答所构成的对话。借此确认每一个儿童的理解,或是了解班级整体的当下状态。所谓"间接性对话",是教师间接性地参与同学之间的对话,是读取在同学之间的对话中的对话内容及其含义。三是教师面向自己的自我对话。这是在推进授业进程的同时,对自己的授业适当性的自问自答。在一边面向儿童、面向自身,一边形成授业流程的过程之中,这三种对话是不可或缺的。

(三)寻求"对话授业"的"学习共同体"中的对话与学习

上面阐述了展开对话授业要求于教师的姿态与技能对教师的思维、实践能力等提出了较高的要求。而支撑教师这种实践性理论与思维的行为理论的,并不仅仅是授业方法相关书籍的阅读以及语言的解释与传递。对于实践性知识与思维的习得,除了直面实际的课堂情境,通过合作性对话,改进问题所在之外,没有适当的方法。因此,教师必须反思当下的实践,为了儿童,也为了自身,朝向一个目标的达成——从自己当下状态的基础上获得进一步的成长与发展,共同探讨授业实践本身,建构持续的"协同学习的场域(共同体)"。

这种"学习场"倘若是由处于不同领域、拥有共同问题意识的不同见解者组成的、基于合作建构式的对话("知识交流场"),那将是理想的。这是因为,在同一所学校里,尤其是在拥有同样的思考方式、体验同样的状况的教师同僚集合(例如,校内研修)中,往往容易发生这样的情况——"忽略了构成默会的前提的部分"或是"在探索新方向时偏离了既有的框架"。甚至由于日常的人际关系浮出水面,教师会担心自己在授业交流中的发言对尔后的日常生活产生某种影响,以至相互顾虑,而不能深入地寻求必须寻求的问题,讨论往往会不了了之。这样一来,不能逼近问题的真实性的概率增大。

处于不同领域、持不同的见解与思考方式者有时会从根本上叩问在同僚集合中被无视的默会的前提,发现"理所当然的地方并不理所当然",或是会从新的观点出发,提出"旨在抛开、偏离既有框架"的问题。不过,即便对于合作建构式对话而言,不在实践现场的研究者,也不能过分地张扬理论知识,大肆宣扬自己的见解与观点。在这里重要的是,教师要明确自己是在怎样的语境和情境之中进行工作(研究与实践)的,正确认识这个工作具有怎样的局限性和特征,以对等的立场,直面同一个课题与问题,展开讨论。

我们各自生存于不同的世界,在这个世界中有这个世界通用的衡量事物的价值判断的"尺度"。研究者使用的"尺度"和实践家使用的"尺度"可能是不同的。从这个意义上说,研究者与实践家不是先从各自的"尺度"出发以发现的问题所在去说服另一方,而是驱使投机的方略——暂时搁置自己的想法,任由他者与情境,以真诚的态度对待情境中显现出来的事物。换言之,并不是以计划(意图)来行动,而是在行动中思考、判断——关注他者与情境是重要的。各自根据各自的实践知识与理论知识重新思考在情境和语脉中新发现的问题。不要忘记,在对话与交流中,一方的强势会使得另一方关闭心扉,这样一来,就不可能有真正意义上的创造性对话的场所。

二、学习场的创造:挑战"对话授业"的合作研究案例

基于上述观点,九州岛大学丸野俊一的研究组在福冈县筑紫野市阿志歧小学进行了为期3年(第1年每月1次,第2年每周1次)的挑战"对话授业"的研究——"学习场"的创造,走过了如下的研究历程[11]。

(一) 第 1 年的挑战

阿志歧小学的全体教师都没有"对话授业"实践的经验,而是习惯于典型的教师主导的知识传递型的授业实践。因此,为了实践"对话授业",研究组从"教师必须有怎样的姿态与技能"这一学习愿望出发,设定了如下的协同学习的课题:(1)改造授业观——"传递"隐喻、"脚手架"隐喻、"说服"隐喻;(2)预先考虑到同班级儿童的对话——何处进行对话、何处儿童可能会产生困惑、谁在何处可能会挑毛病等,进行教材分析的重要性;(3)形成支持对话空间的课堂心理氛围的重要性;(4)认识提问——串联、链接儿童中间不同思考的功能与多角度的启发——的重要性,运用状况和时机;(5)三个时段(课前、课中、课后)的反思性省察的内容与重要性;(6)授业实践中的"心理距离"(表 8-4)的用法及其意义[12]。

表 8-4　授业实践中摆动的"心理距离"

心理距离	教材难易度与儿童智力之间的距离	教师同自身的情感反应之间的距离	教师同儿童的关系状态之间的距离
偏近	·对多数儿童而言,过分简单枯燥,难以激发挑战精神 ·兴趣爱好淡薄,毫无创意	·迷失了卷进情感反应的自我 ·看不清授业进程与儿童的状态 ·问题一旦发生,不能判明其原因,不知责任在谁,一味指责儿童 ·忽略了儿童发出的信号	·教师中心的授业 ·在重重的紧张感之中不能统揽全局地、冷静地控制授业的展开 ·拘泥于枝节,状况判断有误 ·儿童的主体性学习欠缺 ·对授业活动的元认知反思不充分 ·"警戒"儿童
适当	·凭借努力可能达成,产生兴趣爱好、创意与挑战精神 ·多数儿童产生认知矛盾,形成新的发现和学习的可能性大	·清楚自己的状态与儿童的状态 ·冷静思考问题发生的原因,瞬间判断原因何在——谁(自己、儿童)、哪里(过分急躁、指示含糊、儿童恶习和不理解),并作出适当处置 ·能够修正情境化授业流程的轨道 ·能够敏感地捕捉儿童发出的信号	·基于儿童合作建构的授业 ·在授业展开过程中,把儿童的思考作为智力资源和工具加以利用 ·能够胸有成竹地统揽全局,冷静把控授业的展开 ·能够适当发挥对授业活动的元认知反省性思考 ·生动活泼地发挥儿童的主体性 ·"守护"儿童

偏远	·对多数儿童而言过分艰深,找不到解决的线索,厌倦 ·无精打采,丧失挑战精神和创造性	·忽略了自己情感反应中某种意义 ·忽略了儿童发出的重要信号 ·对自己当下应当干什么并不明确,课题不清、方向不明 ·往往无视当下儿童的状态	·难以分清授业的责任究竟在谁身上 ·松松垮垮,听之任之 ·甚至怀疑是否认真思考,一意孤行 ·对授业活动的元认知反省性思考不充分 ·"眺望"儿童

(注)在这里,研究者是聚焦教师采取的心理距离来梳理的。在教师对儿童的两个维度(教材难易度与智力水准之间的距离,与儿童的关系状态之间的距离)和教师对自身的一个维度(同自身情感反应之间的距离)中最适当的心理关系的距离,与儿童的创造性学习的激活之间,形成了"车的两轮关系"。

【出处】秋田喜代美、刘易斯,《授业研究与教师学习》,东京,明石书店 2008 年版,第 79 页。

(二) 第 2 年的挑战

通过第 1 年的协作学习,多数教师认识到,为了展开"对话授业"需要有怎样的姿态与技能,以及"对话授业"的基本框架。不过,对自己是否能够付诸实践,忐忑不安。有的教师实际上也作了一些尝试,但问题较多,反思声音颇大。这就是如前所述的:"实践知识是行为中的理论,是具身性的知识,是无意识地起作用的默会知识,是在关系之中开拓的知识——而这种知识即便教师在语言或认知水准上理解了,也并不能立刻转化为实践。从认知水准的理解出发,形成儿童之间的新的关系,而且成为具身性的知识,建构新的行为理论,直至能够在,无意识水准上的实践,其间存在着巨大的时间落差。"[13]

基于这种反思,在第 2 年的合作建构式"对话授业"中,教师们以其他教师与自己的课堂录像为对象,展开了课题研究。其主要目的是:(1) 观看其他教师的课堂录像,联系自己的授业实践,通过自己的授业观点与其他教师的授业观点的共性与差异的讨论,从其他教师身上学习实践性知识和行为理论。(2) 让其他教师观看自己的课堂录像,通过对话,发现自己难以察觉的授业方式的问题所在及其所隐含的信念与授业观等为主要目的。在根据课堂录像展开对话的场景,特别是将如下课题作为合作学习的核心课题——把下一步做什么的决策所需要的特定情境和语境的场景的录像带定格下来,教师叩问这里是什么意图,其内容、理由和依据;当时儿童在思考什么,学到了什么;为了改善两者之间的落差,作为具体的授业策略,可供考虑的可能性是什么,等等。

其结果如表8-5所示,多数教师在这样的对话学习中察觉到自己在实际的授业中看不出整体结构,看不出儿童的动向等问题。同时认识到,通过其他教师的实践,教师可以学到具体语境中的实践知识的运用方式并促进自身的成长。但是,多数教师尽管发现了自身授业方式的问题所在和实践性知识的局限性,仍然尚未能在日常的实践中对其进行充分运用,也未能达到生动活泼的对话得以产生的授业实践的境界[14]。

表8-5 基于自他的课堂录像的合作建构式对话中的学习

1. 反思"自身"的视点	从自身的实践中的发现	从他者实践中的学习
1.1 授业观与授业模式的变化	·意识到"尽管儿童活跃地陈述见解,却不能把它们链接起来,以教师单向地归纳自己的想法而终结的授业"与"儿童自己思考并解决的授业"之间的差异,批判性地探讨授业实践	·通过琢磨者的协同学习的授业,能够抓住师生合作学习的授业模式的总体印象
1.2 教师过分强制的引导	·发现自己照本宣科,反而造成了儿童的混乱	·搁置自己预设的教案,贴近儿童的思考展开授业实践,发现儿童生动活泼的学习
1.3 缺乏链接儿童发言的手段	·发现自己即便面对儿童生动活泼地讨论,也不能把儿童的见解链接起来,作出适当的影响	通过他者的实践,发现链接儿童发言的具体策略的丰富性及其重要性
1.4 统揽全局的重要性	·发现诸多授业行为是针对每一个具体的小细节发挥作用的,不能统揽全局地作出影响(提问与关系建构)	·通过课前的活动情境、以往授业语境中的讨论与链接其他教师的授业实践,发现整个授业、整个单元中一以贯之的儿童思考并对其进行深化
1.5 理论知识与实践知识的融合	·发现单靠语言的说明不能理解其他教师的发言,通过具体语脉中的实践的点评,能够具体形象地分享内容	·在探讨其他教师的实践之际,能够将其同自己实践的语脉与体验结合起来,解释其含义,能够积极地找到适合自己的策略
2. 看待"儿童"的视点	从自身实践中的发现	从他者实践中的学习
2.1 关注个性化学习	·发现自己没有关注儿童个性化的学习与思考方式——"谁,在哪里,以怎样的背景发表见解",以便应对儿童的见解	·从儿童身上引出儿童的生活体验、思维风格以及以往的授业体验等,通过在班级里分享实践的琢磨,发现看似同样的

		儿童思考背后的不同理由与根据
	·不是评鉴儿童的发言优劣与否,而是以所有见解都有价值为前提,倾听儿童的发言是重要的	·通过借鉴不同于自身教学风格的教学实施,发现并关注学习者思维方式的差异是重要的
2.2 提高思维作用的感受性	·能够感受到"当下"对话的优劣与否 ·能够基于内容、时机和条件的关系来作出判断,该问题是应当由教师介入还是委托给儿童	教师不再大包大揽,让儿童直面问题情境,出现儿童认真面对、思考、协同学习的实践。发现有别于"教师活动的世界"的"儿童活动的世界"。认识到考虑两者均衡的重要
2.3 关注发言之间的链接	·发现自己能够从"儿童的发言同他者思考的链接"这一视点来观察授业	·通过从儿童对他者提出的朴素的问题,引发集体思维、展开促进深度学习的授业实践。学习到不是教师的提问,而是重视儿童发言的重要性
2.4 把握"驱使情境的儿童"	·以往实际上实施的,是以班级的平均水准为准,以儿童因应教师的授业行为为中心的授业。而今意识到授业的组织要求得所有儿童的参与	·看到的不是教师的我行我素,而是以拥有自己的意欲、烦恼与疑问来驱使的实践。在这种实践中,以为弄懂了的儿童在发言之后也会有同样的烦恼,而嘟嘟囔囔的儿童会成为撼动集体思维的核心
3. 看待"自己与儿童关系"的视点	从自身实践中的发现	从他者实践中的学习
3.3 上课责任的承担与转让	·认识到儿童不能主体式参与授业的原因在于教师自身的过分干预 ·逐步认识到时而放权给儿童,把握儿童思考的流程与发言的见解的同时,反思自己以往实践的问题所在,有助于展开尔后的授业设计	·通过同儿童一体化,琢磨合作建构的授业实践,感受到视情境的不同,平衡"教师积极参与"与"儿童承担责任"的重要性 ·发现似乎过分漫长,却采取静静地等待的"间隙",让儿童思考的意义与重要性

【出处】秋田喜代美、刘易斯,《授业研究与教师学习》,东京,明石书店 2008 年版,第 82—83 页。

（三）第 3 年的挑战

在第 2 年的学习场里,讨论的对象是自他的课堂录像。在这里,展开的实践流程中将以往教师的教材分析作为基础,参与合作建构的对话场的所有教师课前并未充分理解和分享教材的整体结构。因此,出现了反思的声音——对话授业的实践不顺利的原因,究竟是教材分析不充分,还是授业的形态与儿童的关系方式之间存在问题,是不明确的。

从这个反思引出了新的提案——要前瞻性、批判性地琢磨每个教师的实践,就得协同分析教材,分享教材的整体结构。没有基于协同研究的教材分析之上形成的教案研讨的场所,就不可能在授业实践中具体地体现一些建设性建议和主意。这样,在第3年的学习场里,让全体教师接纳这个新的提案,预先一道分析教材,在此基础上,以自身的课堂录像为对象,采取和第2年一样的讨论方式,展开授业研讨会。

三、见证"一个教师的成长"

通过同大学研究者合作展开为期3年的授业研究,阿志歧小学的一些教师发生了巨大的变化。在这些教师的授业实践中可以逐渐看出儿童主体的协同学习的面貌。这里介绍的一个案例是担任二年级国语科的本多老师对说明文教材《蒲公英》的讲授。把这次的讲授和2006年本多老师对同一篇课文的讲授进行比较,可以看出在这种授业中教师成长的面貌,亦即基于儿童主体的"对话授业"实践特征的变化。这里,通过授业研究教师认识的变化与关于学习内容的访谈调查(2007年1月实施)内容,可以揭示借助授业研究的教师成长内涵。

授业实践是以《蒲公英》为题材的儿童的学习。在《蒲公英》授业实践中,儿童的学习被作为分析对象,授业由三个场景构成。其一,回忆前节课的授业内容;其二,提示本课时的目标——读取花开花谢的秘密;其三,从本课时处置的场景描述的课文中找出相当于"何时"的表达。特别值得关注的是儿童协同学习的姿态得以展现的第三场景[15]。

在第三场景中,体现了儿童有关三个句子的思考与协同学习。开始是"夕阳西下,花闭合起来",围绕这个句子中什么地方包含了"何时"的界定,儿童们提出了不同的见解。其间,儿童探讨"夕阳西下"与"太阳落山"有什么细微差别。儿童们一致认为,"と"、"も"、"は"等并不是表达"什么时候"的词,所以并不包含"何时"的意思。儿童在尔后讨论别的段落时也同样采纳了这种思考方式。例如,由于在"夜のあいだ"中有"の",出现了"夜"与"あいだ"应当分开的意见,这个意见也反映在别的句子的讨论中。通过授业中合作建构式的对话，儿童把自己发现的新认识运用于新的情境，进行一些尝试性行为，即便运用的方式不充分，从学习思考方式的视点来评价的话，这也可以说是极其重要的学习场景。就是说，在这种授业中，儿童不仅思考教材内容，而且他们自己在授业过程中同他者建构关系，在协同学习思考方式的过程中彼此交互思考，相互认可，从而支撑这种过程的授业。上述支撑协同学习的教师授业行为的特征及其变化，可以归纳为如下四个变化。

（一）第一个变化：开始转型为"以儿童为学习主体"的授业活动

在本多老师 2006 年的授业中，当儿童做出了自己所期望的回答时，本多老师也并未追问其理由与根据，却用接二连三的提问来展开授业的情景。另外，教师在儿童陈述了教师期望的回答之际，本多教师马上向全班同学说明这个答案。具体地说，进行了对话录 1 的对话：

在这个场景中，儿童在思考"蒲公英的果实成熟了将会变成什么"的问题。开始儿童 A 说道，果实没有了，变成种子。在这个思考中包含了"果实没有了"的独特想法。关于这一点，儿童 B 做了反驳。在这里，教师倾听了儿童 A 的发言之后并没有采取追究 A 是如何思考的提问策略，而是尽快地点名，催促要提问的儿童 B。然后，教师对儿童 B 与儿童 A 发言的分歧做了梳理。这就造成了教师的提问以能够立刻做出反应的儿童 A 与 B 为中心来展开对话，其他儿童却难以参与的状况。在这种以教师为主导的对话中，让其他儿童主动地参与这种对话，从第三者的视点出发静静地思考，琢磨、探讨其内涵，发现他者之间进行对话的线索与分歧的"间接性的他者间对话"是困难的。再者，仅仅强调特定结论与立场的差异，看不出基于明确地探讨达致结论的思考方式(例如，根据句子的哪一处来进行推论的)。尔后儿童与教师之间的对话也是针对"教师提问"、"儿童回答"、"教师评价"，再过渡到提问的。就是说，在表 8-6(课堂对话录 1)中，尽管是儿童陈述自己的视点和思考，教师却没有让儿童的思考发挥作用，仍然不过是教师主导的授业——通过教师的提问，引出教师思考的正确答案而已[16]。

表 8-6　思考蒲公英的果实成熟了将会变成什么的对话(课堂对话录 1)	
1. 儿童 A	我想，这个果实，嗯，变成了茸毛之后，果实没有了，变成种子。然后发芽。
2. 儿童 B	我有问题问小 A。
3. 教　师	好，说说看。
4. 儿童 A	小 B。

5. 儿童 B	我想,如果果实没有了,种子就发育不了了。
6. 教　师	(中略)没有了? 果实一下子消失了? 不见踪影了? 然后呢?
7. 儿童 A	种子会大量冒出来,埋在根里,之后发芽,然后开花。
8. 教　师	那么,小 B 说的是?
9. 儿童 B	果实没有了,种子发育不了。
10. 教　师	非常相似,不过有差别呢。小 A 是说果实发育、成熟了。这样的话,这个果实消失了,没有了。然后,变成毛茸茸的果球。
11. 儿童 A	种子发育,种子就增加。
12. 教　师	说种子发育的是小 A。小 B 呢? 果实?(中略)
13. 儿童 B	果实,好像就那样的,变为种子。
14. 教　师	果实就这样的,蓦然之间就变成了种子。

【出处】秋田喜代美、刘易斯,《授业研究与教师学习》,东京,明石书店 2008 年版,第 87 页。

自 2007 年开始,本多老师的课堂实践开始转型为"以儿童的学习为主体的授业"。例如,此时的本多老师不仅积极地从儿童中引出结论,而且引出其背后的"思考方式"(关注作为根据的句子,从句子做出推论)。再者,摒弃了教师对该思考进行讲解的方式,而是在听取回答之后让儿童主动地去理解该回答,建构发现其含意的情境。在这种情境建构中包含了"明确思考方式的差异与共性,让儿童进行探讨"、"设置让儿童静静地思考的间隙"、"聚焦话题"等要素。

(二) 第二个变化: 来自授业的反思性思考的发现——"向儿童学习"

第二个变化是开始出现新的授业流程——在授业中,教师在自身的实践意图与实践流程之间采取适当的心理距离,冷静地读取授业的流程,反思儿童的反应方式与思考的状态同自己的授业行为之间的落差,真诚地认识到自己的授业行为是造成儿童混乱的原因,从而修正自身的授业行为。这一变化是教师"向儿童学习"姿态的萌芽,是基于教师行为中的反思性思考的发现,也表明了教师能够把自己的思维与儿童的思维过程同时加以元认知式地比较对照了。

对于多数教师而言,要掌握适当地发挥行为中的反思性思考的技能是非常困难的事情。本多老师在以往相当长的时期里一直有这种困惑。在 2006 年的实践中一直纠结于"为什么没有想到儿童呢",于是一味地从儿童方面去找寻原因,而不从自身方面琢磨、探讨产生原因的可能性,不修正自己的授业行为。所以课堂上常常可以看到让儿童分组讨论,从儿童方面引出思考的样子。课堂对话录 2(表 8 - 7)就是其典型的一例。对于"蒲公英的果实成熟了将会变成什么"的问题,儿童们发表了茸毛、芽、种子、根的想法。不过,同对话录 1 一样,在这里同样没有提示该思考背后的理由与根据。要探讨这四种想法,在儿童的问题中并不明确以什么线索来思考为妥的问题,不能展开有所超越的对话。尽管如此,教师并没有明确地给出思考的视点,只是要求展开小组讨论。结果,并没有看到小组讨论前后儿童思考的变化,尔后也仅仅是延续同样在小组讨论的做法。这样一来,授业终究不过是在教师主导之下,引导儿童做出特定的回答而已[17]。

表 8-7　思考蒲公英的果实成熟了将会变成什么的对话(课堂对话录 2)

1. 教　师	现在,大家想到的是茸毛和芽、种子,然后是根。一共有几个? 说说看。
2. 儿　童	四个。
3. 教　师	四个。这四者之间的关系含糊不清呢。那么,果实将会怎样呢——各个小组再讨论一下。 (小组讨论)
4. 儿童 A	果实发育,茸毛就长出来了。理由是,果实成长的话,会长出茸毛来。
5. 儿童 B	我想,果实发育之后,根就出来了。

【出处】秋田喜代美、刘易斯,《授业研究与教师学习》,东京,明石书店 2008 年版,第 89 页。

然而,在 2007 年的授业中,本多老师的授业行为开始发生了变化——在探讨"太阳落山"是否包含了"何时"的课堂教学中,本多老师反思了自己授业流程中的行为,根据儿童的反应进行了修正。通过儿童的讨论,教师反思了自身提问的不明确性——仅仅强调"何时","怎样的时候"是否包含在问题的语境内("何时")是含糊不清的,所以本多老师修正了开头的提问。基于这个修正,现今对儿童的提问变得明确了,教师们彼此分享了这种认识,在尔后的授业中意识到"何时"、"怎样的时候"这一问题并展开思考[18]。

表 8-8　探讨"太阳落山"是否包含了"何时"的对话(课堂对话录 3)

1. 儿童 A	我认为是"夕方日がかげると"(傍晚太阳落山)。 (中略)
2. 儿童 B	我只在"夕方"(傍晚)下面划了线。(中略)唉,我想,"日がかげると"(太阳落山)讲的是太阳,不包含"何时"的意思。
3. 儿童 C	我想,也有"何时"的意思,"日がかげると"(太阳落山)也包含了"怎样的时候"(太阳落山)。
4. 教　师	刚才 C 同学说的,B 同学懂了吗? 能不能再说一遍。
5. 儿童 C	老师写着"何时",用"傍晚"就可以了。但也写着"怎样的时候",(中略)哎,我想"夕方日がかげると"(傍晚太阳落山)也是包含了"怎样的时候"这个意思的。

6. 儿童 B	刚才讲的是"何时",老师没有说过让我们思考"怎样的时候"的问题,我只思考了"何时"。	
7. 教　师	小 B 说的大家明白吗?(中略)对不起,老师没有说清楚,只提了"何时"的字眼,仅在"何时"的地方划上了线。小 F 说,这里写着"何时"、"怎样的时候",小 H 也这么说,他们说的提醒了我,这个("怎样的时候")也包括在内,对不起。	

【出处】秋田喜代美、刘易斯,《授业研究与教师学习》,东京,明石书店 2008 年版,第 90 页。

(三)第三个变化:即兴判断力——对"补充方略"意义的敏感性

第三个变化,培育即兴判断力——有效地体悟到"授业中生成的儿童之间有意义的发言线索"。本多老师开始抱有这种意识——"链接儿童的发言是重要的",是在 2006 年的阶段。正如课堂对话录 1 的对话那样,可以发现明显的立场差异,在授业中大半是这种对话。另一方面,在 2007 年度的实践中,可谓"补充方略"(儿童展开略微补充一些思考,转换关系性的思考)的对话也在授业之中被敏感地捕捉到,教师对该过程加以语言化,赋予意义。正如儿童在反驳与质问中形成的对话那样,隐含着对立与矛盾结构的对话不同于旗帜鲜明的对话,"补充方略"的对话是极其困难的。因为,只要是各个发言有细微的分歧,要听清乍看起来好像说的是同样意思的发言,教师就得抓到这个微妙差别之中所隐含的意义。

这种变化的一个例证,是 2007 年的实践中显示的回忆上一节课的授业内容的情景与对话(课堂对话录 4)。教师提出的要求是具体地阐述蒲公英的顽强的生命力,儿童 B 和 C 作出了回答,两者的发言是以同样的状况——"无论被踩踏还是被采摘"——为前提的,然而儿童 B 强调的是生根,儿童 C 则强调长叶。显然,着眼点是不同的。再者,后面两种视点是同儿童 C 的发言——"由于生出了根,新的叶也就长出来了"——相通的。

本多老师抓住这个情境中产生的微妙补充的过程,重新梳理了每一个发言之间的关系。可以说,教师抓住儿童"补充方略"的对话是有可能的,从求得全班分享此前对话内容的意义上说,这是非常重要的一种授业行为。从这个情境的对话可以看出,本多老师对于"补充方略"的意义敏感性,是有所钻研的。可以说,本多老师在这个语脉中并没有忽略一瞬间出现的微妙的意义变化,于是萌生了即兴式判断力和感性之芽[19]。

表8-9		讨论蒲公英是怎样的一种草的对话（课堂对话录4）
1.教 师		请想想看,蒲公英是怎样的一种草呢?
2.儿童A		是……是生命力顽强的草。
3.教 师		生命力顽强的草哩,是怎么顽强的呢? 小B。
4.儿童B		是。嗯,我感到,即便它的叶子被摘掉了,还有根在生长。
5.教 师		很好。谁来补充一下,小C。
6.儿童C		同小B的意见一样,即便是被采摘了、踩踏了,(叶)还是会长出来。
7.教 师		小B,还有刚才小C,都说得很好,作了补充。好像还可以给你们作些补充吧,好,小D说。
8.儿童D		即便是被采摘了、踩踏了,根还会生长着,开出新的叶片来。
9.教 师		把小B和小C说的合并起来就完整了。小B仅仅说了根,小C又说到了长叶,小D则把两者的意见综合起来了。

【出处】秋田喜代美、刘易斯,《授业研究与教师学习》,东京,明石书店2008年版,第92页。

（四）第四个变化:通过授业研究形成的"教师的学习与实践的变化"

显示了这种实践变化的本多老师在访谈中谈到了如下内容,说明了基于"学习共同体"的对话所产生的学习与实践的变化。

第一,"抱着如何适应不同儿童特征的意识展开授业"的变化,亦即"从教师主导到儿童主体"的授业认识的变化。反复地强调,从前的授业是以能对教师的提问立即作出反应的一部分儿童的步调为节奏来展开的,如今关注的是不能马上反应的儿童也能够参与授业。结果,教师在授业中催生了儿童的思考,形成了旨在求得理解的提问。儿童则在倾听发言之后能够达致理解的状态。作为这种认识变化的契机是:(1) 在授业研究中,通过观摩他者的授业,也琢磨自己的授业,过去"没有看见"(自己难以发现)的体验性知识的特征,被一点一点地"看见"了,能够发现具体的授业行为方式和节奏了。(2) 具体地说:"倘若在低年级,儿童听了人家的发言,会思考究竟自己的思考和别人的不同在哪里,设置为此思考的'提问'是重要的。因此,要使得儿童感受到向别人传递自己见解的乐趣,并感受到理解他者思考的乐趣。"可以认为,这种认识的变化是同《蒲公英》的授业实践中"以儿童为学习主体的授业活动"和"对补充方略意义的敏感性"之类的特征联系在一起的。

第二,为了促进儿童协同学习的展开,营造班级儿童分享对话的心理氛围,即儿童能够安心地向他者表述不同的思考方式这一点是重要的,所以要重视同伴之间的倾听。另外,在日常的实践中形成支撑对话空间的心理氛围,不是封闭于学科之中,而是超越学科的视点,是重要的——这种"学习共同体"中的学习,在课外的生活中也是重要的。即便在同学之间产生争执的时候,这样的氛围也有助于彼此倾听各自行为的理由与想法,使得班级全员能够解决问题。在《蒲公英》这节课的授业实践中,教师自身根据低年级的特征,当儿童发言之际,退居于儿童的背后,让其他的儿童去应对该儿童的发言,显示出以具体的态度形成儿童彼此倾听、各自思考的情境。

第三,就"授业中元认知反思的萌芽"而言,自己发现了"心理关系的距离"(表8-4)的重要性:(1)自己在上课时,会不断地思考:"我看到了儿童的状态了吗,现在该如何办。"(2)在观摩他者的课堂录像时,就像自己在上课一样,设身处地地浸润在该语境之中,把自己同执教者的实践合而为一,边思考、边学习——"倘若是自己在上课,面对自己的班级,该如何提示和提问,为了读取儿童的思考流程,该在何处采取怎样的关系和心理距离",等等。这种认识变化和"学习共同体"中学习姿态的变化,从课堂对话录3(表8-8)中可以看到,可以说,这是和出现了如下的面貌联系在一起的——"引发儿童之间的主体性协同学习中产生混乱原因的主源在于教师自身授业行为的含糊性。于是教师率真地承认了这个事实,向儿童表明自己的疏忽,做出新的指示,全班儿童一起分享,来重新编织授业"。

第四,同"学习共同体"中的反思性学习与实践化的问题相关联,本多老师谈到了如下所述的对自己当下状态的分析。就是说,在学习共同体中,即便在头脑中能够理解"的确"该如此,但在实践中并不那么容易付诸行动。不过,在协同学习的场合,往往会碰到"尝试一下学到的东西"或是"先做做看"等不能顺利开展的情形,处于两种循环——"尝试一下学到的东西"或是"在实践中学习"——的尝试错误的状态之中。本多老师把"行为中的学习"和在"实践中学习"两者关联起来,被称为"实践化的问题"。参与"学习共同体"的其他教师也有类似的认识。倘若从本多老师自己反思性思考的话语和实践变化来把握她的成长过程的话,那么可以说,如今她已经从长年来驾轻就熟的教师主导的知识传递性授业的框架中摆脱出来了,认识到新的基于对话的授业实践框架的重要性,真正地接纳了这种新的框架,处于尝试错误式的实践过程之中。可以说,想要对这种新的框架加以内化,达致得心应手、自由自在的境界,尚有一段路要走。

秋田喜代美认为,教师的实践知识的学习与成长过程呈现出这样一个变化过程——摆脱旧有的框架,在实践知识的水准上内化新的授业实践法的框架,达致能够依存于情境、展开临机应变的活动。亦即,教师的这种成长过程包含了四个步骤:

（1）执着于旧有的框架。（2）摇摆于旧有的框架，并且发现其局限性。（3）发现并接受新的框架。（4）新的框架的内化（默会知识）[20]。在这一过程中从某一步到下一步的过渡，理解之后就能付诸实践的认知水准和行为水准，并不是在短期内就能够直接地生成的，而是认知、思考（信念、知识）水准与具体的实践水准相互关联，直至能够接纳和体验这样一种循环往复的反思性思考与学习，在尝试错误之中经过长期的反反复复才能形成的。为了在认知、思考（信念、知识）水准与具体的实践水准之间循环往复，建构新的实践知识，名古屋大学的研究小组同一线索教师一起，历经了为期3年的合作研究，采取"学习共同体"的学习方法——第1年，"学习生成对话的理论框架"，第2年，"基于自他的授业实践的反思性学习"，第3年，"在分享教材分析的基础上，基于自他的授业实践，进行反思性学习"。

正如表8-5所示，参与"学习共同体"的许多教师认识到在认知、思考（信念、知识）水准上展开对话授业的重要性，从而进入到摆脱旧框架，摸索新的实践法的阶段。不过，教师在实践水准上的尝试仍然是不充分的。关于这种状态，有的教师反思道："头脑里是明白的，但在实践中做不好。在具体的情境中不知道该如何办才好，头脑中简直是一片茫然。唯有反反复复地尝试错误，通过尝试错误，才能在实践中进行学习。当教师在实际上感受到儿童不同于以往的动向；当师生双方体悟到形成了愉快的授业，才可能逐渐地形成新的授业框架。然而，这在尚无实际体验的阶段是举步维艰的，需要花费大量的时间和精力。"教师要学习并内化实践知识，就得有频繁地相互观摩授业实践的姿态，在基于创造性、批判性对话的反思与自身的实践化之间的循环往复之中，实际地体验同儿童的关系与授业实践的有效变化，乃是不可或缺的。正因为如此，每一个教师需要在不断地扪心自问之中前行——"自身是否形成了作为持续学习的认识主体的觉悟"，舍此别无他途。

日本的授业研究注重"授业当事者"的校本研修，校本研修中的"授业当事者"指的是作为授业观摩对象的执教者（教师）与儿童（学习者）。注重"授业当事者"是理所当然的。首先，"执教者"是"授业当事者"。我们必须认识到，在原本不存在十全十美的授业实践中，要展现完璧无瑕的授业在本质上是不可能的。执教者必须有勇气面对同僚公开自己的授业。对于执教者勇于跟同僚分享的觉悟，自然应当抱有敬意与谢意。在这里重要的是，理解执教者的意图所在，着眼于执教者是抱着怎样的意图设计该单元与该课时的授业的，又是如何实际地展开授业的，以及执教者在授业之后对一连串过程的反思，尤其重要的是执教者的"目的"。另一个"授业当事者"就是"儿童"。

不用说,每一个儿童都是独一无二的存在。可以说,立足于把握每一个儿童的学习的"学习研究",是优质的授业研究的王道。正如鹿毛雅治所言,"在富于魅力的授业得以展开的学校里,一定拥有富于魅力的教师。在他们围绕儿童的学习与成长、授业的难处与妙趣的相互倾听与交谈的表情之中,洋溢着作为教育专家的'专注'与'喜悦'。正是在这种有魅力的学校里,才可能培育出积极向上的儿童"[21]。

【参考文献】

[1][8][9][10][11][12][13][14][15][16][17][18][19][20] 秋田喜代美,
    刘易斯.授业研究与教师学习[M].东京:明石书店,2008:152 - 158,68,72,
    73 - 75,78,79,80,82,81 - 85,87,89,90,92,95.

[2][6][7] 秋田喜代美,等.授业的研究,教师的学习:日本授业研究的诱惑[M].
    东京:明石书店,2008:156,164,166.

[3] 秋田喜代美,佐藤学.新时代教职入门[M].东京:有斐阁,2006:50 - 52.

[4][5][21] 鹿毛雅治.授业这一活动:同儿童一起创造"主体性学习的场所"[M].
    东京:教育出版,2019:1,134,140—142,308.

第九章

日本授业研究：传统与革新

日本授业研究是日本中小学教师长年实施的旨在掌握授业见识与技能的学习方法。这种基于教师自律性的"授业研究"在 20 世纪 90 年代后半叶被介绍到欧美及亚洲诸多国家和地区，教师参与"授业研究"成为"世界性的现象"[1]。本章揭示日本授业研究的传统特征及其方法论课题，展望世界授业研究的兴盛与愿景。

第一节 日本授业研究的传统

一、日本授业研究的历史重层性

由黑板、讲台、讲坛与单向排列的课桌椅构成的课堂，正如其配置本身所表明的，原本是以基督教的教堂内部的配置为原型，是对于上帝庇佑下的平等与皈依上帝的体验空间。在日本明治维新的《学制》之前，只有"教场"这一表述，"课堂"这一表述原本是不存在的。在日本，这种欧美传统的同步授业的原型，是在 1900 年前后，随着赫尔巴特主义教授理论的引进才得以定型化的。不过，在近代日本，学校"课堂"的这种装置是一种充满内部矛盾的装置。最大的矛盾在于，三种不同的教育——"庶民的教育"（普通教育）、"国民的教育"（国民教育）与"臣民的教育"（皇民教育），在一个制度中并存。如果说欧美国家的公共教育是在"庶民的教育"（普通教育）与"国民的教育"的层面上得以制度化的，那么，日本的公共教育的特征是以内隐了三层结构——臣民教育、国民教育、普通教育——而得以制度化的。因此，近代日本的教育尽管在"普通教育"的论题上经历反复讨论，但其内涵并未清晰地得到界定。佐藤学说："尽管战后日本的'教育目的'已从'皇国民的炼成'转换为'人格的完成'（《教育基本法》第一条），但是，'庶民教育'（普通教育）与'国民教育'的差异仍然没有消弭，既然'普通教育'并未获得'义务教育'的意涵，因此，'教育的公共性'至今仍然是停留于抽象化的层面。"[2] 尽管如此，以"协同学习"为核心的新的授业方式的创造，使得日本的课堂正在成为一个"多层对话的空间"[3]，也是一个不争的事实。

日本从 1868 年（明治元年），即明治维新伊始就一直在推展"授业研究"。从这个意义上说,日本是建构授业研究文化的一个国度。日本学者的场正美梳理了日本授业研究所具有的多重特征,表现为如下几点:"1. 授业研究是一种实践研究。2. 授业研究是依存于文化的研究。3. 授业研究是无终结的持续性研究。4. 授业研究是同研究者以及同僚协同展开的研究。5. 授业研究是运用经验科学的方法、话语分析的方法、解释学的方法等种种手段进行的研究。6. 授业研究是同教学内容密切相关的研究。7. 授业研究是阐明儿童的思维与行为的研究。8. 授业研究是以理论为基础而又形成理论的研究。9. 授业研究是以实证研究为中介、同其他研究领域展开对话的研究。"[4]日本的授业研究,面对着伴随制度化而来的"定型化"的教育实践,一直在同日本授业的"闭锁性"、"僵化性"和"形式主义"进行着斗争。日本授业研究的精髓是,以"并非单干而是合作"、"并非单次而是持续"、"并非专家指导而是自主形成研究主体"的方式进行授业研究的实践[5]。日本的教育实践者与研究者沐浴"欧风美雨",扎根"本土行动",从"定型取向的授业研究"走向"实践情境取向的授业研究",终于把"日本授业研究"推向当今举世瞩目的"世界性标本"的高度。

日本的授业研究是一部与世界教育的脉动紧紧相连、争取儿童成为学习主体的运动与斗争的历史。"世界授业的历史,可以说就是争取儿童成为学习主体的一部运动与斗争的历史。然而,在民众教育的发展史上,把人当作主体的'人'进行授业并不是轻而易举就能实现的。授业往往成为阻抑'人'的生命活力的'人工窒息机'。"[6]同样,日本的中小学课堂自明治维新奏响"授业研究"这部课堂变革的交响曲以来,历经一个半世纪的岁月,走过了从"行为主义"到"认知主义"再到"社会建构主义"的思想发展历程,课堂授业的模式也从"灌输中心授业"走向"对话中心授业"。20世纪80年代以后,又在创造着以创建"学习共同体"为代表的新世纪"课堂革命"的传奇。如今,这部交织着"历史重层性"的"不易"而又"流行"的交响乐章,不仅在日本的课堂鸣响,而且作为"授业研究的原型"在世界各地的课堂回响。

二、日本授业研究的传统与普适性

(一)独树一帜的日本"授业研究"

日本的授业研究自从明治时代以来,就一直以多样的方式在各地展开,长盛不衰。日本学者秋田喜代美概括了"授业研究"的若干鲜明的传统特征[7]:第一,日本的中小学举全校之力展开作为校本研修的授业研究,"课前探讨—授业研究—授业观摩—课后评议"的循环往复在海外也得以推广。日本在明治时代就以师范学校为中心,其后在附属学校实施新的课程并在学科教学中通过授业研究承担起榜样的作用。不过,在日本,不仅是这种特定的指定校,无论任何学校都存在授业研究的机制。即便教师工作调动,任何教师都可以在任何学校参与作为校本研修的授业研究。第二,学校存在着支撑授业研究的各式各样的文化工具,开发了形形色色的观摩授业的样式与工具。任何学校都有指导案、速记录、授业记录、评议会等种种制度,编制出各具特色的归纳实践记录的研究纪要。晚近还开发了 IT 化的系统。第三,在日本形成了深化教师学习、拓展学校知识的人事与制度的系统。大学研究者传承了漫长的有别于其他国家的学校研修的历史。第四,日本有着教师协同学习的学校教育制度的机制,尤其是教科书对提升学校教育质量作出了巨大贡献。第五,不仅在中小学校内,包括民间教育团体也展开多样的授业研究,形成了超越学校的教师研究的网络。这些研究,发挥着支援一线教师终身学习网络的重要作用。

近 20 年来,日本的"授业研究"波及欧洲、澳大利亚、南美和美国,以及新加坡、韩国、中国大陆和台湾与香港地区。就是说,课堂中的授业向其他教师公开,以协同地观摩、评议、探讨的方式,形成教师相互学习的网络。2006 年"世界授业研究学会"(the World Association of Lesson Studies, WALS) 创立,目前已有超过 50 多个国家和地区的教师与研究人员参与,授业研究的实践在国际上得以高速普及。不同国家有不同的名称,诸如"Lesson Study"、"Learning Study"等,作为研究的领域,一方面是教师共同参与的学校教育实践,另一方面也是各国研究者积极参与的研究。

"授业研究"作为教师学习方式的兴盛,是对提高教师专业性与授业改革影响力的一个佐证。事实上,中国原本就有以"教研组"为核心的教学研究活动的传统与基础,改革开放以来特别是"新课程改革"以来,随着佐藤学的基于教师"授业研究"的"学习共同体"理论及其实践经验的推介,国内已经形成了遍布大江南北的经久不衰的新型授业研究基地[注1],这种研究在我国的香港与台湾地区也有不俗的表现。而美国基本上是在 20 世纪 90 年代引进日本的"授业研究"的,从大学的研究者逐步传布到许多的实践者,也出版了有关授业研究的形形色色的杂志和专著。由于参与的大学研究者的多样性和学校的类型差异,形成了多样化的网络,得以广泛普及。这是世界授业研究的一个共同特征。

各国的"授业研究"同浸润于该国的文化与学校文化的教育体制密切相关,唯有把握了文化的多样性才可能做出新的探讨。比如,同北美大体同一时期展开授业研究的中国香港是从大学研究者的实验开始展开的,他们参照日本的授业研究模式并借用内地的教师实践,以瑞典学者马丁(F.Marton)的"变易理论"(theory of variation)作为实施授业研究的理论框架。这种研究模式的特征是,始于高校的研究项目所带出的在中小学进行的"授业分析",演变为系统的、以理念为支撑的、在学校实地开展的教师与教研究人员密切合作的课堂学习行动研究,其重点是"教学内容",并以"变易理论"作为授业设计的理论指导,来帮助学生掌握学习内容[8]。

在美国学者刘易斯(C.Lewis)看来,"授业研究意味着关注授业是如何改进的过程,授业研究聚焦特定的授业、单元、学科的目标,尽可能地完善深化教师自身对教材与学科的专业知识的理解,着眼于学生的长期发展目标,形成学校中的协同关系"[9]。授业研究的典型实施过程包括如下四个下位过程——"授业计划—授业实施—授业研讨—授业记录编制的学习与再设计"。实际的频度和谁在哪个下位过程花多少时间,不同的学校之间有差异。不过,上述的这个过程,在各国的学校是共通的。这个过程对于执教者而言,包含了如下三重学习过程[10]:(1)计划实施。预设授业展开的课题——目标,实际地解决该问题情境,评价解决的过程与结果。这是一种教师个人学习的过程,有时也包含计划之际和同事的讨论,相互学习大量的教材与展开的可能性。(2)授业研讨会。这是通过合作发现并讨论观摩授业中观察到的问题与可能性的合作学习过程。(3)回顾授业与授业探讨,重新书写记录和授业,巩固既得知识。就是说,通过这些过程,教师能够学到所需要的种种知识,亦即设定授业的教材知识,作为授业技能的内化了的默会知识,关于儿童学习过程的知识,授业与学习的实践理论等。教师关于教材与授业的知识、同事之间的人际关系知识、关于教师的个人素质的知识是交织在一起发展起来的。在授业研究中,教师习得的不仅是与授业相关的知识,还包括与同事的关系,以及作为教师的专业素养。

欧美国家和亚洲国家的研究者都觉悟到,"授业研究"之所以成为探究的窗口,就是由于这样一种意识——"授业研究"不是特定授业的终结,而是包含着拥有广泛议论可能性的天地,由此发展出课程与教材、长期的儿童与教师的变化,这不仅仅是从"研究授业"开始,以"研究授业"的问题与改进的探讨而终结的[11]。"如今,一个新的时代——面向多样化的理论,超越国境的教师和研究者之间展开对话的时代——是有可能的。作为教师的多样化的'我'的声音表达出来的实践研究,与教师同行一起形成研究的声音与姿态的学习研究,乃至批判性地反思的理论化的研究——一种交织着实践与研究的多重性织物,正是授业研究的作为。为了丰富这种作为,世界各国的人们已经开始联手共同来编织了。毫无疑问,来自日本的织物一定会提升其多样的色彩和纹路的。"[12]

(二)异彩纷呈的世界授业研究

雷克斯(L.Rex)等人基于课堂互动的研究列举了六种授业研究:过程—结果研究、认知研究、社会文化研究、社会语言学言说分析研究、民族志研究、批判社会学研究。从以往的研究调查显示,各种研究致力于研究不同的问题。秋田喜代美收集了包括三国(和地区)在内的 100 盘授业研究的资料,作出了八种研究的分类,梳理了典型的案例。当然,不同的研究难以归属于一种类型的研究,它们之间有诸多重叠的部分,但可以明确地加以区分的部分也有很多。秋田喜代美将世界授业研究归纳为八种类型(见表 9-1)[13]。

表 9-1　不同类型授业研究的课题

研 究 类 型	聚　焦　点
1. 叙事研究	何谓"授业研究"(Lesson Study, LS),有哪些成果。
2. 过程—结果研究 (实证科学)	授业研究是如何产出成果的,成果从何而来。
3. 认知研究 (认知科学)	教师的认知对授业研究会产生什么影响,授业研究对教师的认知提示了什么。
4. 社会文化研究 (情境论、活动理论)	授业研究中的交互作用对每一个教师的学习产生了什么影响,每一个教师的学习又是怎样影响授业研究的。
5. 社会语言学言说分析研究 (社会语言学)	授业研究会产生怎样的对话与言说,而这种对话又会对授业研究产生怎样的影响。
6. 民族志研究 (民族学)	授业研究如何形成教师文化,形成怎样的教师文化。不同的学校文化会产生怎样的授业研究。
7. 批判研究 (批判理论)	授业研究会形成怎样的动力关系,而组织的动力关系又会对授业研究产生怎样的影响。
8. 教师研究的研究 (授业研究)	在教师的心目中是如何认知授业研究的,不同的教师是如何把握这种授业研究的。

【出处】日本教育方法学会编,《日本的授业研究:授业研究的方法与形态(下卷)》,东京,学文社 2009 年版,第 195 页。

1."叙事研究"。探讨的是授业研究的步骤如何,究竟是怎样研究的。在日本从事授业研究改革的个别学校发生了什么事件,如实地做出记载。例如,从2003年开始授业研究的新加坡,描述了日本、美国、新加坡学校的经验。

2."过程—结果研究"。探讨在授业研究中是如何出成果的。关键的问题是,在授业研究中描述的成果也能够在行为层面加以测量,能够提出证据表明教师和学生收获了多大的成果。这种研究基本上是把教师专业的开发视为技术合理性的东西,某种授业的知识与技能能够借助授业研究加以训练,从而发现教师和学生究竟获得了多大的成果。

3."认知研究"。这是一种求证教师的认知,并不是聚焦预设的成果输入输出的研究方法。它从个人经验出发,求证执教者是如何主观解释授业现实的,倡导分析教师个人的认知如何改变授业的必要性。它关注的是,在每一个教师的授业研究中,教师的认知发生了什么,教师怎样的认知是如何影响授业研究的。另外,偏于从生态学的角度来把握认知情境的是设计实验。这种研究开始是最低限度地提供基于设计原理的过程与工具,然后实施授业研究,观察发现了什么学校里有什么新变化,教师的学习有什么变化,教师的学习是如何持续有效地观察如何教的。

4."社会文化研究"。包括了社会性认知、情境性认知、活动理论等。在授业研究的实践中产生的社会处境如何影响教师的学习,每一个教师的学习又是如何提升其所在的文化与社会干预的。一些研究者主张,学习者共同体的认识和授业研究的活动系统的认识就是从这种立场产生出来的。他们指出,从认识论维度、政治学维度和伦理学维度叩问学校中的授业研究的活动系统,是创建民主型学校所必须的。

5."民族志研究"。旨在从整体上把握授业研究:描述实施授业研究的整个学校,教师是如何制作课堂记录和实践记录的,又是如何引领学生的学习的。

6."社会语言学言说分析研究"。旨在揭示实施授业研究的共同体的口头语与书面语是如何形成的,把授业研究视为基于对话的事件,因而分析其话语,揭示其话语的功能。旨在把握语言与社会以及授业研究的现实是怎样形成的。授业研究的现实是借助课堂中的授业对话和教师之间的对话实践形成的,因此,这是一种关注对话是如何形成授业研究的研究。

7."批判研究"。把课程内容、授业方法、对话等作为一种具有结构性的压抑结构的权力关系来研究。探明学校组织与授业行为的网络节结是如何变化的,某种关系又会形成怎样的学习场等问题。

8."教师研究的研究"。聚焦教师的授业研究本身,从教师内在视点出发来解读教师的话语与行为的一种叙事研究。亦即,我是如何编制单元与课时的,来自课堂与其他授业观摩者的见解具有什么意涵,探讨并记录不同的实践与学习的经验。可以说,优质学校教师的实践记录本身就是教师研究课堂的教师的授业研究。以斋藤喜博的岛小的一连串课堂记录为代表,日本的诸多研究都是一线教师亲自实施的。聚焦某特定教师变化的记录和叙述也成为研究者研究的对象。

三、社会建构主义:授业研究方法论的思想基础

20多年前,日本的授业研究开始受到世界的瞩目,成为国际教育界的楷模。在这期间,日本的授业研究又通过汲取来自国外的支撑授业的新的学习理论,获得了新的发展。这就是,社会建构主义成为授业研究方法论的思想基础。按照社会建构主义的观点,有效的学习是建构式的、自我调节的、情境性的、协同式的学习(CSSC 学习)——这就是"学习"的建构主义见解[14]。CSSC 学习有如下四个特征:

学习是建构式的。所谓建构主义学习,不是学习者习得现成的知识和技能,而是意味着学习者以事物与人物为媒介,通过活动建构意义与关系的学习。社会建构主义的立场是,"人是在同他者的交互作用之中建构自己的思考与知识的"[15]。学习的对象——客观世界并不是赋有现成的意义,而是学习者借助语言给予命名才建构了意义的。知识的意义并不存在于教科书之中,而是通过学习者的工具性思维以及同他者的沟通才得以建构。即便是传统的认知心理学、皮亚杰的认知发展论所秉持的建构主义,也不是把知识建构的活动封闭在个人的系统之中,而是在社会开放的系统之中、在人际交互作用之中,去寻求知识建构的契机的。也可以说,这是从关系论的角度来看待人的心智发展的观点。就是说,在同他者的关系中来论述人的行为及其发展之际,交互作用的伙伴正是对等地赋予交互影响的存在,通过这种交互作用的过程,建构自己的意义世界。在社会建构主义看来,儿童是在对话与合作中学习的,而作为课堂学习中的教师的角色则是超越了知识传递的要求。教师必须指向学习者相互之间的对话,亦即指向社会交互作用的组织化与共识的形成的调节活动,在课堂与儿童之间,通过对话与合作的学习,形成基于一定价值观的课堂文化。

学习是自我调节的。建构式的学习是过程重于结果,是自我调节的。从元认知、动机、行为的角度看,每一个人都是学习的能动的参与者。要认识课堂授业中自我调

节的重要性,就得持续地探究学生调节技能的发展,分析学生在课堂的哪些条件下如何成为自我调节者。

学习是情境性(境脉性)的。人的认知强烈地受到其所在的情境与境脉所制约,离开了情境就不可能有对客体的理解。或者也可以反过来说,认识是由来自情境与境脉的信息所支撑。"我是鳗鱼"这一表象,倘若离开了它所发生的情境(或是在怎样的语脉中描述的),那是不可能理解的。这种情境依存性的议论并不限于认知领域,在个性研究中也开始出现。人的性格与反应是依存于情境的,不存在所谓的超越了情境的人的行为的一贯性。在"情境认知"中,认知带有极其具象的性质,认知活动并不是单纯抽象的逻辑操作与概念性知识的积累,而是强调具体的情境、在社会中产生的进行活动的实践过程。正如工匠使用凿子加工材料、制作物品那样,运用知识这一概念性工具,作用于世界,理解客观世界,从而建构知识。这种世界不是抽象的,而是自身所处的社会之中展开的现实的世界。——以这种方式来把握人的理解与知识,就可以发现对"为什么而学习"这一问题的回答。知识是旨在社会中生存的社会实践,我们的知识原本就是旨在生存的。基于行为科学的授业研究以可视现象为对象,而且是基于因果关系的认识,旨在合理地控制对象。教材的"内容"和儿童的"认知"这一不可视的事件,以及不是现象的"因果"而是关乎"因缘"的"境脉",被排除在研究对象之外。然而,不问教育内容的价值与意义、不问教师与儿童的认知、不问课堂与社会境脉的授业研究,终究称不上研究。因此可以说,授业实践不是靠一般的技术原理的运用能够奏效的,授业研究也不是靠抽取授业经验上升为一般化的技术原理所能奏效的。当代授业研究重心已从"技术性实践"研究转向"反思性实践"研究。

学习是协同式的。学习的协同本质同强调学习的社会特征的情境性观点密切相关。有效的学习不是单纯的活动,其本质是"分散式认知"型的活动。每一个学生都是学习环境与资源中心里的他者,而且涵盖了技术与工具在内。社会建构主义的中心思想就是,把学习作为一种社会过程来理解。这样,尽管知识建构的过程大体是个体固有的,但终究是意味着:习得个人同他者分享的概念与技能。由于个人的知识建构是通过交互作用、沟通与合作生成的,社会交互作用对于学科学习而言,是不可或缺的。

"授业"可以从种种的视点与层面展开分析。在个人建构主义看来,任何知识都是借助学习者以"有意义"的形式建构起来的。对于学习者的既有知识结构而言,不带来意义的知识一概不会被接纳。在社会建构主义看来,每一个人各自拥有固有的文化、固有的语言。语言是创造文化的源泉,它经由社会共识而得以流通。因此,离开了社会中的他者的知识建构,简直是不可思议的。显然,在这里存在着知识的个人建构与社会建构的相互关系的问题。这样,在授业中,以个人内的表象与社会中的知识分享的形态,作为保障儿童知识建构的两个轮子,发挥着作用。

社会建构主义凸现了如下两个授业研究的视点:其一,从学习者(儿童)学习活动的视点出发来看待与分析授业。对于心理学特别是直面人的认知活动及其形成条件的认知心理学说来,"课堂"正是理解与知识习得的第一现场(力场)。在这方面,心理学家可以实证性地揭示学习者理解的现场与知识习得的过程,提示理解的模式。而关于学习者理解模式的提供,又可以为教育实践者设计授业计划作出一定的贡献,进而可以探讨在儿童形成理解的过程中教师是如何作出教育干预的。从某种意义上说,这可以揭示教师的教授行为与儿童的学习活动的关联与交互作用。其二,学习者的学习活动并不是以每一个人各自孤立的形态呈现出来,而是在课堂中儿童与儿童之间以及儿童与教师之间的交互作用之中展开的。在这里,任何一个人都是通过对话的活动而产生影响的,学习与理解是一种社会过程。

上述的见解不仅仅是"课堂"这一特殊的"学习场"的问题。以往的诸多心理学研究往往把包括成人与儿童在内的广义的学习与理解,过分地局限于"个人"这一封闭的世界之中,而今这种现象发生了巨大的变化。认知心理学中"情境研究"、"社会研究"等一连串的动向,维果茨基理论的复兴,都是对以往心理学的陈旧视点——过分聚焦于个人的能力与特性这一类个人内部要素,而排除了个人周遭的外在环境——的巨大挑战与反思。维果茨基理论流派的沃奇(Wertsch)在他的《心声》(1991年)中,对于美国心理学长期以来的个人主义的人类心理的解读,作出了严厉的抨击:传统的心理学是把学习与发展作为个人的内部事件来把握,把知识与技能的发展仅仅视为个人的变量来说明。这样,就把个人同其周遭发生的交互作用乃至社会文化变量,视为相互割裂的封闭系统来把握了[16]。

佐藤学批判了"科学的理论态度"的授业研究,亦即批判了通过"授业的科学"的建设,谋求"授业科学化"与授业技术"合理化"的缪误。他强调了从如下几个前提出发,奠定授业研究的新的发展基础。这就是:(1)授业构成的文化性,社会的实践过程性与诸多价值的复合性;(2)实践情境中教师的问题解决与决策;(3)教师的实践研究与研究者的合作研究。教育学研究的综合研究与研究者、教师的协同性。柴田好章则明确了理论建构的条件是:(1)基于事实的理论建构;(2)具有教育实践的参照可能性的理论建构;(3) 有可塑性的理论建构;(4) 阐明儿童的思维过程;(5) 动态的把握[17]。

授业研究是以授业的实践情境及其反思为基础的。从教育学的视点看,授业研究是教育学概念的再发现与发现的场所,同时也是发现教育学概念内涵的场所(教育学的课题)。对于授业实践者而言,授业研究是通过授业尝试直面问题的解决、构筑明日的教育实践可能性的场所(教育实践的课题)。从教育实践研究的视点看,授业研究是自觉地、更明确地把握实践情境的困惑所在的场所(教育实践研究的课题)。从研究手法的视点看,授业研究是以实践研究为基础,开拓研究手法与工具的场所(研究手法的开发课题)。授业研究就是借助涵盖上述四个课题领域,基于教师与研究者而拓展的知性与实践的协同研究[18]。

伴随着学习观念与学习方式的转换,日本授业研究也出现了一些革新。这种革新集中表现为三个方面的变化:教师"专业性"界定的转型;授业研究范式的进化;授业研究重心的推移与研究网络的形成。

第二节　日本授业研究的革新

一、教师角色的转型:从"技术熟练者"转向"反思性实践家"

正如重松鹰泰说的,"教育,归根结蒂取决于现场的力量"[19]。教师学习的中心就是授业研究,而作为授业研究要求于教师的形象,不再是"技术熟练者",而是"反思性实践家"。按照李·舒尔曼(L. Schulman)的说法,所谓"技术熟练者"是面对现实的问题、合理地运用专业知识与科学技术的实践者。在这里,关键是如何运用技术、是否能够圆满地运用技术。所谓"反思性实践家"是指,专家之所以是专家,就在于活动过程中知识的作用及其反思本身。作为教师的专家,最重要的是拥有行为中的默会知识,即能够同情境对话,能够在行为中思考,反复地反思教师行为的专业性,这不仅表现为拥有运用教育学理论的技能与知识,而且要求教师拥有面对变动不居的复杂情境,能够驾驭思考与行为的见解。从某种意义上说,教师是"从经验中学习"的专家典范。

在日本教育界,关于教师"专业性"见解的这种转型,始于 20 世纪 90 年代末。当时佐藤学、佐伯胖倡导基于"学习共同体"的授业研究,提出了教师角色转型的课题,即从作为"教的技术专家"的教师专业性的见解,转型为作为"反思性实践家"——教学过程中应对儿童的学习过程作出判断与反思的学习的专家——的见解。就是说,从基于行为主义心理学的学习理论来看待教师的学习、求得教师授业技能的习得,转换为着眼于重视 3C——学科内容(Content)、认知(Cognition)、境脉(Context)的转型。"反思"——作为支撑教师学习的核心概念,受到了关注。可以说,所谓"校本研修"就是以"反思"为核心的活动。教师围绕以单元为单位的一节节课的授业,通过在自己与他者视点的交流过程中协同展开反思,这类校本研修可以让教师学到自己一个人所不能发现的新的见解与思路。这就导致了授业研究中作为课前协议会的教案研讨的废止,以及教案的简略化。于是,同僚教师在授业观摩中的重点不是观察教师的行为,而是把握每一个学生的课堂学习的事实去展开讨论;或者基于课堂话语的分析,去展开课后的"反思"等新的研修[20],而这,又是同建构教师的同僚性与家长的参与授业联系在一起的。

课堂的变革是以教师自身的变革为起点的。"教师变了,教学才会变。教学变了,儿童才会变。儿童变了,教师会进一步变。教师进一步变了,教学也会跟着进一步变。教学进一步变了,儿童会更进一步地变。学校就是借助这样的循环,而实现自身的变革的。"[21]

二、研究范式的进化:从"黑匣子"研究、"玻璃盒"研究走向"潘多拉盒"研究

日本的授业研究大体是分两条线索展开的。其一,是以教育心理学为基础的学习、认知与沟通的研究;其二,是以认识论哲学为基础的教授原理的研究。因此,所谓"授业"的事实,是心理学的事实与认识论的事实,同时也是社会历史的事实与文化实践的事实。授业的事实原本就是被作为多元的、综合的、跨学科的事实来加以研究的。在授业的事实这一微观世界中,反映着社会、历史、文化的宏观结构。理解授业本身的复杂性是开展授业研究的前提。授业的过程不是单纯地凭借合理的技术能够构成的,而是有其特定的学科内容、特定的课堂语境、特定的儿童认知的"不确凿的世界"。教育研究者不仅需要从书本中学习,而且需要从课堂的事实和教师工作的具体经验中学习。倘若可能,同教师合作,参与实践问题之解决的经验是必要的。事实上,日本的授

业研究方法论经历了三个里程碑的发展。这就是佐藤学在1992年《打开"潘多拉盒":"授业研究"批判》[22]中提出的授业研究的三种隐喻——"黑匣子"、"玻璃盒"、"潘多拉盒"。他说,日本的授业研究人员或将课堂视为"黑匣子"——以定量的方法探讨授业过程中诸要素之间的关系;或者把课堂视为"玻璃盒"——期待透过专业领域的玻璃窗,基于课堂观察的质性研究获得授业观察的理论解读。授业研究人员总以为借助授业技术与法则的掌握,可以确立授业的科学。然而,打开"黑匣子"、"玻璃盒",研究者亲自走进课堂,去钻研师生直面的具体的实践课题,极其罕见。"即便这些科学的、合理的理论以某种形式得以建构,它对于中小学教师的实践与研究所产生的影响也只能是消极的。"[23]戳穿"授业科学"的神话,打开"潘多拉盒",才能从授业科学与授业论的紧箍咒中解放出来。我们需要坚定从另一个角度研究授业的信念——一旦打开了"潘多拉盒",一切的灾难都将逃逸出来,直面难以解决的复杂的混沌,但终究会出现"希望"。

三、授业研究重心的推移与研究网络的形成

授业研究是由教育内容、教材、教授行为、学习者这四个层面构成的复合过程,授业研究的对象是纷繁多歧的,包括教材内容、教学目标、教育技术、学习形态、教学媒体、各种教材、决策过程等。在这种场合,尽管我们可能以授业整体作为研究对象,不过,聚焦熟悉的侧面、凭借自身的驾轻就熟的经验,着力于问题部分,运用科学的步骤来展开研究,也是极其重要的。观察、记录、分析必须有视点,当我们探究这些视点的教育价值的时候,从某种鲜明的视点出发进行精雕细琢的研究是不可或缺的。按照藤冈信胜[24]的说法,战后日本的授业研究以如下的方式实现了重心的推移——20世纪60年代的教育内容研究,70年代的教材研究,80年代的教授行为研究,90年代则是基于学习者视点的研究。

日本的授业研究存在着种种意涵。其一,教师借助研究的框架或步骤,检验自己在授业中的判断或行为是否适切,从而提升自己的授业能力。其二,通过授业研究所获得的经验与成果,能够准确地传递给他人,亦即能够分享经验。其三,借助研究的框架或步骤,能够大胆地尝试自己以往没有经验的新型的授业。其四,从研究获得的见解出发,将其与以往熟悉的见解进行整合,拓展新的知识。上述的第一个至第三个意涵指向的是,教师的成长,经验的交流,经验的拓展,问题的解决,实践性成果。第四个

意涵则是以扩充科学知识为目的。在大学与研究所的研究者之间,以往特别重视的是第四个意涵,但在教育现场,则是前三者的意涵更为重要。不过,晚近在大学的研究者与学校现场的教师之间纷纷实施合作研究,因此,揭示包括教育现场在内的研究方法论,变得愈益重要。

木田宏指出:"授业研究是教师的终身课题,是作为一名教师的专业成长所不可或缺的。为了授业研究的充实与发展,每一个教师应当持续地精进。"[25]学校中进行的授业研究原本就是旨在分析日常的授业方法。要使得这种日常化得以巩固与持续生效,重要的一点就是要有计划地展开授业研究。其一,发展长跨度的授业研究。以往的授业研究的倾向大多是以"某一年级、某一学科的一节课的授业"为中心实施的。一节课的授业研究是极其微观的授业研究的基础。为了有助于学校的课程与教学计划的改进,教师必须从一节课的授业研究中摆脱出来,至少是要展开一个单元或是更长期的具有一定展望的授业研究。其二,在纵览全局中推进授业研究。作为授业研究指向的一个方向,就是授业研究所获的成果有助于学校教育计划的改进。为此,就得考虑授业研究同学校所有教育活动之间的关联,通过年度计划来加以推进。近年来借助 IT 网络的发展,教师们以公开授业的方式,交流个人的见解与课堂,形成了开放学校、展开对话的新局面。可以说,近 20 年来日本授业研究的一个巨大变化就是,"从特定的样板校模式为中心的授业研究转向体现各自特色的、从差异中相互学习的因特网的形成"[26]。

授业研究之所以能够成为每一个教师需求的根基,是因为其在努力寻求基于学校实际的授业实践上应当解决的课题。当然,授业研究如何开展,取决于课题的内容与学校的规模、教师的年龄构成、以往研究的经历而有所不同。不过,倘若共同的课题不明确,全体教师未能充分认识,就难以获得超越学科与学年的研究成果。因此,作为学校研究课题的立项,不宜盲目跟风,而应当从日常的授业实践中真真切切地把握什么是当前直面的问题,清清楚楚地揭示需要采取哪些手段才能解决这些问题,进而在具体推展的过程中求得研究的方向、内容与方法的改进,这样才能持续、健全地展开授业的探究。归根结底,授业研究的深度与广度取决于每一个教师如何积极地参与作为学校的共同课题。

【注释】

【注 1】 近年来佐藤学的"学习共同体"理论与实践的著作被译成 10 个国家的文字,在世界各国广为传播。在我国译介的著作有:《课程与教师》(钟启泉译,教育科学出版社 2003 年版)、《静悄悄的革命》(李季媚译,长春出版社 2003 年版)、《学习的快乐:走向对话》(钟启泉译,教育科学出版社 2004 年版)《学校的挑战:创建学习共同体》(钟启泉译,华东师范大学出版社 2010 年版)、《教师的挑战:宁静的课堂革命》(钟启泉、陈静静译,华东师范大学出版社 2012 年版版)、《学习的革命》(黄郁伦、钟启泉译,台北天下杂志股份有限公司 2012 年版)、《学校见闻录》(钟启泉译,华东师范大学出版社 2014 年版)、《教师花传书:专家型教师的成长》(陈静静译,华东师范大学 2016 年版)、《教育方法学》(于莉莉译,教育科学出版社 2016 年版)等,其中被誉为学习共同体实践研究"三部曲"的《学校的挑战》、《教师的挑战》、《学校见闻录》,已行销 20 几万册。

【参考文献】

[1][9][11][12] 秋田喜代美,刘易斯.授业研究与教师学习[M].东京:明石书店,2008:24,26,29,37 - 38.

[2] 佐藤学.学校改革的哲学[M].东京:东京大学出版会,2012:41 - 42.

[3] 秋田喜代美.教师的言说与沟通[M].东京:教育开发研究所,2010:64.

[4] 日本教育方法学会.教育实践的传承与教育方法学的课题[M].东京:图书文化社,2018.87.

[5] 田中耕治.日本形成性评价的历史回顾与展望[C]//华东师范大学课程与授业研究所.课堂评价国际研讨会论文集,2011 年 4 月.

[6] 佐藤正夫.教学原理[M]钟启泉,译.北京:教育科学出版社,2001:1 - 2.

[7][21][26] 鹿毛雅治,藤本和久.授业研究的创造:为了实现教师的相互学习[M].东京:教育出版社,2017:153 - 155,1,57.

[8] 卢敏玲.课堂学习研究:如何照顾学生个别差异[M].北京:教育科学出版社,200:27.

[10] 秋田喜代美,藤江康彦.授业研究与学习过程[M].东京:放送大学教育振兴会,2010:212 - 213.

[13][17][18] 日本教育方法学会.日本的授业研究:授业研究的方法与形态(下卷)[M].东京:学文社,2009:195,196.

[14] OECD 教育革新研究中心.学习的本质:研究的应用到实践[M].立田庆裕,等译.

东京：明石书店,2013：59.

[15][16][24] 佐藤公治.从认知心理学看阅读的世界：指向对话与协同学习[M].京
都：北大路书房,1996：30,5,38.

[19] 秋田喜代美.学习的心理学：授业的设计[M].东京：左右社,2012：43－44.

[20] 日本教育方法学会.授业研究与校本研修：为了教师的成长与学校的创建[M].
东京：图书文化股份公司,2014：23.

[22][23] 佐藤学.课程与教师[M].钟启泉,译.北京：教育科学出版社,2003：
217－218,238.

[25] 全国教育研究所联盟.学校中的授业研究[M].东京：东洋馆出版社,1980：167.

结语　把握新时代授业研究的脉动

一、知识社会的授业与授业研究

学习科学的研究者索耶(R.K.Sawyer)将应对产业主义社会的传统教育模式谓之"授受主义"(Instructionism)。这种"授受主义"的教育模式隐含如下的假设(特质)：(1)知识是问题解决所必要的有关世界的事实与步骤的集合。(2)学校教育的目标就是将这些事实和步骤注入学生的头脑。一个人要是拥有了众多这样的事实与步骤的知识，就会被视为受过教育。(3)教师知道这些事实与步骤，他们的工作就是将它们传递给学生。(4)学生应从学习比较单纯的事实与步骤开始，然后渐次学习复杂的事实与步骤。"单纯性"与"复杂性"的界定以及教材的排列是由教师、教科书编写者和数学家、科学家、历史学家之类的专家来确定的，而不是基于学生实际上如何学习的研究来确定的。(5)确认学校教育成功与否的范式就是借助考试来核定学生习得了多少知识与步骤。[1]

与此相反，知识社会的学习应当具备如下特质：(1)关注更深刻的概念性理解。仅仅单纯地掌握事实与步骤，是不足以成为知识劳动者的。事实与步骤的知识只在可适用的情境、清楚知道修正知识而运用于新的情境的场合才起作用。因此重要的是，以更有用的方式来学会在现实世界中能够利用的知识。(2)授业不能单凭教师的讲授，还需要聚焦学生的学习过程。单凭教师的讲授是不可能获得深刻的概念性理解的。唯有学生自身积极地参与学习，才会有深度学习。因此重要的是，不能单凭教师的讲授，而是要聚焦学生的学习过程。(3)创设学习环境，应当支援学生作为"学习共同体"的熟练者所需要的一切的知识背景。为此，必须借助 IT 等工具，构成有可能解决现实世界舞台的学习环境。(4)基于学习者的既有知识的环境，进行基于学生既有知识的环境设计。(5)促进反思。在学生借助对话与文本表达自己的知识、分析自身的逻辑、提供反思的机会之际,能够更好地进行学习。基于这种立场,教师不仅直接进行指导,而且设计学习环境。在这种学习环境中,教师承担种种旨在帮助学生学习的角色,以形形色色的方式介入:从学习模式的提示到引导学生走进学术世界,为学生提供支架,帮助学生自身能够展开探究或是自身参与共同体的探究[2]。

授业是学校教育的核心,授业的本质在于促进每一个儿童的学习与成长。知识社会的时代呼唤从"儿童学习"出发的新的"授业"。这种授业的特质在于,其一,"全员参与"。其基本原理即"优质+平等"[3]。就是说,教师的使命在于创造多重声音交响的课堂世界,保障每一个学生不可剥夺的"学习权"。其二,"主体参与"。其基本原理即"内在要求+外在触发"[4]。就是说,儿童的学习应当借助同"学习场"的交互作用而能动地展开,而不是基于教师编写的教案"照本宣科"而产生。要使得每一个学生主动积极地参与,"教师就得'触发'学生的要求,就得让学生明确目标、发挥创造性、同异质的他者协同。这种要求一旦实现,学生就会产生自信与快感,而这种感动就会引出'参与'更大挑战的欲望。在此基础上,要求得以提升,人性得以升华,拓展伙伴关系,进而增大每一个学生自身的能量"[5]。

日本学者从戏剧理论的角度出发,认为"授业"是一种编织诗意的、多声交响的故事的过程,强调"授业研究"必须关注"基于多声交响的实践总体的再设计"[6],具体包含以下一些要素:

知性探索的戏剧舞台。教育实践是把某种文化作为历史地形成起来的活动,以社会的共同体(集体)——具体的教室、学校、社区、家庭等作为舞台,而展开的。在这种舞台上作为演员登场的,是特定的学习者与教育者。从这个意义上说,教学也是特定的儿童与特定的教师作为协同学习不可或缺的演员,不断相遇、不断学习的戏剧的舞台。比如,在教学这一协同学习的场所里,在具身的交响、相遇与对话中建构知识探究的戏剧。就像叙事诗、抒情诗、诗剧那样而展开的教学这一舞台里,既有儿童演员,又有教师演员兼表演家,也有一次性的导演,还有从多样的角度评价这个戏剧作品并赋予意义的评论家。我们可以看到,芬兰的教育学者开发了运用话语的叙事反思的定性数据,来研究作为知识探究的戏剧的反思性实践的叙事研究。

故事情节的协同探索。一般而言,在伴随着虚构的游戏与戏剧的世界里,参与的人们把各自拥有的自身故事的情节,投射在文化的探索与创造的叙事情节之中,共同创造出具有新的意义的学习样式。这也是在游戏与戏剧的空间里,通过参与其中的人们相互倾听、相互诉说自己的故事,通过协作,更新既有的社会与共同体中的故事情节的一种学习样式。这里所谓的虚构情节是指离开了现实,凭借想象而共同创造的场域。所谓游戏与戏剧的世界,既指游戏的世界,同时也指戏剧的世界。无论是游戏还是戏剧都拥有在同对象或同他者之间,以具身的交响来表现、探索自我存在的活动特性。

对等—平等关系的构筑。师生之间是作为协同的探究者,通过构筑对等—平等的关系,来从事教育实践活动的。这种平等性不仅体现在师生之间,而且体现在学习经验不同的学习者之间。探究不是单向的知识传递,而是双向的信息交换。

"学习共同体"的课堂就是培育"学习主人公"的课堂。那么,是什么支撑这种课堂的呢?佐藤学的回答是,四种"伦理规范"发挥作用所使然。所谓四种"伦理规范",是指"尊严"(Dignity)、"信赖"(Trust)、"互惠"(Reciprocity)、"共享"(Community),它们构成了学习共同体课堂的显著特征[7]。第一,"尊严"。尊重每一个儿童的尊严;尊重每一个儿童的学习(包括学习困难)的尊严。在学习共同体的课堂中可以看见为儿童撑腰而洗耳恭听的教师的面貌。可以说,这种教师的面貌正是儿童尊严与学习尊严的象征。第二,"信赖"。基于相互倾听关系与相互学习关系的伦理规范。教师信赖儿童,儿童也信赖教师。儿童受到教师的信赖,也受到来自同学的信赖的支撑。所以每一个学习小组的儿童无不孜孜以求,用功学习。第三,"互惠"。显示出通过协同而产生的分享价值与幸福的关系。学习共同体中的互惠学习不是单纯的相互学习,而是借助相互学习获得 1+1>2 的学习,是从协同学习中产生快乐与幸福的相互学习。第四,"共享"。显示出"众人拧成一股绳"的共享性。不让任何一个孩子掉队——这是共同体的课堂创造的第一步。必须创造谁都能被课堂接纳而安安稳稳地学习的环境;每一个儿童都能拥有课堂里的一席之地;能够将课堂作为"第二之家"展开活动。可以说,每一个儿童都能够成为学习主人公的课堂集中体现了这四种伦理规范。

二、世界授业研究的共同诉求

作为一项公共事业,基础教育是打造一个更为公正的社会的卓越元素。在课堂情境中存在着多样特质的学生、复杂的环境要素、不可预测的生态。课堂必须同提升每一个儿童的生存意义链接起来。从"儿童学习"的社会本质的视点看,所谓"学习",原本就是一种社会过程。"学习中的认知过程以往是被作为个人掌握特定的知识、技能的心理过程来理解的,但是,倘若作为社会过程来看的话,则可以将其理解为以特定的知识技能为媒介、人与人之间构筑理解与纽带的过程"[8]。美国著名英文学者、教育家谢林(Schelling)指出，"真正的教育在于彰显差异：每一个人的差异，成功的差异，英才与天分的光辉的差异。它寻求的既不是平庸，也不是个人的卓越，更不是标准化，教育中的差异正是衡量世界进步的尺度"[9]。教育的体制和每一个教师必须能够应对这种差异，必须承担起提供应对这种差异的责任。佐藤学的"学习共同体"论之所以声名远播，就在于它强调了尊重差异的交响，提出了多元化地形成共同体的形象。

从历史渊源看，传统的课堂是以产业革命社会的大工业效率主义为基础形成的，传统的学习观秉持"学习"是"在规定时间内，习得规定的知识与技能的活动"。而新的学习观主张，"学习"是习得新的知识、技能，拓展、深化、充实自己的见解与思考力，从而广泛、深入地同"世界"交往，伴随着自我成长的体悟的一种过程。"学习"是授业的本质性要素。不过，倘若教师不能意识到"授业"关系到儿童的"学习"，那么"授业"终究不过是在特殊空间里的一种架空作业而已。因此，"授业"必须同"儿童学习"链接起来。"授业研究"不能矮化为"有效地传递知识、技能的教学法研究"，必须同"儿童学习"链接起来，去构想、实践、探讨学习活动。换言之，"授业研究"的关键在于"儿童学习境脉的显性化"[10]。在儿童之间，支持性的相互关系一旦形成，相互倾听的班级一旦成立，发言者就会用"自己的话语"跟同学交谈。在儿童关于自己的思考、理解与疑问的发言之中，或在儿童运用的案例与比喻中，必定会有"根"。也就是说，该儿童是扎根于当下生存的"意义世界"的，而这种固有的"意义世界"是该儿童同"世界"的个性关系的投射[11]。由此可以发现"儿童学习"的境脉。这里重要的是，教师必须促进并支援儿童用"自己的话语"展开相互倾听的活动，必须考虑到儿童之间彼此开放的各自个性化的"意义世界"。儿童的发言中有"根"和"芽"。教师对儿童的发言不应当采取"对与错"的审判者的姿态，而必须从儿童的发言中洞察儿童话语背后的"意义世界"，同儿童产生共鸣。同时，从儿童的发言中还可以推察并发展该儿童的"意义世界"的方向。当教师基于"该儿童"探索支撑其持续成长的方略之际，授业研究对"儿童学习"才是有价值的。也就是说，教师必须读懂儿童的"根"、发展儿童的"芽"。这才是"授业研究"的核心目标。

从"儿童学习"出发的新型授业需要有从"儿童学习"研究出发的新型"授业研究"。新型的"授业研究"就是基于"实现儿童更好的学习与成长"这一本质性目的，将其作为手段，旨在"创造更好的授业"。问题在于，何谓"更好的授业"。实现儿童成长的更好的学习与成长的路径是无限的，在多数场合不能说哪一种是最优的。授业研究就是以基于课堂事实展开讨论为原则的,各种课堂事实都是作为个性的存在而产生的。"授业研究"不是判断授业者良莠与否的场所;也不是评定授业者能力的场所;更不应当是授业者表演其姿态与实力的场所。我们要追求的是在尊重授业者的基础之上,同授业者一起,创造新的授业的"授业研究"。归根结底,"教育原本不是美容之类的外科手术,而是探索人类需求的矿脉,发现挖掘矿床的过程"[12]。因此,"所谓授业的创造,就是在授业中不断发现和创造的活动,就是以文化遗产——教材——作为对象与媒介,教师与儿童、儿童与儿童相互交流智慧,一步步地追求、发现与创造的作业"。

重建课堂——这是日本授业研究的诉求,也是当今世界授业研究的共同诉求。"所谓人类心智的内涵,亦即人的'学习'的要素,可分为五个层次:数据、信息、知识、理解与智慧,这五个层次并非是等价的。尽管智慧拥有无尽的价值,但我们的教育体制却几乎把所有的时间都花费在了'信息'或者'知识'的传递上,学生几乎得不到任何的'理解',课堂几乎剥夺了作为结果的培育'智慧'的机会。"[13]在现实的课堂中,学生的个性往往被无视、被压抑,作为课堂原本的学习生态——一起分享时间与空间的儿童在一间教室里,借助共同的学习活动必然会产生的社会交互作用,却往往被边缘化或异化了。"协同学习"与支撑协同学习的班级文化与课堂创造,仍然未能成为主流。这是颠倒的教育,而颠倒的教育必须颠覆,异化的课堂应当翻转。正如美国艾可夫(R.L.Ackoff)指出的,"后产业革命时代不同于产业革命时代,产业革命时代强调的标准化的划一教育不适于新的后产业革命时代","现行的学校教育体制把本真的教育给颠倒了,必须颠覆过来"[14]。学校的课堂不是挑动儿童阶层争战的鬼蜮,而是润泽儿童和谐共鸣的场所。在这个场所里,儿童学会相互倾听、学会沟通合作、学会基于各自的差异与优势去编织自己的学习与成长的故事,同时也编织作为新时代的主人对未来社会的憧憬。从日本战后初期基于"生活作文运动"的"山彦学校"的变革,到日本20世纪90年代以来基于"学习共同体"的学校创建,让儿童真正成为"学习的主人公",始终是日本"授业研究"的主旋律。我们可以从战后日本"课堂的鸣响"或"遥远的回声"[注1]中,真切地感悟到"授业研究"永恒的魅力与威力。

【注释】

[注1] 日本战后初期出版的无着成恭编纂的《山彦学校》(1951年),集录了日本东北偏僻地区一所中学的学生"生活作文"集。所谓"生活作文",是指"儿童写自

己生活的作文"。编著者把这部中学生的真实的"生活记录"取名为"山彦"，意味悠长。在日语中，"山彦"意指"山谷的鸣响或回声"。该书真实地反映了在当时那种社会背景下发自儿童心底的呼唤与革新的教师付出的教育努力，象征着战前日本"生活作文运动·生活记录运动"的再生，成为战后初期为日本社会舆论赞誉的一部民主主义教育名著。

【参考文献】

[1] 索耶.学习科学指南第二版(第 2 卷)[M].大岛纯,等译.京都：北大路书房，2016：1－2.

[2] 田中博之.课程编制：培育儿童综合学力的学校创造[M].东京：放送大学教育振兴会,2013：82.

[3] 野口流.全员参与的教学策略[M].东京：学阳书房,2018：14－17.

[4][5][12] 山内乾史,原清治.日本的学力问题：学力论的变迁(上卷)[M].东京：日本图书中心,2010：337,338,338.

[6] 佐藤学.学习共同体的挑战：改革的现在[M].东京：小学馆,2018：205－208.

[7] 佐藤学.课程与教师[M].钟启泉,译.上海：华东师范大学出版社,2003：154.

[8] 日本教育方法学会.授业研究与校本研修：为了教师的成长与学校的创建[M].东京：图书文化股份公司,2014：70.

[9][13][14] 艾可夫,格林伯格.颠覆教育：理想学习的设计[M].吴春美,大沼安史,译.东京：绿风出版,2016：107,120,53.

[10][11] 鹿毛雅治,藤本和久.授业研究的创造：为了实现教师的相互学习[M].东京：教育出版社,2017：136,137.

战后日本授业研究文献一览

1949 年　梅根悟，《核心课程》，东京，光文社

1951 年　无着成恭，《山彦学校》，东京，青铜社

1953 年　矢川德光，《苏维埃教育学》，东京，春秋社

　　　　　广冈亮藏，《基础学力》，东京，金子书房

1956 年　维果茨基(L.S.Vygotsky)，《思维与语言》，柴田义松 译，东京，新读书社

　　　　　唐泽富太郎，《教科书的历史》，东京，创文社

1957 年　东井义雄，《培育乡村的学力》，东京，明治图书

　　　　　杜威(J.Dewey)，《学校与社会》，宫原诚一 译，东京，岩波书店

　　　　　戴尔(E.Dale)，《戴尔的视听方法》，西本三十二 译，东京，日本放送教育协会

1958 年　长田新 编，《教育方法学》，东京，御茶之水书房

　　　　　木原健太郎，《教育过程的分析与诊断：教育生态与教育社会学》，东京，诚信书房

　　　　　东井义雄，《学习的困惑与学力》，东京，明治图书

　　　　　斋藤喜博，《通向未来的学力》，东京，麦书房

　　　　　日本生活作文会 编，《生活作文事典》，东京，明治图书

　　　　　奥根(W.Okon)，《教授过程》，细谷俊夫、大桥精夫 译，东京，明治图书

　　　　　海后宗臣、村上俊亮 编，《教育方法学》，东京，诚信书房

1959 年　达尼洛夫(М.А.Данилов)，《教授学》，矢川德光 译，东京，教育科学研究会

1960 年　赞可夫(L.V.Zankov)，《授业的分析》，矢川德光 译，东京，明治图书

　　　　　赫尔巴特(J.F.Herbart)，《普通教育学》，三枝孝雄 译，东京，明治图书

　　　　　斋藤喜博，《授业入门》，东京，岩波书店

　　　　　远山启，《数学教育的基础》，东京，岩波书店

　　　　　船山谦次，《战后日本教育论争史》，东京，东洋馆出版社

　　　　　细谷俊夫，《教育方法学》，东京，岩波书店

　　　　　柳久雄，《现代教授过程》，东京，理想社

　　　　　吉田昇，《现代学习指导论》，东京，明治图书

1961 年　重松鹰泰，《授业分析的方法》，东京，明治图书

川合章,《教学过程》,东京,明治图书

日本作文之会 编,《生活作文讲座》(5 卷本,1961—63 年),东京,百合出版

1962 年　夸美纽斯(J.A.Comenius),《大授业论》,铃木秀勇 译,东京,明治图书

宫坂哲文,《生活指导的基础理论》,东京,诚信书房

1963 年　布鲁纳(J.S.Bruner),《教育过程》,铃木祥藏、佐藤三郎 译,东京,岩波书店

小川太郎,《教育与陶冶的理论》,东京,明治图书

木原健太郎,《授业与沟通》,东京,明治图书

斋藤喜博,《授业:变革儿童的要素》,东京,国土社

佐伯正一,《授业分析的理论》,东京,明治图书

重松鹰泰、上田薰、八田昭平 编著,《授业分析的理论与实践》,名古屋,黎明书房

1964 年　斋藤喜博,《授业入门》,东京,国土社

斋藤喜博,《授业的展开》,东京,麦书房

大桥精夫,《现代教育方法论批判》,东京,明治图书

砂泽喜代次 编,《授业研究讲座》(全 6 卷),东京,明治图书

上田薰,《人格形成的逻辑》,名古屋,黎明书房

胜田守一,《能力·发展·学力》,东京,国土社

1965 年　佐伯正一,《教育方法》,东京,国土社

赞可夫(L.V.Zankov) 编著,《教授过程与儿童发展》,驹林邦男 编译,东京,明治图书

卢梭(J.J.Rousseau),《爱弥儿》,今野一雄 译,东京,岩波书店

重松鹰泰、上田薰 编著,《RR 方式:儿童思维体制研究》,名古屋,黎明书房

全国授业研究协议会 编,《授业研究入门》,东京,明治图书

马场四郎 编著,《授业之探究》,东京,东洋馆出版社

小川正,《学习过程的结构》,东京,明治图书

1966 年　稻垣忠彦,《明治教授理论史研究:公共教育授业定型之形成》,东京,评论社

砂泽喜代次,《授业组织化的基础理论》,东京,明治图书

板仓圣宣、上廻昭 编著,《假设实验授业入门》,东京,明治图书

布鲁纳(J.S.Bruner),《教授理论的建设》,田浦武雄、水越敏行 译,名古屋,黎明书房

吉本均,《授业与集体的理论》,东京,明治图书

杉山明男,《集体主义教育的结构》,东京,明治图书

小川太郎,《生活作文与教育》,东京,明治图书

杜威(J.Dewey),《民主主义与教育》,帆祝理一郎 译,东京,春秋社

木原健太郎,《授业科学化入门》,东京,明治图书

1967 年　大西忠治,《学习集体的基础理论》,东京,明治图书

克拉因(H.klein)等,《授业中的陶冶与训练的理论》吉本均 等译,东京,明治图书

柴田义松 编著,《现代教授学》,东京,明治图书

远山启,《现代数学》,东京,明治图书

扇田博元,《创造性学力的开发》,东京,明治图书

1968 年　布鲁纳(J.S.Bruner),《认识能力的成长》,冈本夏木 等译,东京,明治图书

高久清吉,《教授学》,东京,协同出版

广冈亮藏,《学习形态论》,东京,明治图书

板仓圣宣,《日本理科教育史》,东京,第一法规出版公司

中野光,《大正自由教育研究》,名古屋,黎明书房

1969 年　大田尧,《何谓学力》,东京,国土社

斋藤喜博,《斋藤喜博全集》(全 18 卷,1969—71 年),东京,国土社

板仓圣宣,《科学与方法》,东京,季节社

广冈亮藏,《授业改造入门》,东京,明治图书

布鲁纳(J.S.Bruner),《直觉·创造·学习》,桥爪贞雄 译,名古屋,黎明书房

1970 年　柴田义松,《现代教授论》,东京,明治图书

全国授业研究协议会 编,《授业组织化入门》,东京,明治图书

ф.Н.Гоноболмн,《教师入门》,福井研介 译,东京,新评论社

施瓦布(J.J.Schwab),《探究学习》,佐藤三郎 译,东京,明治图书

山住正己,《教科书》,东京,岩波书店

吉本均,《现代授业集体的结构》,东京,明治图书

1971 年　坂元昂,《教育工学的原理与方法》,东京,明治图书

柴田义松,《授业的基础理论》,东京,明治图书

远山启、银林浩,《增补·水道方式的计算体系》东京,明治图书

1972 年　及川平治,《分组式授业法》(1912 年弘学馆重印版),中野光 编,东京,明治图书

广冈亮藏,《学习过程的最优化》,东京,明治图书

布鲁纳(J.S.Bruner),《教育的适切性》,平光昭久 译,东京,明治图书

1973 年　斋藤喜博,《我的授业观》,东京,明治图书

阿部文明,《授业分析:其理论与方法》,东京,明治图书

布卢姆(B.S.Bloom),《教育评价指南:学科授业的形成性评价与终结性评价》,梶田叡一 译,东京,第一法规出版公司

西尔伯曼(C.E.Silberma),《课堂的危机》,山本正 译,东京,サイマル出版会

1974 年　吉本均,《教育性教授的理论》,东京,明治图书

佐佐木俊介,《探究模式与授业》,东京,明治图书

木原健太郎 编著,《学科教育的理论》,东京,第一法规出版公司

大西忠治,《学习集体的基础理论》,东京,明治图书

赫尔巴特(J.F.Herbart),《教育学讲义纲要》,是常正美 译,东京,协同出版

板仓圣宣,《假设实验授业》,东京,假设社

裴斯泰洛齐(J.H.Pestalozzi),《裴斯泰洛齐全集》,长田新 编译,东京,平凡社

布若非、古德(J.E.Brophy,T.L.Good),《师生人际关系:新型授业的原点》,滨名外喜男 等译,京都,北大路书房

稻垣忠彦,《授业中的技术与人:授业论笔记》,东京,国土社

1975 年　重松鹰泰,《教育方法论》,东京,明治图书

砂泽喜代次,《现代教授学基础》,东京,明治图书

水越敏行,《发现学习研究》,东京,明治图书

广冈亮藏 主编,《授业研究大事典》,东京,明治图书

吉田章宏,《面向授业的心理学》,东京,国土社

佐伯胖,《"学习"的构造》,东京,东洋馆出版社

杜威(J.Dewey),《民主主义与教育》,松野安男 译,东京,岩波文库

文部省,《课程开发的课题:课程开发国际研讨会报告书》,东京,大藏省印刷所

1976年　远山启,《超越竞争原理:激活每一个学生的教育》,东京,太郎次郎社

砂泽喜代次,《学习集体的思想与方法》,东京,明治图书

中内敏夫,《增补·学力与评价的理论》,东京,国土社

重松鹰泰,《授业随想:授业的探究》,东京,明治图书

佐藤三郎,《"学习方法学习"新论:布鲁纳理论再考察》,东京,明治图书

庄司和晃,《假设实验作业与认知理论》,东京,季节社

井上弘,《教材的结构化》,东京,明治图书

吉本均,《何谓"学习集体"》,东京,明治图书

广冈亮藏,《授业研究事典》,东京,明治图书

1977年　丰田久龟,《何谓学习集体的授业》,东京,明治图书

麻生诚、潮木守一,《学历效用论:从学历社会转向学力社会之道》,东京,有翡阁

吉本均 编,《现代教授学》,东京,福村出版

吉本均,《提问与集体思维的理论》,东京,明治图书

板仓圣宣,《假设实验授业 ABC》,东京,假设社

加藤幸次,《授业的范式分析》,东京,明治图书

古藤泰弘 编著,《授业设计的基础》,东京,学习研究社

梶田叡一,《授业改革的逻辑》,东京,文化开发社

伊利奇(I.Ilich),《非学校化社会》,小泽周三 译,东京,创元社

1978年　克隆伯格(L.Klingberg),《现代教授学理论》,佐藤正夫 主译,东京,明治图书

泰勒(R.W.Tyler),《现代课程研究基础:为了学校的课程编制》,金子孙市 主译,东京,

日本教育经营学会

降旗信胜,《探究学习的理论与方法》,东京,明治图书

日比裕、重松鹰泰,《授业分析的方法与授业研究》,东京,学习研究社

井上弘,《教育方法学》,东京,协同出版

中内敏夫,《教材与教具的理论》,东京,有斐阁

吉田章宏,《授业的研究与心理学》,东京,国土社

松田义哲,《教育方法原论》,东京,建帛社

1979年　斋藤喜博,《教师的工作与技术》,东京,国土社

东井义雄,《儿童知道什么》,东京,明治图书

坂元忠芳,《学力成长与人格形成》,东京,青木书店

吉田昇、长尾十三二、柴田义松,《教育方法》,东京,有斐阁

远山启,《生活单元学习批判》,东京,明治图书

水越敏行,《发现学习入门》,东京,明治图书

水越敏行,《授业改造的视点与方法》,东京,明治图书

1980年　吉本均 编,《现代教授学》(三卷本),东京,明治图书

丰田久龟,《学力与学习集体的理论》,东京,明治图书

布卢姆(B.S.Bloom),《个人特性与学校学习》,梶田叡一 等译,东京,第一法规出版

公司

裴斯泰洛齐(J.H.Pestalozzi),《斯坦兹书简》,长尾十三二 译,东京,明治图书

波兰尼(M.Polanyi),《默会知识的维度:从语言到非语言》,佐藤敬三 译,东京,纪伊国屋书店

宫崎典男,《文学作品的阅读指导》,东京,麦书房

坂元昂,《授业改造的技法》,东京,明治图书

1981年　赫尔巴特(J.F.Herbart),《普通教育学》,三枝孝雄 译,东京,明治图书

城丸章夫,《幼儿的游戏与工作》,东京,草土文化

蛯谷米司,《学科教育学概论》,广岛,广岛大学出版研究会

西之园晴夫,《授业的过程》,东京,第一法规出版公司

细谷俊夫,《授业理论总论》,东京,明治图书

吉本均 编,《教授学:300重要术语的基础知识》,东京,明治图书

1982年　竹田清夫,《新行为主义教育方法学》,东京,明治图书

上田薰,《学力与授业》,名古屋,黎明书房

吉本均,《明确达成目标的授业设计入门》,东京,明治图书

梶田正已 编著,《授业的教育心理学》,名古屋,黎明书房

中岛章夫、梶田叡一 编著,《授业改革事典》,东京,第一法规出版公司

水越敏行,《授业评价研究入门》,东京,明治图书

奥田真丈,《学校课程的经营》,东京,第一法规出版公司

1983年　吉本均,《授业的构想力》,东京,明治图书

斋藤喜博,《第二期 斋藤喜博全集》(全12卷,1983—84年),东京,国土社

柴田义松,《教科书:何谓好的教科书》,东京,有斐阁

东洋 等,《授业改革事典》(授业设计卷),东京,第一法规出版公司

1984年　吉本均,《授业设计的策略》,东京,明治图书

木下繁弥、安彦中彦 编著,《学力的形成与评价》,东京,第一法规出版公司

心理科学研究会 编,《儿童心理学试论——修订新版》,东京,三和书房

克拉夫基(W.Klafki),《批判性建构性教育科学》,小笠原道雄 主译,名古屋,黎明书房

科恩(A.Kohn),《超越竞争社会》,东京,东京法政大学出版局

罗杰斯(C.Rogers),《人性中心的教师》,伊东博 主译,东京,岩崎学术出版社

佐藤三郎、稲叶宏雄,《学校与课程》,东京,第一法规出版公司

东洋,《思考教师的教与儿童的学》,东京,岩波书店

1985年　伊藤信隆,《教授·学习过程论》,东京,大日本图书

水越敏行,《授业改造与学校研究的方法》,东京,明治图书

水越敏行,《授业研究的方法论》,东京,明治图书

丰田久龟,《班级授业的改革》,东京,明治图书

安彦忠彦,《课程研究入门》,东京,劲草书房

武村重和,《新时代的人格形成与理科课程》,东京,东洋馆出版社

吉本均,《授业成立入门》,东京,明治图书

中内敏夫,《指导过程与学习形态的理论》,东京,明治图书

向山洋一,《提升授业手段的法则》,东京,明治图书

细谷俊夫,《细谷俊夫教育学选集》,东京,教育出版股份公司

罗杰斯（C.Rogers），《教育的挑战》，友田不二男 主译，东京，岩崎学术出版社

大桥精夫，《集体主义教育的理论与实践》，东京，青木书店

1986 年　村上芳夫，《授业改革的原理与方法》，东京，明治图书

布卢姆（B.S.Bloom），《让所有儿童掌握扎实的学力》，稻叶宏雄、大西匡哉 主译，东京，明治图书

向山洋一，《提升授业手段的法则（续）》，东京，明治图书

教师养成研究会，《教育方法学》，东京，学艺图书股份公司

野口芳宏，《在授业中锤炼》，东京，明治图书

野口芳宏，《在班级中锤炼》，东京，明治图书

野口芳宏，《锤炼授业的言说力》，东京，明治图书

有田和正，《教材开发的基础技术》，东京，明治图书

1987 年　佐藤三郎，《审视布鲁纳的〈教育过程〉》，东京，明治图书

佐藤正夫，《教授学原论》，东京，第一法规出版公司

丰田久龟，《明治期提问论的研究：探寻授业成立的原点》，京都，智慧女神书房

东洋，《教育方法》（岩波讲座），东京，岩波书店

东洋 等主编，《教育的方法：儿童与授业》，东京，岩波书店

水越敏行，《授业研究方法论》，东京，明治图书

伊藤信隆，《学校教科书成立史论》，东京，建帛社

山根祥雄 编，《学科教学的理论谱系》，东京，东信堂

吉本均 编，《现代授业研究大事典》，东京，明治图书

1988 年　柴田义松 等编著，《教育实践的研究》，东京，图书文化社

横须贺薰，《授业研究用语辞典》，东京，教育出版股份公司

大西忠治，《文学作品的阅读指导》，东京，明治图书

1989 年　藤冈信胜，《授业设计的构想》，东京，日本书籍

欢喜隆司 编著，《教授方法：其理论与应用》，京都，智慧女神书房

山根祥雄 编，《学科授业的理论谱系》，东京，东信堂

阿里埃斯（P.Aries），《儿童的诞生》，杉山光信、杉山惠美子 译，东京，みすず书房

1991 年　藤冈信胜，《基于停格摄影的授业研究方法》，东京，学事出版

藤冈信胜，《教材编制的设想》，东京，日本图书

吉崎静夫，《教师的决策与授业研究》，东京，行政出版

1992 年　水原克敏，《现代日本教育课程改革：学习指导要领与国民素质的形成》，东京，风间书房

菊地良辅，《学力的构图》，东京，民众社

木原健太郎 编著，《战后授业研究论争史》，东京，明治图书

辰野千寿，《教材心理学》，东京，学校图书出版

儿岛邦宏，《开拓学校文化的教师》，东京，图书文化社

1993 年　欢喜隆司，《现代学科论研究：学科授业活动定位之构成》，东京，风间书房

莱文、温格（J.Lave，E.Wenger），《情境学习：合理的边缘性参与》，佐伯胖 译，东京，产业图书

人类教育研究协会 编，《学力观的转换》，东京，金子书房

天野正辉，《学校课程的理论与实践》，东京，树村房

教育技术研究会，《教育的方法与技术》，东京，行政出版公司

中田基昭，《授业现象学》，东京，东京大学出版会

青年认知心理学者之会，《认知心理学家谈教育》，京都，北大路书房

奥田真丈 等主编，《现代学校教育大事典》，东京，行政出版公司

1994 年　吉本均，《课堂人类学》，东京，明治图书

丰田久龟，《学习集体的授业创造》，东京，日本书籍株式会社

横须贺薫，《挖掘授业的深度》，东京，教育出版股份公司

长尾三十二，《教师教育的课题》，东京，玉川大学出版部

梶田叡一，《教育评价理论》（全三卷），东京，金子书房

中留武昭，《促进学校改善的校本研修》，东京，东洋馆出版社

1995 年　恒吉宏典，《教育方法学》，东京，岩波书店

稻垣忠彦，《授业研究的步伐：1960—1995》，东京，评论社

吉本均，《提问与集体思维的理论（第二版）》，东京，明治图书

佐野真一，《遥远的"山彦"：无着成恭及其学生的 40 年》，东京，新潮社

无着成恭，《山彦学校》，东京，岩波文库

佐伯胖，《"学习"之意涵》，东京，岩波书店

真野宫雄 等编著，《21 世纪期许的学科授业模式》，东京，东洋馆出版社

松平信久 编，《班级文化的创造》，东京，行政出版公司

天野正辉，《教育方法之探究》，京都，晃洋书房

梶田叡一 编，《授业研究的新展望》，东京，明治图书

1996 年　稻垣忠彦、佐藤学，《授业研究入门》，东京，岩波书店

佐藤学，《课程论评：公共性的再造》，横滨，世织书房

佐藤学，《教育方法学》，东京，岩波书店

佐伯胖、藤田英典、佐藤学，《学习共同体》，东京，东京大学出版会

天野正辉，《教育方法之探究》，京都，晃洋书房

藤井千春，《问题解决学习的技术》，东京，明治图书

吉本均，《课堂人类学》，东京，明治图书

木下百合子，《授业沟通与授业言说之研究：沟通与言说的学科论分析》，东京，风间书房

佐藤公治，《从认知心理学看阅读的世界：指向对话与协同学习》，京都，北大路书房

田中俊也，《电脑开拓的丰富的教育：信息化时代的教育环境与教师》，京都，北大路书房

田中耕治，《学力评价论入门》东京，法政出版局

1997 年　佐藤学，《教师之难题：走向反思性实践》，横滨，世织书房

中田基昭，《教育现象学》，东京，川岛书店

加藤幸次 等，《学习环境的创造》，东京，教育开发研究所

斋藤孝，《教师具身的技术：构想力、感悟力、技艺化》，东京，世织书房

须田实，《战后国语授业研究论史》，东京，明治图书

茂吕雄二 编，《对话与知性：言说的认知科学入门》，东京，新曜社

鹿毛雅治、奈须正裕,《学与教》,东京,金子书房

佐佐木昭,《授业研究的课题与实践》,东京,教育开发研究所

欢喜隆司 等,《现代授业论》,京都,智慧女神书房

1998 年　平山满义 编著,《基于质性研究的授业研究》,京都,北大路书房

加藤幸次,《新型范式的授业创造》,东京,教育开发研究所

佐伯胖 主编,《在心理学与教育实践之间》,东京,东京大学出版会

杉山明男,《战后授业研究的成果与课题》,明治图书

佐藤学,《教育改革的设计》,东京,岩波书店

佐藤学,《学习的快乐:走向对话》,横滨,世织书房

恩格斯托姆(Y.Engestrom),《拓展学习:活动理论的研究》,山住胜广 等译,东京,新曜社

恒吉宏典、深泽广明 编著,《授业研究:300 重要术语基础知识》,东京,明治图书

野村郁次郎、紺野登,《知识经营的进展》,东京,筑摩书房

安彦忠彦 编,《课程研究入门(新版)》,东京,劲草书房

1999 年　日本学科教育学会 编,《新的学校课程的创造》,东京,教育出版股份公司

高浦胜义,《档案袋评价入门》,东京,明治图书

多鹿秀继 编著,《授业过程的理解》,京都,北大路书房

西林克彦 等编,《授业的方法与技术》,东京,新曜社

佐藤学,《变革授业,学校变革》,东京,小学馆

谷川彰英、无门隆、门协厚司 编著,《21 世纪教育与儿童》,东京,东京书籍

2000 年　日本学科教育学会 编,《新型学校课程的创造:学科学习与综合学习的结构化》,东京,教育出版股份公司

佐伯胖,《"学习"的意涵》,东京,岩波书店

小川哲男,《综合学习课程的设计》,东京,东洋馆出版社

河野义章 编著,《授业研究法入门》,东京,图书文化社

舍恩(D.Schon),《专家的智慧:反思性实践家在行动中思考》,佐藤学、秋田喜代美 译,东京,ゆみる出版股份公司

增浏幸男 等,《现代教育学的视野》,东京,南窗社

2001 年　加藤幸次、高浦胜义 编著,《学力低下论批判》,名古屋,黎明书房

柴田好章,《关于授业分析的量化手法与质性手法之研究》,东京,风间书房

奈须正裕,《变革学校的教师的设想与实践》,东京,金子书房

野鸠荣一郎 编,《教育实践的叙事:教学技法》,东京,金子书房

细谷纯,《学习科学的心理学》,宫城,东北大学出版会

梶田叡一,《教育评价》,东京,有斐阁

田中耕治,《新教育评价的理论与方法》(理论篇),东京,日本标准出版公司

2002 年　佐藤学,《教师的挑战》,东京,小学馆

市川伸一,《学力低下论争》,东京,筑摩书房

佐伯胖,《追问"学习——授业改革的原点"》,东京,小学馆

野鸠荣一郎 编,《记录教育实践:教学的技法》,东京,金子书房

桥本吉彦、池田敏和、坪田耕三,《何谓授业研究:算术授业的重建》,东京,东洋馆出

版社

今井むつみ 等,《人的"学习"这件事:认知学习的视点》,东京,北树出版

山崎准二,《教师生涯研究》,东京,创风社

2003 年　佐藤学,《学校的挑战》,东京,小学馆

木原俊行,《授业研究与教师成长》,东京,日本文教出版

高垣真弓 编,《授业设计的最前线》,京都,北大路书房

日本教育方法学会 编,《现代教育方法事典》,东京,图书文化社

山住胜广,《活动理论与教育实践的创造:走向拓展学习》,大阪,关西大学

竹田青嗣,《现象学:一种思维原理》,东京,筑摩书房

波多野谊余夫 等,《学习科学》,东京,放送大学教育振兴会

德永正直,《教育机智论》,东京,ナカニシヤ出版

梶田正已,《授业智慧》,东京,有斐阁

小野由美子,《学校经营研究中临床研究的建构》,京都,北大路书房

山内裕平,《数字社会的素养》,东京,岩波书店

2004 年　秋田喜代美,《授业研究・教师学习》,东京,明石书店

秋田喜代美、恒吉僚子、佐藤学 编,《教育研究的方法论:学校参与型取向的诱惑》,东京,东京大学出版会

高垣真弓 编著,《授业设计的最前线:链接理论与实践的知性过程》,京都,北大路书房

山内乾史、原清治,《学力论争是什么》,京都,智慧女神书房

山住胜广,《活动理论与教育实践的创造:走向拓展性学习》,大阪,关西大学出版部

美马のゆり、山内祐平,《"未来学习"的设计》,东京,东京大学出版会

山口满 编著,《现代课程研究:学校中课程开发的课题与方法》,东京,学文社

维果茨基,《文化-历史的心智发展理论》,柴田义松 译,东京,学文社

2006 年　吉本均,《何谓学习形态》,东京,明治图书

吉本均,《何谓授业中的教授行为》,东京,明治图书

铃木义昭,《教师的诞生:新任教员与指导教官的记录》,东京,东洋馆出版社

佐藤学,《学校的挑战:学习共同体的创造》,东京,小学馆

大岛纯 等,《授业过程论:学习科学的发展》,东京,放送大学教育振兴会

秋田喜代美,《授业研究与话语分析》,东京,放送大学教育振兴会

齐默尔曼(B.J.Zimmerman),《自主学习的理论》,塚野州一 编译,京都,北大路书房

木原俊行,《教师相互切磋的学校研究》,东京,行政出版公司

伯恩斯(J.P.Byrnes),《脑、智能与教育》,高平小百合、奥田次郎 主译,东京,玉川大学出版部

桥本健二,《阶级社会:叩问现代日本的落差》,东京,讲谈社

田中耕治 编,《简明授业论》,京都,智慧女神书房

山崎英则 编,《教育哲学的诱惑》,东京,学术图书出版社

2007 年　梶田叡一,《新学习指导要领的理念与课题》,东京,金子书房

OECD 教育研究革新中心 编著,《形成性评价与学力》,有本昌 主译,东京,明石书店

岩川直树、伊田广行 编著,《贫困与学力》,东京,明石书店

长谷川荣,《教育方法学》,东京,协同出版

2008 年　北尾伦彦,《授业改革与学力评价:来自求同求异论的提言》,东京,图书文化社

西冈加名惠 编著,《"逆向设计"保障扎实学力》,东京,明治图书

秋田喜代美、刘易斯(C.Lewis) 编,《授业研究与教师学习》,东京,明石书店

2009 年　日本教育方法学会 编,《日本的授业研究(上下卷)》,东京,学文社

佐藤学,《教师花传书:为了作为专家的成长》,东京,小学馆

高垣真弓 编著,《整合社会境脉的学习环境设计》,东京,风间书房

柯林斯(A.Collins),《认知学徒制》,吉田裕典 译,东京,培风馆

向山洋一,《教育技术入门》,东京,明治图书

河野善章 编,《授业研究法入门》,东京,图书文化社

2010 年　秋田喜代美、藤江康彦,《授业研究与学习过程》,东京,放送大学教育振兴会

秋田喜代美,《教师的言说与沟通》,东京,教育开发研究所

野中美津枝,《授业设计的实证研究》,东京,福村出版

松下佳代 编著,《"新能力"能够改变教育吗?》,京都,智慧女神书房

佐藤学,《教育方法》,东京,左右社

福岛真人,《学习生态学:风险、实验、高信度》,东京,东京大学出版会

金井守宏、楠见孝 编,《实践知识》,东京,有斐阁

科尔塔根(A.J.Korthagen) 编著,《教师教育学》,武田信子 主译,东京,学文社

普里查德(A.Prichard)、伍拉德(J.Woollard),《活动学习的心理学:支撑课堂实践的建构主义与社会学习理论》,田中俊也 译,京都,北大路书房

山内祐平,《数字教材教育学》,东京,东京大学出版会

山内乾史、原清治 编著,《日本的学力问题》(上下卷),东京,日本图书中心

恒吉宏典、深泽广明 编,《授业研究 300 重要术语》,东京,明治图书

竹内伸一,《案例教授法入门》,东京,庆应义塾大学出版会

高垣真弓 编著,《授业设计的最前线Ⅱ:创造理论与实践的知性过程》,京都,北大路书房

2011 年　文部科学省,《教育信息化指南(2010 年)》,东京,开隆堂

洛克(J.Locke),《儿童的教育》,北本正章 译,东京,原书房

杉江修治,《协同学习入门》,东京,ナカニシヤ出版

岩田康之 等编,《现代教育改革与教师》,东京,东京学艺大学出版会

北尾伦彦,《授业的创造:发展"真实性学力"》,东京,图书文化社

2012 年　秋田喜代美,《学习心理学:授业的设计》,东京,左右社

茂田雄二 等编,《情境与活动的心理学》,东京,新曜社

稻垣忠、铃木克明,《授业设计手册》,京都,北大路书房

柯林斯(A.Collins)、哈弗森(R.Halverson),《数字时代社会的学习方式:教育与技术之关系再探》,稻垣忠 编译,京都,北大路书房

自主学习研究会,《自主学习:理论与实践的新发展》,京都,北大路书房

2013 年　水越敏行 等,《授业研究与教育工学》,京都,智慧女神书房

的场正美、柴田好章,《授业研究与授业的创造》,广岛,溪水社

西之园晴夫、生田孝至、小柳和喜雄 编,《教育工学中的教育实践研究》,京都,智慧女神书房

奈须正裕,《儿童与创造性授业》,东京,行政出版公司

OECD 教育革新研究中心 编著,《学习的本质》,立田庆裕、丰泽安政 主译,东京,明石书店

佐藤公治,《学习与教育的世界:教育心理学新进展》,京都,あいり出版

稻垣忠、铃木克明,《授业设计指南》,京都,北大路书房

古藤泰弘,《教育方法学的实践研究》,东京,教育出版股份公司

鹿毛雅治,《学习动机理论》,东京,金子书房

樋口直宏,《批判性思维授业的理论与实践》,东京,学文社

2014 年　日本教育方法学会 编,《授业研究与校本研修:为了教师的成长与学校的创建》,东京,图书文化股份公司

格里芬(P.Griffin)、麦格(B.Mcgaw)、卡瑞(E.Care),《21 世纪能力:学习与评价的新方式》,京都,北大路书房

森木洋介,《媒体素养教育中"批判性"思维能力的培育》,东京,东信堂

秋田喜代美,《对话的课堂》,东京,教育开发研究所

松尾知明,《教育课程·方法论:培育核心素养的授业设计》,东京,学文社

沟上慎一,《能动学习:教学范式的转型》,东京,东信堂

立田庆裕,《核心素养的实践:为了教师的持续学习》,东京,明石书店

广石英记,《教育方法论》,东京,一艺社

犬塚美轮 等,《逻辑性读写的理论与实践:培育面向知识社会的生存能力》,京都,北大路书房

齐默尔曼(B.J.Zimmerman),《自主学习指南》,塚野州一 等主译,京都,北大路书房

利普曼(M.Lipman),《探究的共同体:学会思维的课堂》,河野哲也 等主译,东京,玉川大学出版部

山崎准二,《教师的发展与力量形成:教师生涯研究》,东京,创风社

翻转课堂研究会 编,《翻转课堂:改变教育的未来》,东京,明石书店

樋口直宏,《批判性思维指导的理论与实践》,东京,学文社

2015 年　哈格里夫斯(A.Hargreaves),《知识社会的学校与教师》,木村优 等主译,东京,金子书房

秋田喜代美、坂本笃史,《学校教育与学习心理学》,东京,岩波书店

木村优,《作为情绪性实践的教师的专业性:教师在授业中所体验与表达的情绪研究》,东京,风间书房

楠见孝、道田泰司 编,《批判性思维:21 世纪生存素养的基础》,东京,新曜社

市川博,《问题解决学习的学力与授业:实感的理解方式与基础、基本》,东京,学文社

森敏昭 主编,《21 世纪学习的创造:学习开发学的进展》,京都,北大路书房

稻垣忠、铃木克明,《授业设计指南》,京都,北大路书房

松尾知明,《何谓 21 世纪型能力:基于核心素养的教育改革国际比较》,东京,明石书店

松尾知明,《学校课程与方法论:培育关键能力的授业设计》,东京,学文社

奈须正裕、江间史明 编著,《基于核心素养的授业创造》,东京,图书文化社

田中义雄,《21 世纪型能力与各国的教育实践》,东京,明石书店

木村优，《作为情感性实践的教师的专业性：教师授业中经验与表达的情感探究》，东京，风间书房

佐藤学，《作为学习专家的教师培育》，东京，岩波书店

梶田叡一，《何谓能动学习》，东京，金子书房

松下佳代，《深层能动学习》，东京，劲草书房

2016年　　大岛纯、益川弘如 编，《学习的设计：学习科学》，京都，智慧女神书房

OECD 教育研究革新中心，《学习的革新：21 世纪型学习的创发模型》，有本昌弘 主译，东京，明石书店

林德治、藤本光司、若杉祥太 编著，《教学改革之进展》，东京，行政出版公司

古屋和久，《把"协同学习"的课堂文化推展到所有课堂》，横滨，世织书房

大迫弘和，《作为能动学习的国际会考：从"记忆者"到"思考者"》，东京，日本标准出版公司

索耶（R.K.Sawyer），《学习科学指南第二版（第 2 卷）》，大岛纯 等译，京都，北大路书房

法德尔（A.Fadel）等，《21 世纪学习者与教育的四个维度》，岸学 主译，京都，北大路书房

日本教材学会，《教材学概论》，东京，图书文化

森邦昭，《从 W.Dilthey 到教育实践：能动学习的源流》，福冈，九州大学出版会

西冈知名惠，《学科与综合学习的课程设计》，东京，图书文化社

日本儿童教育振兴财团，《战后学校教育 70 年史》，东京，小学馆

丰田久龟，《东井义雄的授业创造》，名古屋，风媒社

藤井千春，《能动学习的授业原理》，京都，北大路书房

泽本和子、授业反思研究会 编，《国语科授业研究的展开：教师与儿童协同授业反思研究》，东京，东洋馆出版社

国立教育政策研究所，《素质·能力（理论篇）》，东京，东洋馆出版社

埃甘（K.Egan），《创造深度学习》，高屋景一、佐柳光代 译，京都，北大路书房

生田孝至 等编著，《开拓未来教师的能量》，东京，一茎书房

朝仓雅史，《体育教师的学习与成长》，东京，学文社

村川雅弘，《作坊型教师研修：迈出第一步》，东京，教育开发研究所

2017年　　今津孝次郎，《新版·变革社会的教师教育》，名古屋，名古屋大学出版会

鹿毛雅治、藤本和久 编，《授业研究的创造：为了实现教师的相互学习》，东京，教育出版社

日本教师教育学会 编，《教师教育研究指南》，东京，学文社

田中耕治，《战后日本教育方法论史：课程与授业的理论谱系（上）》，京都，智慧女神书房

酒井雅子，《批判性思维教育：培育探究性思维能力与态度》，东京，早稻田大学出版部

索耶（R.K.Sawyer），《学习科学指南第二版（第 3 卷）》，秋田喜代美 等主译，京都，北大路书房

OECD 教育研究革新中心 编著，《学习的革新：21 世纪型学习的创发模型》，有本昌弘 主译，东京，明石书店

山住胜广，《拓展的学校：协同学习的活动理论》，东京，东京大学出版会

田村学、广濑志保 编著,《探究"探究": 潜心耕耘的高中探究活动》,东京,学事出版

铃木悠太,《教师"专家共同体"的形成与发展》,东京,劲草书房

河村茂雄,《能动学习得以成功的班级创造》,东京,诚信书房

森朋子、沟上慎一 编,《作为能动型授业的翻转授业(理论编)》,东京,ナカニシヤ出版

森朋子、沟上慎一 编,《作为能动型授业的翻转课堂(实践编)》,东京,ナカニシヤ出版

秋田喜代美 主编,《学习与课程(岩波讲座 5)》,东京,岩波书店

2018 年　OECD 教育研究革新中心 编著,《社会情感能力: 向学力》,无藤隆、秋田喜代美 主译,东京,明石书店

索耶(R.K.Sawyer),《学习科学指南第二版(第 1 卷)》,森昭敏 等主译,京都,北大路书房

藤井千春,《问题解决学习入门》,东京,学艺みらい社

铃木克明、美马のゆり 编著,《学习设计手册》,京都,北大路书房

铃木正幸 等编著,《为了新生的教师: 教师研修与讲习之教科书(修订版)》,东京,川岛书店

立川正世,《大正的教育想象力:"教育实践家"们的"大正新教育"》,名古屋,黎明书房

丰田久龟,《东井义雄:"儿童的困惑·教师的困惑"与深度学习的授业创造》,名古屋,风媒社

鸠口裕基,《布鲁纳的"文化心理学"与教育论: 杜威与布鲁纳再考》,东京,劲草书房

多田孝志,《对话型授业的理论与实践》,东京,教育出版股份公司

北野秋男、下司晶、小笠原喜康,《现代学力测验批判》,东京,东信堂

杜威(J.Dewey),《杜威著作集》(第一期, 全 8 卷, 2018—),田中智志 主译,东京,东京大学出版社

莱莫夫(D.Lemov)、伍尔韦(E.Woolway)、叶兹(K.Yezzl),《成功练习的法则》,依田卓巳 译,东京,日本经济新闻出版社

2019 年　吉崎静夫 主编,《授业研究的新进展》,京都,智慧女神书房

吉田武男 主编,《教育的方法与技术》,京都,智慧女神书房

为了继续学习教育者协会(REFLECT) 编,《反思入门》,东京,学文社

田中里佳,《教师实践知识的发展: 变容学习之分析》,东京,学文社

日本沟通心理学会研究委员会 编,《为了实践研究的方法论》,东京,新曜社

木村优、岸野麻衣 编,《授业研究: 变革实践,创新理论》,东京,新曜社

小川雅俗,《授业的愿景》,东京,东洋馆出版社

威林汉姆(D.T.Wilingham),《教师的胜算》,恒川正志 译,东京,东洋馆出版社

金田谛应,《倾听的诀窍》,东京,三笠书房

大岛纯、千代西尾祐司 编,《学习科学导引》,京都,北大路书房

鹿毛雅治,《授业这一活动: 同儿童一起创造"主体性学习的场所"》,东京,教育出版股份公司

田中里佳,《教师的实践性知识: 作为变化的学习之分析》,东京,学文社

松村英治,《"授业研究"的创意方法》,东京,东洋馆出版社

2020 年　北尾伦彦,《"深度学习"的科学: 精致化·元认知·主体性学习》,东京,图书文化公司

森川正树,《课堂的对话革命》,东京,学阳书房

樋口万太郎,《从儿童的问题开始的授业》,东京,学阳书房

日本认知科学会 编,《跨界的认知科学》,东京,共立出版

佐藤光友,《深度思维的教学原理》,京都,智慧女神书房

石井英真,《授业创造的探究》,京都,智慧女神书房

日本学科教育学会 编,《学科及其本质》,东京,教育出版株式会社

【注】笔者根据"日本教育方法学会"等学术研究机构的授业研究文献索引、图书目录和网络资料编辑整理而成(日本教育方法学会每年编撰出版的"教育方法丛书"参见表 2-2 日本教育方法学会"教育方法"丛书一览,本表不再列入)。

谢辞

新中国的课堂研究大体分为两个阶段。第一阶段,1950—1978 年"以俄为师",基于中小学"教研室"的建制,展开以"学科教学"为中心的课堂研究。第二阶段,1979 年"改革开放"以后,"破旧有之陋习,求知识于世界",着力冲破苏俄凯洛夫教育学的束缚,转入现代课程与教学论的研究,尤其借助 2001 年以来的"新课程改革"实践,积累了一些基于"学习共同体"的、以学校建设为中心的、具有本土特色的教学实践经验与理论成果。笔者多年来从事基础教育课程与教学改革的研究,其中,关注的重要课题之一就是日本的"授业研究"。本书作为笔者"日本授业研究"的一个总结,旨在以日本学者的相关研究为线索,以大量的实证性素材为依据,透视被誉为"世界授业研究原型"的日本"授业研究"的历史发展、基本特征及其普遍价值,借以勾勒一幅既陌生而又熟悉的授业研究的图景,进而提示新世纪"课堂革命"直面的挑战。作者在编著过程中得到诸多日本教育学者,特别是市川博(Hiroshi Ichikawa)教授、梶田叡一(Eiichi Kajita)教授、中村哲(Nakamura Tetsu)教授、丰田久龟(Hisaki Toyoda)教授、佐藤学(Manabu Sato)教授、秋田喜代美(Kiyomi Akita)教授的长年支持,同时也得到钟舞美(Mami Sho)女士的大力协助;本书责任编辑、华东师范大学出版社教育心理分社彭呈军社长为本书的出版付出了莫大的辛劳,在此一并致以衷心的谢意。

全新力作

立足课堂，释疑解惑，剖析教学心理

洞察儿童心灵
助力课堂转型

课堂研究三部曲

引爆三部曲高潮的乐章，重磅佳作！

基于"核心素养"的学校变革系列

新思维、新路径、新生态：
"核心素养"视域下的教育课程与学校

图书在版编目（CIP）数据

透视课堂：日本授业研究考略/钟启泉编著. —
上海：华东师范大学出版社,2020
ISBN 978－7－5760－0449－6

Ⅰ.①透… Ⅱ.①钟… Ⅲ.①课堂教学—研究—日本
Ⅳ.①G424.21

中国版本图书馆 CIP 数据核字（2020）第 123253 号

透视课堂：日本授业研究考略

编　　著　钟启泉
责任编辑　彭呈军
审读编辑　吴　伟
责任校对　王丽平　　时东明
装帧设计　卢晓红

出版发行　华东师范大学出版社
社　　址　上海市中山北路 3663 号　邮编 200062
网　　址　www.ecnupress.com.cn
电　　话　021－60821666　行政传真 021－62572105
客服电话　021－62865537　门市（邮购）电话 021－62869887
地　　址　上海市中山北路 3663 号华东师范大学校内先锋路口
网　　店　http://hdsdcbs.tmall.com/

印 刷 者　上海盛隆印务有限公司
开　　本　787×1092　16 开
印　　张　20.5
字　　数　342 千字
版　　次　2020 年 9 月第 1 版
印　　次　2020 年 9 月第 1 次
书　　号　ISBN 978－7－5760－0449－6
定　　价　66.00 元

出 版 人　王　焰

（如发现本版图书有印订质量问题,请寄回本社客服中心调换或电话 021－62865537 联系）